글을 쓸 이유가 되어 준 아내와 딸에게
그리고 글을 쓸 만큼 값진 주제를 준 사토시 나카모토에게

달러는 왜
비트코인을 싫어하는가

2018년 12월 10일 초판 1쇄 발행
2025년 1월 10일 초판 5쇄 발행

지은이	사이페딘 아모스
옮긴이	위대선
펴낸이	정상석
책임편집	엄진영
마케팅	이병진
본문편집	양은정
표지디자인	양은정
펴낸 곳	터닝포인트(www.diytp.com)
등록번호	제2005-000285호
주소	(12284) 경기도 남양주시 경춘로 490 힐스테이트 지금디포레 8056호
대표 전화	(031)567-7646
팩스	(031)565-7646
ISBN	979-11-6134-033-3 (03320)
정가	17,000원

내용 및 집필 문의 diamat@naver.com
터닝포인트는 삶에 긍정적 변화를 가져오는 좋은 원고를 환영합니다.

이 도서의 국립중앙도서관 출판예정도서목록(CIP)은 서지정보유통지원시스템
홈페이지(http://seji.nl.go.kr)와 국가자료공동목록시스템(http://www.nl.go.kr/
kolisnet)에서 이용하실 수 있습니다. (CIP제어번호: CIP2018035389)

지은이 사이페딘 아모스
옮긴이 위대선

달러는
왜
비트코인을
싫어하는가

화폐의 역사와
블록체인 기술로 알아보는
비트코인의 참모습

터닝
포인트

Contents

나심 니콜라스 탈레브의 서문

사물의 논리를 처음부터 따라가 보자. 아니, 차라리 끝에서부터, 즉 현대부터 거슬러 올라가 보자. 이 글을 쓰고 있는 지금 인류는, 예컨대 거시경제 현실처럼 지나치게 어려워 우리가 이해하기 어려울 뿐 아니라 전문가조차도 전문성이 없지만 전문가 자신은 그 사실조차 모르는 영역에서, 그 전문가 계급에 맞서 전면적 반란이 일어나는 광경을 목격하고 있다. 우리가 너무 늦게야 깨달은 사실이지만, 연방준비위원회의 우두머리였던 그린스펀과 버냉키는 실증적 진실을 거의 이해하지 못했다. 검은 백조가 없다는 착각은 미시수준보다 거시수준에서 더 오래 갈 수 있으므로, 중앙에서 거시경제를 결정할 힘을 받은 사람에게 주의를 기울여야 한다.

설상가상으로 모든 중앙은행은 동일한 모형에 따라 운영되므로 완전히 한 몸이다.

복잡한 영역에서는 전문성이 집중되지 않는다. F. A. 하이에크가 설득력 있게 보여주었듯 유기적 현실에서는 모든 것이 분산된 방식으로 돌아간다. 그런데 하이에크는 분산된 '지식'이라는 개념을 사용했다. 글쎄다, 일들이 잘 돌아가는 데는 '지식'조차 필요 없어 보인다. 개체마다 합리성을 갖출 필요조차 없다. 필요한 것은 구조뿐이다.

결정을 내릴 때 참여자 모두가 민주주의에 부합하는 만큼 영향을 끼친다는 뜻은 아니다. 동기만 충만하다면 참여자 하나가 다른 누구보다도 바늘을 크게 움직일 수도 있다. (이것이 소수자 불균형 규칙이라고 배웠다) 하지만 그 행위자가 될 가능성은 모든 참여자가 지니고 있다.

어쨌든 규모가 전환하면 기적 같은 효과가 나타난다. 교역자 하나하나는 이성적이지 않더라도 시장이 이성적으로 돌아가는 것이다. 사실은 지성 없는(zero-intelligence) 상태에서도 잘 돌아간다. 구조만 제대로 되어 있다면, 최대한으로 지성을 갖춘 사람들이 모여 소비에트 식으로 관리할 때보다 지성 없는 대중이 모여 있을 때 성과가 더 좋다.

그래서 비트코인은 훌륭한 발상이다. 비트코인이 복잡계의 수요를 충족하는 이유는 암호화폐라서가 아니라, 바로 비트코인의 운명을 결정할 소유자도, 권력도 없어서다. 비트코인을 소유하는 사람은 대중이고 사용자다. 그리고 몇 년 동안 쌓인 실적은 비트코인이 자기 운명을 스스로 쥔 동물임을 입증하기에 충분하다.

다른 암호화폐가 비트코인과 경쟁하려면 그런 하이에크식 특성을 얻어야 한다.

비트코인은 정부 없는 화폐다. 하지만 누군가는 이렇게 물을지도 모른다. 옛날에도 금, 은, 그 외 다른 금속처럼 정부 없는 화폐가 있지 않았는가? 그렇지 않다. 금을 산다는 것은 마치 홍콩철도회사를 살 때 결국 그 회사의 주식 소유권만 받아 뉴저지로 가져오는 것과 다름없다. 자산보관이라는 놀이판은 은행에 장악되었고 은행은 정부에 장악되어 있다. (아니, 은행 직원과 정부 관리 사이에는 최대한 정중히 표현해도 매우 밀접한 관계가 있다고 해야 옳다.) 그래서 비트코인은 거래할 때 금보다 훨씬 큰 장점이 있다. 거래를 청산하는데 특정한 관리인이 필요 없다. 당신 머릿속에 든 코드를 통제할 수 있는 정부는 없다.

결국 비트코인은 고난을 겪을 것이고, 실패할 지도 모른다. 그렇다 해도 이제 우리는 그것이 어떻게 작동하는지 알기 때문에 쉽게 재발명할 것이다. 거래하기 불편한 현 상태에서는 겉멋 든 동네 카페에서 디카페인 에스프레소 마키아토를 사는 데 쓰기 적당치 않다. 지금으로서는 화폐로 쓰기에 지나치게 변동성이 높을지도 모른다. 그러나 최초의 유기적 화폐임은 확실하다.

하지만 비트코인의 존재 그 자체는 정부가 마지막까지 통제할 수 있는 대상, 즉 화폐가 더 이상 기득권의 전유물이 아님을 그들에게 상기시키는 보험이다. 대중은, 즉 우리는 오웰 식 미래에 대비한 보험을 든 것이다.

2018년 1월 22일
나심 니콜라스 탈레브

프롤로그

　2008년 11월 1일, 사토시 나카모토라는 가명을 쓰는 프로그래머가 암호학 전문가들에게 이메일을 보내, '제3자를 신뢰할 필요 없이 완전히 개인 대 개인으로 돌아가는 전자 현금 시스템을 새로 만들었다'고 밝혔다.[1] 메일에는 구조를 설명한 문서 요약본과 온라인 접속 주소가 첨부되어 있었다. 간단히 말해 비트코인은 자체 화폐를 보유한 결제 네트워크를 제공하고, 정교한 방법을 사용하여 구성원이 네트워크 상 어떠한 구성원도 신뢰할 필요 없이 모든 거래를 검증하도록 했다. 비트코인 화폐는 미리 결정된 비율에 따라 발행되어, 거래를 검증하는 데 자기 연산력을 들인 구성원에게 보상으로 제공되므로, 결국 일을 처리하고 받는 보상과 마찬가지였다. 이 발명품이 왜 그리 놀라웠느냐면 이전에 디지털 현금을 만들어내려 했던 수없이 많은 시도와 달리 실제로도 제대로 작동해서다.

　영리하고 깔끔하게 설계되기는 했지만 어쨌든 그처럼 괴상한 실험이 암호학 전문가 아닌 사람에게도 흥미를 이끌어낼 성싶지는 않았다. 실제로도 몇 달 동안은 그랬기 때문에, 디지털 형태나마 수집품으

---

[1] 전체 이메일 내용은 사토시 나카모토가 쓴 글을 모두 모은 사토시 나카모토 연구소(Satoshi Nakamoto Institute) 홈페이지에서 열람 가능하다. www.nakamotoinstitute.org.

로 취급되기 시작한 코인을 채굴하고 주고받으려고 네트워크에 가입한 사람은 전 세계에서도 몇 명 되지 않았다.

그러나 2009년 10월에서 한 인터넷 거래소[2]가 5,050비트코인을 5.02달러에 팔면서 비트코인을 최초로 돈 주고 산 사례가 등장했다.[3] 1달러에 1,006비트코인 꼴로 산정된 셈인데, 기준은 비트코인을 생산하는 데 든 전력비였다. 이때가 비트코인의 생애에서 경제적으로 가장 중요하고 중대한 시점이었다. 이제 비트코인은 프로그래머들이 모인 변두리 공동체에서나 가지고 노는 디지털 놀잇감을 벗어나, 어딘가에 사는 누군가가 실제 가치를 부여하여 가격을 매긴 시장재화가 되었다. 2010년 5월 22일에는 누군가가 총 25달러어치인 피자 두 판을 사고 10,000비트코인을 지불하여, 최초로 비트코인을 교환매개로 사용했다. 비트코인 토큰이 시장재화가 된 후 교환매개라는 정체성을 얻는 데는 7개월이 걸렸다.

그 이후 비트코인 네트워크는 사용자와 거래량, 그리고 사용하는 연산력 관점에서 계속 성장했고, 비트코인 화폐 가치는 빠르게 올라 2017년 11월에는 1비트코인에 7,000달러를 넘었다.[4] 비트코인은 발

---

[2] 파산하여 현재는 없는 뉴 리버티 스탠다드(New Liberty Standard)다.
[3] Nathaniel Popper, 《Digital Gold》 (Harper, 2015).

명된 지 8년 만에 시장의 시험을 통과하고 단순한 온라인 놀잇감을 벗어나 다수가 현실 세계에서 쓰려는 목적으로 사용하는 기술이 되었고, 비트코인 시세는 TV, 신문, 웹사이트에 각국 화폐 기준으로 정기적으로 보도되었다.

비트코인은 예기치 못한 인플레이션으로부터 보호받는 화폐를 사용하여, 제3자를 신뢰할 필요 없이 가치를 전달할 수 있는 분산형 소프트웨어라고 이해하는 편이 가장 좋다. 다시 말해 비트코인은 현대 중앙은행이 수행하는 기능을 탈중앙 식으로 수많은 네트워크 구성원이 공유하며 다른 구성원에게 동의받지 않고는 변경할 수 있는 코드로 프로그래밍하여 자동화함으로써, 예측 가능하고 사실상 변경 불가능하도록 만들었다. 그래서 비트코인은 디지털 현금과 디지털 경화를 안정적으로 운영할 수 있음을 최초로 보여준 사례다. 비트코인은 디지털 시대에 새로 발명된 물건이지만, 비트코인이 해결했다고 선언한 문제(구체적으로 말하자면 소유자에게만 온전히 장악되고, 장기적으로 가치를 유지할 가능성이 높은 화폐를 제공하는 문제)는 인간 사회 자체만큼이나 해묵었다. 이 책에서는 비트코인이라는 기술과 비트코인

---

4) 다시 말해 시장 상품으로 거래된 8년 동안 1 비트코인 가격은 최초 거래가인 0.000994달러에서 이 글을 쓰고 있는 현재까지 최고 기록인 7,888달러까지 상승하여 793,513,944%, 대략 8백만 배 올랐다.

이 풀어낸 경제적 문제를 여러 해 동안 연구한 결과에 기초하여 이러한 문제를 이해해 보고, 또 역사상 여러 사회가 어떠한 해답을 내 왔는지 보여줄 것이다. 비트코인이란 손쉽고 빠르게 돈을 벌려는 투기꾼과 기획자가 만들어 낸 사기 내지는 계략이라고 딱지를 붙인 사람이라면 필자의 결론에 놀랄지도 모르겠다. 비트코인이 예전에 사용되었던 '가치저장' 방식을 정말로 개선했고, 디지털 시대 건전화폐로서 지속가능성을 확보했다는 사실을 살펴보면 회의론자도 놀랄 것이다.

역사를 자세히 검토하면 앞으로 무엇이 올 지 내다볼 수 있다. 그리고 시간이 흐르면 이 책에서 주장한 의견이 얼마나 탄탄했는지도 드러날 것이다. 이 책 첫 부분에서는 첫 부분답게 화폐의 기능과 성질을 설명한다. 필자는 공학 지식을 갖춘 경제학자로서 기술을 이해해야 할 때면 언제나 그 기술이 해결했다고 주장하는 문제부터 살피는데, 그리하면 그 기술의 핵심 기능을 사소하고 부수적이며 표면적인 특성에서 분리하여 도출할 수 있다. 돈이 무슨 문제를 해결하려고 출현했는지 이해하고 나면, 건전화폐와 불건전화폐를 가르는 요소가 무엇인지 그리고 조개껍질 · 구슬 · 금속 · 정부화폐 같이 다양한 재화가 무슨 이유로 어떻게 화폐 기능을 수행해 왔고 가치를 저장 · 교환하려는 사회의 목적을 어떻게 수행했으며 왜 실패했는지 이해할 수도 있다.

2부에서는 건전화폐와 불건전화폐가 역사적으로 개인 · 사회 · 세계에 어떤 영향을 끼쳤는지 논한다. 건전화폐는 사람들이 장기간을 생각하고, 미래를 위하여 더 많이 저축하고 투자하게 만든다. 미래를 고려한 저축과 투자는 자본을 축적하고 인간 문명을 발전시키는 열쇠다. 돈은 한 경제의 정보·측정체계다. 그래서 건전화폐를 사용하면 무역·투자·기업경영이 확고한 기반 위에서 계속될 수 있지만, 불건전화폐를 사용하면 이러한 절차가 혼란에 빠진다. 또한 건전화폐는 정부의 횡포에 효과적으로 맞설 방벽을 제공하기 때문에 자유 사회의 필수 요소기도 하다.

3부에서는 비트코인 네트워크의 운영 방식과 비트코인의 핵심 경제 특성을 설명하고, 건전화폐로서 비트코인이 쓰일 만한 분야를 분석하는 한편, 비트코인이 제대로 수행하지 못할 사례를 논하고 비트코인을 둘러싼 오해와 착오도 짚어본다.

이 책을 쓴 목적은 독자가 비트코인에 얽힌 경제학을 이해하고, 역사 상 화폐 기능을 충족하는 데 쓰인 수많은 기술을 디지털에서 재현한 존재로서 비트코인이 어떻게 쓰이는지 이해하는 데 도움을 주는 것이다. 이 책은 비트코인 화폐 광고도 아니고, 와서 구입하라는 초대장도 아니다. 그런 것과 거리가 멀다. 비트코인의 가치는 최소한 한동안 들쑥날쑥하게 변동할 가능성이 높다. 비트코인은 예상 가능한 이유로든 예기치 못한 이유로든 성공할 수도, 실패할 수도 있다. 또 비트코인을 쓰려면 기술 지식이 있어야 하고 위험을 감수해야 하므로 적지 않은 사람에게는 사용하기 부적합하다. 이 책의 목적은 투자 조언을 제공하는 데 있지 않고, 비트코인 네트워크의 경제적 특성과 운영 방식을 밝힘으로써 독자가 충분히 알고 이해한 후에 비트코인을 사용할지 결정하도록 돕는 데 있다.

누구든 비트코인에 가치를 저장할지 고민하려면 우선 그 정도는 이해해야 하고, 또 비트코인을 실제로 소유하고 보관하는 데 얽힌 운영 방식을 넓고도 깊게 공부해야 한다. 시장 가치가 상승하면서 비트코인은 당연히 투자해야 할 대상처럼 보이게 되었다. 하지만 수없이 발생한 해킹과 공격과 사기와 보안 실패 때문에 사람들이 비트코인을 잃은 사례를 자세히 들여다보고 나면, 비트코인을 사면 이익은 따 놓은 당상이라고 생각하는 사람이라도 정신이 번쩍 들 것이다. 이 책을 읽고 나서도 비트코인 화폐를 소유할 만하다고 생각한다면, 처음 투자해야 할 것은 비트코인을 구입하는 데 들일 돈이 아니라, 비트코인을 안전하게 구입하고 저장하고 소유할 방법을 이해하는 데 들일 시간이다. 비트코인의 본질 상 그런 지식은 누가 대신 배워 줄 수도 없고 누가 대신 실행해 줄 수도 없다. 비트코인 네트워크를 사용하는 데 관심을 둔 사람이라면 누구나 지녀야 할 책임감, 그것이 비트코인에 합류하기 위해 해야 할 진짜 투자다.

Part 01

화폐(돈)

The Bitcoin Standard
화폐(돈)

비트코인은 화폐(돈) 기능을 하는 최신 기술이다. 인류는 이제껏 '시간과 공간을 초월하여 경제 가치를 전달하는 방법'을 찾아내지 못했지만, 비트코인이라는 기술이 발명되자 문제를 해결할 가능성이 크게 높아졌다 비트코인을 이해하려면 우선 화폐(돈)가 무엇인지 이해해야 하는데, 화폐(돈)가 무엇인지 이해하려면 돈의 기능과 역사를 공부하는 수밖에 없다.

가치를 교환하려면 가치가 같은 물건끼리 교환하는 편이 가장 간단하다. 이렇게 직접교환하는 방법은 물물교환이라고도 하는데, 재화나 서비스가 몇 가지로 제한된 소규모 집단에서나 쓸 만하다. 외부와 차단된 곳에 열 명 남짓이 사는 나라를 가정해 보자. 그 안에서라면 분업과 교역을 할 여지가 크지 않으니, 생존하는 데 반드시 필요한 몇 가지 정도 물건이나 각자 만들어 서로 직접 교환할 만하다. 물물교환은 인간 사회에 언제나 존재했고 지금도 계속 쓰이기는 하지만, 사람들끼리 굉장히 가까운 예외적 환경에서나 그럴 뿐이지 보통은 매우 비현실적인 방법이다.

경제가 크고 복잡해지면 각자 전문화함으로써 더욱 많은 재화를 생산하여 낯선 사람과 교환할 기회가 생기는데, 잘 알지도 못하는 사람들과 재화와 서비스와 호의를 수없이 주고받으면서 일일이 관리하기는 매우 비현실적이다. 시장이 커질수록 전문화하고 교환할 기회도 커지지만, 욕망불일치(coincidence of wants, 욕망부합이라고도 함. ─ 옮긴이) 문제도 커진다. 당신이 얻으려는 물건을 만드는 사람이 있더라도, 그 사람이 얻으려는 물건은 당신이 팔 물건이 아닐지도 모른다는 말이다. 이 문제는 단순히 '사람마다 원하는 물건과 정도가 다르다'는 정도를 넘어, 세 가지 차원에서 각각 살펴보아야 한다.

첫째, 규모가 불일치할 수 있다. 원하는 것의 가치가 가진 것의 가치에 걸맞지 않을 때도 있고, 둘 중 하나를 쪼개기가 어려울 때도 있다는 얘기다. 예컨대 신발을 주고 집을 얻으려 한다고 하자. 집을 쪼개서 신발 한 켤레 어치만 받을 수도 없고, 집주인이 집에 걸맞은 가치를 모두 신발로 쳐서 받으려 할 리도 없다. 둘째, 시점이 불일치할 수 있다. 상하기 쉬운 물건을 주는 한편 값지고 오래가는 물건을 얻으려는 사람도 있을 텐데, 상하기 쉬운 물건을 충분히 모았다가 특정 시점이 되었을 때 오래가는 물건으로 바꾸기는 쉽지 않다. 예컨대 사과를 차곡차곡 쌓아두었다가 자동차로 한 번에 바꾸기는 어려울 것이다. 거래가 종결되기 전에 사과가 상해버릴 것이기 때문이다. 셋째, 장소가 불일치할 수 있다. 어떤 곳에 있는 집 한 채를 주고 다른 곳에 있는 집 한 채를 얻고 싶어도, (보통) 집을 들어 옮기지는 못한다. 직접교환은 이 세 가지 문제가 있어 매우 비현실적이기 때문에 사람들은 여러 번에 걸쳐 교환해야 경제 욕구를 충족할 수 있었다.

이 유일한 해결책이 간접교환이다. 자기가 얻으려는 물건을 만드는 사람이 원할 법한 다른 물건을 찾고, 자신이 팔려는 물건을 그 다른 물건과 바꿔 줄 또 다른 사람을 찾는 것이다. 이때 중간에 낀 물건을 교환매개라고 한다. 어떤 물건이든 교환매개가 되지만, 거래하려할 때마다 거래 상대방이 원하는 물건을 찾아 몇 번이고 바꿔가는 일은 경제 규모가 커지고 범위가 넓어질수록 힘들어진다. 그러다가 효율이 훨씬 높은 방법이 우연하게라도 일단 등장하고 나면 이를 사용하는 사람의 생산성이 그렇지 않은 사람보다 훨씬 좋아지기 때문에 자연스레 두드러지게 된다. 바로 모든 사람이 단일한 (또는 소수의) 교환매개를 자기 물건과 교환하는 방법이다. 그리고 교환매개로 널리 인정되는 재화를 바로 화폐(돈)라고 한다.

'교환매개'는 화폐(돈)를 정의하는 본질적 기능이다. 다시 말해 화폐(돈)는 무엇보다도 다른 물건과 바꾸는 재화지, 써 버리는 재화(소비재)도 아니고 다른 재화를 생산하는 데 이용하는 재화(투자 또는 자본재)도 아니다. 물론 투자도 수입을 얻어 다른 물건과 바꾸려고 하는 일이지만, 세 가지가 돈과 다르다. 첫째, 투자는 수익을 만들어내지만 돈은 그렇지 않다. 둘째, 투자에는 언제나 실패할 위험이 따르지만 돈은 위험이 가장 낮다(고들 생각한다). 셋째, 투자는 돈보다 유동성이 떨어지며, 소비하는 데 쓰려면 매 번 상당한 거래비용을 지불해야 한다. 이 정도면 왜 돈의 수요가 항상 존재하고, 왜 투자가 돈을 완전히 대체할 수 없는지 이해가 간다. 인생의 전제는 불확실성이고, 돈이 언제 얼마나 필요할 지는 확실히 알 수 없다.[11] 사실상 모든 문화권에서 옛 부터 내려오는 상식이자 지혜에 따르면, 돈은 재산 가운데 가장 유동성이 풍부하여 필요할 때 재빨리 쓸 수 있고 어떤 투자보다도 덜 위험하므로 재산 중 일부를 돈으로 보유해야 한다. 돈을 보유함으로써 편리함을 누린 대가는 그 돈만큼 포기해야 했던 소비일 수도 있고, 그 만큼 포기해야 했던 투자 수익일 수도 있다.

오스트리아 학파를 창시하고 한계효용이론을 제창한 경제학자 카를 멩거(Carl Menger)는 인간이 시장에서 내리는 선택을 연구한 끝에 시장에서 자유 선택에 따라 돈으로 채택되는 재화의 핵심 특성을 뽑아냈다. 이 특성이 판매가능성인데, 그 재화를 보유한 사람이 원할 때면 언제든, 가치 손실을 최소화하며 시장에서 손쉽게 팔 수 있는 성질을 말한다.[2]

무엇이 돈으로 쓰여야 한다거나 쓰이면 안 된다는 원칙은 없다. 누군가가 어떤 재화를 사는 목적이 그 자체를 쓰기 위해서가 아니라 다른 것과 교환하기 위해서라면 그 재화는 사실상 돈이 되는 것인데, 사람이 가지각색인 만큼 '무엇이 돈에 포함되느냐'는 데도 다양한 의견과 선택이 존재한다. 인류 역사에서 돈 기능을 한 것을 살펴보면 금과 은이 가장 두드러지지만 그 외에 구리, 조개껍질, 큰 돌, 소금, 소, 정부가 발행한 서류, 귀금속 뿐 아니라 특수한 상황에서는 심지어 술과 담배도 돈으로 쓰였다. 사람은 주관적으로 선택하기 때문에 돈에는

---

1) 미래의 불확실성이 돈을 보유하는 핵심 요인인 이유를 논한 자료는 다음을 참고하라. Ludwig von Mises, 《Human Action》, p. 250 (루트비히 폰 미제스, 《인간 행동》 p. 499~500) 미래가 전혀 불확실하지 않다면 앞으로 발생할 모든 수입과 지출을 미리 알고서 가장 적합한 계획을 짤 수 있기에 현금을 보유할 필요가 절대 없다. 하지만 삶은 불확실성을 언제나 포함하며, 미래를 알지 못하면서도 소비할 능력은 유지하려면 계속 돈을 보유해야 한다.
2) Carl Menger, "On the Origins of Money", 〈Economic Journal〉, vol. 2 (1892): 239~255.

'옳은' 선택도 '그른' 선택도 없다. 하지만 결과는 선택에 따라 다르다.

　재화의 상대적 판매가능성을 평가하려면 앞에서 언급한 세 가지 욕망불일치를 얼마나 잘 해결하는지, 다시 말해 규모·공간·시간을 뛰어넘는 판매가능성이 어떤지를 살피면 된다. 한 재화가 규모를 뛰어넘는 판매가능성을 지녔다는 말은, 작은 단위로 나누거나 큰 단위로 합치기가 간편해서 보유자가 원하는 만큼씩 팔 수 있다는 말이다. 공간을 뛰어넘는 판매가능성이 있다는 말은 그 재화를 옮기거나 가지고 다니기 편하다는 뜻인데, 그렇다면 같은 무게에 높은 가치를 담은 재화가 화폐라는 매개로서 좋다는 얘기도 된다. 돈 기능을 할 만한 재화라면 이 두 가지 특성을 충족하기 그다지 어렵지 않다. 가장 중요한 것은 세 번째 요소, 바로 시간을 뛰어넘는 판매가능성이다.

　어떤 재화가 시간을 뛰어넘는 판매가능성을 갖췄다고 하면 가치를 담아 미래로 보낼 수 있다는 얘기고 따라서 부를 보관할 수 있다는 말이다. 이것이 돈의 두 번째 기능인 가치저장이다. 어떤 재화가 시간을 뛰어넘는 판매가능성을 갖추려면 부패하거나 부식해서 가치가 하락하는 일이 없어야 한다. 생선·사과·귤을 이용하여 부를 오래 저장할 수 있다고 생각한 사람이 있다면 모르기는 해도 아마 교훈을 얻느라 비싼 수업료를 낸 탓에, 당분간은 부를 어떻게 저장할지 고민하며 골머리를 썩일 필요조차 없어졌을 것이다. 그런데 시간이 흘러도 물리적 성질이 그대로라는 정도는 시간을 뛰어넘는 판매가능성을 갖출 필요조건이지 충분조건이 아니다. 어떤 재화의 물리적 성질이 변하지 않았는데 가치가 크게 줄어드는 경우도 있기 때문이다. 한 재화의 가치가 유지되려면 보유하는 동안 그 재화의 공급이 지나치게 늘어서도 안 된다. 인류 역사에 등장한 돈은 여러 가지지만, 그 재화를 더 생산하는 데 제한을 가하는 장치가 존재하기 때문에 기존 재화의 가치가 유지된다는 특성은 공통이다. 새로 더 생산하기가 힘들수록 그 돈은 견고하다. 공급을 늘리기 어려운 돈을 단단한 돈, 경화(硬貨, hard money)라고 하고, 공급을 늘리기 쉬운 돈을 부드러운 돈, 연화(軟貨, easy money)라고 한다.

('hard'에 '단단한'과 '어려운'이라는 뜻이 모두 있기 때문에 'hard money' 에도 '(가치가) 견고한 돈'과 '(얻거나 만들기) 어려운 돈'이라는 중의성이 있다. 마찬가지로 'hardness'는 '돈을 만들어내기 어려운 정도'라는 의미도 포괄하고, 또 그렇게 이해하는 편이 저자의 의도에 더욱 적합한 경우도 있으나, 번역문에서는 혼선을 피하기 위하여 '(돈의 가치가) 견고한 정도'로 통일해도 전반적 의미가 왜곡되지는 않는다고 판단했다. - 옮긴이)

어떤 돈의 가치가 얼마나 견고한지 파악하려면, 그 재화의 공급과 관련한 다음 두 가지 숫자를 보면 된다. (1) 저량(貯量, stock) : 이제껏 생산된 양에서 이제껏 소비되거나 파괴된 양을 뺀, 기존 공급량. (2) 유량(流量, flow) : 앞으로 일정 기간 동안 추가로 생산될 양. 저량과 유량의 비율은 그 재화가 돈으로서 얼마나 견고한지, 그래서 돈으로 쓰기에 얼마나 적당한지 보여주는 믿을만한 지표다. 어떤 재화의 저량이 유량에 비하여 비교적 적다면, 즉 저량/유량 비율(stock-to-flow ratio)이 낮다면, 사람들이 가치저장 수단으로 쓰기 시작할 때부터 공급량이 급격히 늘 수 있다. 그런 재화를 가치저장 수단으로 택하면 가치를 유지하기 어렵다. 저량/유량 비율이 높을수록 시간이 흘러도 가치를 유지하여 시간을 뛰어넘는 판매가능성도 높을 것이다.[3]

사람들이 경화, 즉 저량/유량 비율이 높은 재화를 가치저장 수단으로 택한다면 가치를 저장하려고 그 재화를 사는 사람이 많아지므로 수요가 늘어 가격이 오르기 때문에, 그 재화를 생산하는 사람에게 생산량을 늘릴 동기가 생긴다. 그런데 원래 추가 생산분이 기존 공급량에 비하여 적으니, 추가분이 늘어난다고 해 봤자 가격이 크게 떨어질 가능성은 낮다. 반면 사람들이 연화, 즉 저량/유량 비율이 낮은 재화에 가치를 저장하기로 선택할 경우에는, 그 재화를 생산하는 사람이 공급량을 크게 늘리는 것이 쉽기 때문에 가격이 떨어진다. 그래서 결국 재화 가치가 낮아지고 저축한 사람이 부를 도둑맞는 꼴이 되며, 시간을 뛰어넘는 판매가능성이 무너진다.

필자는 그런 상황을 연화함정(easy money trap)이라고 부르고자 한다. 즉, 모든 재화는 가치저장 수단으로 쓰이면 공급이 느는데, 공급을 늘리기 쉬운 재화를 가치저장 수단으로 사용했다가 부가 손상되는 경우를 가리킨다. 연화함정을 뒤집어 생각하면, 제대로 된 돈으로 쓰이는 재화가 있다는 얘기는 다시 말해 그 재화가 더 많이 시장에 흘러가기 어렵게 하여 시간이 흘러도 가치를 유지하는 자연적 또는 인공적 장치가 있다는 얘기도 된다. 따라서 무언가가 화폐 기능을 하려면 생산하는 데 비용이 많이 들어야 한다고 해도 뜻이 통한다. 그렇지 않다면 저렴한 비용만 들여도 돈을 만들 수 있다는 유혹이 일어나 저축한 사람의 부가 침해받게 되고, 따라서 그 매개에 가치를 저장하려는

3) Antal Fekete, 《Whiter Gold?》 (1997). Bank Lips가 후원하는 International Currency Prize 1996년 수상작.

이유도 없어질 것이기 때문이다.

자연·기술·정치적 발전이 일어나 어떤 화폐성 재화 공급이 급격히 늘어나게 되면 그 재화는 화폐 지위를 잃고, 저량/유량 비율이 높아 더 믿을만한 다른 교환매개로 대체될 것이다. 이 내용은 다음 장에서 다룰 것이다. 조개껍질은 채취하기 힘든 시절에 돈으로 쓰였고, 담배는 만들거나 구하기 힘든 교도소에서 돈으로 쓰이며, 국정화폐는 공급량 증가율이 낮을수록 시간이 흘러도 가치를 보전할 가능성이 높고 이를 보유하려는 사람도 많다.

현대에 기술이 발전하여 조개를 수입하거나 채집하기 쉬워지자 조개껍질을 돈으로 쓰던 사회는 금속화폐나 지폐로 방향을 틀었고, 정부가 화폐 공급을 늘리면 국민은 외화나 금처럼 비교적 믿을만한 화폐성 자산을 보유하는 쪽으로 움직인다. 20세기에는, 특히 개발도상국에서는 그런 비극적 사례가 안타까울 정도로 많이 등장했다. 오랫동안 살아남은 화폐란 공급 확대를 제한하는 매우 믿을만한 장치를 갖춘 화폐, 다시 말해 경화다. 화폐끼리는 언제나 치열하게 경쟁하는데, 그 결과를 내다보려면 다음 장에서 살펴보듯 기술 발전이 경쟁 당사자의 저량/유량 비율에 끼치는 영향을 보면 된다.

보통은 누구나 자기 좋을 대로 어떤 재화든 교환매개로 사용하면 되지만, 현실에서 점점 더 큰 이익을 본 사람은 추가 공급량이 무시할 만큼 적기 때문에 가치도 거의 떨어지지 않는 경화를 사용한 사람일 것이다. 연화는 공급량이 빠르게 상승하면 시장가격이 떨어지기 때문에, 이를 선택한 사람은 가치를 잃을 가능성이 높다. 이성적으로 판단해서 앞을 내다보든, 아니면 뒤를 돌아보고 현실의 쓰디쓴 교훈에 비추어 보든, 돈과 부는 가장 견고하고 가장 판매가능성이 높은 것을 선택한 사람에게 대부분 집중될 것이다.

그런데 재화의 견고함과 판매가능성 자체도 영원히 고정된 속성이 아니다. 사회마다, 그리고 시대마다 기술 수준이 다르기 때문에 돈의 견고함과 판매가능성 역시 다르다. 현실에서 '가장 좋은 돈의 요건'은 언제나 여러 재화의 판매가능성을 만들어내는 사회의 기술 현실에 따라 결정되었다. 그렇기 때문에 오스트리아학파 경제학자라면 건전화폐(sound money), 즉 경화를 정의할 때 경직되거나 객관적인 태도를 취할 때가 드물다. 이들이 정의하는 경화란 특정한 재화나 상품이 아니고, 정부가 강제해서 쓰이는 돈도 아니라 사람들이 거래에 쓰려고 시장에서 자유롭게 선택한 돈이자, 정부가 내린 결정이 아니라 시장에서 일어난 상호작용에 따라 가치가 결정되는 돈이다.[4] 자유 시장에서 벌어지는 화폐 경쟁은 건전화폐를 만들어내는 데 무자비할 정도로 효율적이다. 제대로 된 돈을 선택하여 시간이 흘러도 상당한 부를 유지하는 사람만 살아남기 때문이다. 정부가 가장 견고한 화폐를 사회에 강제할 필요도 없다. 사회는 정부를 만들어 내기 훨씬 전에 이미 그런 돈부터 찾아냈을 것이다. 그리고 정부가 무엇이든 강제해 봤자 효과도 없고, 영향이 있다 한들 화폐끼리 경쟁하는 과정에 해만 끼친다.

경화와 연화는 개인과 사회에 금융 손실과 이익 정도보다 훨씬 심오한 영향을 끼치는데, 5·6·7장에서 이를 중심 주제로 자세히 다룰

---

4) Joseph Salerno, 《Money: Sound and Unsound》 (Ludwig von Mises Institute, 2010), pp. xiv~xv.

것이다. 부를 좋은 가치저장 수단에 보관할 수 있는 사람은 나쁜 수단에 보관한 사람보다 미래 계획을 제대로 세울 가능성이 높다. 화폐의 건전함, 다시 말해 시간이 흘러도 가치를 유지하는 능력은 개인이 미래보다 현재를 더 소중히 여기는 정도, 즉 이 책의 중심 개념인 시간선호(time preference)를 결정하는 열쇠다.

저량/유량 비율 뿐 아니라 다른 사람이 받아들일 가능성, 즉 수용가능성(acceptability)도 화폐의 판매가능성에 중요한 요소다. 어떤 화폐를 받는 사람이 많을수록 그 재화의 유동성도 높아지고, 따라서 사고 팔 때 손실이 적을 가능성도 높아진다. 컴퓨터에서 말하는 프로토콜(데이터 교환 규칙 또는 방식 - 옮긴이)에서 나타나듯, 개인끼리 자주 상호작용하는 사회 환경에서는 자연스럽게 몇 가지 프로토콜만 두드러지며 표준이 되어 거래를 장악한다. 네트워크가 커질수록 구성원에게 주는 이익도 기하급수적으로 늘어나기 때문이다. 그렇기 때문에 서로 분간도 안 가는 소셜미디어 네트워크가 수백 개 씩 탄생하지만 그 와중에도 시장을 장악하는 것은 페이스북 등 몇 가지뿐이다. 마찬가지로 이메일을 주고받는 기기라면 모두 IMAP/POP3 프로토콜로 받고 SMTP 프로토콜로 보내야 한다. 다른 프로토콜 중에도 완벽한 기능을 갖춘 것이 많지만 사용자는 거의 없다. 그런 프로토콜을 쓰면 오늘날 IMAP/POP3와 SMTP로 이메일을 쓰는 사람, 다시 말해 거의 모든 사람과 연락할 수가 없기 때문이다. 마찬가지로 돈에서 가장 중요한 것은 쉽게 교환되는 성질이기 때문에, 필연적으로 하나 내지 몇 가지에 불과한 재화만 주요 교환매개로 두드러지는 결과가 나왔다. 앞에서 말했듯 사람들이 교환매개를 가지는 것은 그 자체가 좋아서가 아니라 판매가능성이 있어서다.

더 나아가 보자. 어떤 교환매개를 받는 사람이 많아지면 모든 물건의 가격을 그 재화 기준으로 표현할 수 있는데, 그러면 그 재화는 돈의 세 번째 기능인 가치척도(unit of account) 역할을 하게 된다. 아무것도 교환매개로 인정하지 않은 경제에서는 모든 물건 가격을 다른 모든 물건 기준으로 매겨야 하므로, 가격이 엄청나게 다양해져 경제 계산이 매우 어려울 것이다. 반면 교환매개가 있는 경제에서는 모든 재화의 가격이 동일한 가치척도 기준으로 나타난다. 그런 사회에서 돈은 사람끼리 가치를 매기는 기준이 된다. 즉 돈 덕분에 생산자는 다른 사람에게 가치를 주는 만큼 보상을 받고, 소비자는 원하는 물건을 얻으려면 얼마나 내야 하는지 안다. 가치척도로 쓰이는 교환매개는 하나만 존재해야 경제 계산을 정교하게 할 수 있고, 그래야 전문화하여 복잡한 작업도 해내고 자본을 축적하며 시장을 키울 가능성이 열린다. 시장경제를 운영하려면 가격이 드러나야 하고, 가격이 정확하게 드러나려면 공통 교환매개가 있어서 서로 다른 재화의 상대적 희소성을 나타내야 한다. 그런데 이 공통 교환매개가 연화라면, 발행자가 공급량을 계속하여 늘릴 수 있으므로 이 화폐로는 기회비용을 정확히 반영하지 못한다. 돈의 수량이 예기치 못하게 변할 때마다, 그 돈은 사람끼리 가치를 매기는 단위로든 경제 정보가 흐르는 통로로든 왜곡될 것이다.

교환매개를 하나만 사용하면 그 교환매개를 사용하려는 사람 수에 비례하여 경제 규모도 커질 수 있다. 경제 규모가 커질수록 교환과 전문화에 따른 이익이 창출될 기회도 커지고, 심지어 생산 구조도 더욱 장기화·정교화 할 수 있다. 생산자는 더욱 긴 생산 주기에 걸쳐 최종 소비재만을 생산하는 자본재를 만드는 데 특화할 수도 있는데, 그러면 제품 생산이 질적으로나 양적으로나 우월해질 여지가 커진다. 예컨대 소규모 원시 경제에서 해산물 채집을 한다면 개인이 각자 해안으로 가서 몇 시간 만에 맨손으로 물고기를 잡을 것이다. 한편 경제가 성장할수록 정교한 도구와 자본재가 점점 더 많이 쓰이게 되는데, 그러면서 생산과정의 주기가 상당히 늘어나는 한편 생산성도 높아진다. 현대식 어선은 매우 정교해서 몇 년 씩 걸려 만드는 한편, 몇 십 년에 걸쳐 쓰인다. 이러한 배를 타면 작은 배로는 갈 수 없는 먼 바다까지 나가, 작은 배로는 잡지 못했을 고기까지 잡을 수 있다. 덜 자본집약적인 배가 꼼짝할 수 없는 악천후 등의 악조건에도 현대식 어선은 생산 활동을 계속할 수 있다. 이렇게 자본이 축적되어 생산주기를 늘리면 노동시간 당 생산량이 늘어날 뿐 아니라, 자본이 축적되지 않아 기본 도구만 쓰는 원시 경제에서라면 절대 만들지 못했을 우월한 제품도 생산할 수 있다. 이 모두가 가능했던 이유는 돈이 교환매개 기능을 하여 전문화를 가능케 하고, 가치저장 기능을 하여 사람들이 미래를 가늠하고 자원을 소비가 아니라 투자에 돌릴 동기가 되었으며, 가치 척도 기능을 하여 경제적 이익과 손실을 계산할 수 있어서다.

돈이 발전한 역사를 살펴보면 다양한 재화가 돈 역할을 했는데, 화폐 각각이 지닌 견고함과 건전함은 그 시대마다 존재하는 기술 능력의 한계에 따라 다양했다. 사람들은 조개껍질에서 소금, 소, 은, 금 그리고 가치를 보장받는 정부 발행 화폐에서 오늘날 세계 거의 모든 곳에서 법정화폐로 쓰이는 명목화폐에 이르기까지, 기술이 발전할 때마다 새로운 돈을 사용하며 더 큰 이익을 누리는 한편 새로운 위험도 감수하게 되었다. 돈으로 채택된 도구와 물질의 역사를 처음부터 끝까지 검토하면 좋은 돈과 나쁜 돈의 특성이 보인다. 이러한 배경을 갖춘 후에야 다음 단계로 넘어가 비트코인이 어떻게 돌아가고, 화폐로서 어떤 역할을 하는지 이해할 수 있는 것이다.

　다음 장에서는 야프 섬(Yap Island)에서 쓰인 라이(Rai Stone), 아메리카 대륙에서 쓰인 조개껍질, 아프리카에서 쓰인 유리구슬, 먼 옛날에 쓰인 소와 소금 등, 역사가 흐르는 동안 알게 모르게 돈으로 쓰인 인공물과 자연물의 역사를 살펴본다. 이 모든 교환매개는 해당 구성원이 사용할 수 있는 재화 가운데 저량/유량 비율이 가장 좋을 동안 돈 기능을 수행하다가 그러한 특성을 잃었을 때 기능을 멈추었다. 어째서, 왜 그랬는지 이해해야만 돈이 앞으로 어떻게 진화할지 그리고 비트코인은 어떤 역할을 맡을지 이해할 수 있다. 3장에서는 화폐로 쓰인 금속들을 분석하고, 19세기 말 금본위제 시대에 금이 가장 중요한 화폐금속 지위를 차지한 과정을 살펴본다. 4장에서는 정부화폐로 이동한 과정과 정부 화폐의 실적을 분석한다. 5, 6, 7장에서 여러 가지 돈의 경제·사회적 영향을 논한 후, 8장에서는 비트코인 발명이라는 사건과 비트코인의 화폐 속성을 소개한다.

Part 02

원시적 화폐(돈)

The Bitcoin Standard
원시적 화폐(돈)

　필자가 돈의 역사를 살피며 마주한 모든 것 가운데 비트코인의 작동방식과 가장 비슷한 것은 오늘날 미크로네시아 연방에 속한 야프 섬(Yap Island)에서 라이(Rai)라는 돌로 운영했던 옛 화폐 제도다. 라이는 석회암을 깎아 만든 큰 원반인데, 이것이 어떻게 돈 기능을 했는지 알면 8장에서 비트코인 작동방식을 이해하기도 쉽다. 한편 라이가 화폐 역할을 잃게 된 사연은 견고함을 잃은 돈이 화폐 지위도 잃는 과정을 흥미진진하게 가르쳐주는 실제 사례다.

　라이는 가운데에 구멍이 뚫린 큰 석회암 원반으로, 무게가 4톤까지도 나갈 정도로 크기가 다양한 라이가 돈으로 쓰였다. 라이를 만들 수 있는 석회암은 야프 섬에 없기 때문에 근처에 있는 팔라우나 괌에서 가져왔다. 라이는 보기 좋고 드물어 야프 사람들이 귀하게 여기며 가지고 싶어했지만, 돌을 캐서 작은 뗏목이나 카누로 나르는 과정이 몹시 고되었기에 구하기가 매우 어려웠다. 돌이 크면 옮기는 데 수백 명까지도 필요했다. 돌이 야프 섬에 도착하면 모든 사람에게 보이도록 눈에 잘 띄는 곳에 놓았다. 주인이 라이를 결제 수단으로 사용할 때도 옮길 필요가 없었다. 이제 그 돌의 주인이 누구로 바뀌었다고 마을 사람들에게 알리면 그만이었다. 그렇게 마을 사람 모두가 돌의 새 주인을 인지하고 나면, 받은 사람은 돌을 자기 좋을 대로 결제 수단으로 사용할 수 있었다. 돌 주인이 누구인지 모두가 알았으니, 돌을 훔쳐갈 방법도 없는 것과 마찬가지였다.

야프 사람들은 수백 년, 아니 어쩌면 수천 년 동안 이 화폐 제도를 잘 활용했다. 라이는 한 치도 움직이지 않았지만 섬 어디서나 결제 수단으로 사용할 수 있었기에 공간을 뛰어넘는 판매가능성을 유지했다. 라이의 크기도 다양했고 돌 하나의 일부분만 지불해도 되었기 때문에 규모를 뛰어넘는 판매가능성도 어느 정도 있었다. 또 라이는 야프 섬에 없어서 팔라우에서 캐낸 후 실어 와야 했기 때문에 새로 얻기가 어려운데다 비용도 많이 들어, 시간을 뛰어넘는 판매가능성도 긴 세월 동안 보장받았다. 라이를 야프 섬에 새로 들여오는 비용이 매우 높다는 말은, 기존 공급량이 일정 기간 동안 새로 창출 가능한 공급량보다 언제나 훨씬 많기 때문에 라이를 결제수단으로 받아도 걱정 없었다는 얘기다. 다시 말하면 라이는 사람들이 아무리 가지고 싶다 한들 새로 들여와 공급을 늘리기가 어려웠기 때문에 저량/유량 비율이 매우 높았다. 그렇기는 했는데, 1871년에 데이비드 오키프(David O'Keefe)라는 아일랜드계 미국인 선장이 야프 섬 근처에서 조난당해 섬사람들에게 구출된 후 사정이 달라졌다.[1]

---

1) 로렌스 클링먼(Lawrence Klingman)과 제럴드 그린(Gerald Green)이 오키프 이야기에서 영감을 받아 1952년에 써낸 소설 《오키프 대왕님(His Majesty O'Keefe)》은 1954년에 버트 랭커스터(Burt Lancaster)가 주연한 동명의 할리우드 블록버스터 영화로도 제작되었다.

오키프는 섬에서 코코넛을 사서 코코넛 오일 제조업자에게 팔아 이익을 남길 기회를 찾아냈다. 하지만 열대 낙원에서 살던 섬사람들은 자기 삶에 더할 나위 없이 만족했던 데다 외국 돈을 받아 봤자 쓸모가 없으니, 일하라고 설득할 방법이 없었다. 그러나 오키프는 순순히 포기할 사람이 아니었다. 그는 배를 홍콩으로 몰고 가 큰 배와 폭약을 구하고 팔라우로 간 후, 폭약과 현대식 도구로 큼지막한 라이를 여러 개 캐내어 야프 섬에 싣고 가서 주민들에게 코코넛 대금으로 치르려 했다. 그런데 오키프가 예상했던 바와 달리 마을 사람들은 라이를 받기 꺼려했다. 촌장은 오키프가 가져온 돌이 지나치게 쉽게 얻어온 것이기 때문에 아무 가치도 없다고 선언하고, 마을 사람들이 일한 대가로 그 돌을 받는 것을 금지했다. 야프 섬에서는 사람들이 전통 방식으로 피땀 흘려 캐낸 돌만 인정했다. 하지만 섬사람 가운데에서도 그런 생각에 동의하지 않은 몇몇은 오키프가 원하던 대로 코코넛을 공급했다. 섬에서 갈등이 일어난 끝에, 라이는 돈으로서 종말을 맞았다. 오늘날 야프 섬에서 가장 널리 쓰이는 화폐는 현대식 정부화폐고, 라이는 문화와 의례에 관련한 기능을 주로 한다.

이야기가 상징하는 바는 매우 크지만, 언제가 되었든 현대 산업 문명이 야프 섬과 섬사람에게 일단 침입하면 라이는 화폐 기능을 잃을 운명이었고 오키프는 그 시기를 앞당겼을 뿐이다. 야프에 현대식 도구와 공업력이 도착하면 라이 생산 비용은 이전보다 크게 낮아질 수밖에 없다. 오키프가 그랬듯 이전보다 훨씬 많은 라이를 야프에 들여올 사람은 현지인이 되었든 외지인이 되었든 한둘이 아니었을 것이다. 현대 기술이 도입되자 라이의 저량/유량 비율은 극적으로 낮아졌다. 매 해마다 훨씬 더 많은 돌을 생산해 낼 수 있게 되자 섬에 원래 있던 돌의 가치는 크게 떨어졌다. 이제 이 돌을 가치저장 수단으로 쓰겠다는 결정은 점점 더 어리석은 판단이 되었다. 라이는 시간을 뛰어넘는 판매가능성을 잃었고, 그리하여 교환매개 기능도 잃었다.

이 책을 쓰는 지금도 계속 가치가 폭락하는 베네수엘라 볼리바르처럼 지금까지 화폐 기능을 잃은 돈 모두가 저량/유량 비율 하락에서 받은 영향은 세부사항만 다를 뿐 결국 동일하다.

서아프리카에서 여러 세기 동안 돈으로 쓰였던 아그리 구슬(Aggry bead)도 비슷한 일을 겪었다. 서아프리카의 아그리 구슬은 운석으로 만들었다거나 이집트와 페니키아 상인이 가져왔다는 설이 있을 뿐 역사가 그다지 명확하지 않다. 알 수 있는 사실이라면 아그리 구슬이 귀한 취급을 받은 지역에서는 한정된 유리 제작 기술 때문에 비싼데다 널리 퍼지지도 않았고, 그래서 저량/유량 비율이 높았으며, 그래서 시간을 뛰어넘는 판매가능성을 얻었다는 정도다. 이 구슬은 작고 값진데다 염주, 목걸이, 팔찌로 꿸 수도 있어서 규모를 뛰어넘는 판매가능성도 있었다(다만 구슬이 한 가지 표준으로 통일되지 않고 매우 다양했기 때문에 규모를 뛰어넘는 판매가능성이 이상적일 정도는 아니었다). 또 가지고 다니기도 편리해서 공간을 뛰어넘는 판매가능성도 확보했다. 반면 유럽에서는 유리구슬이 비싸지 않았고, 또 유리 제작 기술이 널리 보급되었기 때문에 유리구슬이 화폐 기능을 하지 않았다. 왜냐하면 유럽에서 유리구슬을 화폐로 쓰려는 사람이 생기면 생산자가 구슬을 시장에 마구 밀어낼 것이라서, 다시 말해 저량/유량 비율이 낮아서다.

16세기에 서아프리카에 도착한 유럽 탐험가와 상인은 그곳에서 유리구슬 가치가 높다는 사실을 알아채고 유럽에서 대규모로 들여오기 시작했다. 그 다음에 벌어진 이야기는 야프 섬의 이야기와 비슷하지만, 서아프리카 인구는 야프보다 훨씬 많고 유리구슬은 라이보다 작았기 때문에 과정은 더욱 느리게, 더욱 은밀하게 진행되었고 결과는 더욱 비극적이고 훨씬 큰 규모로 발생했다. 유럽인이 고국에서 하찮은 대가만 치르고 얻은 유리구슬로 아프리카의 귀중한 자원을 엄청나게 사오는 데까지 비록 시간은 오래 걸렸지만 이윤은 확실했다.[2] 유럽에서 아프리카로 유리 구슬이 밀려들어오자 구슬은 점차 경화에서 연화로 변하며 판매가능성을 잃어갔고, 아프리카인이 쥐고 있던 구슬의 구매력은 점점 더 떨어졌으며, 아프리카인은 구슬을 쉽게 얻을 수 있었던 유럽인에게 부를 넘겨주어 가난해졌다. 아그리 구슬은 아프리카인을 거래하는 노예무역을 가속했기 때문에 이후 유럽과 북아메리카에서는 '노예 구슬'이라고 불렸다. 화폐 가치가 한 번에 붕괴한다면 비극이나마 최소한 빨리 끝나기는 하므로 옛 화폐 보유자도 새 돈을 가지고 무역·저축·계산을 다시 시작할 수 있다. 하지만 화폐 가치가 오랜 시간에 걸쳐 천천히 새어나간다면, 그 돈을 소유한 사람의 부도 그 매개를 싸게 만들어낼 수 있는 사람에게 천천히 옮겨갈 것이다. 이 책 후반부에서 정부화폐의 건전성을 논할 때 다시 떠올릴 만한 교훈이다.

조개껍질도 북아메리카·아프리카·아시아 등 세계 여러 곳에서

---

2) 유럽인이 이윤을 극대화하려고 배에 가득 실은 유리구슬은 항해할 때 배를 안정시키는 기능도 했다.

널리 쓰인 화폐다. 역사 자료를 살펴보면 해당 지역에 흔치 않아 찾기 힘든 조개가 손쉽게 찾을 수 있는 조개보다 값지기 때문에 판매가능성도 높았다.[3] 아메리카에서 원주민과 유럽 출신 초기 정착민이 나사조개 등으로 만든 구슬인 왐펌(wampum)도 아그리 구슬과 마찬가지 이유 때문에 돈으로 널리 사용되었다. 당시에 돈으로 사용할 만했던 내구재 가운데 찾기가 가장 어려웠기 때문에 저량/유량 비율도 가장 높았던 것이다. 이 조개껍질 구슬도 아그리 구슬과 마찬가지로 통일된 규격이 없어서 물건 가격과 가치 비율을 동일한 단위로 측정하거나 표현하기 어렵다는 단점이 있었고, 그래서 경제가 성장하고 일정 수준을 넘어 전문화하는 데 걸림돌이 되었다. 유럽 출신 정착민은 1636년부터 조개껍질을 법정통화로 사용했지만, 규격이 통일되어 일관된 단위로 물건 가격을 표시하는 데 더 적합했기 때문에 판매가능성도 더 높았던 영국 금화와 은화가 북아메리카로 점점 유입되면서 교환매개로 선호되었다. 게다가 조개를 채취하는 데 사용한 배와 기술이 점점 발전하면서 조개 공급량은 크게 늘어났고, 이에 따라 조개의 가치가 하락하고 시간을 뛰어넘는 판매가능성이 손상되었다. 조개껍질은 1661년에 법정통화 지위를, 결국에는 화폐 기능을 완전히 잃었다.[4]

조개껍질 돈이 그런 운명을 맞은 곳은 북아메리카뿐이 아니었다. 어떤 사회든 조개껍질을 택했더라도 규격이 통일된 금속 동전을 접하

---

3) Nick Szabo, 《Shelling Out: The Origins of Money》(2002). http://nakamotoinstitute. org/shelling-out/ 에서 열람 가능.
4) Ibid.

고 나면 하나같이 이를 채택하여 편리함을 누렸다. 또 산업 문명이 화석연료로 움직이는 배를 따라 당도하고 나면 바다를 샅샅이 훑어 조개껍질을 얻기 쉽게 만들었으므로 생산량이 늘어나 저량/유량 비율이 급격히 떨어진 영향도 있다.

영양가가 높아 사랑받는 소 역시 예전에 돈으로 쓰였다. 소는 손꼽힐 만큼 소중한 재산인데다, 스스로 움직일 수 있으므로 공간을 뛰어넘는 판매가능성도 갖췄다. 요즘도 지참금 등을 지불하기 위해 소를 화폐로 쓰는 곳이 꽤 있다. 하지만 소는 부피가 크고 나누기 쉽지 않기 때문에 작은 가치에 맞추어야 할 때는 그다지 유용하지 않다. 그래서 소와 함께 쓰인 돈이 바로 소금이다. 소금은 오랫동안 보관하기 쉽고, 얼마나 필요하든 간에 나누거나 합쳐 가치를 맞추기도 쉽다. 그런 역사적 사실은 영어 단어에서도 엿보인다. 'pecuniary(금전적)'의 어원인 'pecus'가 소를 뜻하는 라틴어고, 'salary(봉급)'의 어원인 'sal'이 소금을 뜻하는 라틴어다.[5]

이런 화폐는 야금술이 발전하며 개발된 금속화폐보다 열등하여 빠르게 자리를 내주었다. 금속은 가지고 돌아다니기 편할 만큼 크기도 작고 규격이 통일되었으며 가치는 매우 높은 돈을 만들기 쉬워서 조개껍질, 돌, 구슬, 소, 소금보다 좋은 교환매개로 입증되었다. 또 탄화수소 연료 사용이 대중에게 보급되면서 인간의 생산능력이 크게 증가하자 예전에 화폐로 쓰던 물건의 추가 공급량(즉, 유량)이 급격히 늘어났다. 다시 말하면 예전 화폐가 저량/유량 비율을 높이 유지하던

---

5) Antal Fekete, 《Whiter Gold?》 (1997). Bank Lips가 후원하는 International Currency Prize 1996년 수상작.

것은 생산하기 어려웠기 때문인데, 이제 생산능력 향상으로 그 어려움을 잃자 자연화폐가 든 관 뚜껑에는 못이 하나 더 박혔다. 현대 탄화수소 연료가 도입되자 라이를 만들 돌은 캐기 쉬워졌고, 아그리 구슬을 만드는 비용은 매우 낮아졌으며, 조개는 큰 배를 타고 무더기로 긁어모으게 되었다. 이러한 돈이 견고함을 잃자 그 돈을 가지고 있던 사람은 엄청난 부를 빼앗기는 피해를 보았고, 그 결과 사회 구조는 완전히 무너졌다. 오키프가 싸게 들여온 라이를 거부한 야프 섬 촌장은 요즘 경제학자 가운데서도 이해한 사람이 많지 않은 사실을 알았던 것이다. 만들기 쉬운 돈은 절대 돈이 아니고, 연화를 사용한다고 사회가 부유해지지도 않으며, 사실은 힘들게 모은 부를 생산하기 쉬운 무언가와 바꿔 헐값에 넘기게 되기에 사회가 오히려 빈곤해진다는 사실 말이다.

Part 03

금속화폐

금속화폐

    인간이 재화를 생산하는 기술 능력을 점점 더 정교하게 다듬어 가고 사용하는 금속과 상품도 늘어나자, 여러 가지 금속이 대량으로 생산되기 시작하는 한편 판매가능성도 매우 높아질 만큼 수요도 충분히 늘어 화폐로 쓰이기 적당해졌다. 이러한 금속은 무게와 부피에 비하여 가치가 높아서 소금이나 소보다 가지고 다니기 쉬웠기 때문에 공간을 뛰어넘는 판매가능성이 높았다. 또 처음에는 생산하기 어려웠기 때문에 공급을 빨리 늘리기 힘들었고, 그래서 시간을 뛰어넘는 판매가능성도 좋았다.

    금속 가운데서도 어떤 금속은 내구성, 물리적 성질, 상대적 희귀성 때문에 더 값졌다. 철과 구리는 비교적 흔하고 부식도 잘 견뎌내기 때문에 생산량이 계속 늘어났다. 이러한 금속은 기존 비축량에 비해 새로 생산되는 양이 많다 보니 시장 가치가 비교적 낮아져 소규모 거래에 사용되었다. 반면 은과 금은 비교적 희귀한데다 내구성이 좋아 녹슬어 망가지는 경우도 적어서, 시간을 뛰어넘는 판매가능성이 더 높고 가치를 저장해 미래로 보내는 데도 유용했다. 특히 사실상 불멸하는 금 덕분에 인간은 세대를 넘어서까지 가치를 저장하고, 그리하여 더 장기적으로 계획을 세울 수 있게 되었다.

처음에 금속은 무게에 따라 사고 팔렸지만,[1] 시간이 흘러 야금술이 발달하면서 규격이 동일한 동전을 주조하고 무게에 따라 모양을 새길 수 있게 되자 매 번 무게를 재고 순도를 검사할 필요가 없어져 판매가 능성이 크게 올라갔다. 이런 용도로 가장 널리 쓰인 금속이 금·은·동이다. 크로이소스 왕 시절 그리스에서 금화를 최초로 주조했다고 기록된 이후 20세기 초에 이르기까지 약 2,500년 동안 가장 기본적인 돈 역할을 한 것이 세 가지 금속으로 만든 동전이다. 금화는 시간이 흘러도 가치를 유지할 뿐 아니라 녹슬어 망가지지지도 않아서 시간을 뛰어넘는 판매가능성이 가장 높은 재화다. 또 적은 무게에 높은 가치가 실리기 때문에 운송하기도 편해서 공간을 뛰어넘는 판매가능성도 가장 높은 재화다. 한편 은화는 금에 비해 무게 당 가치가 낮기 때문에 소규모 거래에서 교환매개로 쓰기가 편해서 규모를 뛰어넘는 판매가능성이 금보다 높다는 장점이 있었고, 동화는 그보다도 규모가 작은 거래에 쓸 만했다. 동전마다 가치를 표준화하여 알아보기 쉽게 만들자, 시장이 커지고 전문화와 국제 무역 범위도 넓어졌다. 이처럼 당시 기술로 가능한 최고의 화폐 제도에도 두 가지 문제는 여전했다. 첫째, 본위화폐 역할을 하는 금속이 두세 가지다보니 각자 공급과 수요가 오르내림에 따라 가치도 오르내려 경제에 문제를 일으켰다. 특히 은화는 점차 생산이 늘고 수요가 줄어들면서 가치가 하락하여 소유자

---

1) Nick Szabo, 《Shelling Out: The Origins of Money》 (2002). http://nakamotoinstitute. org/shelling-out/ 에서 열람 가능.

에게 골칫거리가 되었다. 두 번째 문제는 더 심각한데, 정부나 위폐범이 동전의 귀금속 함량을 줄여 가치를 훔쳐 가면 동전의 구매력이 그만큼 줄어드는 일이 가능하고, 또 실제로도 자주 그런 일이 발생했다. 동전의 금속 함량이 줄어들면 돈의 순도와 건전성에 문제가 생긴다.

하지만 19세기가 되어 현대식 은행이 발달하고 통신 수단이 개선되자, 사람들은 일반은행 또는 중앙은행의 금고에 보관된 금으로 가치를 보장받는 지폐와 수표를 이용하여 거래할 수 있게 되었다. 그리하여 규모에 상관없이 모든 거래를 금으로 할 수 있게 되자 은을 화폐로 쓸 필요가 없어지고, 화폐에 꼭 필요한 판매가능성이 모두 금이라는 본위화폐에 모였다. 금본위제 덕분에 전 세계 국가 대부분이 시장에서 선택받은 건전한 화폐를 중심으로 하나로 묶여 자본 축적과 무역이 유례없는 수준으로 활발해졌다. 하지만 약점도 있었기 때문에 비극이 초래되기도 했다. 금이 처음에는 일반은행 금고에, 이후에는 중앙은행 금고에 집중되자 은행과 정부는 자신이 보유한 금 총량을 초과할 정도로 돈 공급량을 늘려, 돈의 가치를 떨어뜨리고 그만큼을 정당한 소유자에게서 정부와 은행으로 옮겨올 능력을 얻은 것이다.

| 왜 금인가? |

상품화폐가 등장한 경위를 이해하기 위하여 이번에는 1장에서 먼저 살펴본 연화함정을 다시 더 상세하게 다룬다. 우선 재화의 시장 수요(해당 재화 자체를 소비하거나 가지기 위한 수요)와 화폐성 수요(해당 재화를 교환매개과 가치저장 수단으로 쓰기 위한 수요)를 구분하자. 누군가

가 어떤 재화를 가치저장 수단으로 선택한다면 원래 있던 시장 수요에 더하여 화폐성 수요까지 더한 셈이므로 그 재화의 가격도 오를 것이다. 예컨대 구리를 여러 가지 산업 용도로 쓰려는 시장 수요량이 연간 2천만 톤 정도고 가격은 톤당 5천 달러라서 총 시장가치가 1천억 달러 정도라고 해 보자. 그런데 어떤 억만장자가 자기 재산 중 1백억 달러만큼을 구리에 보관하기로 결정한다. 대리인들이 전 세계 연간 구리 생산량의 10%를 매입하려고 동분서주하면 구리 가격은 올라가지 않을 도리가 없다. 자기가 사려던 자산을 원하던 만큼 구입하기도 전에 가치가 올라갔으니 억만장자는 자신의 전략이 들어맞았다고 생각한다. 이렇게 구리 가치가 올라가면 가치저장 수단으로 쓰려고 구리를 사는 사람이 분명 더 많아질 것이고 그러면 가격은 더욱 올라간다고 생각할 것이다.

하지만 자기처럼 구리를 화폐로 쓰는 사람이 점점 많아진다 해도, 구리 집착증에 걸린 우리 이야기 속 억만장자에게는 문제가 생긴다. 구리 가격이 올라 수지맞는 사업이 되면 전 세계 노동력과 자본이 여기에 모이게 된다. 구리 매장량은 사람 힘으로 모두 채굴해 내기는 고사하고 얼마나 되는지 가늠도 안 될 만큼 엄청나기 때문에, 구리 생산량을 결정하는 제약조건은 사실상 채굴에 들이는 노동과 자본 양 뿐이다. 가격만 높아진다면 구리를 얼마든지 더 만들어 낼 수 있으므로, 구리 가격과 수량은 구리를 화폐로 보고 투자한 사람의 수요와 일치할 때까지 계속 올라갈 것이다. 그 선이 추가 1천만 톤에 톤당 10,000 달러라고 가정하자. 어느 시점이 되면 화폐성 수요는 반드시 진정될 것이고, 구리를 보유한 사람 중 몇몇은 비축분 중 일부를 처분하고 다른 물건을 사려 할 것이다. 애초에 구리를 산 이유가 그것이니까.

다른 모든 조건이 같다면, 화폐적 수요가 진정된 이후 구리 시장은 연간 2천만 톤에 톤당 5천 달러 하던 원래 수요 공급 상황으로 돌아갈 것이다. 하지만 보유자들이 쌓아둔 구리를 팔기 시작할 것이므로 가격은 그보다 훨씬 낮게 떨어진다. 이 과정에서 억만장자는 돈을 잃는다. 자기가 가격을 올려가며 사들였으니 자기 구리 중 대부분에 톤당 5천 달러보다 비싼 가격을 지불했을 텐데, 이제 전체 비축량의 가치는 톤당 5천 달러를 밑돈다. 그리고 뒤늦게 그를 따라한 사람들은 더 비싼 가격에 샀을 테니 억만장자보다도 훨씬 큰돈을 잃었을 것이다.

이 모형은 구리·아연·니켈·황동·석유처럼 쌓아두기보다는 소비하여 없어지는 소모성 상품 모두에 들어맞는다. 이러한 상품의 전 세계 비축량과 연간 신규 생산량의 비율은 언제나 비슷하다. 추가로 생산되는 만큼 계속 소비되기 때문이다. 누군가가 이런 상품에 자기 재산을 보관하려고 결정한다면 전체 공급량 중 일부만 사들여도 벌써 투자액이 바닥날 만큼 가격이 올라간다. 그 재화를 산업용으로 쓰는 수요자와 경쟁해야 하기 때문이다. 그리고 그 재화 생산자는 더 많은 수입을 얻고 나면 투자를 늘려 생산량을 확대할 수 있게 되고, 그래서 가격이 폭락하면 그 재화 보유자가 부를 뺏기게 된다. 결론을 한 마디로만 정리하자면, 저축자는 잘못 생각한 탓에 자기가 구입한 상품 생산자에게 부를 건네주었다.

바로 이것이 시장 버블의 구조다. 수요가 늘어나면 가격이 급격히 오르고, 그래서 다시 수요가 늘고 가격이 더 오르면 생산을 늘려 공급을 확대할 동기가 생기는데, 공급이 늘면 가격은 떨어질 수밖에 없기 때문에 일반 시장가보다 높은 가격에 산 사람은 모두 벌을 받게 된다. 어떤 자산이 버블이면 생산한 사람은 이익을 보고 투자하는 사람은 바가지를 쓴다. 구리 뿐 아니라 세상 거의 모든 상품을 돈으로 선택한 사람은 장기적으로 재산 가치를 잃어 가난해지는 벌을 받고, 해당 상품의 역할은 교환매개에서 다시 시장 재화라는 자연적 기능으로만 돌아간다는 역학관계는 역사 기록에 수없이 진실로 증명되었다.

어떤 물건이든 가치저장 기능을 잘 수행하려면 "가치저장 수단으로서 수요가 늘면 가격이 올라가야 하는 한편, 생산자는 가격이 크게 떨어질 정도로 공급을 부풀리지 못할 제약을 받아야 한다."는 난제를 풀어내야 한다. 그런 상품이 있다면 이를 가치저장 수단으로 쓴 사람이 보상을 받고 장기적으로 부를 늘리게 될 것이다. 다른 상품을 선택한 사람도 앉아서 재산을 잃지 않으려면 이미 내린 결정을 뒤집고 더 큰 성공을 거둔 사람의 선택을 베낄 것이므로 해당 상품은 가장 중요한 가치저장 수단이 될 것이기 때문이다.

인류 역사 내내 벌어진 이 경쟁에서 승자는 단연 금이다. 금이 화폐 기능을 유지하는 원동력은 다른 상품과 구분되는 두 가지 독특한 물리적 성질이다. 우선 금은 화학적으로 안정되어 사실상 파괴되지 않는다. 둘째, (연금술사가 믿었던 바와 달리) 다른 물질을 합성해서 만들 수 없으므로 얻으려면 원석에서 추출해야만 하는데, 지구에는 금 원석이 극히 드물다.

금이 화학적으로 안정되었다는 얘기를 바꿔 말하면, 이제까지 인간이 캐낸 금 가운데 거의 모두를 지금 살아있는 사람이 가지고 있다는 얘기다. 인간이 끊임없이 금을 긁어모아 만든 장신구 · 금화 · 금괴는 절대 소비되어 없어지지도, 녹슬거나 분해되지도 않는다. 다른 화학물질로 금을 합성할 수 없다는 얘기를 바꿔 보면, 금 공급을 늘리기 위해서는 땅속에서 캐내는 수밖에 없다는 말이다. 그렇게 비용이 많이 들고 유해하며 성공할지도 불확실한 생산 과정을 수천 년 동안 밟아오면서 이익도 계속 줄어들었다. 종합하자면, 현재 전 세계 사람이 보유한 금 비축량은 수천 년 동안 계속된 생산과정의 결과물로서, 매년 추가되는 생산량에 비하면 차원이 다를 정도로 많다. 비축량 증가율은 지난 70년 동안 매년 1.5% 전후였고, 2%를 넘은 적은 한 번도 없을 정도로 비교적 안정된 추세를 보였다(그림 1 참고[2]).

그림 1・ 전 세계 금 비축량과 연간 증가율(%)

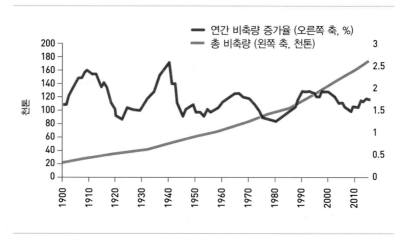

금이 일반 소모품과 어떻게 다른지 이해하기 위하여, 가치저장 수단으로서 수요가 크게 늘어 가격이 급등하고 연간 생산량이 두 배로

2) 출처 : 미국 지질조사국(U.S. Geological Survey)

늘 때 어떤 효과가 나타나는지 상상해 보자. 소모품이라면 기존 비축량이 크지 않을 테니, 연간 산출량이 두 배로 뛰면 총 공급량이 폭등하고 가격이 폭락하여 보유자에게 타격이 갈 것이다. 하지만 금이라면 가격이 급등하여 생산량이 두 배로 뛰어봤자 비축량 증가율이 1.5%에서 3%로 올라갈 뿐일 테니 영향이 미미하다. 만약 생산량 증가율이 올라간 채 유지된다 해도, 금은 소모품이 아니라서 비축량 역시 더욱 빠르게 늘 테니 그만큼 생산량 증가분도 눈에 덜 띈다. 그러니 채굴업자가 금을 아무리 많이 캐도 가격이 눈에 띄게 낮아지기는 사실상 불가능하다.

이런 측면에서 금에 그나마 가까운 것은 은으로, 연간 공급량 증가율이 역사적으로 5~10% 수준이었다가 오늘날 20% 전후로 올랐다. 증가율이 금보다 높은 이유는 두 가지다. 첫째, 은은 녹이 슬고 산업 공정에서도 소비되기 때문에 금에 비하면 연간 생산량 대비 기존 비축량이 적다. 둘째, 금보다 흔하고 정련하기도 더 쉽다. 은은 어쨌든 저량/유량 비율이 두 번째로 높은 한편 단위당 가치가 금보다 낮기 때문에, 가치가 더 높아서 힘들게 더 작은 단위로 쪼개야 하는 금을 수천 년 동안 보완하며 비교적 소규모 거래에서 주요 화폐로 쓰였다. 하지만 이 장 뒷부분에서 더욱 자세히 다룰 내용을 미리 말하자면, 전 세계에서 금본위제가 채택되어 금으로 가치를 보장받는 지폐를 써서 거래규모가 크든 작든 대가를 지불할 수 있게 되자 은은 화폐 지위를 잃었다. 은은 소규모 거래에서도 불필요해지자 곧 화폐 기능을 잃고 산업용 금속이 되었고, 그리하여 금에 비해 가치를 더 잃었다. 은은 '두 번째'라는 꽤 괜찮은 지위를 암묵적으로 유지할지 모르지만, 화폐 자체를 움직이지 않고도 결제할 수 있는 금융기술이 등장한 19세기 이래 화폐 경쟁에서 2등이란 패배와 같았다.

그래서 은 버블은 과거에도 터졌고 앞으로도 은 가격이 오른다면 또 터질 것이다. 화폐에 투자하려는 자금이 상당한 규모로 은에 유입된다면, 은 생산자가 공급을 크게 늘려 가격을 폭락시키면서 투자자의 부를 빼앗아오기는 어렵지 않다. 모든 상품을 통틀어 연화함정을 가장 잘 보여주는 사례도 은에서 나왔다. 1970년대 후반에 엄청난 부자였던 헌트(Nelson, William, Lamar Hunt) 형제는 은을 다시 화폐로 만들기로 결심하고 엄청난 양을 사들이기 시작하여 가격을 올렸다. 일단 가격이 올라가면 사려는 사람도 많아지므로 다시 가격이 오를 것이고, 그러다 보면 사람들이 은으로 물건 값을 지불하려 하리라는 논리였다. 하지만 아무리 사들여 봤자 채광업자와 은 보유자가 시장에 계속 은을 내다 팔 수 있는 능력에 비하면, 헌트 형제의 재산은 상대도 되지 않았다. 결국 은 가격은 폭락하고 헌트 형제는 10억 달러 넘게 손해를 봤다. 저량/유량 개념이 중요한 이유를, 그리고 반짝인다고 다 금이 아닌 이유를 배우고 낸 수업료로는 아마 역사상 가장 큰돈일 것이다.[3] (그림 2 참고[4])

금은 무엇보다도 이처럼 공급량 비율이 계속 낮았기 때문에 인류 역사 내내 화폐 기능을 유지했고, 오늘날에도 각국 중앙은행이 금을 상당한 양으로 확보하여 자국 지폐 가치를 보호하려 하기 때문에 화

---

[3] "Big Bill for a Bullion Binge", 〈Time〉, 1989년 8월 29일
[4] 출처 : 금은 미국 지질조사국, 은은 세계 은협회(Silver Institute), 석유는 BP.com의 통계 검토자료, 구리는 저자가 다양한 보도자료를 토대로 추정.

그림 2 · 현재 존재하는 비축량/연간 생산량 비율

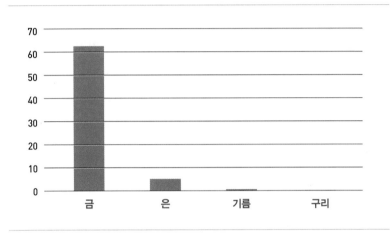

폐 지위를 유지한다. 공식 자료에 따르면 각국 중앙은행의 금 보유고 합계는 약 33,000톤으로, 이제껏 채굴되어 지상에 존재하는 금 총량 가운데 1/6이다. 금의 저량/유량 비율이 높다는 얘기는 가격의 공급 탄력성(가격이 오를 때 공급량이 늘어나는 비율)이 매우 낮다는 말이다. 지금 모든 사람이 소유한 금 총 공급량이 수천 년에 걸쳐 생산한 결과물임을 감안하면, 가격이 오를 경우 채굴 생산량이 늘어나기는 하겠지만 기존 비축량에 비하면 생산량 증가분은 하찮을 것이다. 예컨대 2006년에는 금 현물 가격이 36% 올랐다. 다른 상품 같으면 신규 채굴량이 급격히 늘며 시장으로 쏟아져 들어와 가격이 내려갔을 것이다. 하지만 2006년 금 생산량은 2005년보다도 100톤 적은 2,370톤이었고, 2007년에는 10톤이 더 줄었다. 기존 비축량 대비 신규 공급량 비율은 2005년에 1.67%였다가 2006년에는 1.58%, 2007년에는 1.54%가 되었다. 가격이 35% 올라갔는데도 시장에 새로 공급되는 금

의 양은 그다지 늘지 못했던 것이다. 미국 지질조사국에 따르면 연간 생산량 증가율 최고기록은 1923년의 약 15%였는데, 그래봤자 비축량 증가율로 환산하면 약 1.5%에 불과했다. 생산량이 그보다도 두 배 많아져봤자 비축량 증가율은 약 3~4%밖에 되지 않는다는 얘기다. 전세계 비축량이 가장 크게 증가했던 1940년에도 증가율은 2.6% 전후였다. 증가율은 그 밖에 어느 해에도 그때의 최고 기록을 넘지 않았고, 1942년 이래로는 2%를 넘은 적조차 한 번도 없다.

금속 생산이 활발해짐에 따라 고대 중국 · 인도 · 이집트 문명은 처음에 구리를, 나중에는 은을 돈으로 사용했다. 두 금속은 당시에 제조하기가 비교적 까다로워 시간과 공간을 뛰어넘는 판매가능성이 높았기 때문이다. 이들 문명에서도 금은 매우 귀한 취급을 받았지만, 거래에 사용하기에는 지나치게 희소해서 판매가능성이 떨어졌다. 금이 최초로 일정한 모양을 갖춘 거래용 동전으로 주조된 곳은 현대 문명의 요람, 바로 크로이소스 왕이 다스리던 시절 그리스였다(정확히는 소아시아에 있던 리디아 왕국에서 금과 은의 자연합금인 호박금(엘렉트럼)으로 최초의 동전을 만들었다. – 옮긴이). 금은 어디서나 매력적이었기에 금화는 널리 퍼져 나갔고 국제 무역은 활발해졌다. 그 이후 인류 역사의 전환점은 돈의 건전성과 밀접하게 뒤엉킨다. 건전화폐가 널리 채택된 시기와 공간에서는 인류 문명이 번성했지만, 돈이 건전하지 않은 시기와 문명이 쇠퇴하고 사회가 붕괴한 시기는 우연이라기에는 지나칠 정도로 자주 겹쳤다.

로마가 공화국이던 시절에 널리 쓰인 돈은 3.9그램짜리 은화 데나리우스(denarius)였지만, 당시에도 금화는 문명 세계에서 가장 값진 화폐로서 점점 널리 퍼져가고 있었다. 공화국 시절 로마의 마지막 독재자 율리우스 카이사르가 만든 아우레우스(aureus)는 약 8그램짜리 금화로, 유럽과 지중해 지역에서 널리 통용되어 구세계의 무역과 전 문화 범위를 넓혔다. 그 후 카이사르가 암살되고 그가 택한 후계자 아우구스투스가 공화국에서 제국으로 전환한 로마를 다스리게 되는 정치 혼란기가 닥쳐왔지만, 경제 안정기는 그 시절을 포함하여 75년 동안 계속되다 악명 높은 네로가 다스리던 시기에야 끝났다. 네로가 시민에게 동전을 걷은 후 금과 은 함량을 낮춘 새 동전을 만들며 로마 최초로 '화폐 가치 절하'를 한 이래, 같은 일이 로마 역사에서 빈번하게 반복되었다.

로마가 새로운 영토를 정복하여 엄청난 부를 얻는 동안에는 군인과 황제도 전리품을 얻으며 즐길 수 있었다. 황제는 곡식 같은 생필품을 부자연스러울 정도로 싸게 팔라고 명령하거나 심지어 아예 무료로 지급하여 인기를 사기까지 했다. 교외에서 힘들여 일하느니 농토를 버려두고, 돈 없이도 더 잘 살 수 있는 로마로 이주하는 빈농이 늘었다. 머지않아 구세계에 정복할 만한 풍요한 땅은 남지 않은 반면, 생활방식은 더욱 화려해지고 군대는 비대해졌으며 점점 더 많은 시민이 일하지 않고 황제의 은혜와 가격 규제에 기대어 살게 되다보니 새로운 자금 원천이 필요해졌다. 서기 54년부터 68년까지 재위한 네로가 찾은 해결책은 제1차 세계대전 이후 영국과 미국이 겪은 문제에 케인스가 제시한 해법과 매우 비슷하다. 바로 화폐 가치를 떨어뜨려 단번에 노동자의 실질임금을 줄이고 정부의 생필품 보조 부담을 더는 한편 다른 정부 지출에 쓸 추가 자금을 확보하는 것이다.

아우레우스의 금 함량은 8그램에서 7.2그램으로, 데나리우스의 은 함량은 3.9그램에서 3.41그램으로 줄었다. 그래서 고통이 줄어든 것도 잠시 뿐, 물가가 오르고 민심이 악화하여 가격을 통제하고 화폐 가치를 또 낮추고 나면 다시 물가가 오르는 등, 마치 사계절이 오듯 각 단계가 저절로 점점 강력해지며 악순환하여 경제에 굉장히 파괴적인 영향을 끼쳤다.[5]

카라칼라(211~217년 재위)는 아우레우스의 금 함량을 6.5그램으로 더 줄였고 디오클레티아누스(284~305년 재위)는 5.5그램으로 더 내렸다가 나중에 금이 4.5그램밖에 들지 않은 새 금화 솔리두스(solidus)를 발행하여 이를 대체했다. 게다가 디오클레티아누스 시절에 데나리우스는 청동으로 속을 만들고 은으로 감쌌을 뿐이라서 조금 사용하다 은이 닳아버리면 더 이상 은화라고 말하기도 힘들었다. 3~4세기 황제들은 인플레이션 정책을 더욱 강력하게 실행하는 한편 생필품 가격은 통제하여 물가상승을 숨기려는 부질없는 시도를 계속했다. 화폐 가치가 하락하여 시장이 가격 상승으로 대응하려 해도 가격 상한선에 막혔기 때문에, 생산자가 생산을 하려 해도 수지가 맞지 않았다. 결국 가격을 자유롭게 올리도록 허용하는 새 칙령을 포고하고서야 경제 생

---

5) 슈팅거(Robert L. Schuettinger)와 버틀러(Eamonn Butler)의 매우 재미있는 공저 《Forty Centuries of Wage and Price Controls》를 참고하라.

산이 정체에서 벗어났다.

이처럼 화폐 가치가 하락하면서 제국이 오랜 기간에 걸쳐 결국 몰락한 과정은 요즘 독자에게도 생소하지 않을 장면이다. 황제는 아우레우스의 금 함량을 줄여 화폐의 실질 가치를 떨어뜨리고 공급을 늘린 덕에 계속 방만하게 지출할 수 있었지만, 그리하여 인플레이션과 경제 위기가 벌어지면 황제는 상황을 개선하려고 다시 화폐의 함량을 줄이는 그릇된 시도를 했다. 이 과정을 페르디난트 립스(Ferdinand Lips)가 요약한 다음 내용은 오늘날 독자에게도 교훈이 된다.

> 로마 황제들이 경제를 '관리'하려는 데 몰두했지만 상황을 더 악화했을 뿐이라는 사실에는 현 세대 투자자 뿐 아니라 현대 케인스주의 경제학자도 주목해야 한다. 물가와 임금을 통제하고 법정통화를 관리하는 법을 제정해 봤자 밀물을 막으려는 노력과 다를 바 없었다. 폭동·부패·무법·맹목적 투기와 도박 열풍이 역병처럼 제국을 휩쓸었다. 화폐가 가치를 절하당하여 신뢰도가 바닥에 떨어진 당시에는 상품을 만들기보다 상품에 투기하는 편이 훨씬 매력적이었다.[6]

로마 제국은 장기적으로 엄청난 피해를 입었다. 서기 2세기까지 로마는 정부가 경제 활동을 상당히 제약했기 때문에 완전한 자유 시장 자본주의 체제로 보기는 무리겠지만, 그렇다 해도 아우레우스를 이용하여 당시까지 인류 역사 상 가장 규모가 큰 시장을 만들어 냈고 가장

---

6) Ferdinand Lips, 《Gold Wars: The Battle Against Sound Money as Seen from a Swiss Perspective》, (New York: Foundation for the Advancement of Monetary Education, 2001).

광범위하고 효율적인 분업을 이루어냈다.[7] 로마와 주요 대도시 시민은 제국의 먼 지방과 교역하여 생필품을 얻었으니, 제국이 어떻게 번영을 더해갔으며 왜 분업 체계가 무너지자 제국이 엄청난 피해를 받고 붕괴했는지 충분히 알 만하다. 세금이 늘고 인플레이션 때문에 가격 통제가 힘을 잃자 도시 거주민은 최소한 자급자족하여 생존할 수 있는데다 소득을 올릴 수 없으니 세금도 낼 필요 없는 빈 땅으로 탈출하기 시작했다. 로마 제국의 정교한 문명과 유럽 및 지중해 전역에 걸친 대규모 분업 체제가 무너지기 시작했고, 후손은 여기저기에 흩어져 고립된 채 자급자족하는 소농으로 살다가 결국 봉건 영주에게 지배받는 농노 신세가 되었다.

| 비잔티움 제국과 베잔트 |

디오클레티아누스 황제는 사기에 가까운 재정 · 통화정책을 펼쳐 역사에 영원한 악명을 남겼고, 그 시절 제국은 최악으로 떨어졌다. 하지만 그가 은퇴하고 1년 후 제위에 오른 콘스탄티누스 대제는 건전재정 정책과 개혁을 실행하여 제국의 운명을 되돌렸다. 최초의 그리스도교인 황제인 콘스탄티누스는 서기 312년에 솔리두스(solidus)의 금함량을 앞으로 절하하는 법 없이 4.5그램으로 유지한다고 공약하고 금화를 대규모로 찍어내기 시작했다. 그리고 아시아와 유럽이 만나

7] Ludwig von Mises, 《Human Action: The Scholar's Edition》 (Auburn, AL: Ludwig von Mises Institute, 1998). (루트비히 폰 미제스, 《인간 행동》 (지식을만드는지식, 2011, 민경국 · 박종운 공역)

는 지점에 콘스탄티노플을 세워 동로마 제국을 건설하고 솔리두스를 법화로 채택했다. 서로마는 경제·사회·문화적으로 쇠퇴하다 결국 476년에 멸망했지만 동로마 제국, 즉 비잔티움 제국은 천도 후 1,123년 동안 존속했는데, 그 동안 내내 쓰이며 인류 역사상 가장 오래 간 건전화폐가 바로 솔리두스다.

솔리두스는 콘스탄티누스가 금 함량을 유지하라는 말을 남긴 덕분에 세계에서 가장 인지도 높고 널리 통용되는 화폐가 되었고, 나중에는 베잔트(bezant)라고 불렸다. 서로마는 화폐 가치가 땅에 떨어지고 황제가 파산하여 군인에게 봉급을 주지 못하게 된 끝에 멸망했지만, 그 후에도 콘스탄티노플은 여러 세기 동안 재정·통화정책을 건전하게 유지하며 살아남아 번창했다. 반달 족과 서고트 족이 로마에서 광란을 벌이는 중에도 콘스탄티노플은 여러 세기 동안 침략을 피하고 번영을 이어갔다. 결국 콘스탄티노플 몰락도 서로마에서처럼 통치자가 화폐 가치를 떨어뜨리면서 시작했는데, 역사학계에서는 이 과정이 콘스탄티누스 9세 모노마쿠스 재위기(1042~1055년)에 시작했다고 본다.[8] 화폐 가치가 떨어지면서 재정·군사·문화·정신이 쇠퇴한 제국은 점점 큰 위기를 겪으며 비틀거리다 결국 1453년 오스만 제국에 멸망한다.

그런데 베잔트는 가치를 절하당한 후에도, 심지어 비잔티움 제국이 멸망하고 (오스만 제국의 공식 화폐인 디나르에게) 공식 화폐 지위를 빼앗긴 후에도 모습만 바꿔 건전화폐로서 널리 통용되며 생명을 이어

8) David Luscombe and Jonathan Riley-Smith, 《The New Cambridge Medieval History: Volume 4》, C.1024-1198 (Cambridge University Press, 2004), p. 255.

갔다. 이슬람은 비잔티움 제국의 황금기에 등장했기 때문에 이슬람이 퍼져나가던 지역에서도 베잔트 또는 베잔트와 무게와 크기가 비슷한 동전이 유통되었다. 우마이야 왕조의 칼리파(이슬람 세계의 종교·정치 최고지도자 – 옮긴이) 압드 알말리크 이븐 마르완(Abd al-Malik ibn Marwan)은 697년에 종교 칙령을 내려 디나르의 무게와 가치를 베잔트와 유사하게 정했다. 우마이야 왕조가 멸망하고, 그 후로도 이슬람 국가가 몇 번이고 들어섰다 망한 후에도 디나르는 베잔트와 동일한 원래 무게와 크기를 유지하며 이슬람 지역에서 널리 통용되었으며, 오늘날에도 지참금과 선물 등 다양한 종교적·전통적 관습에 쓰인다. 아랍과 이슬람 문명은 로마나 비잔티움과 달리 여러 세기 동안 화폐 가치를 유지했기 때문에 최소한 화폐 붕괴 때문에 몰락하지는 않았다. 서기 301년에 디오클레티아누스가 처음 주조한 솔리두스는 이름만 베잔트로, 다시 디나르로 바뀌었을 뿐 오늘날에도 계속 쓰인다. 전 세계 사람들이 1,700년 동안 써 온 솔리두스에서는 금이 지닌, 시간을 뛰어넘는 판매가능성이 두드러진다.

| 르네상스 |

로마 제국이 경제적으로나 군사적으로나 붕괴한 이후, 봉건주의가 등장하여 사회를 조직하는 기본 방식이 되었다. 로마 제국 시민이 각 지역 봉건 영주의 자비에 기댄 농노로 전락하는 데는 건전화폐 파괴라는 사건이 큰 영향을 끼쳤다. 금은 봉건 영주의 손에 집중되었고, 유럽 농노가 주로 사용하던 돈은 구리나 청동으로 만든 동전이었

는데, 이런 금속은 야금술이 발달하면서 산업용으로 사용하기가 점점 쉬워졌기 때문에 공급량을 부풀리기 어렵지 않아서 가치저장 수단으로 좋지 않았다. 은화도 마찬가지로 유럽 여기저기서 자주 가치를 절하당하거나 위조되었고 표준화되지도 않아서 공간을 뛰어넘는 판매가능성이 낮아, 유럽 대륙에서 일어나는 무역의 범위를 제한했다.

세금과 인플레이션은 유럽인이 저축한 부를 파괴했다. 유럽의 새 세대는 조상이 축적한 부를 받지 못한 채 태어났고, 널리 통용되는 표준 건전화폐가 없었기 때문에 교역 범위를 심각하게 제한받았다. 그리하여 사회와 사회가 서로 단절되어 지역중심주의가 강화되었고, 한때 경제와 문명이 번영하던 무역 사회는 농노제, 질병, 닫힌 사고방식, 종교 박해가 득세한 암흑시대에 접어들었다.

도시국가 등장은 유럽을 암흑시대에서 구해 르네상스로 끌고 간 원동력으로 널리 인정받지만, 도시국가가 등장하는 데 건전화폐가 기여했다는 사실은 잘 알려지지 않았다. 도시국가가 사람이 일하고 생산하고 교역하여 번창할 자유를 누리며 살 수 있는 곳이 된 것은 대체로 건전화폐본위제를 채택한 덕으로 돌릴 만하다. 율리우스 카이사르가 아우레우스를 발행한 이래 처음으로 유럽에서 발행된 주요 건전주화는 피렌체에서 1252년에 찍어낸 플로린(florin, 또는 피오리노(fiorino))이다. 피렌체가 유럽 상업 중심지로 발전해 나가자 플로린도 유럽 제1의 교환 수단이 되어, 유럽 대륙 전체로 뻗어나가던 피렌체 금융기관에게 힘을 실었다. 이후 베네치아가 피렌체를 처음으로 모방하여 1270년에 플로린과 특성이 같은 두카트(ducat)를 주조했고, 14세기 말까지는 150개가 넘는 유럽 국가와 도시가 플로린과 특성이 같은 주화 뿐 아니라 액면가가 낮은 주화도 함께 발행하여, 자국 시민이 시간과 공간을 뛰어넘는 판매가능성이 매우 높고 가치를 나누기도 쉬운 화폐를 쓰면서 부를 축적하고 교역할 자유를 누리며 긍지를 느끼게 했다. 그렇게 유럽 소농이 누린 경제 자유와 이탈리아 도시국가가 누린 정치·과학·지성·문화적 번영은 점차 유럽 대륙 전체로 퍼져나갔다. 로마·콘스탄티노플·피렌체·베네치아 어느 곳의 역사를 보아도 건전화폐본위제는 인류 번영에 전제이자 필요조건이고, 건전화폐본위제를 채택하지 않은 사회는 야만과 붕괴로 떨어질 벼랑 끝에 서 있다는 사실이 명백하다.

플로린을 도입한 이후부터 점점 더 많은 유럽인이 금과 은으로 저축하고 무역하게 되었고 그 덕에 시장이 성장하여 유럽과 전 세계를 아우르게 되는 등 건전화폐는 더욱 발전해 갔지만, 그렇다고 완벽한 상황에 도달했다고는 절대 말할 수 없다. 군비나 방만한 지출 때문에 자국민이 쓰는 화폐 가치를 떨어뜨리는 일은 그 후로도 여러 나라에서 몇 번이고 일어났다. 또 실물 화폐를 사용하던 동안 은과 금이 서로 보완하여 쓰인 것도 문제였다. 금은 저량/유량 비율이 높아서 오랜 기간 동안 가치저장 수단으로 사용하거나 거액을 결제하는 수단으로 이상적이었던 반면, 은은 같은 무게의 금에 비하여 가치가 낮아 비교적 짧은 기간 동안 보유하거나 비교적 규모가 작은 거래에 맞춰 쪼개기가 수월했다. 그런데 이렇게 운용하면 이점도 있었지만, 금과 은의 상대가격이 오르락내리락하다보니 무역하고 계산하기 번거롭다는 심각한 결점도 있었다. 두 화폐의 가격을 상대가격에 맞춰 조절하려고 시도할수록 깊은 수렁에 빠질 뿐, 결국에는 우월한 화폐인 금이 이길 수 밖에 없었다.

각국이 두 상품 사이에 환율을 정하면 사람들에게 두 자산 중 하나를 보유하고 하나를 써버릴 원인을 제공해 주는 셈이다. 복본위제는 불편하나마 유럽과 전 세계에서 여러 세기 동안 계속 쓰였지만, 소금·소·조개껍질에서 금속까지 이동하는 과정에서도 그랬듯 결국 복본위제 문제를 해결한 것은 거침없이 진보한 기술이었다.

유럽과 전 세계가 실물 주화를 버리고 은에게서 화폐 지위를 빼앗는 데 일조한 기술 발전 두 가지를 꼽으라면 1837년에 처음 상용화한 전신과 유럽 어디로나 수송을 편리하게 한 철도망 확장이다. 두 혁신이 일어나자 은행끼리 긴밀히 연락하고, 필요할 때마다 실물 화폐를 보낼 필요 없이 계정 처리만 하는 효율적 결제 방식이 차근차근 실현되었다. 그리하여 어음·수표·보관증이 실물 금화와 은화를 조금씩 대체하며 화폐로 쓰이게 된다.

금고에 보관된 귀금속으로 가치를 완전히 보장받는 한편 그 귀금속으로 즉시 교환받을 수도 있는 지폐를 기준통화로 채택하는 국가가 점점 늘어났다. 가치를 보장하는 귀금속으로 금을 택하느냐 은을 택하느냐의 결정은 나중에 엄청난 영향을 끼치게 된다. 영국은 1717년에 당시 왕립조폐국장이던 물리학자 아이작 뉴턴이 이끄는 가운데 세계 최초로 현대식 금본위제를 선택했는데, 이는 영국이 세계 곳곳으로 뻗어나가며 무역을 발달시키는 데 크게 기여했다. 그 후 영국은 나폴레옹 전쟁기인 1797년에서 1821년까지만 빼고는 1914년까지 금본위제를 유지했다. 영국이 누린 경제 우위는 우월한 금본위제와 떼려야 뗄 수 없는 관계가 있었고, 다른 유럽 국가도 영국을 따르기 시작했다. 나폴레옹 전쟁이 끝나자 다른 주요 국가도 슬슬 금본위제를 채택하면서 유럽의 황금시대가 열렸다. 금본위제를 공식 채택하는 나라가 많아질수록 금의 판매가능성도 높아지고 다른 나라가 참여할 계기도 더욱 커졌다.

게다가 개인 관점에서는 크고 작은 거래를 할 때 금화와 은화를 들고 다닐 필요 없이, 재산을 은행에 보관된 금에 저장해 두고 금 보관증·어음·수표를 사용하기만 하면 되었다. 보관증은 가진 사람이 돈처럼 지불하면 되었고, 어음은 은행에서 할인하여 거래를 청산하는 데 쓰였으며, 수표는 발행한 은행에서 현금으로 바꾸면 되었다. 그렇게 규모를 뛰어넘는 판매가능성을 확보하여 약점을 해결하자 금은 최고의 화폐가 되었다. 다만, 개인에게 발행한 금 보관증 금액 총량이 은행에 보관된 금 가치 총량을 넘지 않는 한 그렇다는 얘기다.

이렇게 금고에 보관된 금 실물로 가치를 보장받는 매개는 적은 금액이든 큰 금액이든 상관없이 결제할 수 있으니, 소규모 거래에 은을 써야 할 필요는 사실상 없어졌다. 그렇게 이미 죽은 것과 다름없던 은의 화폐 기능을 확실히 끝장낸 사건은 독일이 프로이센-프랑스 전쟁에서 이기고 프랑스에게 배상금 2억 파운드를 금으로 뜯어내 금본위제로 전환한 일이었다. 영국·프랑스·네덜란드·스위스·벨기에 등에 이어 독일까지 금본위제에 합류하자 본위화폐라는 균형추는 완전히 금 쪽으로 기울었고, 은을 사용하던 전 세계 국가와 개인은 구매력을 계속 잃어 금으로 전환할 동기가 점점 커졌다. 결국 인도는 1898년에 은본위제에서 금본위제로 전환했고, 마지막까지 버티던 중국과 홍콩도 결국 1935년에 은본위제를 포기했다.

실물이 직접 결제에 쓰이던 동안에는 금과 은 둘 다 화폐 기능을 지녔다. 상대 가격은 땅속에 묻혀 있는 양과 채굴의 난이도 및 비용 비율과 비슷하게 대략 금 1온스 당 은 12온스에서 15온스를 유지했다. 하지만 귀금속으로 가치를 보장받는 지폐와 금융상품이 널리 쓰이게 되자 은은 더 이상 화폐 기능을 가질 이유를 잃었고, 개인과 국가가 금을 보유하는 쪽으로 쏠리자 은 가격은 크게 떨어져 다시 회복하지 못했다. 금과 은 가격 비율은 20세기 평균 47:1이었고 2017년에는 75:1을 기록했다. 각국 중앙은행이 금을 보유하는 데서 보듯 금은 여전히 화폐 기능을 수행하고 있지만 은은 사실상 화폐 기능을 잃었다. (그림 3 참고[9])

그림 3 • 1687~2017년 금/은 가격 비율

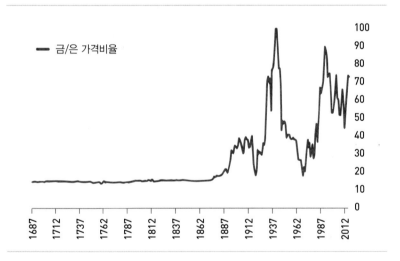

9) 출처 : Lawrence H. Officer and Samuel H. Williamson, "The Price of Gold, 1257–Present", 〈Measuring Worth〉 (2017). http://www.measuringworth.com/gold/ 에서 열람 가능.

은이 화폐 기능을 잃자 당시에 은을 본위화폐로 사용하던 국가는 상당한 피해를 입었다. 인도 루피 가치가 유럽 국가의 금본위화폐에 비하여 계속 떨어지자 영국 식민 정부는 운영경비를 대려고 세금을 올렸는데, 그 때문에 영국 식민정책에 반대하는 폭동이 늘었다. 프로이센-프랑스 전쟁이 끝난 1871년부터, 금으로 가치가 보장된 파운드 스털링을 본위화폐로 삼기 시작한 1898년까지 27년 동안 루피 가치는 56% 떨어졌다. 1935년까지 은본위제를 유지했던 중국에서는 다양한 형태로 존재하던 은 가치가 인도 사례와 같은 기간 동안 78% 사라졌다. 필자가 보기에 중국과 인도가 20세기 동안 서구를 따라잡는 데 실패한 이유는, 두 나라가 사용하던 화폐성 금속이 화폐 기능을 잃으면서 부와 자본이 엄청나게 파괴되었던 역사와 긴밀한 관계가 있다. 결국 은이 화폐 기능을 잃자 중국인과 인도인이 처한 상황은 아그리 구슬을 쓸 때 유럽인을 맞아들인 서아프리카 인과 사실상 같다. 국내에서 경화였던 것이 외국에서는 연화였기 때문에 외국의 경화에 밀려났고, 그 과정에서 중국과 인도의 자본과 자원은 점점 더 외국인에게 넘어갔다. 비트코인을 거부하기만 하면 신경 쓸 필요도 없으리라고 생각하는 독자라면, 아주 중요한 이 역사의 교훈을 마음에 새겨야 한다. 역사가 말하듯, 남이 더 견고한 돈을 보유하면 자기도 영향을 받지 않을 도리가 없다.

금은 갈수록 중앙화하는 은행의 손에 들어가면서 시간과 규모와 장소를 뛰어넘는 판매가능성을 얻은 반면, 은행이 금을 모으고 보관증을 발행하며 수표를 청산하기로 금융계와 정치계가 합의하여 결제 기능을 종속당한 탓에 현금 성질은 잃어버렸다. 금이 규모 · 공간 · 시간을 뛰어넘는 판매가능성을 확보하기 위해서는 한 곳에 집중되어야 했으므로, 20세기 경제학자들이 건전화폐 문제를 다루며 강조했던 개인의 화폐 자주권과 중앙정부 집중화에 맞선 저항권이 필연적으로 희생당했다는 데 비극이 있다. 그러니 똑같은 건전화폐주의자라도 멩거 같은 19세기 경제학자는 화폐의 건전성을 이해할 때 시장재화로서 판매가능성에 집중한 반면, 미제스나 하이에크, 로스바드(Murray Rothbard), 살레르노 같은 20세기 경제학자는 통화의 건전성을 국가의 통제에 저항할 능력으로 보고 분석하는 데 집중한 이유가 이제는 이해될 것이다. 20세기 화폐의 아킬레스건은 중앙화에 따라 정부 손아귀에 들어간 데 있는 반면, 21세기에 발명된 화폐인 비트코인은 중앙 통제를 벗어나려는 목표를 최우선으로 설계되었음을 이 책 뒷부분에서 살펴볼 것이다.

| 벨 에포크 |

프로이센-프랑스 전쟁이 1871년에 끝나고 주요 유럽 열강 모두가 차례로 금이라는 동일한 본위화폐로 옮겨간 이후 열린 번영과 융성의 시대는 시간이 오래 흐른 지금도 돌이켜볼수록 놀랍다. 역사 상 인류가 가장 크게 번영하고 혁신하며 성취해 냈던 시기가 바로 19세기, 특히 19세기 후반이라는 의견도 있는데, 여기에는 금의 화폐 기능이 매우 중요한 영향을 끼쳤다. 은 같이 다른 교환매개가 점점 화폐 기능을 잃어가는 한편 전 세계 사람들 대부분이 함께 금본위제를 사용하게 되면서, 원거리 통신과 교통이 발달하고 자본 축적과 무역이 유례

없는 수준으로 활발해졌기 때문이다.

여러 가지 화폐가 있었지만 결국 해당하는 무게만 달랐지 모두 금이나 마찬가지였고, 두 나라 화폐의 환율이라고 해봤자 인치를 센티미터로 환산하듯 단순하게 무게 단위를 바꾸는 것과 다르지 않았다. 영국 파운드는 금 7.3그램으로, 프랑스 프랑은 금 0.29그램으로, 독일 마르크는 0.36그램으로 정의되었으니, 1파운드는 26.28 프랑스 프랑이고 24.02 독일 마르크로 고정될 수밖에 없었다. 미터법과 인치법이 길이를 재는 방식이듯, 각국 화폐는 가치를 저장하는 보편 수단, 바로 금으로 경제 가치를 재는 방식일 뿐이었다. 한 나라가 발행한 금화는 결국 금일 뿐이므로 다른 나라에서도 잘 통용되었다. 각국의 화폐 공급량은 박사학위 보유자가 득실대는 중앙정부의 계획위원회에서 정하는 수치가 아니라, 시장체제가 자연스럽게 만들어 낸 결과였다. 사람들은 돈을 좋을 만큼 보유하고, 국산품이든 수입품이든 가리지 않고 사느라 원하는 만큼 썼을 뿐이기에 실제 화폐 공급량은 측정하기조차 쉽지 않았다.

건전한 화폐 덕분에 자유무역이 전 세계에서 활발해지기도 했지만, 그보다도 더 중요한 사실은 금본위제를 채택한 선진 사회 대부분에서 저축률을 올리는 효과를 낸 덕분에 자본 축적을 도와 오늘날 현대식 삶의 기틀을 잡아온 산업화, 도시화 기술발전에 드는 자금을 확보했다는 것이다.(표 1 참조[10])

1900년에 금본위제를 정식으로 채택한 국가는 산업화 국가 모두

---

10) 출처 : Lips, 2001.

표 1 | 주요 유럽 국가가 금본위제를 채택한 기간

화폐	금본위제 채택 기간	햇수
프랑스 프랑	1814-1914	100년
네덜란드 휠던(길더)	1816-1914	98년
영국 파운드 스털링	1821-1914	93년
스위스 프랑	1850-1936	86년
벨기에 프랑	1832-1914	82년
스웨덴 크로나	1873-1931	58년
독일 마르크	1875-1914	39년
이탈리아 리라	1883-1914	31년

를 포함하여 50여 개 국이었고, 그밖에 금본위제를 공식 채택하지는 않았지만 금화를 주요 화폐로 쓰는 국가도 있었다. 인간이 기술·의학·경제·예술에서 얻어낸 결실 중 가장 중요한 것들이 금본위제 시대에 발명되었다. 그래서 이 시대를 유럽의 벨 에포크(la belle époque), 즉 '아름다운 시대'라고 부르는 것이다. 영국 제국이 전 세계로 뻗어나가면서도 대규모 군사 분쟁에 휘말리지 않은 절정기, 팍스 브리타니카(Pax Britannica)가 이 때다. 1899년에 미국 작가 넬리 블라이(Nellie Bly)가 72일 만에 세계를 일주하는 기록을 세웠을 때 가지고 다닌 돈이 영국 금화와 영국은행권이었다. 넬리가 지구를 한 바퀴 돌면서 발 딛은 곳 어디서든 한 가지 돈만 사용해도 되었다는 얘기다.[11]

미국에서는 남북전쟁이 끝나고 1879년에 금본위제로 돌아간 이후 경제가 급격히 성장한 이 시대를 도금 시대(the Gilded Age)라고 불

---

11) Nellie Bly, 《Around the World in Seventy-Two Days》 (New York: Pictorial Weeklies, 1890). (넬리 블라이, 《넬리 블라이의 세상을 바꾼 72일》 (모던아카이브, 2018, 오수원 옮김)

렀다. 도금 시대를 한 번 끊었던 사건은 6장에서 다루듯 미국 재무부
가 은을 화폐로 규정하여 화폐 기능을 다시 부여하려고 시도하던 일
로, 화폐 역사에 등장한 괴상한 일화이자 은이 돈으로서 낸 사실상 마
지막 단말마였다. 그 덕에 화폐 공급량은 크게 늘었고, 사람들이 몰
려와 지폐와 은을 내고 금을 찾아가려는 바람에 은행은 지급불능 상
태에 빠졌다. 그 결과 1893년에 공황이 발생한 다음에야 미국 경제
가 다시 성장했다.

세계 대부분이 동일한 건전본위화폐를 사용하던 그 시절만큼 자본
이 많이 축적되고 국제 교역이 활발했으며 정부가 제약받고 생활수
준이 변혁하던 시절은 절대 없었다. 서구에서는 경제 뿐 아니라 사회
자체도 지금보다 그때가 훨씬 자유로웠다. 시민의 삶을 꼬치꼬치 간
섭하는 데 열을 올리는 관료조직은 정부에 없다시피 했다. 미제스는
이렇게 묘사했다.

> 금본위제는 자본주의 시대 세계 표준으로서 정치적으로든 경제적으
> 로든 복지와 자유와 민주화를 증진했다. 자유무역을 하는 사람이 보
> 기에 금본위제의 장점은 바로 국제 무역과 국제 화폐·자본시장 거
> 래에 요긴한 국제 표준이라는 데 있었다. 이 교환매개는 서구 산업
> 화와 서구 자본이 지구상에서 서구와 가장 먼 곳에서까지 서구 문명
> 을 꽃피우고, 모든 곳에서 구시대의 편견과 미신이라는 속박을 깨뜨
> 리며, 새로운 삶과 새로운 복지를 낳은 씨를 뿌리고, 이성과 영혼을
> 자유롭게 풀어주며, 누구도 들어본 적 없는 수준으로 부를 창출해
> 내는 도구였다. 이윽고 서구 자유주의는 유례없이 진보하며 승리한
> 끝에, 모든 국가가 한 데 모여 서로 평화롭게 협력하는 자유 국가의

공동체를 만들 태세를 갖추었다.

사람들이 금본위제를 이처럼 가장 위대하고 가장 유익한 역사적 변화의 상징으로 본 이유를 이해하기는 어렵지 않다.[12]

그랬던 세상은 재앙의 해, 1914년에 무너져 내렸다. 1914년은 제1차 세계대전이 일어났을 뿐 아니라 세계 주요 경제가 금본위제를 정지하고 불건전한 정부 발행 화폐로 전환한 해이기도 하다. 1930년대까지 금본위제를 지킨 나라는 제1차 세계대전에서 중립을 지킨 스위스와 스웨덴뿐이었다. 그 후 전 세계에서 시작한 정부통제화폐 시대는 백해무익하게 재앙만을 일으켰다.

19세기 금본위제는 건전화폐라는 이상에 역사상 가장 근접했지만 당연히 단점도 있었다. 첫째, 정부와 은행은 언제나 자신이 보유한 금 총량을 넘어 교환매개를 발행했다. 둘째, 많은 나라가 자기가 보유한 금 뿐 아니라 다른 나라 화폐까지 사용했다. 당시 전 세계 최강대국이던 영국은 자국 화폐가 전 세계 준비통화로 쓰이는 이익을 누렸는데, 그 결과 영국의 금 보유고는 화폐 공급 총량에 비하여 미미한 수준이었다. 세계 어디서나 거액을 결제할 수 있는 데 힘입어 국제 무역이 성장하던 당시, 대다수 사람들이 보기에 영국은행권은 '금과 다름없이 좋은' 물건이었다. 금이야 매우 견고한 화폐지만, 중앙은행끼리 결제액을 청산하는 데 사용한 금융상품은 비록 명목상으로는 금으로 바꿀 수 있다 해도 현실적으로는 금보다 생산하기 쉬웠다.

---

12) Ludwig von Mises, 《Human Action》 (pp. 472~473). (루트비히 폰 미제스, 《인간행동》, p.919~920)

이 두 결점 때문에 금본위제가 지녔던 약점은, 환경이 변하여 지폐를 금으로 바꿔달라고 요구하는 사람이 많아지면 어떤 나라든 금이 부족해진다는 것이다. 이 두 가지 문제의 핵심에 존재하는 금본위제의 치명적 단점이란, 금 실물로 결제하기가 번거롭고 비싸며 불안하여 금 실물 보유고를 몇몇 장소(즉 중앙은행과 일반은행)에 집중해야 하기 때문에 정부가 장악하는 데 취약하다는 것이다. 금 실물로 지불하고 결제하는 거래 건수가 전체 결제 건수에 비하여 갈수록 미미하게 줄어들자 금을 쥔 중앙은행과 일반은행은 금 실물로 가치를 보장받지 않은 돈을 찍어내 결제하는 데 쓸 수 있게 되었다. 결제 네트워크의 가치가 충분히 높아졌기에 결제 네트워크 소유자의 신용까지도 결과적으로 화폐가 된 셈이었다. 은행을 경영하는 능력이 돈을 찍어내는 능력과 직결되자 정부는 자연히 중앙은행을 이용하여 은행업을 장악하는 데 유혹을 느꼈다. 욕심은 언제나 끝이 없는 법이라, 이를 통하여 사실상 무한한 금융 자산을 얻어내자 반대의견이 잠잠해졌을 뿐 아니라 그러한 사상을 적극 전파하는 금융 분야 나팔수들까지 생겼다. 금 자체에는 국가를 제약할 장치가 전혀 없으니, 기댈 것이라고는 국가가 금본위제를 그릇되게 쓰지 않을 것이고 국민이 언제까지나 눈에 불을 켜고 국가를 감시하리라는 믿음밖에 없었다. 국민이 고등교육을 받아 불건전화폐가 몰고 올 위험을 충분히 안다면 그런 믿음도 실현될지 모르지만, 세대가 바뀔수록 부를 좇는 데만 안주하는 지적 수준이 드러나는 상황에서[13] 어용 광대 짓을 하는 경제학자와 사기꾼이 노래를 부르며 매혹하면 사람들은 점점 더 이겨내기 어려워 질 테

13) 다음을 참고하라. John Glubb, 《The Fate of Empires and Search for Survival》.

니, 이제 "화폐 공급량에 손댄다고 부가 창출되지는 않는다"거나 "화폐 통제권을 정부에게 허용하면 모든 사람의 삶을 통제할 힘도 필연적으로 넘겨주게 된다"고, 또 "돈의 진실성은 무역과 자본 축적에 튼튼한 기반을 만들어 주어 문명 생활 자체의 기반이 된다"고 사람들을 설득하며 불리한 싸움을 할 사람은 몇몇 지각 있는 경제학자와 역사학자밖에 남지 않을 것이다.

금이 집중되자 금의 화폐 기능이 적에게 넘어갈 위험이 커졌다. 그리고 미제스가 잘 이해한 대로, 금에게는 애초부터 적이 지나치게 많았다.

> 민족주의자가 금본위제에 맞서 싸우는 이유는 자기 나라를 세계 시장에서 단절하여 가능한 한 자급자족하는 나라로 만들고 싶어서다. 개입주의 정부와 압력단체가 금본위제에 맞서 싸우는 이유는 가격과 임률을 마음대로 조작하려는 시도에 가장 심각한 방해물이라고 생각해서다. 하지만 금을 가장 광적으로 공격하는 것은 신용팽창을 꾀하는 사람들이다. 이들에게 신용팽창이란 모든 경제 병폐를 치료할 만병통치약이다.[14]
> 금본위제가 채택되면 정치판은 화폐 발행량에 손대 구매력을 조정할 힘을 잃는다. 다수가 금본위제를 받아들이려면 돈을 찍어낸다고 모두가 부유해질 수는 없다는 진실을 깨달아야 한다. 전능한 정부가 종이쪼가리에서 부를 창출할 수 있다는 미신이 금본위제를 혐오하는 태도를 낳는다. (중략) 정부는 신용팽창이 이자율을 낮추고 무

---

14) Ludwig von Mises, 《Human Action》 (pp. 473). (루트비히 폰 미제스, 《인간행동》, p.920)

역 수지를 '개선'하기에 적당한 수단이라는 오류에 푹 빠져서, 금본위제를 파괴하는 데 열을 올렸다. (중략) 사람들이 금본위제에 맞서 싸우는 이유는 자유무역을 자급자족으로, 평화를 전쟁으로, 자유를 전능한 정부의 전체주의로 바꾸는 데 있다. 15)

20세기는 정부가 금본위제 위에 세운 현대식 중앙은행을 발명하여 시민의 금을 장악하면서 시작했다. 제1차 세계대전이 시작하자 각국 정부는 금을 중앙에 집중한 덕분에 화폐 공급량을 금 보유고보다 훨씬 크게 늘리고 자국 화폐 가치를 줄일 수 있었다. 하지만 그 후에도 중앙은행이 금을 빼앗아 쌓아가는 행태가 계속되다가, 1960년대가 되어서야 미국 달러를 국제 기준으로 삼으려는 움직임이 나타나기 시작했다. 금은 1971년에 화폐 기능을 완전히 잃었다고 하지만 중앙은행은 상당한 금 보유고를 유지했고, 그나마 금을 조금씩 팔다가 지난 10년 동안은 다시 금을 사들이는 쪽으로 돌아섰다. 중앙은행들이 말로는 금의 화폐 기능이 끝났다고 계속 선언했지만, 진실은 금 보유고를 유지하는 행동에 드러난다. 화폐 경쟁 관점에서 보면 금 보유고 유지는 완벽히 이성적인 판단이다. 외국 정부가 발행한 연화를 보유한다면 시뇨리지(seniorage, 화폐의 액면가에서 제조 비용을 뺀 이익), 즉 화폐발행차익은 자국 중앙은행이 아니라 외화를 발행하는 국가에 쌓이는데, 외화 가치가 떨어지면 자국 화폐 가치도 떨어질 수밖에 없다. 게다가 중앙은행들이 보유한 (전 세계 금 비축량 대비 약 20%로 추정

15) Ludwig von Mises, 《Human Action》 (pp. 474). (루트비히 폰 미제스, 《인간행동》, p.923~925)

되는) 금을 일제히 내다팔 때 가장 있음직한 효과는, 금은 산업용으로나 미적으로나 높이 평가받기 때문에 거의 떨어지지 않은 가격에 매우 빨리 팔려나가고 중앙은행의 금 보유고는 하나도 남지 않으리라는 것이다. 정부가 발행한 연화와 금이라는 경화 사이에 화폐 경쟁이 벌어진다면 장기적으로 승자 하나만 남을 확률이 높다. 말보다 행동을 보면 확연하듯, 정부가 화폐를 발행하는 세상에서조차 정부는 금에게서 화폐 기능을 빼앗아가지 못했다. (그림 4 참고[16])

그림 4 · 전 세계 중앙은행 공식 금 보유고

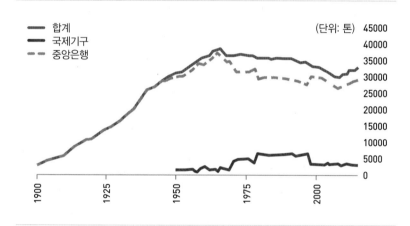

16) 출처 : 세계금협회(World Gold Council)가 발표한 보유고 통계.
https://www.gold.org/data/gold-reserves 에서 열람 가능.

Part 04

정부화폐

The Bitcoin Standard

정부화폐

제1차 세계대전은 자유 시장에서 화폐를 선택하는 시대가 끝나고 정부화폐 시대가 열리는 분기였다. 오늘날에도 국제 화폐 체제를 지탱하는 버팀목은 금이지만, 현실에서 세계 통화 환경을 결정하는 주체는 개인이 아니라 정부의 법령과 판단 그리고 통화 정책이다.

정부화폐를 보통 명목화폐(fiat money)라고 부르는데, 여기서 fiat은 원래 칙령·명령·허가를 뜻하는 라틴어다. 정부화폐를 이해하려면 두 가지 중요한 사실을 알아야 한다. 첫째, 금으로 바꿔 받을 수 있는 태환화폐와 그렇지 않은 불태환화폐는 똑같이 정부가 관장한다고 해도 완전히 다르다. 금본위제에서 돈은 곧 금이고, 정부는 표준 규격에 맞춰 금화를 주조하거나 금으로 가치를 보장받는 종이를 인쇄하는 책임을 질 뿐이다. 정부는 나라 안에서 금 유통량을 통제할 권한이 없고, 사람들은 언제나 지폐를 금 실물로 바꿔 받을 수도 있고 금괴든 외국 금화든 형태가 다양한 금을 사용하여 거래할 수도 있다. 반면 불태환 정부화폐는 정부가 진 빚이나 정부가 찍어낸 종이가 돈으로 쓰이는 것이라, 정부는 적절하다고 판단하는 만큼 화폐를 더 공급할 수 있다. 개인이 그 외에 다른 형태를 지닌 돈으로 거래를 하려 한다거나 정부화폐를 스스로 더 만들어내려 하면 처벌받을 수도 있다.

사람들이 간과하는 두 번째 사실로, 이름이 암시하는 바와 달리 온전하게 정부의 권위에만 기대어 유통되는 명목화폐는 없다. 명목화폐는 원래 모두 금이나 은 자체로 태환하거나 또는 금이나 은으로 태환되는 화폐로 태환할 수 있었다. 정부가 발행한 지폐가 판매가능성을 얻은 것은 순전히 판매가능성 있는 돈으로 바꿔 받을 수 있어서였다. 이제껏 개인이 정부화폐만 쓰도록 법으로 강제한 정부는 있을지 몰라도, 처음 만들 때부터 금이나 은으로 태환할 수 없는 지폐에 판매가능성을 부여해 낸 정부는 없었다. 오늘날에도 모든 중앙은행은 자국 화폐 가치를 뒷받침하려고 준비금을 보유하는데, 이 준비금으로 대부분은 금을, 그렇지 않은 나라는 금 보유고로 뒷받침되는 타국 명목화폐를 보유한다. 어떤 방식으로든 가치를 보장받지 않은 채 유통되는 순수 명목화폐는 없다. 끔찍한 오류가 가득한 국정화폐론의 중심 교리와 반대되는 얘기지만, 정부가 명령해서 금이 돈으로 쓰이는 것이 아니라, 정부가 금을 보유했기 때문에 정부가 발행한 돈이 통용될 뿐이다.

역사에 기록된 최초의 명목화폐는 10세기 송나라에서 발행된 지폐인 교자(交子)다. 교자는 원래 금이나 은 보관증이었지만, 나중에는 정부가 교자 발행을 장악하더니 태환을 정지하고 나라가 망할 때까지 계속 찍어냈다. 원나라도 1260년에 교초(交鈔)라는 명목화폐를 발행했는데, 정부가 은 보유고 가치를 크게 뛰어넘을 만큼 교초를 발행한 결과 누구나 예상하듯 재앙이 벌어졌다. 화폐 가치가 폭락하자 수없이 많은 소농이 비참한 가난의 수렁에 빠져 자녀를 빚노예로 팔았다.

따라서 정부화폐는 2장에서 논한 원시적 화폐 중에서도 금이 아닌 상품화폐에 가깝다. 저량에 비하여 공급량이 빠르게 증가하여 판매가 능성이 급격히 떨어지고 구매력이 파괴되며 보유자가 가난해지기 십상이기 때문이다. 이런 점에서는 앞에서 말한 화학적 본질 때문에 공급량을 늘릴 수 없는 금과 다르다. 정부는 세금을 자기 화폐로만 받아 화폐의 수명을 보장하지만, 그것도 정부가 화폐 공급량을 급격히 늘리지 않도록 방지하여 화폐가치가 급격히 떨어지지 않을 때 얘기다. 여러 나라 화폐를 비교해 보면 널리 쓰이는 주요 화폐일수록 판매가 능성이 낮은 군소 화폐에 비하여 연간 통화량 증가율이 낮다.

| 화폐 민족주의와 자유 세계의 종말 |

앞 장 마지막 부분에 인용했듯 미제스가 말한 건전화폐의 수많은 적이 금본위제에 승리한 시기는 1914년에 중부 유럽에서 시작한 소규모 전쟁이 눈덩이처럼 커져 인류 역사 최초의 국제전으로 변할 때였다. 시작할 때만 해도 전쟁이 그토록 오래 가고 희생자가 그토록 많이 나리라고 아무도 예상하지 못했다. 예컨대 영국 신문들이 처음에 이 전쟁을 '8월 연휴 전쟁(August Bank Holiday War)'이라고 부른 데서 보듯 사람들은 영국군이 여름 소풍쯤 갔다가 당연히 승리하고 돌아오리라고 예상했다. 전쟁은 제한적 국지전에 그칠 것이었다. 한편, 수십 년 계속된 비교적 평화로운 시절에 자란 새 세대 유럽인들로서는 전쟁이 낳을 결과를 제대로 예측하기 힘들기도 했다. 오스트리아-헝가리 제국과 세르비아 분리주의자가 벌인 분쟁이 왜 수백만 명의 목숨을 앗아가고 전 세계 국경선을 크게 바꿔놓은 국제전의 계기가 되었는지 전략적으로나 지정학적으로 설득력 있게 설명하지 못하기는 오늘날 역사학계도 마찬가지다.

돌이켜보면 제1차 세계대전과 그 전에 벌어진 국지전을 구분하는 중대한 차이는 지정학도, 전략도 아니고 바로 화폐였다. 금본위제 시절에 정부는 엄청난 금 보유고를 직접 통제했고 국민은 금 보관증을 주고받았다. 지폐를 손쉽게 더 많이 발행하는 권한은 자국 시민에게 과세하기보다 훨씬 편리하므로 분쟁이 불붙은 상황에서 도저히 거부하기 힘들 만큼 매력적이었다. 주요 교전국은 모두 전쟁이 시작한 지 몇 주 안에 금태환을 정지하여 사실상 금본위제에서 이탈하고, 금으로 태환할 수 없는 정부 발행 서류를 돈으로 삼는 명목화폐제로 자국 국민을 밀어 넣었다.

금태환 정지만으로 정부는 국고에 든 돈이라는 한계를 넘어 사실상 전 국민의 모든 부를 전쟁에 투입할 수 있게 되었다. 돈을 더 찍어낼 수 있고, 또 그 돈을 자국민과 외국인에게 통용시킬 수 있는 한, 전쟁 비용을 계속 댈 수 있었기 때문이다. 개인이 금을 지니고 화폐로 썼던 종전 화폐 제도에서 정부가 투입할 수 있는 전쟁비는 국고에다 세금 징수액, 채권 발행액을 더한 정도가 한계였다. 그래서 20세기 이전에는 분쟁 규모에 한계가 있었고 전 세계는 비교적 긴 평화기를 누렸다.

유럽 국가들이 금본위제에 머물렀더라면, 또는 유럽 사람들이 금을 자기 손에 쥐고 있어 정부가 인플레이션이 아니라 세금밖에 기댈 곳이 없었더라면 역사는 달라졌을지도 모른다. 양 진영 중 하나에서 자금이 부족해지고, 자기 돈으로 자국 정권을 지탱하기를 원하지 않는 국민에게 재산을 뽑아내기도 힘들어져, 제1차 세계대전이 군사 분쟁으로서는 몇 달 만에 종결되었을 가능성도 있다. 하지만 금본위제가 정지되자 국고가 바닥나는 정도는 전쟁을 멈출 이유가 되지 않았다. 인플레이션으로도 국민이 쌓아온 재산을 더 이상 뽑아 올리지 못할 정도는 되어야 했다.

유럽 국가들이 아무 해결책이나 진전 없이 4년 동안이나 피비린내 나는 교착상태를 버텨낸 것은 자국 화폐가치를 떨어뜨린 덕분이다. 서로 왕래하고 결혼하던 군주들이 오직 한없는 허영과 야망 때문에 벌인 이 모든 일이 무의미하다는 사실은 각국 국민도 알았고, 또 목숨을 걸고 전선을 지키던 군인도 알았다. 이 전쟁이 절대 무의미하다는 사실은 1914년 크리스마스이브에 프랑스·영국·독일 병사가 교전 명령을 따르지 않고 무기를 내려놓은 채 서로 전선을 넘어가 어울렸던 사건에서 가장 생생하고 구체적으로 드러난다. 독일 병사 가운데 적지 않은 수가 영국에서 일했기 때문에 영어를 할 줄 알았고, 또 축구를 좋아하는 병사가 많아서 즉석에서 편을 갈라 경기를 벌인 적도 여러 번이었다.[1] 병사들이 서로 맞설 이유도, 전쟁해서 얻을 것도, 전쟁을 계속 할 이유도 없다는 놀라운 진실이 휴전 덕분에 드러났다. 나라끼리 경쟁 심리를 배출하려면 종족과 국가끼리 편을 짜 평화롭게 놀 수 있는 전 세계 인기 종목인 축구를 하는 편이 훨씬 나을 것이다.

전쟁이 진전도 거의 없이 4년을 끈 끝에 1917년이 되어서야 미국이 개입하여 상대방이 더 이상 감당하지 못할 엄청난 자원을 투입하

---

1) Malcolm Brown and Shirley Seaton, 《Christmas Truce: The Western Front December 1914》 (London: Pan Macmillan, 2014).

면서 전세를 결정했다. 모든 정부가 인플레이션으로 전쟁이라는 기계에 돈을 댔지만, 특히 독일과 오스트리아—헝가리 제국에서 1918년에 화폐가치가 심각하게 떨어지면서 동맹국의 패배가 기정사실이 되었다. 그림 5에 나오는 교전국 화폐와 당시에도 금본위제를 유지하던 스위스 프랑 사이 환율을 보면 각 화폐 가치가 얼마나 떨어졌는지 알기 쉽다.[2]

그림 5 · 제1차 세계대전 동안 스위스 프랑 대비 주요국 화폐 환율 변화. 1914년 6월 = 1.

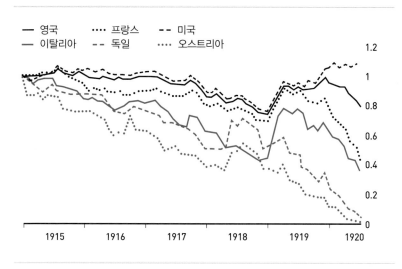

상황이 진정된 후 주요 유럽 열강의 화폐는 실질 가치를 잃었다. 패배한 독일과 오스트리아의 화폐 가치 평균은 1913년에 비하여 1918년 11월에 각각 51%, 31%까지 떨어졌다. 이탈리아 화폐는 원래 가치

2) 출처 : George Hall, "Exchange Rates and Casualties During the First WorldWar", 〈Journal of Monetary Economics〉.

에 비하여 77%까지 떨어진 반면, 프랑스는 91%, 영국은 93%, 미국은 96%까지만 떨어졌다.[3] (표 2 참고[4])

표 2 | 제1차 세계대전 전후 스위스 프랑 대비 주요국 화폐 가치 절하율

국가	제1차 세계대전 전후 가치 절하율
미국	3.44%
영국	6.63%
프랑스	9.04%
이탈리아	22.3%
독일	48.9%
오스트리아	68.9%

전쟁 결과 승전국이 손에 넣은 영토는 그만한 희생에 어울릴 정도라고 말할 수 없었고 패전국이 잃은 영토도 별 볼 일 없었으니, 그 대학살에 걸맞게 국경선이 바뀌었다고 보기도 어려웠다. 오스트리아-헝가리 제국은 여러 작은 나라로 쪼개졌지만 그 나라들을 다스린 것은 승전국이 아니라 해당 국민이었다. 전쟁 때문에 가장 많이 바뀐 것은 유럽 왕조 대부분이 없어지고 공화정이 들어섰다는 정도다. 그 정도 결과가 좋은지 나쁜지 논쟁해 봤자, 전쟁 때문에 교전국 시민이 당한 파괴와 황폐화에 비하면 아무 의미도 없다.

---

[3] 혹시나 하는 생각인데, 독일과 오스트리아는 스위스와 지리로도 가깝고 국민끼리도 밀접한 관계도 있다 보니 자국 통화를 스위스 프랑으로 바꾸는 독일인과 오스트리아인이 더 많았을 수도 있고, 그래서 두 나라에서 화폐가 더욱 빨리 몰락한 탓에 정부의 경제적 자원에 부담이 간 것이 제1차 세계대전의 결과에 결정적 역할을 했을지도 모른다. 필자가 이 의문을 풀려고 연구 자료를 검토한 적은 없지만 독자 여러분 중 그런 분이 있다면 연락 주시기 바란다.

[4] 1914년 7월에서 1918년 11월까지. 출처 : George Hall, "Exchange Rates and Casualties During the First World War", 〈Journal of Monetary Economics〉.

주요 국가는 금태환을 중단하고 금을 국경 안팎으로 옮기기 어렵게 매우 엄격히 통제함으로써 물가가 올랐는데도 자국 통화의 금 기준 명목가치를 전쟁 전 수준으로 유지할 수 있었다. 전쟁이 끝나자 금본위제를 기초로 한 국제 화폐 체제는 더 이상 기능하지 못했다. 모든 국가는 이미 금본위제를 이탈한 상태에서 과연 금본위제로 돌아가야 하느냐, 그래야 한다면 화폐 가치를 금 기준으로 얼마로 정해야 하느냐는 중요한 문제를 마주했다. 화폐 공급량과 금 보유량 비율에 맞는 공정 시장 가치대로 정한다면 화폐 가치가 낮아질 테니 정권 지지율의 급락을 감수해야 한다. 그렇다고 기존 환율로 돌아간다면 시민은 어디에나 널려 있는 보관증보다 금을 가지려 할 것이고, 금은 가치를 제대로 쳐 주는 다른 나라로 이동할 것이었다.

이러한 딜레마 때문에 돈에 얽힌 경제적 결정이 시장이 아니라 정치에 지배당하게 되었다. 이제는 시장 참여자가 가장 판매가능성이 높은 재화를 교환매개로 자유롭게 선택하는 것이 아니라, 중앙정부가 화폐의 가치 · 공급 · 이자율을 계획하게 되었다. 하이에크는 이러한 화폐 제도를 동명의 짧은 명저를 통해 '화폐 민족주의(Monetary Nationalism)'라고 불렀다.

> 내가 말하는 화폐 민족주의란, 한 국가가 전 세계 화폐 공급에서 차지하는 몫은 다른 지역과 장소에 있는 상대적 화폐량을 결정하는 원칙과 방법에 따라 정해지도록 방치하지 말라는 사상이다. 진정한 국제 화폐 체제라면 전 세계가 모든 개별 국가에서 통용되는 동일한 화폐를 보유하고, 개인 각각이 행동한 결과에 따라서만 그 화폐가 지역을 넘어 흘러가야 한다.[5]

그 후 금은 다시는 전 세계의 단일 화폐로 돌아가지 않았고, 금 소유권을 독점한 중앙은행은 개인이 금을 소유하는 데 제한을 걸며 자국 정부 화폐를 쓰도록 강제했다. 한편 국경을 초월하고 정부 통제 영역 밖에 있는 인터넷에서 탄생한 화폐, 즉 비트코인이 출현하자 흥미롭게도 새 국제 화폐 체제가 등장할 가능성이 나타났다. 이는 9장에서 분석할 것이다.

| 전간기(The Interwar Era) |

국제 금본위제 시절에는 돈이 상품과 엇갈려 국경 너머로 자유롭게 흘렀고 환율이란 그저 금 무게 비율이었던 반면, 화폐 민족주의 시절에는 국제 협약과 회의에 따라 각국의 화폐 공급량과 환율이 결정되었다. 베르사유 조약에 따라 엄청난 배상금을 물게 되고 초인플레이션에 시달린 독일은 아예 배상금을 지불하는 데 인플레이션을 이용할 방도를 찾아보게 된다. 영국은 파운드를 과대평가하고 금을 과소평가한 비율로 금본위제를 유지하려다가, 금이 프랑스와 미국으로 흘러나가면서 큰 문제를 겪었다.

1922년 제노바 회의(Genoa Conference)에서 화폐 민족주의의 세기 최초의 주요 협약이 체결되었다. 합의 내용에 따라 미국 달러와 영국 파운드는 다른 나라 보유고에서 금과 같은 위치를 차지하는 준비통화가 된다. 영국은 이러한 움직임에 따라 다른 나라가 파운드를 보유

---

5) 프리드리히 하이에크(Friedrich Hayek), 《Monetary Nationalism and International Stability》 (Fairfield, NJ: Augustus Kelley, 1989[1937]).

하려고 대량으로 사들여 파운드 과대평가 문제가 완화되기를 희망했다. 세계 주요 열강은 견고한 금본위제에서 벗어나 인플레이션 정책을 채택하면 경제 문제가 해결될 것처럼 암시했다. 정부가 화폐 공급량을 늘리려 하는 동시에 금 가치 기준 자국 화폐 가격을 전쟁 전 수준으로 안정적으로 유지하려 했으니 정신 나간 짓이었다. 단체행동을 하면 안전하리라는 계산은 있었다. 모두 함께 화폐 가치를 떨어뜨리면 자본이 숨을 곳은 없을 테니까. 물론 일은 그렇게 돌아갈 수도 없었고 그렇게 돌아가지도 않았으니, 금은 계속 영국에서 미국과 프랑스로 흘러들어갔다.

영국에서 금이 흘러나간 사건은 비록 잘 알려지지는 않았어도 엄청난 여파를 몰고 왔다. 리아콰트 아메드(Liaquat Ahamed)의 저서《금융의 제왕(Lords of Finance)》은 이 일화에도 초점을 두어 관련 인물과 일어난 사건을 잘 묘사했지만, 케인스주의에 따른 다수 관점을 채택한 바람에 사건의 원흉을 금본위제로 몰아갔다는 흠이 있다. 아메드는 자세히 연구하고서도, 문제는 금본위제 자체가 아니라 제1차 세계대전 이전 환율에 따라 금본위제로 복귀하려 했던 각국 정부라는 사실을 파악하지 못했다. 정부들이 전쟁을 치르느라 화폐 가치가 하락했다는 사실을 국민 앞에서 인정했더라면, 그리고 자국 화폐를 새로운 비율에 맞는 금 가치에 고정했더라면, 불황 같은 악영향은 분명히 발생했겠지만 그 후에는 건전화폐라는 기반 위에서 경제가 회복했을 것이다.

이 사건과 사건이 낳은 끔찍한 여파를 더 잘 다룬 글은 머리 로스바드(Murray Rothbard)의 저서《미국의 대공황(America's Great Depression)》이다. 영국이 보유한 금이 값을 더 잘 쳐주는 곳으로 옮겨 가자 영국은행 총재 몬터규 노먼(Sir Montagu Norman)은 프랑스 · 독일 · 미국에 있는 동종업계 종사자들에게 각자 자기 나라에서 화폐 공급량을 늘리고 지폐 가치를 떨어뜨려 달라고 애타게 호소했다. 그러면 영국에서 금이 흘러나가지 않도록 막을 수 있다는 희망을 품은 것이다. 뉴욕 연방준비은행 총재 벤저민 스트롱(Benjamin Strong)은 프랑스와 독일 중앙은행장과 달리 영국에 협력하기로 하고 1920년대 동안 통화팽창 정책을 실행했다. 그리하여 영국 금 유출량을 어느 정도 줄이는 데는 성공했을지 모르지만, 미국 주택 시장과 주식 시장에 버블을 크게 형성하여 더 심각한 결과를 낳았다. 미국의 통화팽창 정책이 끝난 1928년 말에는 이미 미국 경제의 위기가 무르익어, 통화팽창 정책이 종료되면 붕괴가 이어질 것이 불 보듯 뻔했다. 이윽고 1929년에 주식 시장이 붕괴했는데, 미국 정부의 대응 탓에 현대 역사 상 가장 긴 침체기가 이어졌다.

대공황을 다룬 이야기가 대부분 진실이라고 주장하는 바에 따르면, 대부분 경기가 둔화되기 시작하는데도 후버 대통령이 자유 시장이 경기 회복을 불러올 능력이 있다는 잘못된 신념을 지니고 금본위제에 집착하여 소극적 태도를 유지했다고 한다. 프랭클린 델러노 루즈벨트(Franklin Delano Roosevelt)가 후버의 후임으로 취임하여 정부가 적극적으로 개입하고 금본위제를 정지한 후에야 미국 경제가 회복했다는 얘기다. 필자가 표현을 순화해서 말하건대, 헛소리다. 후버는 대공황에 맞서기 위하여 정부 지출을 늘려 공공사업을 추진했을뿐 아니라 연방준비제도에 의존하여 신용을 확장했고, 임금률이 떨어지는 상황에서 임금을 높이 유지하는 데 정책 초점을 맞추는 정신 나간 모험을 한 사람이다. 게다가 특히 농산품 같은 상품 가격을 대공황 이전의 공정하고 올바른 수준과 비슷할 정도로 높이 유지하려고 가격 통제 정책까지 시행했다. 미국 등 전 세계 주요 경제는 보호무역 정책을 실행하기 시작했고, 그리하여 전 세계 경제는 악화했다.[6]

역사책에서 꼼꼼히 덧칠되어 거의 알려지지 않은 사실 하나를 얘기해 보자. 1932년 미국 총선에서 후버는 고도로 개입주의적인 정책을 견지한 반면 프랭클린 델러노 루즈벨트는 건전재정 · 건전통화 정책을 제시했다. 실제로 미국인은 후버의 정책에 반대표를 던졌지만, 권력을 쥔 루즈벨트는 후버의 관심사에 동조하는 편이 편리하다는 것을 깨달았다. 그리하여 후버의 개입주의 정책이 확대된 결과가 소위 뉴딜 정책이다. 그러니까 뉴딜은 전혀 독특하지도 새롭지도 않았다는 사실이 중요하다. 뉴딜은 후버가 만들어낸 극렬 개입주의 정책을 확대한 것이다.

가격 통제가 잉여나 부족을 불러일으키기 때문에 예외 없이 비생산적이라는 사실은 경제학을 조금만 알아도 명확히 보인다. 1930년대 미국 경제가 마주한 문제는 고정 임금이나 고정 가격과 떼려야 뗄 수 없다. 임금은 지나치게 높게 고정된 나머지 25%에 이를 정도로 매우 높은 실업률을 만들어냈고, 가격 통제 때문에 어떤 상품은 부족했고 어떤 상품은 남아돌았다. 가격을 높이 유지하려고 농산품을 불태우기까지 하다 보니, 일자리가 절박한 사람들은 굶고 있는데 생산자

---

[6] 후버가 실행한 개입주의 정책을 자세히 다룬 내용은 머리 로스바드의 《America's Great Depression》에 나온다.

는 임금이 비싸 고용하지 못하는가 하면 농부는 가격을 높이 유지하려고 곡식을 태워야 하는 정신 나간 상황이 벌어졌다. 이 모두 달러가 여전히 금 기준 가치를 유지하고 있다는 허상에 매달려 1929년 이전 호황기 수준으로 가격을 유지하려다 일어난 일이다. 1920년대 인플레이션이 주택 시장과 주식 시장에 대규모 자산 버블을 일으키자 임금과 물가도 부자연스럽게 올라갔다. 그러니 버블이 꺼졌다면 금 기준 달러 가치가 떨어지고 실질임금과 물가도 떨어지는 과정을 거쳐 시장 가격도 재조정되는 편이 자연스러웠다. 허상에 빠진 중앙정부의 기획자들이 고집을 부려 이 세 가지를 모두 막으려던 결과 경제가 마비된 것이다. 달러·임금·물가가 지나치게 고평가되자 사람들은 금 기준으로 과도하게 높은 달러 가치, 엄청난 실업률, 생산 실패 상황을 끝낼 방법을 찾아 나섰다.

물론 이런 문제를 일으킨 원인은 오직 통화량 확대였고, 이 문제를 해결하려면 건전화폐가 아니고서는 불가능했다. 심지어 인플레이션 이후에라도 금 기준 달러 가격을 시장에서 결정한 수준으로 재평가하고 임금과 물가가 자유롭게 조정되도록 놔두었다면 재앙이 훨씬 덜했을 것이다. 이 교훈을 배우지 못한 당시 정부 소속 경제학자들은 통화량 확대정책이 아니라 정부의 통화량 확대정책을 제약하는 금본위제가 잘못이라고 판단했다. 루즈벨트 대통령은 금이라는 족쇄를 풀고 통화량 확대정책을 해방하기 위하여, 미국에서 개인이 금을 소유하지 못하게 막고 재무부에 1온스 당 20.67달러를 받고 금을 팔도록 강제하는 행정 명령을 내렸다. 루즈벨트는 이렇게 국민에게 건전화폐를 빼앗고 달러만 쓰도록 강제한 후, 달러 가치를 금 1온스 당 20.67

달러에서 35달러로 조정하며 실질가치 기준(즉 금 기준) 달러 가치를 41% 낮췄다. 바로 이 현실이 제1차 세계대전에 참전할 비용을 대려고 연방준비제도의 설립 직후인 1914년부터 몇 년 동안 지속한 통화량 확대정책의 필연적 결과다.

전 세계 선진국이 중앙 계획과 정부 주도로 전향하여 실패하도록 몰고 간 원인은 이처럼 건전화폐를 폐기하고 정부 발행 명목화폐로 대체한 데 있다. 정부는 화폐를 통제함으로써 경제 · 정치 · 문화 · 교육적인 행동까지 통제했다. 경제학을 공부해 본 적도 없고 전문적으로 연구해 본 적도 없는 케인스는 정부가 전지전능해야 한다는 시대정신을 포착하고, 정부가 원하던 대로 확고한 길을 떠올려 냈다. 전 세계 학계에서 여러 세기에 걸쳐 연구하여 얻어낸 기본 경제 지식은 사라지고, 미래보다 현재를 훨씬 중요하게 여기는 정치인과 전체주의 정부에게 매우 편안하고 편리한 결론을 내는 새 믿음이 그 자리를 차지했다. 즉, 경제 상태는 총지출에 따라 결정되고, 실업률이 오르거나 생산이 둔화한다면 그것은 생산 구조에 문제가 있거나 중앙 정책 결정자가 시장을 왜곡해서가 아니라 전적으로 수요가 부족해서이므로 해법은 화폐를 손상시켜 정부 지출을 늘리는 것이다. 오직 총지출만이 중요한데, 저축하면 지출이 줄어들기 때문에 정부는 수단과 방법을 가리지 않고 국민이 저축을 꺼리게 만들어야 한다. 수입하면 노동자가 일자리를 잃으니까 지출 증가 대상은 국산품뿐이어야 한다. 케인스 자신도 정부가 이러한 견해를 사랑한다는 사실을 알았다. 케인스는 나치 전성기인 1937년에 발간된 독일어판 서문에 이렇게 썼다.

그럼에도 불구하고, 이 책의 핵심인 총생산 이론은 자유 경쟁과 대폭적 자유방임 조건에서 실행되는 생산 이론 및 그 생산량 분배 이론에 비해 전체주의 국가의 조건에 적용하기에 훨씬 쉽다.[7]

그렇게 시작한 케인스주의의 대홍수에서 세계는 아직도 회복하지 못했다. 대학은 자립성을 잃고 정부가 통치하는 데 핵심 도구가 되었다. 이제 경제학이라는 학문은 인간이 희소한 자원으로 환경을 개선하려고 내린 결정을 이해하려는 지적 분야이기를 포기하고 정부의 수족으로 변하여 경제 행동을 관리하기 가장 좋은 정책으로 정책결정자를 안내했다. 정부가 경제를 관리해야 한다는 생각은 현대 경제학 교육에서 의문의 여지없는 출발점이 되었다. 이는 모든 현대 경제학 교과서가 정부를 '성경에 나오는 신처럼 어디에나 존재하고 모든 것을 알며 무엇이든 할 수 있기 때문에 문제를 발견하기만 하면 만족스럽게 처리할 수 있는 존재'처럼 그리는 데서 눈치 챌 만하다. 정부는 기회비용 개념에 영향을 받지 않고, 상상할 수 있는 어떠한 경제 활동에 개입해도 부정적 결과를 내는 경우가 극히 드물며, 설령 그런 결과가 나온다 해도 정부가 더 많이 개입해야 한다는 근거가 될 뿐이다. 경제학자의 탈을 쓴 정부 나팔수들은 정부 통제 때문에 일어나고 악화한 대공황을 오히려 자유 시장을 부정할 근거로 내세웠고, 경제 자유가 경제 번영의 기초라고 보는 고전 자유주의 전통은 조용히 무시당했다. 고전 자유주의자는 1930년대 정권의 적이 되어 러시아 · 이탈리아 · 오스트리아 정부에 추적당하고 살해되기 일쑤라, 미국과 영국

---

7) 다음에서 인용. Henry Hazlitt, 《The Failure of the New Economics》, p.277.

학계에서 박해받는 정도면 운이 아주 좋은 셈이었다. 이 거물들이 두 나라에서 일자리를 찾느라 고생하던 동안, 범용한 관료와 실패한 통계학자는 과학만능주의와 그릇된 확신으로 무장하고 모든 대학교 경제학부를 채웠다.

오늘날 정부가 승인한 경제학 교과과정에서는 여전히 금본위제가 대공황의 원흉으로 손가락질 당한다. 1870년부터 1914년까지 40년이 넘도록 거칠 것 없이 세계에 성장과 번영을 가져다 준 그 금본위제가 1930년대에는 정부가 대공황에 맞서는 데 필요한 화폐 공급 확대를 막았기 때문에 갑자기 효과가 없어졌다고들 하는데, 그렇게 말하는 경제학자에게 정작 대공황의 원인을 물어보면 '야성적 충동'때문이라는 케인스의 무의미한 발언밖에 내놓지 못한다. 그리고 이런 경제학자 가운데 아무도 생각하지 못하는 사실인데, 정말 금본위제가 문제였다면 금본위제를 정지한 다음에는 경제가 회복하기 시작했어야 했다. 실제로는 정 반대로 금본위제를 정지한 후 10년도 넘게 흘러서야 다시 경제가 성장했던 것이다. 화폐와 경제를 기본적으로나마 이해하는 사람이라면, 1929년 대공황의 원인은 제1차 세계대전 이후 금본위제에서 이탈한 데 있고, 침체가 더욱 깊어진 원인은 후버와 루즈벨트 시절에 정부 통제와 경제 사회화가 강해진 데 있다고 확실히 결론을 내릴 것이다. 금본위제 정지도 전시 지출도 대공황을 완화하는 데는 아무런 소용이 없었다.

세계 주요 국가가 금본위제에서 이탈한지 얼마 지나지 않아 국제 교역은 요동치는 명목화폐의 바다에서 난파했다. 국제 가격 구조가 성립하는 데 필수인 가치 표준은 없고 정부는 국가 통제주의와 고립주의의 충동에 점점 깊이 사로잡히는 상황에서, 자국 화폐 가치를 낮추어 수출업자에게 이익을 주는 화폐 정책이 무역 정책 도구로 등장했다. 무역 장벽이 점점 더 많이 세워지고 경제 민족주의가 그 시절을 지배하는 정신이 되었으니 결국 파멸은 시간문제였다. 40년 전에는 금본위제라는 보편 기준에 따라 교역하며 함께 번영했던 나라들이 이제는 거대한 화폐·무역 장벽을 쌓아 서로 왕래를 막고, 자기 실패를 모두 다른 나라 탓으로 돌리는 데 소리를 높이는 대중영합주의 지도자를 따르며, 증오 가득한 민족주의의 파도에 점점 더 깊이 잠겼으니, 미국 경제학자 오토 맬러리(Otto Mallery)가 남긴 예언이 곧 실현될 차례였다.

"군대가 국경을 넘지 않으려면 물자가 국경을 넘어야 한다. 교역이 족쇄를 떨치지 못한다면 폭탄이 하늘에서 떨어질 것이다."[8]

| 제2차 세계대전과 브레턴우즈 |

폭탄은 실제로 하늘에서 떨어졌고, 무수한 학살과 공포는 이전에 상상하지 못한 형태를 띠고 동행했다. 정부 주도 경제에서 태어난 전쟁 기계를 이전에 비해 크게 발전시킨 원동력은 케인스가 저지른 모든 오류 중에서도 가장 위험하고 부조리하면서도 크게 지지를 받은 '정부가 군사 행동에 지출을 늘리면 경제 회복에 도움이 된다'는 개념이다. 엉성한 케인스주의 경제학으로 보면 지출은 어쨌거나 지출이므

---

8) Otto Mallery, 《Economic Union and Durable Peace》 (Harper and Brothers, 1943), p.10.

로, 그 지출이 가족을 먹여 살리는 개인에게서 발생하는지 외국인을 죽이는 정부에게서 나오는지는 상관없다. 어쨌든 총수요에 포함되고 실업률을 낮추기는 마찬가지니까! 대공황 동안 굶주리는 사람이 점점 늘자 주요 국가 정부는 군비를 늘리는 데 지출을 아끼지 않았고, 그 결과 30년 전에 벌어졌던 대로 무의미한 파괴가 반복되었다.

케인스주의 경제학자가 보기에 전쟁은 경제 회복을 촉진한다. 정부 관료가 여기저기서 수집하여 만든 통계라는 렌즈로만 삶을 관찰한다면 그렇게 괴상한 생각도 납득이 갈 법하다. 정부가 지출하는 전쟁비용과 징병하는 병사가 점점 늘어나면서 총지출은 급증하고 실업률은 급락했으니, 제2차 세계대전에 참전한 나라는 바로 참전 덕분에 회복되어야 마땅하다. 하지만 케인즈주의 경제학에 오염되지 않은 사람이라면, 미국처럼 자국에서 전쟁이 벌어지지 않은 나라에서조차 제2차 세계대전 동안 생활에서 '경제 회복'이라는 특징을 잡아내기란 아무리 상상력을 펼친다 한들 불가능할 것이다. 일단 인명 손실과 시설 파괴를 제외하고 교전국이 받은 피해를 살펴보더라도, 그토록 많은 자본과 노동력을 전쟁하는 데 투입해다 보니 내수 생산량이 심각하게 부족해져 결국 배급과 가격통제를 실행해야 했다. 미국에서는 새 집을 짓거나 옛 집을 보수하는 행위가 금지 당했다.[9] 무엇보다도 총지출 중 얼마를 무기 제작에 썼든 간에, 이 무기를 들고 전선에서 싸우다 죽어간 수많은 교전국 병사들이 경제 회복의 과실을 누렸다고 감히 주장할 사람은 없다.

9) Robert Higgs, "World War II and the Triumph of Keynesianism" (2001), Independent Institute 연구 논문. http://www.independent.org/publications/article.asp?id=317 에서 열람 가능.

하지만 총수요가 경제 상태를 결정한다는 케인스 이론에 가장 큰 충격을 준 일격은 제2차 세계대전의 후유증을 앓던 시기에, 특히 미국에서 왔다. 여러 요소가 한 데 모여 정부 지출이 크게 줄어들게 되자 당시 케인스주의 경제학자들은 전쟁에 이어 파멸과 암흑이 올 것이라고 예측했다. 군사적 적대행위가 끝나 정부의 군사 지출은 극적으로 줄었다. 강력한 대중지향 정치인 루즈벨트가 죽고 후임으로 비교적 온순하고 인상도 약한 트루먼이 대통령이 되어 공화당이 장악한 의회에 맞서자 정치가 교착상태에 빠져 뉴딜 법안을 연장할 수 없게 되었다. 케인스주의 경제학자는 이 모든 요소가 한 데 뭉쳐 재앙이 곧 벌어질 것이라고 분석했다. 말 그대로 전후 시대 경제학 교과서를 집필한 폴 새뮤얼슨(Paul Samuelson)은 1943년에 이렇게 썼다.

> 지난 번 전쟁이 끝난 시점에 얻은 경험에서 피할 수 없는 최종 결론이 도출된다. 이번 전쟁이 앞으로 6개월 안에 갑자기 끝난다면, 우리가 또다시 아무 계획도 없이 서둘러 전쟁을 마무리지어버린다면, 그리하여 동원한 군대를 해산하고 가격 통제를 종료하며 지금도 천문학적인 적자 수준에서 그보다도 더 컸던 30년대 적자 수준으로 회귀한다면, 우리는 어떤 경제도 마주한 적 없을 정도로 심각한 실업과 산업 혼란의 시대에 당도할 것이다.[10]

제2차 세계대전과 뉴딜 체제가 끝난 후 1944년에서 1948년까지 미국 정부는 무려 75%나 예산을 삭감했고 가격 통제도 대부분 해제했

---

[10] Paul Samuelson, "Full Employment after the War" (Seymour Harris), 《Postwar Economic Problems》 (New York: McGraw-Hill, 1943)에 수록).

다. 그러나 이 기간 동안 미국 경제는 보기 드문 호황을 누렸다. 전쟁에 동원되었다가 고향으로 돌아온 군인 약 1천만 명이 경제 활황 덕분에 거의 마찰 없이 노동력에 흡수된 사실은 케인스학파가 예측한 모든 것 앞에 보란 듯이 날아들어, 총지출 수준이 경제 산출량을 결정한다는 우스꽝스러운 생각을 완전히 박살냈다. 정부의 중앙 계획 기능이 1929년 대공황 이래 처음으로 약화하면서 가격은 자유롭게 오르내리도록 허용되었고, 그러자마자 경제 활동을 중재하는 장치로서 판매자와 구매자를 연결하며 소비자가 원하는 물건 생산을 장려하고 노동자의 노고에 보상하는 역할을 훌륭히 수행했다. 그러나 전 세계에서 금본위제는 여전히 버려진 채였으므로 통화량이 계속 왜곡됨에 따라 그 후로도 전 세계 경제가 줄 이은 위기에 시달리게 되었으니 완벽한 상태라고 말하기는 불가능했다.

역사는 승자가 결정한다는 말은 유명하지만, 정부화폐 시대에는 승자가 화폐 제도도 결정했다. 미국은 동맹국 대표를 뉴햄프셔 주 브레턴우즈에 불러 새로운 국제 무역 체제를 어떻게 만들지 협상했다. 역사는 이 체제의 구조에 매우 부정적이다. 영국 대표는 다름 아닌 존 메이너드 케인스로 전후 몇십 년 동안 현실이라는 해안에서 난파할 경제적 가르침을 남긴 사람이고, 미국 대표는 해리 덱스터 화이트(Harry Dexter White)로 나중에 밝혀지기로는 소비에트 정권과 여러 해 동안 접촉한 공산주의자다.[11] 전 세계 화폐 질서를 중앙에서 계획하여 만들어내려는 전투에서 화이트가 승리를 거둔 결과 나온 계획과 비교해 보면, 케인스의 시각조차도 그렇게까지 비뚤어져 보이지는 않을 정도다. 미국은 전 세계 화폐 체제의 중심에 서고, 달러는 다른 나라 중앙은행이 보유하는 국제 준비통화로 사용되며, 다른 나라의 화폐는 고정된 환율로 달러와 교환 가능한 한편, 달러는 고정된 비율로 금과 교환 가능하게 되었다. 미국은 이 체제가 돌아가게 하려고 다른 나라 중앙은행에서 금을 가져왔다.

미국 정부는 미국인이 여전히 금을 가지지 못하게 금지하면서 다른 나라 중앙은행에게는 달러를 내면 고정환율로 금으로 바꿔준다고 약속하여 소위 황금 교환 창구(gold exchange window)를 열었다. 이론적으로는 전 세계 화폐 제도가 여전히 금을 기초로 두었고, 또 미국 정부가 금 보유고를 넘을 정도로 달러 공급을 부풀리지 않아 금태환 가

---

11) 화이트는 조사를 받고 의회에 출석하여 증언한 후 두 번 심장마비를 겪고 결국 약물과용으로 죽는 데, 사실은 자살했는지도 모른다. 이 이야기를 제대로 다룬 《브레턴우즈 전투(The Battle of Bretton Woods)》에서 저자 벤 스틸(Ben Steil)은 화이트가 소비에트 연방의 첩자였다는 시각을 밀고나간다. 그런데 이보다 재미는 덜할지 몰라도 더욱 섬세하게 상황을 읽어낸 시각도 있다. 영국계 미국인 역사 가 앤터니 서튼(Antony Sutton)이 상세히 쓴 바에 따르면, 적지 않은 미국 자금이 러시아 왕정을 몰아내려는 볼셰비키로 흘러들어갔던 데서 보듯 미국 진보주의자와 소련 공산주의자를 잇는 연결고리는 1917년 러시아 정부 전복 시도 이전부터 존재했다. 국제 연맹(League of Nations)과 이후 국제 연합 (United Nations)의 막후에 있던 미국 윌슨주의 진보주의자들은 기술관료가 관리하는 진보적 민주주의 세계 정부를 추구했고, 전 세계 권력과 협력하여 이 목표를 지지하려 했으며, 이러한 세계 질서에 협조하지 않을 반동 왕정을 몰아내려 했다. 그리하여 미국 이익단체는 볼셰비키를 지원하여 권력을 쥐도록 도와주는 데 주도적 역할을 했으며, 여기서 특히 중요한 역할을 한 레온 트로츠키(Leon Trotsky)는 혁명이 벌어지는 동안 뉴욕에 있으면서 러시아에 있는 동지들에게 자금과 무기를 전달했다. 국제주의 사회주의자인 트로츠키는 미국 이익단체와 협력했지만 러시아에서 권력을 잡지 못했고, 트로츠키에게 승리하여 레닌을 계승한 스탈린은 국제 협력보다 모국의 사회주의화를 중시하는 방향으로 자국을 이끌었다. 그 이후 미국 진보파는 러시아 이익단체와 계속 접촉하며 러시아가 다시 미국 진보파 이익단체와 협동하도록 노력했지만 허사였다. 따라서 화이트는 공산주의자 간첩이라기보다는 미국 진보파가 추구했던 대로 전후 경제질서를 수립하는 대과업을 이루려고 러시아 볼셰비키와 협력 하려 했던 미국 진보주의자라고 보는 편이 나을 것이다.

능성을 유지하는 동시에 다른 나라 정부도 달러 보유고를 넘을 정도로 자국 화폐 공급량을 부풀리지 않는다면 화폐 제도는 제1차 세계대전이 일어나기 전 금본위제에 사실상 가까워진다. 물론 현실은 이론과 달라서 환율은 절대 고정되지 않았고, '근본 불균형(fundamental disequilibrium)[12]'을 해결하기 위해 정부가 환율을 조정하도록 허용하는 법안이 통과되었다.

이처럼 국제 체제를 관리하여 고정환율을 유지하고 잠재적 근본 불균형을 해결하기 위하여 중앙은행끼리 협조하는 국제 중재 기구로서 브레턴우즈 회의에서 창설된 국제통화기금(International Monetary Fund, IMF)은 환율과 금융의 흐름을 안정시킨다는 시급한 목표를 지녔다. 본질을 보면, 19세기 국제 금본위제에서는 자연스럽게 달성한 성과를 브레턴우즈 회의에서는 중앙 계획을 통하여 성취하려 했다. 예전 금본위제에서 화폐 단위는 금이었지만 자본과 재화는 국경을 넘어 자유롭게 흘렀고, 중앙에서 통제나 지침을 받지 않고도 자연스럽게 움직였는데도 국제 수지 문제는 절대 일어나지 않았다. 돈과 재화는 얼마가 되었든 소유자 재량에 따라 국경을 넘어 움직였고 거시경제 문제는 나타날 여지가 없었다.

하지만 브레턴우즈 체제에서 정부를 장악한 사람은 적극적 재정·통화정책이 정부 정책의 핵심이 되어야 자연스럽다고 보는 케인스주의 경제학자들이었다. 화폐와 재정을 끊임없이 관리하다 보니 화폐 가치는 자연스레 오르내리게 되었고, 그 결과 교역과 자본 흐름에서

---

12) 미국 국무부, 《Proceedings and Documents of the United Nations Monetary and Financial Conference》 1권, Bretton Woods, New Hampshire, 7월 1~22일, 1944년.

균형이 무너졌다. 한 나라의 화폐 가치가 떨어지면 상품 수출 가격이 내려가므로 더욱 많은 상품이 나라에서 빠져나가게 되는 반면, 화폐를 보유한 사람은 가치 하락에 맞서 보호받으려고 외국 화폐를 사려 한다. 화폐 가치가 하락하면 이자율이 부자연스럽게 낮아지므로 자본은 그 나라를 떠나 더 좋게 보상받을 수 있는 곳으로 떠나려 하고, 그리하여 화폐 가치가 더 떨어진다. 반면 외국에 비하여 화폐 가치를 잘 유지한 나라에는 이웃나라 화폐가 떨어질 때마다 자본이 들어오므로 화폐 가치가 더 오른다. 화폐 가치 하락은 추가 가치 하락의 씨앗을 뿌리고 화폐 가치 상승은 추가 상승으로 이어지므로, 두 정부 사이에 갈등이 벌어질 소지는 점점 커진다. 금본위제에서는 (모든 화폐가 금과 같으니) 두 나라 화폐 가치가 일정하게 유지되고, 재화와 자본이 이동해도 화폐 가치에 영향이 없으므로 그런 문제가 존재하지 않는다.

금본위제가 갖춘 자동조정 장치는 모든 경제 활동의 척도로 삼을 만한 일정한 잣대를 선사했지만, 변동환율제는 세계 경제에 불균형을 주었다. 국제통화기구는 계속되는 무역과 자본 흐름에 영향을 받는 환율을 미리 정한 가치에서 일정 범위 안으로 유지함으로써 이런 난장판에서도 어떤 형태든 안정 또는 '균형'을 찾고자 했던 전 세계 정부들 사이에서 평형을 유지한다는 임무를 졌다. 하지만 국제 경제에 안정적 가치척도가 없는 상태에서는 마치 고무줄로 만들어서 매번 길이가 달라지는 줄자를 가지고 집을 지으려는 시도와 마찬가지로 달성할 가망이 없는 일이었다.

미국과 우방국은 브레턴우즈에서 설립한 세계은행(World Bank)과 IMF에 더하여 무역 정책을 전문적으로 다루는 국제 금융 기구를 만들려 했다. 국제무역기구(International Trade Organization)를 만들려던 첫 번째 시도는 미국 하원이 협정을 비준하지 않아 무산되었지만, 뒤이어 1948년에 열린 무역관세일반협정(General Agreement on Trade and Tariffs, GATT)에서도 계속 대안이 탐색되었다. GATT를 만든 이유는 IMF를 도와 예산과 무역 균형을 잡아 금융을 안정시킨다는, 다시 말하면 국제 무역·재정·화폐 정책을 중앙에서 계획하여 균형을 맞춘다는 불가능한 목표를 달성하는 데 있었다.

브레턴우즈 체제에서 회원국 대부분이 그때까지 보유하던 금 중 상당량을 미국에 보내고 1온스 당 35달러로 쳐 달러를 받아오게 된 사실은 그다지 주목받지 못하지만 중요하다. 미국 달러는 앞으로 국제 무역 화폐가 될 것이고 중앙은행은 달러를 사용하여 서로 교역하고 결제할 것이므로 금이 실제로 움직일 필요가 없다는 근거에서 한 행동이다. 이 체제의 핵심을 보자면 전 세계 경제는 마치 금본위제를 채택한 한 나라 안에서 미국 연방준비제도가 중앙은행으로서 행동하고 각국 중앙은행은 지역 은행으로서 행동하는 상황과 비슷해진다. 다만 시민이 정부화폐를 금으로 바꿔 받을 수 없으니 중앙은행들이 화폐 공급을 늘리려고 할 때 효과적으로 통제할 방법이 없어서 금본위제 특유의 절제가 거의 사라졌다는 큰 차이가 있다. 각국 정부만이 미국에게 달러를 주고 금을 받아올 수 있지만, 실제로 그러기는 생각보다 훨씬 어려웠다는 사실이 앞으로 드러나게 된다. 예전에 미국 아닌 다른 나라의 중앙은행이 35달러를 받고 내주었던 금 1온스는 오늘날 1,200달러가 넘는 가치를 지닌다.

통화팽창주의는 새로운 국제 관습이 되었고, 체제와 금 사이에 존재하던 연결고리는 미약하여 국제 통화가 손상되고 국제 수지 위기가 수많은 나라에 끊임없이 영향을 끼치는 상황을 멈추지 못한다는 사실이 드러났다. 하지만 미국만은 돋보이는 지위에 올라, 로마 제국을 포함하여 구세계 대부분이 그랬듯 (그러나 규모는 그보다도 훨씬 크게) 화폐 공급을 대폭 확대하여 파국을 불러올 힘을 얻게 되었다. 자국 화폐인 달러는 전 세계에 보급되었고 각국 중앙은행은 서로 교역하기 위해 달러 보유고를 유지해야 하는 상황이니 미국 정부는 달러 공급을 확대하여 시뇨리지(seniorage)를 짭짤하게 챙길 수 있었고, 또 국제 수지 적자가 날 걱정도 전혀 할 필요가 없었다. 미국이 원하는 것은 다른 나라에서 모두 사오고 비용은 전 세계에서 쓰이는 화폐를 마구 발행함으로써 화폐 형태를 띤 빚으로 치르는 새로운 경제 현실을 가리켜 프랑스 경제학자 자크 뤼프(Jacque Reuff)는 '눈물 없는 적자'라고 표현했다.

　제2차 세계대전이 끝나고 몇 년 동안 재정이 비교적 큰 제약을 받던 시절은 결국 인플레이션으로 공짜 점심을 산다는 저항할 수 없는 정치적 유혹, 그 중에서도 특히 전쟁국가와 복지국가라는 사상에 밀려났다. 제2차 세계대전 때 번영했던 군수산업은 정부에게 점점 더 많은 자금을 요구하고 미국 대외 정책을 이성적 목표도, 명확한 목적도 없이 비용만 많이 드는 분쟁으로 끝없이 몰고 가기에 충분할 만큼 강력하고 거대한 복합 기업체로 자라났는데, 바로 이것이 아이젠하워 대통령이 말한 '군산복합체'다. 케인스주의의 폭력적이고 군사적인 신조에 따르면 이러한 지출도 경제에 좋기 때문에 그 탓에 수백만 명이 희생되어도 미국 유권자는 덜 꺼림칙할 수 있었다.

또 한편으로 이 전쟁 기계는 온갖 형태로 정부 주도 복지를 강화한 정치인에게서 나왔기 때문에 미국인의 입맛에도 더욱 잘 맞았다. 명목화폐는 미국 유권자가 경제 법칙을 무시한 채 '위대한 사회 (1963~1969년 미국 대통령이던 린든 B. 존슨이 내세운 복지 정책 – 옮긴이)'부터 저비용 주택·교육·의료에 이르기까지 공짜 (아니면 최소한 영원히 값싼) 점심이 어느 정도 가능하다고 믿게 만들었다. 달러는 금으로 바꿔주지 않고 인플레이션 비용은 다른 나라에 골고루 부담시킬 능력을 갖춘 상태에서 정치 필승 공식이란 인플레이션으로 비용을 대 정부 지출을 늘리는 것뿐이었기에, 전후 시대 대통령들 임기에는 예외 없이 정부 지출이 늘고 국가 채무가 증가하며 달러 구매력이 손실되었다. 정부 자금을 댈 명목화폐가 존재하므로, 정치에 더 이상 상충이 존재하지 않고 모든 후보자가 어떤 명분이든 대변할 수 있게 된 결과, 정당 사이에서도 정치적 견해 차이는 사라졌다.

| 정부화폐가 남긴 이력 |

금태환성이라는 연결고리는 미미하나마 미국 정부의 통화팽창주의에 눈엣가시 역할을 하며 두 가지 증상을 만들어냈다. 첫째, 국제 금시장에서는 통화팽창주의의 현실을 반영하여 언제나 금값을 더 높이 매겼다. 각국 정부는 이 문제를 해결하기 위하여 런던골드풀(London Gold Pool)을 설립하고 보유한 금 중 일부를 시장에 풀어 금값을 낮추었다. 하지만 임시방편에 불과했기에 1968년이 되자 미국 달러는 그때까지 몇 년 동안 계속된 인플레이션을 반영하여 금 가격 기준으로 재평가될 수밖에 없었다. 두 번째 문제는 몇몇 나라가 자국 지폐의 구매력이 떨어진다는 사실을 인식하기 시작하면서 미국에 맡겨 둔 금 보유고를 되가져오려고 시도한 일이다. 프랑스 대통령 샤를 드 골이 프랑스 해군을 뉴욕에 보내 자국의 금을 가져가기까지 한데다 독일마저 금을 되가져가려 하자 미국은 더 참지 않겠다고 결정했다. 금 보유고가 바닥을 드러내려 하던 1971년 8월 15일에 리처드 닉슨 대통령은 달러 금태환 정지를 선언하여 금 가격이 시장에서 자유롭게 결정되도록 했다. 결국 미국은 달러를 금으로 바꿔주겠다는 약속을 부도낸 것이다. IMF가 고정 환율로 유지할 책임을 졌던 세계 화폐 간 환율은 이제 제약에서 풀려나, 상품과 자본이 국경을 넘나들어 그 어느 때보다 복잡해진 외화시장에서 결정되었다.

미국 정부가 겉치레나마 최후의 제약이었던 금태환에서 풀려나 유례없는 규모로 통화 공급을 확장한 결과, 달러의 구매력은 크게 떨어졌고 물가가 전반적으로 올랐다. 미국 정부와 정부 경제학자들은 물가가 오르는 이유를 모든 사람과 모든 것에 뒤집어씌웠다. 단 하나, 가격이 오르는 진짜 원인인 미국 달러 공급량 증가는 빼고 말이다. 다른 나라 화폐는 가치를 뒷받침해주던 미국 달러의 인플레이션 뿐 아니라 지폐를 발행하는 자국 중앙은행이 자아낸 인플레이션에도 희생당했기 때문에 달러보다도 더 큰 피해를 보았다.

닉슨 대통령의 금태환 정지라는 행보는 제1차 세계대전부터 시작했던 대로, 세계 경제 체제를 국제 금본위제에서 여러 정부가 발행한 화폐에 기준을 둔 제도로 바꾸는 과정을 완결했다. 교통과 원격통신 발전에 따라 날이 갈수록 국제화하는 세계에서 자유롭게 오르내리는 환율은 호페(Hans-Hermann Hoppe)가 말한 '부분 물물교환 체제(a system of partial barter)'[13]의 일부분이었다. 모래 위에 그은 가상의 선 너머에 사는 사람들에게서 물건을 사려면 이제 다른 여러 가지 교환매개를 사용해야만 하게 되자 해묵은 욕망불일치 문제가 다시 불붙었다. 판매자는 구매자가 지닌 화폐를 원하지 않으니 구매자는 우선 다른 화폐를 사야만 하는데, 그러느라 환전 비용이 든다. 교통과 원격통신이 발전하면서 국제 경제는 더욱 밀접하게 결합함에 따라 비효율은 날이 갈수록 커져 갔다. 오늘날 하루 거래량이 5조 달러에 달하는 외화 시장은 순전히 전 세계 화폐를 단일화하지 못한 탓에 나타난 비효율 때문에 존재한다.

거의 모든 정부가 자기 화폐를 찍어내지만, 다른 정부의 화폐 가치를 뒷받침하기 때문에 가장 중요한 준비통화를 찍어내는 곳은 미국 정부뿐이었다. 전 세계가 정부화폐를 운용한 적은 인류 역사 상 처음인데, 학계 대부분이 보기에 이 사상이 의문의 여지없이 정상이라면 그처럼 지배적인 화폐가 얼마나 건전한지 꼭 검토해 보아야 한다.

이론적으로는 인위적으로 희소한 자산을 만들고 화폐 기능을 부여할 수 있다. 금본위제를 포기한 전 세계 정부도, 비트코인 창조자도 그런 일을 했지만 결과는 달랐다. 명목화폐와 금의 연결고리가 끊긴 후 지폐는 금보다 빠르게 증가했고, 그 결과 금에 비하여 가치가 폭락했다. 미국 M2 통화량(미국 기준으로는 M1 통화량(시중 현금+당좌예금

---

13) Hans-Hermann Hoppe, "How Is Fiat Money Possible?", 〈Review of Austrian Economics〉, vol. 7, no. 2 (1994).

+여행자수표)에 저축예금과 정기예금을 더한 통화량 - 옮긴이)은 1971년에 약 6천억 달러였는데 이후 연평균 6.7% 증가하여 오늘날에는 12조 달러다. 마찬가지로 금 1온스는 1971년에 35 달러였지만 오늘날에는 1,200달러가 넘는다.

정부화폐가 남긴 이력을 살펴보면 여러 가지 화폐의 저량/유량 비율이 시간이 흐르며 어떻게 바뀌었는지 머릿속에 그려진다. 비교적 안정적이고 강력한 선진국 화폐의 증가율은 보통 한 자릿수지만, 디플레이션 불황 때 공급량이 위축되기도 하는 등 변동률은 그보다 훨씬 높다.[14] 개발도상국에서는 화폐 공급량이 소모품과 다를 바 없이 높아 초인플레이션이 일어난 결과 재앙이 일어나 화폐 보유자의 부가 파괴되었던 적이 부지기수다. 세계은행에서 나온 1960년에서 2015년까지 167개 나라의 광의통화량 증가율을 매 년마다 평균하여 그래프로 그린 것이 그림 6이다. 매년마다 모든 나라 자료를 종합하지는 못한 한계를 감안하고 보자면, 연간 통화 공급량 평균 증가율은 평균 32.16%다.

32.16%라는 숫자를 계산하는 과정에서는 어떤 화폐에 초인플레이션이 발생하여 완전히 붕괴하고 새 화폐로 대체되었을 경우 그 옛 화폐를 제외했으므로, 최악의 화폐를 확실히 가리는 데 가장 중요한 자료를 누락한 셈이다. 그래도 평균 통화 공급량 증가율이 가장 높은 국

---

14) 이는 정부화폐의 중요한 특성인데도 별 관심을 받지 못한다. 은행은 대출하여 돈(통화량)을 만들어내 기 때문에, 차입자가 대출금을 상환하거나 파산하면 통화량은 줄어든다. 통화량은 정부와 중앙은행이 내리는 여러 가지 결정에 따라 늘어나기도 줄어들기도 한다.

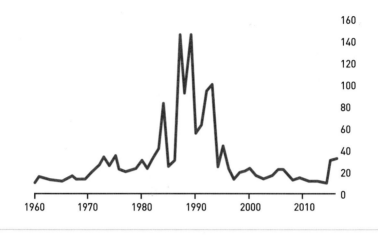

그림 6 · 1960~2015년 동안 167가지 화폐의 연간 광의통화량 증가율 평균율(%)

가를 모아 보면 해당 기간 동안 인플레이션과 씨름한 것으로 널리 알려진 나라들이 보인다. 표3[15] 은 연평균 통화 공급량 증가율 상위 10개국 목록이다.

표 3 | 1960~2015년 연평균 통화 공급량 증가율 상위 10개국

나라	평균율(%)
니카라과	480.24
콩고 민주 공화국	410.92
앙골라	293.79
브라질	266.57
페루	198.00
볼리비아	184.28
아르헨티나	148.17
우크라이나	133.84
아제르바이잔	109.25
아르메니아	100.67

개발도상국 국민은 초인플레이션이 닥치면 자국 화폐를 팔고 내구
재 · 상품 · 금 · 외화를 사들인다. 달러 · 유로 · 엔 · 스위스 프랑 같
은 국제 준비통화는 세계 거의 모든 곳에서 암시장에 가서라도 구할
수 있고, 또 전 세계 가치저장 수요 중 큰 부분을 충족한다. 그 이유
가 이런 화폐의 공급량 증가율이 오랜 시간 동안 비교적 낮게 유지된
데 있다는 것은 자명하다. 그렇기 때문에 전 세계 사람들이 이런 화폐
를 가치저장 용도로 쓸 선택지로 고려한다는 사실을 생각하면, 비교
적 불안정한 화폐와 따로 떼어 성장률을 확인해 볼 필요가 있다. 표 4
는 외화시장 규모로 상위 10개 화폐의 1960~2015년과 1990~2015
년 연간 광의통화량 증가율이다.[16] 국제적으로 유동성이 가장 높은

표 4 | 국제 외화시장 규모 상위 10개 화폐의 연간 광의통화량 증가율 평균

국가/지역	연평균 통화공급량 증가율(%)	
	1960–2015	1990–2015
미국	7.42	5.45
유로 사용 지역(19개국)		5.55
일본	10.27	1.91
영국	11.30	7.28
오스트레일리아	10.67	9.11
캐나다	11.92	10.41
스위스	6.50	4.88
중국	21.82	20.56
스웨덴	7.94	6.00
뉴질랜드	12.30	6.78

15) 출처 : 세계은행.
16) 출처 : 세계은행(모든 국가), OECD 통계(유로 사용 지역).

10개국 화폐의 연평균 통화증가율은 1960~2015년 동안 11.13%였고 1990~2015년 동안은 7.79%에 불과하다. 이를 보면 세계에서 가장 널리 통용되고 국제적으로 판매가능성이 높은 화폐일수록 다른 화폐보다 저량/유량 비율이 높다는 결론이 나오는데, 이 책에서 분석한 결과를 근거로 예측한 바와 마찬가지다.

변동환율제 시작 시기가 포함된 1970년대와 1980년대에는 높은 인플레이션을 경험한 국가가 대다수였다. 1990년대 이후에는 평균 통화 공급량이 떨어지고 상황이 나아졌다. OECD 자료를 살펴보면 1990~2015년 동안 OECD 국가의 연간 광의통화량 증가율은 평균 7.17%다.

보통 예상하는 대로 세계 주요 화폐는 통화량 증가율이 낮게 나타났다. 선진국 경제에서는 화폐 공급량이 느리게 증가한 반면, 개발도상국에서는 물가가 빠르게 오르며 초인플레이션이 최근에도 여러 번 일어났다. 선진국에서 연간 광의통화량 증가율은 평균 5% 전후에 보통 2%에서 8% 사이 범위 안에서 움직이며 두 자리로 오르거나 마이너스로 떨어지는 경우는 드물다. 개발도상국의 증가율은 두 자릿수나 세 자릿수, 심지어 네 자릿수까지 오르기도 하는가 하면 때로 마이너스로 떨어지기도 할 정도로 훨씬 변덕스러워서, 국가와 화폐가 불안정하다는 사실이 금융에도 드러난다. (그림 7 참고)[17]

연간 증가율이 5%라고 하면 그다지 높지 않아 보일지 모르겠지만, 그렇게 15년만 지나면 통화 공급량이 두 배가 된다. 공급량 증가율이

---

17) 출처 : OECD 통계.

그림 7· 일본·영국·미국·유로 사용 지역의 연간 광의통화량 증가율(%)

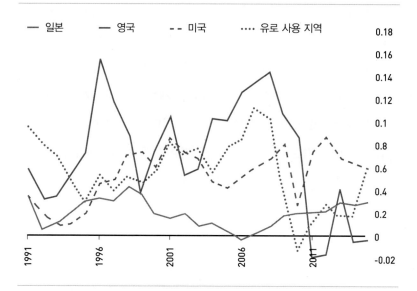

낮아 구매력도 훨씬 느리게 떨어진 금에 맞서 화폐 경쟁을 벌인 은이 패배한 이유도 마찬가지다.

초인플레이션은 정부화폐에만 발생하는 경제 재앙이다. 금본위제나 은본위제를 운영한 경제에는 한 번도 발생한 사례가 없다. 심지어 조개껍질이나 구슬이 대체 화폐에 구매력을 점점 잠식당하며 화폐 기능을 잃어가는 데도 보통은 짧지 않은 시간이 걸렸다. 하지만 생산 비용이 0에 가까운 정부 화폐를 사용하는 경우, 사회 구성원 모두가 정부화폐 단위로 표시된 저축액을 앉은 자리에서 전부 잃어버리는 일이 절대 불가능하지 않았다.

초인플레이션이 끼치는 해악은 그저 많은 사람이 경제 가치를 많이 잃어버리는 정도에서 그치지 않는다. 초인플레이션이 발생하면 한 사회가 수백 년, 수천 년에 걸쳐 쌓아올린 경제 생산 구조가 완전히 무너져 내린다. 화폐가 붕괴하면 교역도 생산도 할 수 없으니 겨우 생필품이나 긁어모을 뿐이다. 소비자·생산자·노동자가 서로 대가를 지불하지 못하므로 사회가 여러 세기 동안 발달시킨 생산과 교역 구조가 붕괴하여, 인류가 당연하게 여겼던 재화가 사라지기 시작한다. 자본은 파괴되어 소비 비용을 대는 데 쓰인다. 즉 처음에는 사치재에 투입되지만 곧 기본 생필품으로 흘러들어가게 된다. 그리하여 인류는 생존에 가장 기본적으로 필요한 것을 지키려고 자급자족하거나 투쟁하는 데 필요한 야만 상태로 돌아간다. 개인 생활의 질은 눈에 띄게 퇴보하고, 절망은 슬슬 분노로 변하며, 사람들은 희생양을 찾게 된다. 그리고 기회주의적 정치가들은 이러한 상황을 이용하여 사람들을 선동하고 분노를 부추겨 권력을 얻는다. 가장 생생한 사례가 바로 전 세계에서 가장 진보하고 번영하던 경제의 파멸과 붕괴를 부른 데서도 모자라 아돌프 히틀러에게 힘을 실어 권력자로 만든 1920년대 바이마르 공화국 인플레이션이다.

설령 정부가 화폐 공급을 관리하면 이점이 있다는 교과서 내용이 맞다고 해도, 초인플레이션이 어디서든 한 번 일어나면 그런 이점보다 훨씬 큰 피해를 끼친다. 그리고 정부 화폐가 도입된 세기에 일어난 재앙은 절대 한 번에 그치지 않았다.

이 책을 쓰고 있는 지금, 쓸데없이 선례를 모방한 끝에 화폐 붕괴가 가져오는 파괴력을 체험하는 차례는 베네수엘라에 돌아갔다. 그런데 한 달 동안 물가가 50% 이상 오르면 초인플레이션이라고 정의한 스티브 행크(Steve Hanke)와 찰스 부쉬넬(Charles Bushnell)의 연구에 따르면 초인플레이션은 제1차 세계대전 이후 바로 전까지 56번 벌어졌고 베네수엘라 사태는 57번째일 뿐이다. 행크와 부쉬넬은 역사 상 이제까지 벌어진 초인플레이션 사례를 57건 발견했는데[18], 그 중 화폐 민족주의 시대 이전에 발생한 것은 한 번 뿐이다. 현대 정부화폐의 아버지로 일컫는 존 로(John Law)가 만들어낸 미시시피 버블 때문에 1795년에 프랑스에서 발생한 인플레이션이 그것인데, 이 역시 정부화폐 때문에 발생한 사건이다.

정부가 화폐를 공급하면 화폐의 견고함이 통화량 확대를 제한할 책임자의 능력에 전적으로 의존한다는 문제가 생긴다. 발행량을 제한하여 정부화폐를 견고하게 만들 수 있는 힘은 오직 정치적 제약에서만 나올 뿐, 물리·경제·자연적 제약에는 전혀 존재하지 않는다. 소, 은, 금, 조개껍질은 모두 생산하는 데 상당한 노력이 들어가기 때문에 아무 생각 없이 대량으로 만들어낼 수 없지만, 정부화폐는 정부가 명령하기만 하면 찍어낼 수 있다.[19] 공급이 계속 늘어난다는 말은 화폐 가치가 계속 떨어진다는 얘기고, 다시 말해 화폐 보유자의 재산

---

18) Steve Hanke and Charles Bushnell, "Venezuela Enters the Record Book: The 57th Entry in the Hanke-Krus World Hyperinflation Table", 〈Studies in Applied Economics〉, no. 69 (2016년 12월).

19) 이를 설명한 18세기 아일랜드계 프랑스 경제학자 리샤르 캉티용(Richard Cantillon)의 이름을 따 캉티용 효과(Cantillon Effect)라고 한다. 캉티용에 따르면 화폐 공급이 늘 때 이익을 보는 사람은 새 돈을 처음 받아 물가가 오르기 전에 쓸 수 있는 사람이다. 돈이 쓰이면 쓰일수록 물가가 오르게 되므로, 돈을 나중에 받을수록 실질구매력 하락으로 피해를 본다. 이는 현대 경제에서 인플레이션이 일어나면 왜 가난한 사람이 피해를 보고 부유한 사람이 이익을 보는지 가장 그럴듯하게 설명한다. 인플레이션으로 가장 큰 이익을 보는 사람은 정부가 제공하는 신용을 가장 잘 활용할 수 있는 사람이고, 가장 큰 피해를 보는 사람은 고정수입이나 최저임금을 받는 사람이다.

을 훔쳐 화폐를 찍어내는 사람에게 그리고 새로 찍은 화폐를 가장 먼저 받는 사람에게 이익을 준다는 얘기다. 역사를 살펴보면 정부는 결국 화폐 공급량을 확대하려는 유혹에 굴복한다. 진짜 이유가 그저 부정이득을 취하고 싶어서든 '국가의 위기'가 발생해서든 아니면 통화팽창을 옹호하는 경제학파가 득세해서든, 정부는 화폐를 더 많이 찍어낼 이유와 방법을 언제든 찾아내어 정부 권력을 확대하고 화폐 보유자의 부를 줄일 것이다. 화폐로서 구리 수요가 많아지면 채굴업자가 구리를 더 많이 캐내어, 구리라는 화폐성 재화를 생산하는 사람이 이익을 보고 구리에 재산을 저축하기로 결정한 사람이 손해를 보는 상황과 하나도 다르지 않다.

어떤 화폐의 공급량이 늘어날 수 없다고 명백하게 드러나면 즉시 그 화폐 가치가 크게 올라갈 것이다. 한 예로 2003년 미국이 이라크를 공격했을 때 이라크 중앙은행이 폭격을 당해 파괴되자 이라크 정부가 이라크 디나르를 새로 찍어낼 방법이 없어졌다. 그러자 돈을 더 찍어낼 중앙은행이 없어진 덕에 이라크 사람들이 화폐를 더욱 신뢰하게 되어, 하룻밤 사이에 디나르 가치가 급상승했다.[20] 소말리아 실링도 소말리아 중앙은행이 파괴되었을 때 비슷한 상황을 겪었다.[21] 돈은 가치가 떨어지기 쉬울 때보다 희소성을 가질 때 분명하게 더 값지다.

---

20) "Dollar or Dinar?", 〈Mises Daily〉. https://mises.org/library/dollar-or-dinar에서 열람 가능.

21) J. P. Koning, "Orphaned Currency: Odd Case of Somali Shillings". https://jpkoning.blogspot.ca/2013/03/orphaned-currency-odd-case-of-somali.html?m=1에서 열람 가능.

우리 시대에 정부화폐가 기본 화폐 지위를 유지하는 원인은 여러 가지다. 첫째, 정부는 세금을 정부화폐로 내야 한다고 명령하기 때문에 개인이 정부화폐를 받을 가능성이 매우 높고, 따라서 판매가능성도 높아진다. 둘째, 정부가 은행 제도를 통제하고 규제하기 때문에 은행은 정부가 인정한 화폐로만 계좌를 열고 거래할 수 있고, 따라서 정부화폐는 잠재적 경쟁자보다 훨씬 높은 판매가능성을 얻는다. 셋째, 대부분 국가에서는 다른 돈으로 결제하는 행위가 법정화폐 관련법을 위반하는 불법행위다. 넷째, 모든 정부화폐는 지금도 금 보유고로 가치를 보장받거나, 금 보유고로 가치를 보장받는 화폐로 가치를 보장받는다. 세계금협회 자료에 따르면 세계 중앙은행이 보유한 금은 약 33,000톤이다. 20세기 전반에는 여러 나라 정부가 국민과 일반은행에게서 금을 몰수하고 정부화폐를 쓰도록 강제했기 때문에 중앙은행금 보유고가 급격히 늘었다. 통화량이 확대되어 브레턴우즈 체제가 압박을 받던 1960년대 후반에는 정부가 보유한 금 조금씩 내다 팔기 시작했다. 하지만 2008년부터는 전 세계 중앙은행이 다시 금을 사들이고 보유고를 늘리는 방향으로 추세가 반전했다. 다른 곳도 아니고 정부가, 1891~1914년 국제 금본위제 시대보다 정부화폐 시대에 더 많은 금을 보유한다는 사실은 아이러니하면서도 매우 의미심장하다. 금은 절대 화폐 기능을 잃지 않았다. 금은 지금도 최종적으로 채무를 갚는 유일한 수단이고, 누구에게도 가치가 휘둘리지 않는 단 하나의 화폐이며, 거래 상대방을 찾지 못할 위험이 없는 제1의 국제 자산이다. 하지만 금의 화폐 기능을 사용할 권한은 중앙은행만 독점하고, 개인은 정부화폐를 쓰도록 지시받는다.

중앙은행은 금을 엄청나게 보유해 두고, 금 수요가 늘면 시장에 판매하거나 대여하는 식으로 공급량을 급히 늘려 금 가격이 상승하지 못하게 막음으로써 정부화폐가 기능을 계속 독점하도록 도울 수 있다. 앨런 그린스펀(Alan Greenspan)이 언젠가 설명했듯, "중앙은행은 금 가격이 오르면 금을 대여하여 공급량을 늘리도록 준비하고 있다.[22](그림 4[23] 참고)

기술이 발전하면서 가지고 다니기 쉬운 지폐처럼 점점 더 정교한 돈을 쓸 수 있게 되자 판매가능성 문제가 새롭게 등장했다. 화폐의 판매가능성을 제약할지도 모르는 제3자를 개입시키지 않고도 판매자가 자기 물건을 판매할 수 있느냐는 문제다. 상품화폐라면 시장 가격이 시장에서 나오고 제3자가 거래에 이래라 저래라 할 수 없으니 이런 문제가 없다. 소·소금·금·은은 모두 거래되는 시장이 있고 사려는 사람이 있다. 하지만 정부가 발행한 화폐는 상품으로서 가치가 거의 없기 때문에 정부가 발행해 놓고도 더 이상 법정화폐로 적합하지 않다고 선언하면 판매가능성이 위태롭게 된다. 인도 사람들은 2016년 11월 8일 아침에 눈을 뜨자마자 500루피와 1,000루피 지폐의 법정화폐 지위를 박탈한다는 정부 발표를 접해 보았으니 필자가 무슨 말을 하는지 확실히 이해할 것이다. 판매가능성이 굉장히 높았던 화폐가 눈 깜빡할 사이에 가치를 잃었기 때문에, 은행에 아주 오래 줄서서 기

---

22) "Regulation of OTC Derivatives". 연방준비제도 이사회 의장 앨런 그린스펀이 1998년 7월 24일 미국 하원 금융위원회에서 증언한 내용.
23) 출처 : 세계금협회, 보유고 통계. https://www.gold.org/data/gold-reserves에서 열람 가능.

다린 끝에 새 돈으로 교환받아야 했기 때문이다. 그리고 세상이 현금에 점점 덜 의존함에 따라 사람들은 점점 더 많은 돈을 정부가 감독하는 은행에 넣어두게 되고, 그리하여 재산 몰수나 자본 통제에 더욱 취약해진다. 설상가상으로 그런 절차가 진행되는 시기는 일반적으로 개인에게 그 돈이 필요한 경제 위기기 때문에 정부 발행 화폐의 판매가능성은 더욱 크게 떨어진다.

정부가 화폐를 통제하면 화폐는 가치를 만들어 낸 대가가 아니라 정부 관료에게 복종한 대가로 변한다. 정부에게 승인받지 않고 정부 화폐로 부를 키우기는 불가능하다. 정부는 자기가 통제하는 독점적 은행산업에서 돈을 뽑아내고 화폐 공급을 확대하여 저축자의 재산 가치를 떨어뜨리고 자신에게 가장 충성하는 부하들에게 보상하는 한편, 자신을 가장 적대하는 자에게는 가혹한 세금을 매겨 벌을 주거나 심지어 돈을 몰수하기도 한다.

오스트리아 경제학자 카를 멩거의 시대에는 최고의 화폐를 논할 때 판매가능성이 무엇인지 이해하고 시장이 어떤 재화를 화폐로 선택하느냐는 주제가 중요했던 반면, 정부가 화폐를 통제하는 20세기에는 좋은 화폐의 조건에 그냥 판매가능성 말고도 아주 중요한 것이 새로 포함되었는데, 그것이 바로 '다른 누구도 아니고 오직 보유자의 의지에만 따른' 판매가능성이다. 이러한 조건을 결합하여 이해하자면 건전화폐란 시장에서 자유롭게 선택된 화폐이자, 다른 누가 아니라 바로 자유 시장에서 적법하게 그것을 번 사람만이 전적으로 통제하는 화폐 이상도 이하도 아니다.

루트비히 폰 미제스는 자기 생전에 금을 화폐로 고집스레 옹호하던 사람이었지만, 한편으로는 금이 본래부터나 본질적으로 화폐 기능을 지니지는 않았다는 사실을 알았다. 오스트리아 경제학파의 거장인 미제스가 잘 이해한 바에 따르면 인간이 의식하지 못하는데 스스로 존재하는 가치란 없고, 금속 같은 물질에 원래부터 화폐 기능을 하는 본질 같은 것은 전혀 없다. 금은 다음과 같은 건전화폐의 조건을 충족하기 때문에 화폐 지위를 지닌다고 미제스는 생각했다.

> 건전화폐 원칙에는 두 가지 측면이 있다. 시장이 선택한 널리 쓰이는 교환 수단을 인정한다는 데서는 적극적이다. 화폐 제도에 간섭하려는 정부 경향에 저항한다는 데서는 소극적이다.[24]

그렇다면 미제스의 견해에 따른 건전화폐란 시장이 자유롭게 선택하고, 소유자만이 계속 통제하며, 강압적 간섭과 개입에도 안전한 화폐다. 소유자 아닌 다른 사람이 화폐를 통제하는 한, 화폐를 통제하는 사람은 누구든 인플레이션이나 몰수를 통하여 화폐 가치를 빼돌리고 화폐 보유자에게 비용을 떠넘겨 자신의 정치적 목표를 달성하는 정치적 수단으로 화폐를 사용하려는 너무나 강력한 유인에 항상 유혹당할 것이다. 2장에서 살펴보았듯 유럽 상인이 싸구려 구슬을 잔뜩 풀어 아프리카 사회에서 부를 빼돌렸던 사례처럼, 결국 부를 생산하는 사람에게서 부를 빼앗아, 사회에 가치가 있는 물건을 실제로 생산하

---

24) Ludwig von Mises, 《The Theory of Money and Credit》, 2nd ed. (Irvington-on-Hudson, NY: Foundation for Economic Education, 1971), pp. 414~416. (루트비히 폰 미제스, 《화폐와 신용의 이론》 (김이석 옮김, 한국경제연구원, 2011), 본문 인용 문단은 참고문헌 번역서에서 누락)

지도 않으면서 화폐를 통제하는 데만 특화한 사람에게 넘겨주는 결과가 된다. 생산적 방법으로 부를 얻으려는 사람을 가난하게 만듦으로써 부자가 되는 길이 계속 열려 있다면 그런 사회는 절대로 번영할 수 없다. 반면 건전화폐를 사용하면 오직 다른 사람에게 가치를 주어야만 번영할 수 있으므로 사회가 생산·협력·자본축적·교역에 노력을 집중하게 된다.

20세기는 정부가 시장이 선택한 화폐를 일방적으로 거부하고 정부 발행 지폐를 폭력과 협박으로 사람들에게 강요한 시절이므로 불건전 화폐와 전능한 국가의 시대라고 할 만하다. 시간이 흐르면서 지출과 적자가 늘자 정부는 건전화폐에서 계속 멀어졌고, 정부화폐 가치는 계속 떨어졌으며, 정부가 국가 수입 중 점점 더 큰 부분을 장악했다. 정부는 삶의 모든 측면에 점점 더 깊이 간섭했고, 교육 제도를 점점 더 깊이 통제하고 활용하여 "경제학 법칙과 달리 정부는 더 많이 지출할수록 번영한다"는 비현실적 개념을 사람들 마음속에 각인했다. 오늘날 대학에서 존 메이너드 케인스 같이 괴상한 화폐이론가의 저서를 교재로 쓰기 때문에 학생들은 정부 지출이 비용을 요구하는 법 없이 효익(效益)만 낸다고 배운다. 어쨌든 정부는 언제나 돈을 찍어낼 수 있으므로 지출하는 데 사실상 제한이 없고, 따라서 유권자가 무엇이든 목표로 설정하면 달성하는 데 지출할 수 있다.

20세기에 수없이 등장한 전체주의 대량학살 정권의 권력자처럼 정부의 권력을 찬양하고 전체주의식 통제에 환희를 느끼는 사람은 그러한 화폐 처리방식을 하늘에서 내려온 선물이라고 받아들였다. 하지만 인류의 자유·평화·협력에 가치를 두는 사람이 보기에 20세기는 경제가 개혁할 전망이 그 어느 때보다 멀어지고, 정치 절차에 따라 화폐 정책이 분별력을 회복할 전망이 비현실적 공상에 점점 더 가까워지던 암울한 시대였다. 프리드리히 하이에크는 이렇게 표현했다.

> "화폐를 정부 손에서 빼앗아 와야 우리가 좋은 화폐를 다시 가질 수 있다고 생각합니다. 그리고 폭력으로는 그것을 정부 손에서 가져올 수 없으니, 그들이 멈출 수 없는 무언가를 교묘하게 우회하는 방식으로 도입하는 방법밖에는 없지요."[25]

'그들이 멈출 수 없는 무언가'가 실제로 어떤 형태를 갖추었는지를 완전히 망각한 시대인 1984년에 프리드리히 하이에크가 보여준 통찰은 오늘날에 보아도 탁월하다. 하이에크가 저렇게 말한 지 30년이 지났고, 정부가 금본위제라는 건전화폐의 흔적마저 완전히 파괴한 지 한 세기가 온전히 지난 지금, 전 세계 사람들은 시장에서 자유롭게 선택되고 정부 통제를 벗어난 새로운 형태의 화폐를 이용하여 저축하고 거래할 기회를 잡았다. 비트코인은 아직 유아기를 지나고 있지만 이미 멩거, 미제스, 하이에크가 말한 조건을 모두 충족한 듯하다. 판매가능성이 매우 높고 자유 시장에서 선택되었으며 정부 간섭을 견뎌내기 때문이다.

---

25) 1984년 프라이부르크 대학에서 제임스 블랜차드(James U. Blanchard)가 인터뷰한 영상 자료에서 발췌.

Part 05

화폐와
시간선호

화폐와 시간선호

건전화폐가 자유 시장에서 선택된 것은 시간을 뛰어넘어 가치를 유지하고, 공간을 뛰어넘어 가치를 효과적으로 전달할 수 있으며, 합하거나 나눔으로써 큰 가치든, 작은 가치든 지닐 수 있기에 판매가능성이 높아서다. 건전화폐는 권력이 강압하여 마음대로 공급을 조작할수도 없고, 사람들에게 사용하라고 강제할 수도 없다. 앞에서 논한 바에 따라, 그리고 오스트리아 경제학파의 화폐경제학을 이해한 바에 따라 건전화폐의 중요성을 다음 세 가지로 크게 나누어 설명할 수 있다. 첫째, 건전화폐는 시간을 뛰어넘어 가치를 지키므로 사람들이 미래를 생각하게끔 만들고 시간선호를 낮춘다. 시간선호가 낮아진 덕분에 인류는 문명화를 진행하여 협력하고 번영하며 평화롭게 살 수 있다. 둘째, 건전화폐는 안정된 단위로 측정하고 교역하도록 하여 시장이 정부 통제와 강압을 벗어나 계속 성장해 나가도록 촉진하고, 그리하여 무역이 자유로워지면 평화와 번영이 따라온다. 게다가 가치척도는 어떠한 형태든 경제 계산과 계획에 필수적이므로, 불건전화폐는 경제 계산의 신뢰성을 낮추는 요인이고 경제 불황과 위기의 뿌리다. 마지막으로 건전화폐는 개인이 폭정과 억압에서 자유롭기 위한 필수

조건이다. 강압적 국가가 돈을 만드는 능력을 얻으면 국민을 부당하게 억압할 권력도 얻게 되는데, 권력의 본질을 고려하면 그 고삐를 쥐려는 사람은 가장 비천하고 부도덕한 사람일 것이다.

건전화폐는 시간선호를 결정하는 제1요소다. 시간선호란 개인이 나중에 얻을 가치에 비하여 현재 얻는 가치를 선호하는 비율을 가리키는 말로, 별로 주목받지는 못하지만 개인의 의사판단에는 극히 중요한 요소다. 인간은 영생하지 않고 죽음은 언제든 다가올 수 있으므로 미래는 불확실하다. 그리고 소비는 생존에 꼭 필요하므로 지금 소비하지 않으면 미래가 절대로 오지 않는다. 그래서 사람들은 언제나 미래 소비보다 현재 소비를 값지게 여긴다. 다시 말하면 미래는 현재에 비하여 언제나 가치가 깎이므로, 시간선호는 모든 사람에게 0보다 크다.

게다가 시간과 자원이 많을수록 더 많은 물건을 만들어 낼 수 있기 때문에, 개인이 동일한 양만큼 자원을 받는다면 미래보다는 현재에 먼저 받아 사용하여 더 많이 생산하기를 원할 것이다. 따라서 어떤 물건을 1년 늦게 받아도 불만이 없으려면 받는 양이 더 많아야 할 것이다. 이때 늦게 받아도 불만이 없을 만큼 늘어나는 물건 양이 그 사람의 시간선호와 직결된다. 합리적인 사람이라면 모두 시간선호가 0보다 크지만, 얼마나 큰지는 사람마다 다르다.

미래 개념이 없는 동물은 본능과 충동을 즉시 충족하려고 행동하기 때문에 시간선호가 인간보다 훨씬 크다. 그중 둥지나 집을 짓고 오래 쓰는 몇몇 동물은 굶주림과 공격성 같이 눈앞에 있는 욕구를 채우려고 행동하는 동물보다 시간선호가 낮다. 그리고 인류는 시간선호가 낮은 덕분에 본능적·동물적 충동을 억제하고, 미래를 위하여 무엇이 더 좋을지 생각하며, 충동보다는 이성에 따라 행동할 수 있다. 즉시 소비할 물건을 만드는 데만 모든 시간을 쏟지 않고, 더 좋은 물건을 만들 수 있다면 오랜 시간을 들여서라도 그 편을 택할 수 있다. 인간은 시간선호를 낮춘 덕분에 이 더욱 긴 주기에 걸쳐 일을 해내고 욕구를 한참 후에 충족할 여유를 키워나가고, 즉시 소비할 물건 뿐 아니라 앞으로 물건을 생산하는 데 쓸 물건인 자본재까지도 만들어 낼 정신 능력을 키우게 되었다.

사냥은 인간이든, 동물이든 모두 하는 일이지만 인간은 시간을 들여 사냥 도구를 개발함으로써 동물과 달라졌다. 어떤 동물은 다른 동물을 사냥할 때 도구를 쓰기도 하지만, 그 도구를 오랫동안 소유하고 유지할 능력은 없다. 인간이 사냥할 시간을 아껴, 창이나 낚싯대처럼 먹지는 못해도 더욱 쉽게 사냥 할 수 있는 도구를 만드는 데 시간을 들일 수 있었던 것은 오직 시간선호가 낮은 덕분이다. 인간이 만족할 시기를 늦추고, 시간과 자원을 자본재 생산에 투자하여 생산 주기를 더 늘이는 한편 생산과정을 더욱 정교하게 하거나 기술적으로 진보시키는 것, 이것이 투자의 핵심이다. 사람이 만족을 늦추고 더 긴 주기에 걸쳐 위험한 생산과정에 참여하는 단 하나의 이유는, 그렇게 더 오랜 과정을 들이면 산출량이 늘고 품질이 좋아져서다. 다시 말해, 투자는 생산자의 생산성을 높인다.

일단 시간선호가 충분히 내려가서 저축·자본·내구소비재가 형성되면 다시 시간선호가 더 내려가면서 '문명화 과정'이 시작된다고 경제학자 한스헤르만 호페(Hans-Hermann Hoppe)는 설명한다.[1]

낚싯대를 가진 어부는 같은 시간을 들여도 맨손으로 고기를 잡는 어부보다 더 많은 고기를 잡을 수 있다. 하지만 낚싯대를 가지려면 먹지 못하는 낚싯대를 만들기 위해 우선 먹을 수 있는 물고기를 잡을 시간을 바쳐야 한다. 만들어 놓고 보니 낚싯대가 쓸모가 없어 시간만 낭비할 수도 있으니 성과도 불확실하다. 투자는 만족을 늦추기만 하면 되는 것이 아니고 실패할 위험도 언제나 감수해야 하는 것이기 때문에, 투자가 일어나려면 보상을 기대할 만해야 한다. 시간선호가 낮은 사람일수록 투자에 참여하고 만족을 늦추며 자본을 축적할 가능성이 높다. 자본이 쌓일수록 노동의 생산성이 높아지고 생산 주기도 길어진다.

예컨대 똑같이 맨몸밖에 없지만 시간선호는 서로 다른 두 사람이 있다고 가정하여 차이를 생생하게 이해해 보자. 해리는 린다보다 시간선호가 높다. 해리는 맨손으로 물고기를 잡는 데만 시간을 들이기로 결정하여 하루 먹을 물고기를 잡는 데 여덟 시간을 쓴다. 한편 시간선호가 낮은 린다는 매일 여섯 시간만 물고기를 잡고, 나머지 두 시간은 낚싯대를 만드는 데 쓴다. 그리고 일주일 만에 제대로 된 낚싯대를 만들어 낸다. 다음 주에 린다는 똑같이 여덟 시간을 쓰고도 해리가 잡은 양보다 두 배나 되는 물고기를 잡게 된다. 린다는 낚싯대에 투자한 결과 하루에 네 시간만 들이고도 해리가 여덟 시간동안 잡는 양과 같은 물고기를 잡게 되었지만, 시간선호가 낮은 그녀는 이 정도 승리에 안주하지 않는다. 네 시간만 써서 해리가 여덟 시간 동안 잡을만한 물

---

1) Hans-Hermann Hoppe, 《Democracy: The God That Failed》, p. 6. (한스헤르만 호페, 《민주주의는 실패한 신인가: 군주제, 민주주의 및 자연적 질서의 경제와 정치》, 박효종 옮김, 나남, 2004. p.49)

고기를 잡고, 나머지 네 시간을 써서는 예컨대 낚싯배를 만든다든지 하여 자본을 더 축적할 것이다. 한 달 후 낚싯대 뿐 아니라 배까지 가지게 된 린다는 먼 바다로 나가 해리가 본 적도 없는 물고기를 낚을 수 있다. 이제 린다는 시간당 생산성이 높은 정도가 아니라 해리가 잡은 물고기와 다른, 아니 우월한 물고기를 잡는 정도까지 갔다. 하루 한 시간만 낚시하면 하루 치 식량을 얻게 되었으니 나머지 시간은 더 크고 좋은 낚싯대, 그물, 배를 만드는 등으로 자본을 더 축적하는 데 쓸 것이고, 그리하여 생산성은 더욱 올라가고 삶의 질은 더욱 높아진다.

　해리의 자손이 해리와 똑같이 높은 시간선호를 지닌 채 계속 일하고 소비한다면 계속 동일한 수준으로 소비하고 생산하며 같은 삶을 살게 될 것이다. 린다의 자손이 린다와 똑같이 낮은 시간선호를 유지한다면 완결하는 데 훨씬 오래 걸리는 과정을 밟아 생산성 높게 노동하여 계속 자본 축적량을 늘리고 삶의 질을 올릴 것이다. 실제 세상에서 린다의 후손과 같은 사람이 바로 세계 최대의 트롤어선인 아넬리 일레나(Annelies Ilena) 소유주다. 이 어마어마한 기계는 2000년에 완성되기까지 몇 십 년에 걸쳐 계획·설계·건조되었고, 이제 앞으로 수십 년 동안 작동하면서 시간선호가 낮은 투자자가 수십 년에 걸친 건조 과정에 자본을 들인 대가를 돌려줄 것이다. 린다의 후손이 물고기를 잡는 과정은 수십 년에 걸칠 정도로 길고 복잡해진 반면, 해리의 후손은 여전히 매일 몇 시간 만에 과정을 완료한다. 물론 린다의 후손이 해리의 후손보다 훨씬 높은 생산성을 얻는다는 차이가 있고, 주기가 더욱 긴 생산과정에 참여할 가치도 바로 그 차이에 있다.

　시간선호의 중요성을 잘 보여주는 유명한 사례가 1960년대 후반에 있었던 스탠포드 대학의 마시멜로 실험이다.[2] 심리학자 월터 미셸(Walter Mischel)은 방에 아이들을 데려다 놓고 마시멜로나 쿠키 같은 과자를 하나 주며, 자기가 15분 동안 자리를 비울 텐데 그 동안 과자를 먹어도 좋지만 돌아올 때까지 먹지 않았다면 상으로 과자를 하나 더 주겠다고 말했다. 다시 말해 아이들은 과자 하나를 바로 먹어 만족을 얻을 것이냐, 아니면 만족을 늦춰 과자 두 조각을 받을 것이냐는 갈림길에 섰다. 이 실험으로 아이들의 시간선호를 간단하게 시험할 수 있다. 시간선호가 낮은 아이라면 기다려서 과자를 하나 더 얻을 테지만, 시간선호가 높다면 그러지 못할 것이다. 그리고 미셸은 이 아이들의 인생을 수십 년 후까지 추적한 결과, 마시멜로 시험으로 확인한 시간선호가 낮으면 학교 성적이 좋고 수능 점수가 높으며 체질량 지수가 낮고 마약에도 중독되지 않을 확률이 높다는 상관관계를 발견했다.

나는 경제학 교수로서 내가 가르치는 모든 과정마다 마시멜로 실험을 반드시 강의한다. 경제학에서 가장 중요한 교훈을 준다고 생각하기 때문이다. 한편 이 실험을 다루는 대학 경제학 과정이 거의 없다는 사실에 그리고 학계에 있는 경제학자 가운데 시간선호라는 용어도 제대로 모르거나 시간선호가 얼마나 중요한지 모르는 사람이 많다는 사실에 경악한다.

미시경제학은 개인 사이에서 일어나는 거래에 초점을 맞추고 거시경제학은 정부가 경제에서 수행하는 역할에 초점을 맞추지만, 현실에

---

2) Walter Mischel, Ebbe B. Ebbesen, and Antonette Raskoff Zeiss, "Cognitive and Attentional Mechanisms in Delay of Gratification", 〈Journal of Personality and Social Psychology〉, vol.21, no.2(1972): 204~218.

서 개인의 행복에 가장 중요한 경제 결정은 현재의 자신과 미래의 자신 사이에 존재하는 상충관계 안에서 내리는 결정이다. 한 사람이 다른 사람과 하는 경제 거래는 매일 몇 번 정도 일어나겠지만, 미래의 자신과 하는 경제 거래는 그보다 훨씬 빈번하다. 돈을 써버리지 않고 저축하는 결정, 낮은 급여를 받고 지금 당장 일자리를 얻기보다는 나중에 더 좋은 일자리를 얻기 위하여 기술을 배우는 데 투자하는 결정, 빚을 내서 비싼 차를 사기보다는 값싸고 쓸 만한 차를 사는 결정, 친구와 놀러가기보다는 야근하기로 하는 결정 그리고 내가 수업시간에 즐겨 사용하는 사례로 기말시험 전날 밤을 새기보다는 매 주마다 수업자료를 공부하기로 하는 결정 등, 예시는 수도 없이 많다.

이런 사례에서 특정한 결정을 강요하는 사람은 없으며, 선택을 내린 결과로 이익이나 손해를 보는 사람도 그 자신뿐이다. 인생에서 결정을 내릴 때 영향을 끼치는 주요 요인은 그 사람의 시간선호다. 한 사람의 시간선호와 자기 통제력은 상황마다 다를지 모르지만, 의사결정의 모든 측면과 강한 상관관계를 보이기는 한다. 한 사람의 운명은 대체로 현재의 자신과 미래의 자신이 벌이는 거래에 따라 결정된다는 현실을 마음 속 깊이 새겨야 한다. 실패를 다른 사람 탓으로 돌리고 성공을 다른 사람 덕으로 돌리려 해 본들, 어떠한 환경과 조건보다 중요한 요인은 자신과 끝없이 벌이는 거래다. 시간선호가 낮은 사람이라면 환경이 아무리 좋지 않아도 미래의 자신을 우선하여 목표를 달성할 방법을 찾아낼 것이다. 반면 시간선호가 높은 사람이라면 아무리 운이 좋다 한들 결국 미래의 자신에게 방해가 되고 해를 입히는 길을 선택할 것이다. 재능과 기술을 타고나 뛰어난 성과를 얻었지만 그 재능을 모두 낭비하여 결국 자기에게 오래가는 이익을 아무것도 이루어내지 못한 사람 이야기와 역경을 뚫고 승리한 사람을 다룬 이야기는 서로 극과 극이다. 타고난 재능으로 엄청난 돈을 벌었지만 높은 시간선호에 패배한 탓에 빈털터리로 죽은 운동선수와 연예인이 부지기수다. 반면 특별한 재능이 없어도 평생 열심히 일해서 저축하고 투자하여 경제적 안정을 얻어내고, 자기가 물려받은 것보다 좋은 삶을 자녀에게 물려준 보통 사람도 수없이 많다.

장기 투자를 선호하고 미래 수익을 우선하려면 시간선호를 낮추는 수밖에 없다. 문명사회에서는 부모에게 받은 것보다 더 많이 자녀에게 물려준다. 사람들이 다음 세대의 삶을 개선하려는 목표를 지니고 살아가서 삶이 계속 나아지는 문명사회에서는 사회의 자본 수준이 계속 올라감에 따라 생산성도 높아지고 그러면서 삶의 질도 좋아진다. 기본 욕구가 안정적으로 충족되고 환경 위험이 방지될 것이라고 보장받으면 사람들은 물질적 행복과 단조로운 노동을 넘어 더욱 근본적인 삶의 측면으로 주의를 돌린다. 가족과 사회에서 유대관계를 쌓고, 문화·예술·문학적 계획을 수행하며 공동체와 전 세계에 길이 남을 업적을 남길 방법을 찾는다. 문명의 목적은 자본을 더 많이 축적하는 데 있지 않고, 자본을 축적한 덕분에 기본 욕구를 충족하고 최악의 위험에서 보호받아 더욱 뜻깊은 삶의 의미를 찾을 수 있도록 자유와 번영을 얻는 데 있다.

개인의 시간선호를 결정하는 요소는 여러 가지다.[31] 가장 중요한 요소는 개인 안전과 재산 보장이다. 분쟁과 범죄가 벌어지는 지역에 사는 사람은 목숨을 잃을 확률이 클 테니 미래 가치를 크게 낮춰 볼 가능성이 높으므로, 평화로운 사회에 사는 사람보다 시간선호가 높게 된다. 재산 보장도 개인의 시간선호에 중요한 영향을 끼친다. 정부나 도둑이 개인의 재산을 변덕스레 갈취할 법한 사회라면 개인도 자기 자원을 언제든 빼앗길 수 있는 재산에 투자하기보다는 즉시 소비해서 만족하기를 우선하게 될 것이므로 시간선호가 높을 것이다. 세율 역시 시간선호에 부정적 영향을 끼친다. 세율이 높을수록 개인이 가져도 되는 소득이 줄어드는데, 특히 소득이 적어 대부분을 기본 생존에 써야 하는 사람일수록 세금 부담이 늘면 소비보다는 저축을 줄이게 되므로 결국 일도 덜 하고 미래를 대비한 저축도 덜 하게 된다.

그런데 시간선호에 영향을 끼치는 요소 가운데 우리가 논하는 주제와 가장 밀접한 것은 화폐의 미래예상가치다. 자기가 사용할 돈을 자유 시장에서 자유롭게 선택할 수 있다면 사람들은 시간이 흘러도 가치를 유지할 가능성이 가장 높은 화폐를 선택할 것이다. 화폐가 가치를 잘 유지할수록 소비를 미루고 자원을 미래 생산에 배분할 유인이 커질 테니 자본이 축적되고 생활수준이 개선되고, 동시에 경제와 관계없는 생활 측면에서도 사람들의 시간선호가 낮아지게 될 것이다. 경제적 의사결정의 기준이 미래라면 다른 모든 결정의 기준도 마찬가지로 미래라고 보는 편이 자연스럽다. 사람들은 분쟁보다 협동이 언제나 훨씬 이득이 큰 장기 전략이라고 이해하여 더욱 평화롭게 협력

---

3) 이러한 요소를 훌륭히 다룬 글로 호페의 저서 《Democracy: The God That Failed》 (《민주주의는 실패한 신인가》) 중 1장을 독자에게 추천한다. 더 기본적이고 기술적인 논의는 머리 로스바드의 《Man, Economy, and State》(《인간 · 경제 · 국가》), 미제스의 《Human Action》(《인간 행동》)중 18장과 19장, 오이겐 폰 뵘바베르크(Eugen von Böhm-Bawerk)의 《Capital and Interest》에 나온다.

하게 된다. 윤리를 강화하고, 자신과 아이들에게 장기적으로 최고의 결과를 낼 윤리적 선택을 최우선으로 선택하게 된다. 장기 관점에서 생각할수록 속이고 거짓말하고 도둑질할 가능성이 낮아진다. 그런 짓을 하면 단기적으로는 긍정적 성과를 얻을지 몰라도 장기적으로는 끔찍할 정도로 부정적 결과가 나타나기 때문이다.

화폐의 구매력 감소는 일종의 과세나 몰수와 비슷해서, 누군가가 소유한 화폐의 명목가치는 유지될지 몰라도 실질가치는 떨어진다. 현대 경제에서 정부 발행 화폐는 부자연스럽게 낮은 이자율과 뗄 수 없을 만큼 밀접한 관계가 있다. 이자율이 낮으면 현대 경제학자가 바라는 대로 사람들이 돈을 빌려서 투자하도록 부추김을 받기 때문이다. 하지만 자본의 가격을 이렇게 조작하면 돈을 빌린 사람이 내는 이자뿐 아니라 저축자와 투자자에게 돌아가는 이자도 부자연스럽게 낮아진다. 그러면 자연스레 따라오는 결과는 저축 감소와 차입 증가다. 사람들은 미래에 유리한 방향과는 반대로, 더 벌 때마다 더 많이 빌리고 더 많이 소비할 것이다. 그 영향은 금전적 판단에 관련한 시간선호뿐 아니라, 삶의 모든 것에 갈 가능성이 높다.

자기 가치가 유지되거나 올라가는 화폐를 버리고 자기 가치를 잃는 화폐를 쓰면 장기적으로 보아 매우 심각한 결과가 나타난다. 사회는 부를 덜 저축하고 자본을 덜 축적할 것이며 심지어 쌓아 둔 자본을 소모하기 시작할 수도 있다. 노동자의 생산성이 제자리걸음하거나 떨어질 것이므로, 설령 지폐 한 장 한 장의 가치를 떨어뜨릴망정 양은 더 많이 찍어내는 마법을 부려 명목임금은 올라갈지라도 실질임금은 성장을 멈출 것이다. 사람들이 더 소비하고 덜 저축하기 시작하면 모든 의사결정을 현재 기준으로 하게 되고, 그 결과 윤리의식이 빛바래고 분쟁이 일어나며 상대와 자기 모두 파괴하는 행동이 빈번해질 것이다.

이 정도면 로마, 비잔티움, 근대 유럽 같은 문명이 건전화폐 제도를 채택할 때 번영했고 화폐 가치가 떨어질 때 붕괴한 이유가 이해된다. 19세기와 20세기의 차이를 이해하려면 건전화폐를 벗어나려는 움직임과 그리하여 생겨난 모든 문제라는 맥락에서 보아야 한다.

| 화폐 인플레이션 |

누구나 일단 화폐를 만들 방법을 알게 되면 만들려 한다는 단순한 법칙에는 예외가 없다는 사실이 역사가 흐르는 내내 입증되었다. 그런 유혹은 매우 강하지만, 화폐 공급량은 얼마가 되었든 경제 규모에 관계없이 언제나 충분하기 때문에 화폐를 만든다고 사회에 도움이 되지는 않는다. 화폐는 생산하려는 충동을 잘 억제할수록 교환매개로서 뛰어나고 가치저장 수단으로서 안정적이다. 다른 물건과 달리 화폐의 수량은 교환매개, 가치저장, 가치척도 기능과 완벽히 무관하다. 화폐에 중요한 것은 수량이 아니라 구매력이다. 따라서 화폐는 보유자가 적당히 나누거나 합해서 거래하고 저장할 욕구를 채울 수만 있다면 수량이 얼마가 되었건 충분히 가능하다. 화폐가 거래에 적당하게 나뉠 수만 있다면 총 공급량이 얼마가 되었든, 어떠한 경제 거래 규모라도 뒷받침할 수 있다.

이론적으로 이상적인 화폐는 공급량이 고정되어 누구도 더 만들어

낼 수 없는 화폐다. 그런 화폐를 사용하는 사회에서 범죄를 저지르지 않고 돈을 얻으려면 다른 사람에게 가치가 있는 물건을 생산하여 돈과 교환하는 방법 밖에 없다. 그런데 더 많은 돈을 원하지 않는 사람은 없으므로 모두가 더 일하여 더 많이 생산하려 하고, 그리하여 모든 사람이 물질적으로 더 행복해지며, 그 덕에 자본이 더 축적되고 생산성이 올라간다. 또 그런 화폐라면 누구도 공급을 늘릴 수 없으니 가치 저장 수단으로도 완벽하게 작동한다. 그 화폐에 저장된 부는 시간이 지나도 줄어들지 않기 때문에 사람들에게 저축할 계기와 미래를 고려할 이유를 준다. 부와 생산성이 증가하고 미래에 초점을 맞출 능력이 높아지면 사람들은 시간선호를 낮추기 시작하여 물질이 아니라 정신·사회·문화에 초점을 맞출 수 있다.

하지만 더 이상 생산할 수 없는 화폐를 만들어내기는 불가능했다. 무엇이든 교환매개로 선정되고 나면 가치가 올라, 더 많은 사람이 더 많이 만들어내려 했다. 역사에서 가장 우수한 화폐는 기존 비축량 대비 신규 공급량 비율이 그나마 가장 낮기 때문에 더 많이 만들어내어 이익을 계속 얻어내기 어려운 화폐였다. 예컨대 금이라는 금속은 없어지지 않기 때문에 인류가 처음 캐낸 이후부터 비축량이 계속 늘어만 왔다. 금은 채굴되기 시작한 지 수천 년이고 연금술은 아직도 대규모 생산에는 상업적 타당성이 없기 때문에 채굴에 따른 추가 공급량은 기존 비축량에 비해 비교적 미미하다.

이러한 성질을 갖추었기 때문에 금은 지금까지 건전화폐와 동의어로 취급받았다. 금은 물리학과 화학이라는 철칙에 묶여 절대로 공급량이 크게 늘어날 수 없는 화폐다. 인류는 수백 년 동안 아무리 노력했어도 금보다 더 건전한 화폐를 생산할 수 없었기 때문에 인류 역사상 출현한 문명은 대부분 금을 기본 화폐로 사용했다. 전 세계가 정부 화폐를 가치저장, 교환매개, 가치척도 용도로 쓰는 방향으로 옮겨 왔지만 정작 정부 자신은 전 세계 금 비축량 중 적지 않은 양을 모아 보유고 중 상당량을 충당한다.

케인스는 금 채굴이 자원은 많이 소모하면서 실질적인 부는 전혀 늘리지 않기 때문에 쓸모없는 행위라고 불평했다. 케인스의 비판은 '화폐의 공급을 늘린다고 해서 그 화폐를 사용하는 사회의 부가 늘어나지는 않는다'는 의미에서 보면 사실에 부합하지만, '금은 탐사하고 채굴하는 데 들어가는 인적·금전적 자원이 다른 무엇과 비교해도 가장 적게 드는 금속이기 때문에 화폐 기능을 얻었다'는 사실은 놓쳤다. 금은 가격이 급등해도 공급량 증가가 아주 적을 수밖에 없고 또 매우 희귀해서 찾기도 어렵기 때문에 화폐로 쓰려고 금을 채굴해서 얻는 이익은 화폐 기능을 담당하는 다른 금속을 채굴할 때보다 적을 것이고, 따라서 금을 채굴하는 데 들이는 시간과 자원도 가장 적다. 금 외에 다른 금속이 화폐로 쓰였다면, 사회의 시간선호가 내려가서 저축하려는 사람이 늘고 그 금속의 수요가 늘어 가격이 오르게 될 때마다, 그 금속을 더 많이 생산하여 이익을 볼 기회가 상당히 커질 것이다. 금이 아닌 다른 금속은 부식되기 때문에 앞에서 말한 구리 사례에서처럼 기존 비축량 대비 신규 생산량 비율이 금에 비하여 매우 높을 것이고, 따라서 가격이 내려가고 보유자의 재산 가치가 떨어질 것이다. 그런 사회에서는 저축자가 재산을 빼앗기고, 경제적 필요량을 훨씬 넘을 만큼 채굴해 낸 사람이 그만큼 보상받는 셈이다. 그런 사회에서는 부를 저축하거나 쓸모 있게 생산하는 활동이 거의 일어나지 않을 것이고, 화폐를 만들어내는 데 집착하느라 빈곤이 뒤따를 것이기 때문에, 그저 화폐를 많이 만들어내기보다 유용한 일을 하여 생산성도 더 높은 사회에 머지않아 뒤쳐지고 정복당할 것이다.

현실에서 벌어진 화폐 경쟁에서는 금이 아닌 금속에 저축하고 투자하는 사람과 사회가 불이익을 받고, 금에 저축하고 투자하는 사람과 사회가 보상을 받았다. 금은 쉽게 공급이 늘지 않아서, 사람들이 화폐성 재화를 생산하기보다는 그보다 유용한 상품과 서비스를 만들어내는 데 열정을 쏟는 수밖에 없기 때문이다. 중세 아랍의 만물박사였던 이븐 할둔(Ibn Khaldun)이 몸값을 노리는 유괴범 다음으로 천한 직업이 금 탐사·채굴업이라고 했던 이유도 마찬가지였을 것이다.[4] 금 채굴이 쓸데없다는 이유를 들어 화폐로서 금도 비난한 케인스가 어리석었던 것은 화폐로 사용할 만한 금속 중 가장 덜 쓸모없는 것이 금이기 때문이다. 게다가 이러한 금의 단점을 보완한답시고 케인스가 내놓은 '해결책'인 명목화폐본위제 탓에 결국 화폐를 찍어 공급하고 이익을 내는 관리 작업에 시간과 노동력과 자원이 훨씬 더 들게 되었으니, 어리석음은 다시 두 배로 늘어난다. 7장에서 다시 살펴보겠지만 이제까지 금을 화폐로 쓰느라 광부와 노동자로 일한 사람 숫자는 화폐 인쇄기를 직접 관리하여 이익을 얻는 오늘날 중앙은행 및 일반은행 등 명목화폐와 관련된 모든 회사가 채용한 직원 숫자를 넘은 적이 한 번도 없다.

---

4) Ibn Khaldun, 《Al-Muqaddima》. (이븐 칼둔, 《무깟디마》)

어떤 화폐의 신규 공급량이 기존 공급량에 비하여 미미하다면 시장가치는 사람들이 그 화폐를 가지려는 의지와 쓰려는 욕망으로 결정된다. 그러한 요소는 사람과 시간에 따라 매우 차이가 큰데, 개인 환경에 따라 돈을 많이 보유하려는 때도 있고 덜 보유하려는 때도 있기 때문이다. 하지만 화폐는 시장에서 거래되는 재화 중에서도 한계효용이 가장 적게 줄어들기 때문에 사회 전반을 본다면 그런 요소는 별로 변하지 않을 것이다. 경제학 기본 법칙인 한계효용 체감 법칙에 따르면 재화를 얻으면 얻을수록 그 재화 한 단위씩이 주는 효용은 점점 줄어든다. 그런데 돈은 소유 자체가 아니라 다른 재화와 교환하는 것이 목적이고, 언제나 다른 물건과 바꿀 수 있으므로 한계효용이 줄어드는 속도가 다른 물건보다 느릴 것이다. 집·차·텔레비전·사과·다이아몬드라면 이미 가진 개수가 많을수록 한 개씩 더할 때 매기는 가치도 줄어들기 때문에 더 많이 축적하려는 욕망도 점점 줄어든다. 하지만 돈은 다르다. 언제가 되었든 하나 더 가질 때 가장 큰 가치를 주는 물건과 바꾸면 그만이기 때문이다. 물론 하루에 1,000달러 벌던 사람이 1달러 더 버는 것보다는 1달러 벌던 사람이 1달러 더 벌 때 훨씬 큰 의미가 있듯, 돈도 한계효용이 줄어든다. 하지만 돈의 한계효용은 특정한 재화를 얻는 효용이 아니라 모든 재화가 주는 한계효용 가운데 가장 높은 것을 따라서 떨어지기 때문에 내려가는 속도가 어떤 재화보다도 훨씬 느리다.

돈을 보유할 때 한계효용이 느리게 내려간다는 얘기는, 이미 돈을 얼마나 가지고 있든 별 관계없이 돈을 원하는 수요가 일정하다는 뜻이다. 이러한 성질과 거의 일정한 공급량이 합쳐진 결과, 재화와 서비스를 기준으로 본 돈의 시장가치는 비교적 일정하다. 그렇다면 돈은 가치가 크게 오르내릴 가능성이 낮다는 말이 되고, 따라서 장기 투자 대상으로는 형편없지만 가치저장 수단으로는 괜찮다는 얘기도 된다. 투자란 가치가 상당히 오를 잠재력을 보고 하는 것이지만 또 재산을 잃거나 가치를 잃을 위험도 상당히 지는 것이다. 투자는 보상을 받으려고 위험을 지는 행동인데, 건전화폐는 위험이 거의 없으니 보상도 주지 않는다.

종합하여 말하면 화폐 수요가 변하는 요인은 시간선호 차이 뿐이다. 사람들의 시간선호가 전반적으로 낮아지면 돈을 가지려는 사람이 늘어날 테니 돈의 시장가치가 다른 재화와 서비스 기준으로 올라가게 되어, 돈을 가진 사람에게 더욱 큰 보상이 돌아간다. 반면 시간선호가 높아지는 사회에서는 돈 보유량이 낮아지는 경향을 보이므로 시장가치가 어느 정도 내려간다. 둘 중 어떤 경우든 돈은 전반적으로 위험도, 보상도 가장 적은 자산이다. 돈 수요를 형성하는 본질과 근원이 여기에 있다.

이렇게 분석해 보면 금이 몇 년이든, 몇 십 년이든, 몇 백 년이든 가치를 유지하는 놀라운 능력을 지닌 이유도 이해가 간다. 로마 제국 시대 금 기준 농산물 가격을 살펴보면 놀랍게도 오늘날과 유사하다. 디오클레티아누스 칙령에 나타난 서기 301년 물가를 오늘날 미국 달러 기준으로 표시한 금 가격으로 환산해 보면 쇠고기 1파운드는 약 4.5달러, 맥주 1파인트는 약 2달러, 와인 1파인트는 고급이 약 13달러에 저급이 약 9달러, 올리브유 1파인트가 약 20달러다.[5] (1파운드는 약 454g, 1파인트는 약 0.47리터로, 미터법으로 환산하면 쇠고기 100g는 1

달러 정도고, 맥주/고급와인/저급와인/올리브유는 위에서 표시한 파인트 당 달러 가격이 500ml 기준 가격이라고 봐도 별 차이가 없다. — 옮긴이) 다양한 자료를 분석하여 몇 가지 직종의 급여를 분석해 봐도 마찬가지다. 물론 이러한 개별 자료는 참고하는 데서 그쳐야지 문제의 최종 정답이라고 받아들여서는 안 된다.

로이 재스트럼(Roy Jastram)은 가능한 한 가장 오랜 기간 동안 일관된 자료를 이용하여 금의 구매력을 연구하고 체계적 자료로 만들어 냈다.[6] 재스트럼이 1560년에서 1976년까지 영국 자료를 이용하여 여러 상품 기준으로 금의 구매력이 어떻게 변했는지 분석한 결과, 1700년까지는 금의 구매력이 떨어졌지만 이후 영국이 금본위제에서 벗어난 1914년까지는 비교적 안정적으로 유지되었다. 영국이 돈으로 주로 금을 쓰던 두 세기 넘는 기간 동안 금의 구매력은 비교적 일정했고, 상품 도매가격 역시 그러했다. 반면 제1차 세계대전이 발발하며 영국이 사실상 금본위제에서 벗어난 이후 금의 구매력은 올라갔고, 도매물가지수 역시 그러했다. (그림 8[7] 참고)

한 가지 짚고 넘어가자면 화폐가 가치를 완벽히 유지하기는 이론적으로나 실제로나 불가능하다. 기술이 발전하여 옛 상품을 새 상품

5) R. Kent, "The Edict of Diocletian Fixing Maximum Prices", 〈University of Pennsylvania Law Review〉, vol. 69 (1920): 35.

6) Roy Jastram, 《The Golden Constant: The English and American Experience 1560~2007》 (Cheltenham, UK: Edward Elgar, 2009).

7) 출처 : Jastram, 《The Golden Constant》.

그림 8 · 1560~1976년 영국에서 금의 구매력과 도매물가지수(1930년=100)

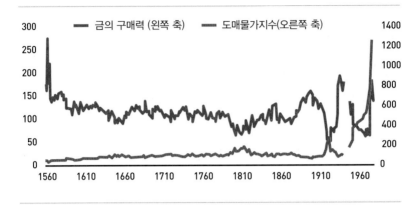

이 대체하기도 하고, 시간이 흐르면서 상품의 수요 공급 조건이 변하기도 하기 때문에 돈으로 살 재화와 서비스도 달라진다. 화폐의 기본 기능 가운데 하나가 경제재(희소하여 경제적 가치가 있는 재화 – 옮긴이)의 가치척도인데, 경제재의 가치는 끊임없이 변한다. 따라서 화폐성 재화의 가격을 만족스러울 정도로 정확하게 측정하기는 불가능하다. 하지만 특정 화폐 가치가 다른 상품(특히 다른 화폐)에 비하여 장기적으로 어떤 추세를 보였는지 대략 참고하는 데는 재스트럼의 연구 결과 같은 자료가 도움이 된다.

재스트럼이 사용한 자료보다 현재에 가깝고 경제 성장 속도도 훨씬 빠른, 지난 두 세기 동안 미국 자료를 살펴보면 금은 상품에 비해서 가치가 올라갔고 미국 달러 기준 가격도 극적으로 상승했다. 이는 사용 가능한 화폐 중 금이 가장 견고하다는 이야기와 완전히 일치한다. 다른 모든 상품의 공급은 금에 비하여 증가하기 쉽기 때문에 시간이 흐르면 다른 모든 상품은 금에 비하여 양이 많아질 것이고, 따라서 금의 구매력은 시간이 갈수록 높아질 것이다. 그림 9[8]에서 보듯 미국 달러 역시 금에 연동되는 동안에는 다른 상품에 비하여 가치가 높아졌지만, 불태환지폐인 그린백(greenback)을 찍어내던 남북전쟁 시기나 달러 가치를 절하하고 시민에게 금을 몰수하던 1934년 이후처럼 금과 관계가 단절되었을 때는 가치가 크게 떨어졌다.

그림 9 · 1792~2016년 금과 미국 달러로 표시한 물가지수

8) 출처 : 미국 역사 통계(Historical statistics of the United States), Series E 52~63과 E 23~3. https://fred.stlouisfed.org에서 열람 가능.

1931년부터 1971년까지는 화폐가치가 명목상으로는 금에 연동되었지만 실제로 지폐를 금으로 바꾸려면 다양한 정부 협정에 따라 복잡한 조건을 충족해야 했다. 이 시기에는 정책이 변덕스러워 정부 화폐와 금 모두 가치가 불안정했다. 금과 정부화폐를 비교하려면 각국 화폐가 중앙은행에게 구매력을 보장받으며 시장에서 거래되었던 1971년부터 지금까지 기간을 살펴보는 편이 좋다. (그림 10[9] 참고)

그림 10 · 1971~2017년 금 기준 주요 화폐가격(1971년=1)

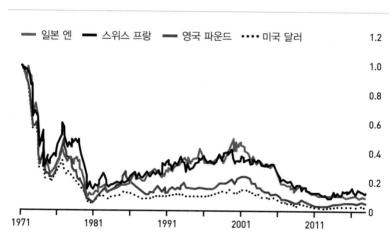

정부화폐 가운데 가장 안정적이고 좋은 성과를 낸 것조차도 금과 연동이 단절된 1971년에 비하여 금 기준 가치가 형편없이 떨어져 지금은 2~3%밖에 되지 않는다. 금의 시장 가치가 오른 것이 아니라 명목화폐 가치가 떨어졌다는 얘기다. 상품과 서비스 가격은 정부화폐

9) 출처 : 미국 연방준비제도 통계자료. https://fred.stlouisfed.org 에서 열람 가능. 금 가격 자료 출처 는 세계금협회(World Gold Council, www.gold.org).

기준으로는 상당히 올랐지만 금에 비하면 비교적 안정적이다. 예컨대 현대 산업 사회의 핵심 상품인 원유를 살펴보면, 1971년 이후 1배럴당 가격이 정부 화폐 기준으로는 수십 배 올랐지만 금 기준으로는 일정하게 유지되었다. (그림 11[10] 참고)

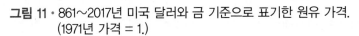

그림 11 · 861~2017년 미국 달러와 금 기준으로 표기한 원유 가격. (1971년 가격 = 1.)

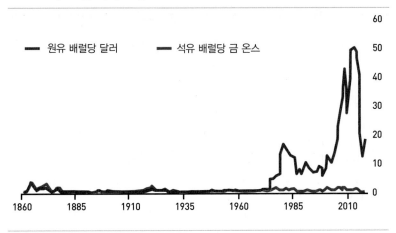

경화 공급은 확대되기 어려워 대체로 비탄력적인 반면, 개인별 시간선호는 다양해도 사회 전체로 보면 경화를 원하는 수요가 시간이 흘러도 거의 일정하므로 경화 가치는 연화에 비하여 안정적일 가능성이 높다. 반면 연화는 연화 생산자가 공급량을 대폭 변동시킬 수 있으므로 수량이 변동하고 가치저장 수단으로서 신뢰성이 오르내림에 따라 보유자의 수요가 크게 변동할 것이다.

화폐가치가 비교적 안정적으로 유지된다는 조건은 화폐 보유자가

10) 출처 : BP statistical review & 세계금협회(World Gold Council).

구매력을 유지하는 데도 중요하지만, 화폐를 가치척도로서 온전히 유지하는 데는 더욱 중요하다. 금이 그랬듯 수요와 공급 변동 폭이 작아 가치가 안정적이리라고 예상할 만한 화폐를 쓴다면, 다른 상품과 서비스의 가격 변동을 의미 있는 신호로 받아들일 수 있다.

반면 정부화폐의 공급량은 중앙은행과 상업은행이 공급을 확대하면 늘어나고 디플레이션 불황이나 파산이 일어나면 줄어드는 한편, 수요는 사람들이 기대하는 화폐의 미래가치와 중앙은행 정책에 따라 예상치 못할 정도로 크게 변동할 수 있다. 이처럼 매우 큰 변동성이 조합되기 때문에 정부화폐 가치를 장기적으로 예측하기는 어렵다. 중앙은행은 가격을 확실히 안정한다는 임무를 수행하려고 다양한 도구를 사용하여 끊임없이 화폐 공급을 관리하기 때문에, 단기적으로 보면 주요 화폐 가치는 금에 비하여 변동성이 작아 보인다. 하지만 장기적으로 보면 정부화폐 공급량은 계속 늘어나는 반면 금 공급량은 적고 일정하게 늘어나기 때문에 금의 가치를 예측하기가 더 쉽다.

건전화폐는 시간이 흘러도 가치를 유지할 가능성이 높다는 바로 그 이유 때문에 자유 시장에서 선택되었으므로, 정부가 사용을 강요하고 강제한 불건전화폐보다 자연히 더 안정적일 것이다. 정부화폐가 가치척도로나 가치저장 수단으로나 더 훌륭했다면 정부가 법정통화 관련법을 들이대가며 사용하라고 강제할 필요도 없었을 것이고, 전 세계 정부가 금을 대량으로 징발하여 중앙은행에 계속 보유할 이유도 없었을 것이다. 중앙은행들이 계속 금을 보유할 뿐 아니라 금 보유량을 늘리기 시작하기까지 했다는 사실은 그 기관들이 장기적으로 자국 화폐를 얼마나 신뢰하는지 그리고 지폐 가치가 계속 바닥을 뚫는 상황에서 금이 지닐 수밖에 없는 화폐 기능을 얼마나 신뢰하는지 보여주는 근거가 된다.

| 저축과 자본축적 |

화폐 가치가 하락하면 미래를 위해 저축할 이유가 없어지는 부정적 영향이 생긴다는 문제도 심각하다. 시간선호는 언제 어디서나 0보다 크다. 즉 동일한 물건을 오늘 받을 것이냐 미래에 받을 것이냐 선택해야 할 때 제정신이라면 누구나 오늘 받겠다고 할 것이다. 선택할 사람이 만족을 늦추는 편도 고려해 볼 만하려면 지금 받을 양보다 미래에 받을 양이 늘어야만 한다. 건전화폐는 시간이 흐르면서 조금씩 가치를 얻는 화폐이므로, 건전화폐를 보유하면 구매력이 늘어날 가능성이 높다. 반면 불건전화폐는 대놓고 물가를 계속 올리는 임무를 맡은 중앙은행에게 통제당하다보니 사람들이 보유할 필요가 적을 것이고, 따라서 불건전화폐라면 더 빌려서라도 써버릴 가능성이 높다.

주제를 투자로 돌려 보면, 건전화폐가 쓰이는 경제 환경에서는 조금이라도 수익이 난다면 투자할 만하다. 화폐 가치가 오르거나 최소한 유지될 것이므로 투자할 유인도 강해지기 때문이다. 반면 불건전화폐가 쓰인다면 화폐 가치가 하락한 만큼보다 수익률이 높아야 실질수익이 발생하는 셈이므로 소비하거나 고위험 고수익 투자를 할 유인이 커진다. 게다가 화폐 공급량이 증가한다는 얘기는 사실상 이자율이 낮다는 말이므로, 저축하고 투자할 유인은 낮아지고 차입할 필요가 높아진다.

이 결론은 지난 46년 동안 불건전화폐로 실험한 실적으로도 뒷받침된다. 저축률은 선진국에서 매우 낮은 수준까지 떨어졌고, 개인 · 지방정부 · 국가가 진 채무는 과거라면 상상도 못했을 수준까지 올라갔다. (그림 12[11] 참고)

그림 12 · 1970~2016년 주요국 국민저축률(%)

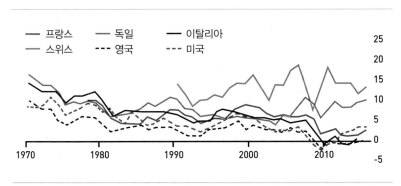

서양 국가 대부분의 저축률이 한 자릿수로만 떨어지면 다행이고 심지어 마이너스로도 떨어지는 동안 스위스만은 1934년까지 공식적으로 금본위제를 유지했고 1990년 초반까지 금 보유고를 대량으로 유지하여, 자국 화폐 가치를 뒷받침하면서 두 자리에 달하는 높은 저축률을 계속 유지함으로써 시간선호가 낮은 서양 문명의 마지막 보루로 남아 있다. 규모 기준으로 상위 7개 선진국[12]의 평균 저축률은 1970년에 12.66%였지만 2015년에는 3.39%로 떨어져 거의 3/4가 줄었다.

서양에서 저축률이 추락하는 동안 부채는 계속 늘었다. 지금처럼

---

11) 출처 : OECD 통계.
12) 미국, 일본, 독일, 영국, 프랑스, 이탈리아, 캐나다.

서양에서 가구 당 부채가 평균적으로 연수입의 100%를 넘고 정부와 가계가 부담한 부채를 합하면 GDP의 몇 배나 되는 상황은 심각한 결과를 몰고 올 것이다. 케인스주의 경제학자들이 '부채는 성장에 좋은 것이고 저축은 불황을 몰고 온다'고 보증한 탓에 시민들도 그 정도가 보통이라고 인식하게 되었다. 케인스주의 경제사상에 만연한 환상 중에서도 가장 부정직한 것이 바로 국가 부채는 '우리 자신에게 빚진 것이기 때문에 상관없다'는 생각이다. 그 '우리 자신'이란 단일한 개체가 아니라 여러 세대로 구분되는 개념임을, 구체적으로 말해서 무분별하게 소비해버리는 현재 세대와 그 비용을 갚아야 하는 미래 세대를 섞은 개념임을 이해하지 못하는 사람은 시간선호 높은 케인스의 후계자뿐이다. 그런 표현 뒤에는 설상가상으로 '빚을 내서 미래를 위하여 투자하지 않았다면 우리는 받아 마땅한 것을 얻지 못했을 것이다'라는 등 감정적 협박이 이어지곤 한다.

'지출만이 중요하고, 지출을 높게 유지하면 부채는 무한하게 늘어나고 저축은 소멸할 것'이라는 생각이 현대가 되어서야 케인스가 발견해 낸 놀라운 통찰인 양 말하는 사람이 많다. 하지만 사실은 전혀 새로운 생각이 아닌 것이 로마 쇠퇴기에 통치하던 타락한 황제들이 이미 그런 정책을 썼기 때문이다. 지금은 정부가 발행한 지폐에 적용된다는 정도 밖에 차이가 없다. 확실히 금속 동전을 쓰던 예전보다 지폐를 쓰는 요즘에 조금 더 번지르르하게 들리고 속이 조금 덜 들여다보이는 말이기는 하다. 하지만 결과는 같다.

20세기에 벌어진 과시적 소비를 이해하려면 건전화폐가 파괴된 상황 그리고 시간선호가 높아 저축을 죄악시하는 한편 소비를 경제 번영의 열쇠로 받든 케인스주의 사고방식이 출현한 상황을 함께 분석해야 한다. 저축할 필요가 줄어들었다는 이야기를 뒤집으면 소비할 필요가 늘었다는 말이다. 이자율이 주기적으로 떨어지도록 조작당하고 은행이 그 어느 때보다 많은 신용을 창출할 수 있게 되자 대출 대상은 투자에 그치지 않고 소비까지 확대되었다. 신용카드와 소비자대출 덕분에 사람들은 미래에 투자한다는 구실도 댈 필요 없이 돈을 빌려 소비할 수 있다. 저축에 따른 자본 축적에 기반을 둔 경제 제도인 자본주의가 자본 축적과 정반대 개념인 과시적 소비를 불러일으켰다고 비난받는 아이러니한 상황을 보면 케인스주의가 현대에 얼마나 심각한 경제적 무지를 조장했는지 드러난다. 자본주의란 사람들이 자기 시간선호를 낮추고 만족을 미루며 미래에 투자할 때 번영한다. 빚으로 부채질한 대중의 소비가 자본주의의 정상적 일부라면, 호흡곤란도 호흡의 정상적 일부다.

이런 상황을 이해하고 나면, '저축해서 현재 소비가 지연되면 노동자가 일자리를 잃고 경제 생산이 정체될 것'이라는 케인스주의 경제학의 핵심 오류가 왜 나왔는지도 이해가 된다. 케인스는 총지출 수준이 경제 상황을 결정하는 가장 중요한 요소라고 보았다. 경제학을 공부한 적이 없어 자본 이론도 이해하지 못했고, 최종 상품을 생산할 때만 아니라 미래에 최종 상품을 사용하는 데 들어가는 자본재를 생산하는 데도 고용이 필요하다는 사실도 몰랐기 때문이다. 그리고 진짜 일자리를 가질 필요 없을 만큼 집안에 돈이 많았던 케인스는 저축이 뭐고 자본축적이 또 무엇이며 경제성장에 어떤 핵심적 기능을 하는지 인식하지 못했다. 그러다 보니 소비자 지출이 감소하고 저축이 증가할 때

불황이 동시에 일어난 상황을 한 번 보고, 저축 증가와 지출 감소가 불황과 인과관계가 있다고 가정했을 것이다. 그가 자본이론을 공부할 천성만 갖췄더라도, 앞으로 6장에서 살펴보듯 소비 감소는 경기 변동에 자연스럽게 나타나는 반응이고, 경기 변동은 통화 공급 팽창 때문에 일어난다는 사실을 깨달았을 터다. 또 애초에 경제가 성장하는 원인이자, 생산주기를 늘려 생산수단의 생산성을 높여 생활수준을 향상하는 원동력은 오직 만족 지연, 저축, 투자뿐이라는 사실도 이해했을 것이다. 자신이 부유한 사회의 부유한 가문에 태어난 것은 그저 조상이 여러 세기 동안 자본을 축적하고 만족을 지연하며 미래를 위해서 투자한 덕분이라는 사실도 깨달았을 것이다. 하지만 로마 제국 쇠퇴기 황제들이 그랬듯 케인스도 자기 부를 축적하려면 노동하고 희생해야 한다는 사실을 절대 이해하지 못했고, 반대로 대량 소비가 번영의 결과라기보다는 원인이라고 믿어버렸다.

채무는 저축의 반대다. 저축이 자본축적과 문명발전의 가능성을 만들어낸다면 반대로 채무는 세대가 지날수록 자본축적량을 줄이고 생산성을 낮추며 생활수준을 떨어뜨린다. 주택대출 때문이든, 사회보장제도 부채 때문이든 아니면 세율을 높이고 채권을 발행하여 갚아야 할 정부부채 때문이든, 현 세대는 로마제국의 종말 이래 (아니면 최소한 산업혁명 이래) 처음으로 부모 세대보다 적은 자본을 가지고 태어난 세대일 것이다. 현 세대는 높아만 가는 세금을 내고 점점 늘어나는 이자를 갚으며 스스로 누릴 가능성이 희박한 복지혜택에 비용만 대느라 한층 더 열심히 일하는데도 저축을 늘려 자본을 축적해가기는커녕 노년에 쓸 돈도 거의 저축하지 못한다.

이처럼 건전화폐를 버리고 가치가 하락하는 화폐로 옮겨간 탓에 여러 세대에 걸쳐 축적한 부가 한두 세대 만에 과시적 소비로 낭비된 결과, 채무가 주요 비용을 대기 위한 새로운 수단으로서 등장했다. 100년 전처럼 스스로 일하거나 저축해 둔 돈을 써서 주택·교육·결혼 비용을 내는 방법이 요즘에는 별스러워 보인다. 부자조차도 자기 재산만으로 살지 않고, 재산을 저당 잡혀서까지 빚을 내 엄청난 구매 비용을 댄다. 이런 생활방식이 얼마간은 계속될지 몰라도 영원히 지속 가능하다고 오해해서는 안 된다. 마치 볍씨를 먹어버리듯 사회의 자본을 체계적으로 소비해버리는 행동일 뿐이기 때문이다.

화폐는 한 번 국유화하고 나자, 재선되는 데만 관심을 쏟으며 몇 년짜리 짧은 시간 단위로 움직이는 정치인들의 명령을 따르게 되었다. 그러다보니 정치가가 단기 관점에서 의사결정을 하여 화폐를 남용하여 재선운동 자금을 대고 비용은 미래 세대에게 떠넘기는 결과가 자연스럽게 이어진다. 미국 문필가 멘켄(Henry Louis Mencken)은 이렇게 말했다. "모든 선거는 앞으로 훔칠 물건을 미리 파는 경매다."[13] 화폐가 자유롭고 건전한 사회에 사는 사람들은 자기 가족에게 장기적 영향을 끼칠 자본 문제를 스스로 결정해야 한다. 자손에게 해를 끼쳐도 된다면 몰라도, 책임감이 있다면 그래야 한다. 하지만 화폐를 국유화한 중앙정부가 화폐 공급을 통제하기 때문에 필연적으로 저축할 유인이 없어지고 빚을 낼 유인이 올라간 지금은 판단하기가 더욱 어려워졌다. 개인이 아무리 성실해도 그 자녀는 정부가 선물을 뿌리느라

---

13) H. L. Mencken and Malcolm Moos (eds.), 《A Carnival of Buncombe》 (Baltimore: Johns Hopkins Press, 1956), p. 325.

일으킨 인플레이션의 비용을 갚느라 세금을 바치는 데다 저축액의 가치까지 앉아서 잃을 것이다.

세대가 바뀔수록 상속 재산이 줄어들어 가족 전체의 힘이 약해지는 반면, 정부는 사용 한도가 없는 수표책으로 점점 힘을 키운 덕에 개인 인생사의 방향까지 결정하고 틀을 잡으며 더욱 다양한 방향에서 더욱 깊은 영향을 끼치게 되었다. 개인 비용을 대는 기능이 가족의 재력에서 국가의 은혜로 다가오자 가족을 유지할 필요도 줄어들게 되었다.

전통 사회 사람들은 앞으로 자녀에게 부양받아야 한다는 사실을 알기 때문에 건강한 청년 시절을 투자하여 가족을 꾸리고 자녀에게 가능한 한 최고의 삶을 선사한다. 하지만 장기투자를 할 필요가 전반적으로 줄어든다면 그리고 화폐 가치가 떨어지기 때문에 저축하면 손해가 날 가능성이 높아진다면 가족을 향한 투자는 수지가 맞지 않게 된다. 게다가 정치인이 '화폐인쇄기라는 마법을 사용하면 복지혜택과 퇴직연금을 영원히 받을 수 있다'고 거짓말하며 사람들을 꼬드긴다면 가족을 향한 투자는 가면 갈수록 가치가 떨어진다. 시간이 흐를수록 가족을 꾸릴 이유가 없어져 독신으로 사는 사람이 계속 늘어날 것이다. 결혼생활을 계속하기에 충분할 만큼 감정·윤리·재무적으로 배우자끼리 투자하기가 어려워지면서 이혼이 늘 것이고, 그나마 결혼을 유지하는 가정에서도 아이를 덜 낳을 것이다. 현대 사회에서 두드러진 가정 붕괴 현상을 이해하려면, 불건전화폐 탓에 이제껏 수천 년 동안 가정이 수행한 필수 기능을 국가에 빼앗기고 가족 구성원 모두가 장기적 가족 관계에 투자할 유인이 줄었다는 사실을 인식해야만 한다.

가족이 은혜로운 정부로 대체되면 이제껏 가정에 소속되었던 개인은 손해를 본다. 많은 연구결과에 따르면 장기적으로 배우자나 자녀와 맺는 친밀한 가족관계가 삶의 만족도에 큰 영향을 준다.[14] 또 가정이 깨지면 특히 여성에게 우울증 같은 정신질환 발병률이 올라간다는 연구결과도 많다.[15] 가정 붕괴는 우울증 같은 정신질환이 발생하는 주요 원인이다.

장기적 관점에 아무 관심이 없던 남자의 경제적 가르침을 적용한 때에 가정이 붕괴하기 시작한 것은 절대 우연이 아니다. 케인스는 세대를 거듭하며 상당한 자본을 쌓은 부유한 가문에서 태어났을 뿐 아니라, 지중해 지역을 돌아다니며 아동 사창가를 방문하는 등 어린이들과 성관계하며 성년 이후 인생을 대부분 낭비한 쾌락주의 난봉꾼이었다.[16] 빅토리아 시대 영국은 시간선호가 낮아 도덕관념이 강하고 사람끼리 분쟁이 적으며 가정이 안정된 사회였지만, '이러한 전통은 사람을 억압하므로 없애야 한다'며 반기를 들며 출현한 것이 케인스 세대다. 케인스가 만들기 원했고 또 만들 수 있다고 굳게 믿은 사

---

14) George Vaillant, 《Triumphs of Experience: The Men of the Harvard Grant Study》 (Cambridge, MA: Harvard University Press, 2012).

15) Betsy Stevenson and Justin Wolfers, "The Paradox of Declining Female Happiness", 〈American Economic Journal: Economic Policy〉, vol. 1, no. 2 (2009): 190~225.

16) 다음을 참고하라. Michael Holroyd, 《Lytton Strachey: The New Biography》, vol. I, p. 80. 여기에 실린 편지에서 케인스는 영국 문예가 모임인 블룸스베리 그룹에 같이 소속된 친구 리턴 스트레이치(Lytton Strachey)에게 '침대도 남자애도 비싸지 않은' 튀니스에 가 보라고 추천한다. 다음도 참고하라. David Felix, 《Keynes: A Critical Life》, p. 112. 여기에는 친구에게 "나는 이집트로 가네. (중략) 거기에 '침대와 남자애'가 언제든 있다는 얘기를 방금 들었거든."이라고 쓴 케인스의 편지가 인용되어 있다. 또 스트레이치에게 '남자애들이 벌거벗고 춤추는 곳에 가고 싶거든' 튀니스와 시칠리아를 추천한다고 쓴 편지도 있다.

회의 윤리관을 이해하지 않고서는 케인스 경제학도 절대로 이해할
수 없다.

| 혁신 비교 : '0에서 1로' 대 '1에서 여럿으로' |

건전화폐가 시간선호 및 미래 방향 설정에 어떤 영향을 끼치는지
는 저축 수준보다도 사회가 투자하는 사업 형태에서 더 확연히 드러
난다. 19세기 후반과 비슷한 건전화폐 체제에서라면 사람들이 장기
투자에 참여하고, 또 보상을 받는 데 오랜 기간이 걸리는 사업에 비
용을 대기 위하여 대규모 자본을 확보할 가능성이 높다. 그 결과 19
세기 말은 인류 역사상 중요하기로 손꼽히는 혁신이 여럿 탄생한 황
금시대가 되었다.

브라이언 번치(Bryan Bunch)와 알렉산더 헬먼스(Alexander Hel-
lemans)는 중요한 저서《과학과 기술의 역사(The History of Science
and Technology)》의 과학기술사에서 가장 중요한 혁신과 발명 8,583
건 목록을 실었다. 물리학자 조너선 휴브너(Jonathan Huebner)는 이
러한 사건이 발생한 연도와 해당 시기의 세계 인구를 분석하여 중세 '
암흑시대' 이후 매 년마다 이러한 사건이 1인당 몇 건이나 발생했는지
측정했다.[17] 그 결과 전체 혁신 건수는 20세기에 가장 많았지만 1인
당 혁신 건수는 19세기에 가장 많았다는 사실을 확인했다.

1914년 이전에 등장한 혁신을 자세히 살펴보면 휴브너의 자료에

....

17) Jonathan Huebner, "A Possible Declining Trend for Worldwide Innovation",
〈Technological Forecasting and Social Change〉, vol. 72 (2005): 980~986.

설득력이 더한다. 우리가 사는 현대 세계는 제1차 세계대전 이전 금본위제 시절에 만들어졌다고 해도 과언이 아니다. 20세기는 19세기에 등장한 발명을 정제·개선·최적화·효율화·대중화한 시기일 뿐이다. 놀라울 정도로 진보한 20세기 세계만 살피다 보면 세계를 완전히 바꿔놓은 진짜 발명과 혁신은 거의 모두 19세기 황금시기에 일어났다는 사실을 잊기 쉽다.

피터 틸(Peter Thiel)은 유명한 저서 《제로 투 원(Zero to One)》에서 새로운 기술로 첫 성공사례를 만들어 새 시대를 연 선지자들이 어떤 영향을 끼쳤는지 논한다. 틸이 말하는 '제로 투 원', 즉 '0에서 1로' 가는 기술 성공사례는 발명에서 가장 어려우면서도 중요한 단계인 반면, '1에서 여럿으로' 가는 것은 규모·마케팅·최적화 문제일 뿐이다. 세상이 진보한다는 개념으로 무장한 사람이라면 1914년 이전의 건전화폐 세계는 0에서 1로 간 세계인 반면 1914년 이후 정부 발행 화폐 세계는 1에서 여럿으로 간 세계였다는 사실을 받아들이기 힘들지도 모르겠다. 물론 1에서 여럿으로 움직이는 것이 열등하다는 말은 절대로 아니지만 0에서 1로 가는 변혁이 현대 화폐 제도에서 왜 더 많이 일어나지 않는지는 충분히 생각해 볼 거리가 된다.

현대 생활에서 쓰이는 기술 중 대다수는 19세기에 발명되었다. 그리고 금본위제 시대였던 당시에 발명 자금 원천이 된 것은 가치가 잘 떨어지지 않은 가치저장 수단인 건전화폐에 사람들이 재산을 저축함으로써 점점 늘어났던 자본이었다. 이 시대에 일어난 가장 중요한 혁신을 몇 가지 정리해 보면 아래와 같다.

- 온 · 냉수 수도, 실내 화장실, 배관, 중앙난방

  이러한 발명은 오늘날 문명사회에서 사는 사람 누구에게도 별스럽지 않아 보여도 사실은 삶과 죽음을 가르는 차이를 만들어낸다. 이것들이 전 세계에서 전염병 대부분을 예방한 덕분에 도시는 질병이 창궐하는 고통을 겪지 않고도 성장할 수 있었다.

- 전기, 내연기관, 대량생산

  현대 산업사회는 탄화수소 에너지, 즉 화석연료를 널리 활용하며 세운 것이므로, 이러한 발명품이 없었다면 현대 문명은 지금만 못해 보였을 것이다. 에너지와 산업의 이러한 근본 기술은 19세기에 발명되었다.

- 자동차, 비행기, 지하철, 전기식 엘리베이터

  우리 도시가 말 배설물로 뒤덮이지 않은 것, 그리고 우리가 전 세계를 여행할 능력을 얻게 된 것은 벨 에포크에 감사할 일이다. 자동차는 1885년에 카를 벤츠(Karl Benz)가, 비행기는 1906년에 라이트 형제(Wright brothers)가, 지하철은 1843년에 찰스 피어슨(Charles Pearson)이, 전기식 엘리베이터는 1852년에 엘리샤 오티스(Elisha Otis)가 발명했다.

- 심장수술, 장기이식, 맹장수술, 인큐베이터, 방사선치료, 마취제, 아스피린, 혈액형과 수혈, 비타민, 심전도계, 청진기

  현대식 수술과 의약품의 발전이 가장 크게 빚진 시기도 벨 에포크

다. 의사들이 여러 세기 동안 사용하던 비생산적 환자 치료법을 변혁해 낸 것은 현대식 위생과 믿을만한 탄화수소 에너지가 도입된 덕분이다.

• 석유화학제품, 스테인레스 스틸, 질소비료

대규모 산업화·농업화를 일으켜 현대식 생활을 가능하게 한 이들 산업용 소재와 물질 역시 벨 에포크의 혁신 덕분에 출현했다. 플라스틱, 그리고 플라스틱으로 만든 모든 것은 석유화학의 산물이다.

• 전화, 무선전신, 음성녹음, 컬러사진, 영화

대중매체의 시대는 현대라고 생각할 사람이 많겠지만, 사실 20세기의 성취는 대부분 19세기에 일어난 혁신을 개선한 것이다. 최초의 컴퓨터는 1833년에 찰스 배비지(Charles Babbage)가 설계하고 1888년에 아들 헨리 배비지(Henry Babbage)가 완성했다. 인터넷과 인터넷이 포함한 모든 것이 1843년에 발명된 전신에 덧붙인 부가기능일 뿐이라고 말한다면 과장일지는 모르겠으나 아주 근거 없는 말은 아니다. 전신은 편지나 전령을 물리적으로 움직이지 않고도 의사소통할 방법을 제공하여 인간 사회를 근본부터 변혁했다. 이때가 바로 원격통신이 '0에서 1로' 이동한 시기였고, 그 이후에 일어난 개선은 아무리 놀라워보여도 결국 '1에서 여럿으로'다.

| 예술 융성 |

건전화폐가 인간 융성에 기여했다는 사실은 과학과 기술 분야 발전 뿐 아니라 예술 세계에서도 생생하게 드러난다. 피렌체와 베네치아가 건전화폐를 앞장서서 도입한 곳이기도 하지만, 또 르네상스를 이끈 예술가들이 활동한 무대기도 하다는 사실은 우연의 일치가 아니다. 바로크 · 신고전주의 · 낭만주의 · 현실주의 · 후기인상주의를 금전적 으로 지원한 후원자들은 모두 건전화폐를 보유한 부자였고, 또 수백 년 동안 살아 숨 쉴 걸작이 완성되기까지 수 년, 아니 수십 년도 기 다릴 인내력을 갖출 만큼 시간선호가 매우 낮은 사람들이었다. 필리 포 브루넬레스키(Filippo Brunelleschi)나 미켈란젤로 같이 탁월한 건 축 예술가가 수십 년 동안 영감에 따라 세심하게 건설하고 장식하여 완성한 유럽 성당의 놀라운 돔은 모두 시간선호가 매우 낮은 후원자 가 건전통화로 비용을 대 지은 결과물이다. 이들 후원자에게 깊은 인 상을 남기려면, 위대한 예술품의 주인이자 위대한 예술가의 후원자로 불멸의 이름이 남을 만한 작품을 만들어 줄 수밖에 없었다. 그래서 피 렌체의 메디치 가문은 예술 후원자로 제일 유명하지만 사실은 은행업 과 금융업 혁신가로서 훨씬 더 중요하다.

마찬가지로 바흐 · 모차르트 · 베토벤 같은 르네상스 · 고전주의 · 낭만주의 작곡가의 곡에 대면, 요즘처럼 사람의 가장 저급한 본능을 간질여 이익을 남기려고 수없이 많은 스튜디오에서 녹음하고 몇 개 씩 묶어 쏟아내는 몇 분짜리 음악은 부끄러울 지경이다. 황금시대의 음악이 영혼에 호소하며 듣는 이를 각성시켜 소모적 일상을 초월하고 고상한 소명을 생각하도록 돕는 반면, 요즘 음악은 본능에 호소하여 현실에서 주의를 돌리고 장기적 결과나 심오한 주제에는 신경 쓸 것 없이 즉각적·감각적 쾌락에 몰입하라고 유혹한다.

건전화폐가 쓰이고 시간선호가 낮던 시대의 예술가는 땀 흘려 자기 기술을 완벽하게 갈고닦은 끝에 가치가 오래 남을 작품을 만들어 냈다. 자기 분야에서 여러 해를 들여가며 복잡한 기술을 세부까지 배우고, 완벽하게 다듬어 발전시킨 끝에 다른 누구도 뛰어넘는 능력을 갖춰 후원자와 대중을 놀라게 했다. 자기 기술을 갈고닦느라 여러 해 동안 고생해 보지 않은 사람은 예술가라고 불릴 자격도 없었다. 예술이란 무엇인지, 자기가 하루 걸려 만든 졸작이 왜 훌륭한지 대중에게 가르치려 드는 거만한 예술가는 없었다. 바흐는 자기가 천재라고 주장하지도, 자기 음악이 다른 사람 음악보다 뛰어난 이유를 장황하게 말하지도 않았다. 그저 평생 자기 기술을 갈고닦았을 뿐이다. 미켈란젤로는 시스티나 대성당에 걸작을 그리느라 4년 동안 제대로 먹지도 않고 하루 종일 천장에 매달려 일했다. 아래처럼 자기가 겪은 시련을 그린 시도 남겼을 정도다.[18]

이 소굴에 사는 동안 목에 혹이 생긴 나는
마치 롬바르디아든 아니면 어디든 흐르는
실개천에 사는 고양이 꼴이다.
배는 턱 바로 아래에 붙고

18) John Addington Symonds, 《The Sonnets of Michael Angelo Buonarroti》 (London: Smith Elder & Co., 1904). (한국어 번역은 조반니 파피니 저 《미켈란젤로 부오나로티》, 앤소니 휴스 저 《미켈란젤로》 참고)

수염은 하늘로 치솟고 목 뒤는 쑥 들어가

등에 붙고, 갈비뼈는 딱 봐도

하프처럼 굽었구나. 붓에서 떨어진 물감방울이

얼굴을 두껍게도 얇게도 수놓는다

불룩한 배에는 닮은 작대기 같은 사타구니가 붙고

엉덩이는 안장처럼 몸무게를 지탱할 뿐

발은 갈 곳을 잃은 채 이리저리 헤매고

피부는 앞쪽으로 길게 늘어졌지만

뒤쪽은 모자라 숙일수록 팽팽하고

혹사한 옆구리는 마치 시리아 산 활처럼 휘었다

묘한 거짓이 보이는 것은

사팔뜨기 눈과 뇌의 결실이 틀림없다.

몸이 병들면 휜 총을 조준하는 것과 마찬가지니까

그러니 조반니여,

내 죽은 그림과 명예를 옹호해 주게

잘하려 해도 망칠 뿐인 내 그림은 수치이니

천재조차도 걸작을 만드는 데 성공하여 자기 분야의 달인으로서 불멸하는 이름을 남기려면 이렇게 수십 년 동안 몸을 바쳐 세심하게 노력해야 했다. 불건전화폐 시대 예술가 가운데는 미켈란젤로나 바흐처럼 긴 시간을 들여 자기 기술을 올바르게 익히거나 이를 완벽히 다듬을 만큼 시간선호가 낮은 사람이 없다. 현대미술 전시관을 거닐면 보이는 예술작품은 여섯 살짜리 재능과 기술을 가지고 심심풀이로나 만든 수준이다. 현대 예술가는 오랜 연습 기간을 들여 기술을 얻기보다는 허세 · 충격요법 · 분노 · 존재불안 등으로 관객을 겁주고 자기 작품을 존중하도록 강요하는 한편, 가끔은 유치한 유사 마르크스주의 같은 정치적 이상까지 덮어씌워 심각한 척하기도 한다. 현대 '예술'에서 그래도 뭔가 좋은 점을 굳이 말해보자면 기발하다는 정도다. 현대 미술의 과정에서든, 결과에서든 아름답거나 존경할만한 데를 찾기는 매우 어렵다. 굳이 자기 기술을 연마하려는 생각이 전혀 없을 정도로 게으른데다 재능도 없는 제작자가 몇 시간 만에 만들어 낸 것이 현대 미술 작품이기 때문이다. 현대 미술계의 벌거벗은 임금님에게 시선을 끌어낼 수단은 싸구려 허세, 외설, 충격 요법 뿐이고, 가치를 부여하는 방법은 자기 작품을 이해하지 못하는 사람을 허세 섞어 비난하는 장광설뿐이다.

건전화폐가 정부화폐에게 자리를 빼앗기자, 취향이 고상하고 시간선호가 낮았던 후원자도 마찬가지로 정치 현안에 못지않게 예술 취향도 조잡한 정부 관료에게 자리를 빼앗겼다. 자연스레 가장 중요한 것은 아름다움도, 불멸성도 아니라 정치적 헛소리나 하고 관료에게 깊은 인상을 남기는 능력이 되었고, 대형 미술관과 박물관은 자금을 얻느라 공무원에게 목줄을 잡힌 한편 정부에게 보호받으며 예술 취향과 예술 교육 기준을 독점하는 집단이 되었다. 예술가와 후원자가 벌이던 자유 경쟁이 이제 책임감 없는 관료가 중앙에서 짠 계획에 자리를 내 준 결과, 누구나 예상하듯 재앙이 벌어졌다. 자유 시장에서는 대중에게 가장 훌륭하다고 평가받는 물건을 공급하는 사람이 언제나 승리한다. 하지만 정부가 승자와 패자를 결정할 책임을 지게 되면, 인생에서 잘 하는 일이 정부 관료 업무뿐인 사람들이 취향과 미를 중재하게 된다. 지성과 낮은 시간선호를 이용하여 여러 세대에 걸쳐 부를 쌓아

낸 사람이 아니라, 기회주의를 가장 잘 발휘하여 정치계와 관료체제에서 출세한 사람이 성공한 예술과 실패한 예술을 가르게 된다. 이런 인물묘사를 들을 때 머릿속에 누군가 떠오른다면, 오늘날 예술이 어쩌다 이렇게 흉물스러워졌는지도 충분히 이해될 것이다.

거의 모든 현대 정부는 명목화폐를 연료로 삼아 점점 더 넓은 영역을 장악해 가며, 예술계에서도 마찬가지로 다양한 매체에 존재하는 예술과 예술가에게 예산을 책정하여 지급한다. 그런데 요즘은 정부가 예술계에 간섭하여 정치 의제에 지원을 받으려 한다는, 도저히 믿기 힘들 정도로 괴상한 이야기까지도 흘러나왔다. 소비에트가 정치선전이라는 목표를 달성하려고 공산주의 '예술'에 돈을 대고 방향을 설정하자, 미국 중앙정보국(CIA)은 마크 로스코(Mark Rothko)와 잭슨 폴록(Jackson Pollock) 같이 매트리스와 골판지를 가만 두지 못하는 추상표현주의자를 대항마로 삼아 작품을 지원하고 홍보하며 대응했다는 사실이 최근 밝혀졌던 것이다.[19] 전 세계에서 경제 · 군사 · 정치적으로 쌍벽을 이루었던 두 거대 괴물이 워싱턴과 모스크바에 있는 정보기관과 관공서의 사람들에게 선택받은 몰취미한 쓰레기를 적극적으로 홍보하고 제작자에게 자금을 대는 예술적 재앙을 일으키는 데 반드시 필요했던 것이 바로 불건전화폐다.

예술 재능으로는 차량관리국 공무원과 다를 바 없는 사람들이 메디치 가문(15~16세기 피렌체공화국에서 영향력이 높았던 시민 가문으로 학문

---

19) 다음을 참고하라. Frances Stonor Saunders, 《The Cultural Cold War: The CIA and the World of Arts and Letters》 (The New Press, 2000, ISBN 1-56584-596-X).

과 예술을 후원하여 르네상스 시대가 피렌체에서 열리는데 결정적인 역할을 하였다)의 자리를 차지한 결과, 게으르고 재능도 없는 대중예술업자가 예술가 지망생을 강좌에 끌어들여 헛소리나 지어대며 자기를 마치 완전히 타락한 악당이 아니라 예술가인 양 포장하고 수강료를 재빨리 채 가다가, 잠시 짬을 내어 몇 분만에 몇 분 만에 뚝딱 만들어 낸 혐오스런 쓰레기가 예술계에 북적이게 되었다. 몇 시간이면 만들고도 남는 마크 로스코의 '예술'이 오늘날 수백만 달러를 불건전화폐로 지닌 귀 얇은 수집가에게 팔려나간 데서 확연히 보이듯, 현대미술이란 우리 시대에 가장 빨리 부자가 되는 길이자 수지맞는 사기다. 현대 예술가에게는 재능도, 중노동도, 노력도 필요 없다. 그저 두꺼운 얼굴과 고상한 체하는 태도만 갖추면, 캔버스에 뿌린 페인트 자국과 그냥 아무 생각 없이 뿌려 흉물스럽게 남은 페인트 자국이 왜 다른지, 또 설명 없이 예술작품을 이해 못하는 무능력도 왜 두꺼운 수표책만 있으면 치유되는지 설명하며 졸부를 꾀기에 충분하다.

현대미술 세계에서 로스코의 작품 같은 쓰레기가 수적 우위를 지녔다는 사실 뿐 아니라, 과거에 출현한 명작과 비견할 만한 걸작이 눈에 띄지 않는다는 사실도 놀랍다. 오늘날 시스티나 대성당 같은 건축물을 짓고 있는 곳이 거의 없다는 사실, 레오나르도 다 빈치, 라파엘로, 렘브란트, 카라바조, 베르메르의 위대한 그림과 비견할 걸작도 별로 없다는 사실은 숨기려야 숨길 수 없다. 기술이 발전하고 산업화가 진행한 덕분에 황금시대보다 오늘날에 작품을 만들기 훨씬 쉽다는 사실까지 생각하면 더욱 놀랍다.

앞으로도 시스티나 대성당을 본 관람객은 경외감을 느낄 것이고,

더 나아가 성당의 내용과 체계와 역사까지 듣고 나면 성당에 들어간 사고·기술·노동의 깊이에 찬사까지 보낼 것이다. 반면 아무리 가식을 떠는 예술 비평가라도 로스코의 그림이 유명해지기 전 시절이라면 길거리에서 그런 그림을 지나치다 구매하여 집으로 가져가기는 고사하고, 아무 생각 없이 무시하고 지나치기 십상이었을 것이다. 얼간이 비평가 무리들이 거들먹거리며 홍보하느라 끝없이 시간을 보내지 않는다면 구경꾼과 졸부 지망생들이 깊은 의미를 찾은 척하며 현대식 불건전화폐로 사지도 못할 것이 이런 작품이다.

장난꾼들이 현대미술 전시관에 아무 물건이나 가져다놓으면 현대미술 애호가가 그 앞에 몰려들어 찬사를 늘어놓았다는 이야기가 여러 해 동안 몇 번이고 떠돌았으니, 우리 시대의 예술 취향이 얼마나 둔한지 알 만하다. 게다가 전 세계 미술 전시장에서 일하는 수많은 경비원들이 그 비싼 현대미술품을 쓰레기통에 버림으로써 존경할 만한 통찰력과 자기 직업에 헌신하는 태도를 보여주었다는 사실은 현대미술이 지닌 가치에 더 이상 잘 어울릴 수 없는 찬사로 꼽아야 하리라. 데미안 허스트(Damien Hirst), 구스타프 메츠거(Gustav Metzger), 트레이시 에민(Tracy Emin), 이탈리아 2인조 사라 골드슈미트(Sara Goldschmied)와 엘레오노라 키아라(Eleonora Chiara) 같이 우리 시대의 상징이라 할 만한 '예술가'마저 이렇게 비판적으로 평가한 경비원들은 바로 쓰레기통에 버려진 작품에 자존감 없이 수백만 달러를 쓴 졸부보다 훨씬 안목이 높은 사람들이다.

이처럼 가치 없는 낙서는 모두 정부에게 자금을 받아 탄생한 우리 시대의 골칫거리일 뿐이니 무시해 버리고 진정 가치 있는 것을 찾아

나서자는 주장이 나와도 이상할 것은 없다. 그래도 경쟁력 떨어지는 차량관리국 직원이 근무 시간에 졸다가 개인사에서 쌓인 불만을 운 없는 고객에게 터뜨린다는 근거 하나로 미국 같은 나라를 판단해 버리는 사람은 없듯, 공무원들이 쓸모없는 골판지 무더기를 예술적 성취의 결과인 양 꾸며낸다는 근거만으로 우리 시대를 판단해버려도 온당치는 않을 것이다. 그렇다 해도, 과거에 비견할 만한 것은 점점 줄어들고 있다. 자크 바전(Jacques Barzun)은 현대 '민중' 문화를 샅샅이 분석한 저서 《새벽에서 황혼까지(From Dawn to Decadence)》에서 이렇게 결론지었다.

"20세기가 기여하고 창조해 낸 것이라고는 분석에 따른 개선 또는 짜깁기와 패러디에 따른 비평이 전부다."

바전의 저작이 지금 세대 다수에게도 공감을 이끌어내는 이유는 우울한 진실을 담아서다. 즉 '진보는 불가피하다'는 편견을 물려받았다 해도 끝내 극복해 낸 사람이라면, 우리 세대는 문화와 개량이라는 면에서 앞 세대보다 열등하다는 결론을 벗어날 수 없다는 것이다. 마치 인플레이션을 통해 지출하고 콜로세움에서 벌어지는 야만적 광경에 취해 살던 디오클레티아누스 시절 로마 신민들이 아우레우스 금화를 벌려면 진지하게 열심히 일해야만 했던 카이사르 시절 위대한 로마인에 비할 수 없는 것과 마찬가지다.

Part 06

자본주의
정보체계

The Bitcoin Standard
자본주의 정보체계

"실업이 연이어 일어나는 원인은 '자본주의'가 아니라, 기업이 올바로 돈을 벌 권리를 부정하는 정부다."

— 프리드리히 하이에크

경제 주체가 경제 계획과 경제 계산을 할 수 있는 것은 돈의 가장 중요한 기능인 교환매개 덕분이다. 경제 규모가 매우 원시적인 수준을 벗어나자, 사람들이 생산·소비·교역 관련 결정을 내리려면 가치가 고정되어 여러 물건의 가치를 비교하는 데 참고할 만한 틀이 있어야 했다. 이것이 교환매개와 가치저장에 이은 돈의 세 번째 기능인 가치척도다. 가치척도라는 특성이 경제 체제에 얼마나 중요한지 이해하려면, 현명한 사람들이 경제 관련 의문을 이해하기 위해 하는 일을 따라하면 된다. 즉, 죽은 오스트리아학파 경제학자의 살아있는 업적에 도움을 청하는 것이다.

프리드리히 하이에크의 〈사회에서 지식의 용도(The Use of Knowledge in Society)〉는 지금까지 쓰인 경제학 논문 중에서 가장 중요하다고 해도 과언이 아니다. 현대 학계가 내는 연구 보고서는 이론에만 집중하는데다 난해하여 아무도 읽지 않고 영향력도 거의 없지만, 11 쪽짜리인 이 논문은 출판된 지 70년이 지난 지금도 널리 읽히고 있으며 전 세계 수많은 사람들의 삶과 일에 계속 영향을 끼쳐 왔다. 그 중에서도 가장 의미 있었던 역할을 들자면, 인터넷 웹사이트 가운데 손꼽힐 만큼 중요한데다 개별 지식체계로서는 인류 역사상 가장 규모가 큰 위키백과(Wikipedia)가 제작되는 데 영향을 끼친 일을 꼽아야 할 것이다. 설립자 지미 웨일스(Jimmy Wales)는 이 논문에서 하이에크가 지식을 설명한 부분을 읽은 후 위키백과를 만들겠다는 생각을 하게 되었다고 말했기 때문이다.

하이에크의 설명에 따르면 경제 문제는 대다수가 단순하게 말하듯 그저 자원과 상품을 배분하기만 하면 되는 문제가 아니라, 엄밀히 말해서 어떤 개인이나 개체도 혼자서는 완전히 파악하지 못한 지식을 사용하여 배분해야 하는 문제다. 생산 조건, 각 생산 요소의 존재량과 다른 요소에 비하여 상대적으로 입수하기 어려운 정도 그리고 개인의 선호는 어떤 개체라도 혼자서 완전히 파악할 수 있는 객관적 지식이 아니다. 경제 조건에 대한 지식은 본질 상 분산되어, 개인적으로 판단하려는 사람들에게 속한다. 모든 사람은 자기와 관계된 경제 정보를 배우고 이해하는 데 정신력을 소비한다. 매우 지적이고 근면한 사람이라면 단 한 가지 상품의 생산 과정을 완벽히 장악하기 위하여 자기가 속한 산업의 경제 현실을 수십 년 동안 배울 것이다. 이처럼 모두가 각자 판단하고 실행하는 과정을 버리고, 대신 모든 정보를 한 사람의 정신에 몰아넣고 모든 사람을 위해 계산하게 만드는 상황은 상상도 할 수 없다. 마찬가지로, 모든 지식을 의사결정자 한 명의 손에 집중하려는 도전도 할 필요가 없는 미친 짓이다.

자유 시장경제체제에서 가격은 지식이자 정보를 전달하는 신호다. 의사결정자 각각은 시장의 모든 조건과 현실을 정제해 만든 하나의 변수, 즉 가격을 상품별로 검토하고 행동 기준으로 삼음으로써만 판단하고 실행할 수 있다. 개인이 판단하고 나면 이번에는 가격이 다시 형성된다. 어떠한 중앙 권력도 모든 정보를 끌어와 가격을 직접 형성하거나 가격의 기능을 대체하지는 못한다.

하이에크의 요점을 이해하기 위하여 특정 상품의 주요 생산국 기반시설이 심각하게 파괴된 상황을 그려보자. 전 세계에 구리를 가장 많이 공급하는 나라는 칠레인데, 2010년에 지진으로 타격을 받아 구리 광산이 많은 지역이 피해를 보는 바람에 구리 광산도, 구리를 수출하는 항구도 손상을 입었다. 그리하여 세계 시장에 구리 공급량이 줄어들자마자 구리 가격은 6.2% 올랐다.[1] 그 영향은 구리 시장에 관련된 전 세계 모든 사람에게 미치겠지만, 그렇다고 해서 지진이나, 칠레나 시장의 상황을 파악해야만 대응책을 결정할 수 있는 것은 아니다. 필요한 정보는 가격이 상승한 사실 자체에 모두 들어있다. 구리가 필요한 회사라면 구리 수요를 줄일 필요가 생겼으니 즉시 필요하지 않은 만큼은 구입을 미루고 대체품을 찾는다. 반면 전 세계 모든 구리 채굴회사는 구리 가격이 오른 덕분에 생산량을 늘려 한몫 잡을 동기를 얻는다.

---

1) Ben Rooney, "Copper Strikes After Chile Quake", 〈CNN Money〉 (2010년 3월 1일). http://money.cnn.com/2010/03/01/markets/copper/ 에서 열람 가능.

가격이 올랐다는 사실 하나 때문에, 구리 산업에 관계된 전 세계 모든 이는 지진이 끼친 부정적 영향을 완화하도록 행동할 유인을 얻는다. 즉 생산자는 공급을 늘리고 수요자는 수요를 줄이려 한다. 그 결과 지진 때문에 구리가 부족해져 일어난 충격은 최악의 상황보다는 한결 낫고, 피해를 입은 광산업자는 구리 가격이 상승하여 추가로 얻은 수입을 유용하게 써서 기반시설을 재건한다. 그리고 며칠 만에 가격은 정상으로 돌아왔다. 전 세계 시장이 점점 규모를 키우며 통합하고, 자금력을 지닌 다수 시장조성자들이 돌아다니며 신속하게 혼란을 최소화하는 덕분에 개별 사건이 끼치는 영향은 점점 줄어들고 있다.

가격이 지식 전달 수단으로서 얼마나 강력한지 이해하기 위하여, 지진이 일어나기 전날에 전 세계 구리 산업이 시장조직으로 행동하기를 멈추고 전문 기관의 명령에 따라 행동하기로 하여 이제부터는 가격에 전혀 의존하지 않고 생산량을 배분하게 되었다고 가정해 보자. 지진이 벌어지면 그 전문 기관은 어떻게 반응할까? 수없이 많은 전 세계 모든 구리 생산자 가운데 누가 얼마나 생산량을 늘리라고 결정하려면 어떻게 해야 할까? 가격 체제에서라면 각 회사의 경영진이 구리 가격도 살펴보고 구리 생산에 필요한 모든 요소의 가격도 살펴본 후, 새로운 생산 수준이 어느 정도면 가장 효율적이겠다는 답을 낼 것이다. 회사 내부 전문가들이 수십 년 동안 가격에 기대어 해 온 일이 바로 그것이다. 또 이들은 가격에 기대지 못한 채 중앙에서 계획하는 사람들보다 자기 회사를 훨씬 잘 안다. 게다가 구리 소비자가 선호를 드러내는 수단인 가격이 없다면, 계획자는 소비자 중 누가 얼마나 구리 소비량을 줄여야 할지 어떻게 결정할까?

정부기관이 아무리 객관적 자료와 지식을 모은다 해도, 개인이 내리는 판단과 개인의 선호와 개인이 매긴 가치를 포괄하는 정보를 모두 파악하기란 절대 불가능하다. 그렇다면 가격은 그저 자본가가 이윤을 내는 도구라고만 할 수 없다. 가격은 경제 생산에 얽힌 정보 체계로서, 전 세계에 정보를 전달하고 복잡한 생산 과정을 조율한다. 어떤 경제체제든 가격을 없애려 한다면 경제 생산은 완전히 붕괴하고 사회는 원시 상태로 돌아갈 것이다.

가격은 시장 경제에서 교역과 전문화를 가능케 하는 유일한 장치다. 분업과 전문화를 발전시킴으로써 경제 규모가 극히 작은 원시 상태를 벗어나 이익을 보려면 가격에 기대야만 한다. 생산자가 비교우위를 지닌 상품, 다시 말해 상대적으로 낮은 비용을 들여 생산할 수 있는 상품에 전문화하여 생활수준을 높이는 원동력은 교역이다. 그리고 자기가 갖춘 비교우위를 확인하여 전문화하려면 공통 교환매개 기준으로 정확하게 표시한 가격이 있어야만 한다. 가격 신호에 이끌려 전문화가 발생하면 생산자가 체험하며 배워감으로써, 더 중요하게는 그 분야에 자본을 축적해 감으로써 생산 효율을 더욱 높일 것이다. 심지어 상대 비용에 근본적 차이가 없는 상황이라 해도, 여전히 생산자는 전문화함으로써 생산에 쓸 자본을 축적하여 한계생산성을 올리고 한계생산비용을 낮추는 한편, 다른 분야에 특화하려고 자본을 축적한 사람과 거래할 수 있다.

| 자본시장 사회주의 |

사람들은 대체로 가격 체계가 분업에 얼마나 중요한지는 이해하지만 가격 체계가 자본 축적과 배분을 돕는 데 얼마나 중요한지는 이해하지 못하기 때문에 미제스의 글은 살펴볼 가치가 있다. 미제스가 1922년에 낸 저서 《사회주의》를 통하여 설명한 내용은 사회주의 제도가 실패할 수밖에 없는 핵심 요인 그리고 사회주의에도 보상 문제가 당연히 존재한다는 사실이 널리 알려지지 않았다는 사실이다(얼마나 노력하든 같은 보상을 받는다면 누가 일하겠는가?). 사회주의는 일자리를 구하지 않는 사람을 정부가 사형시키거나 투옥하여 처벌함으로써, 잔인한 과정을 거쳐서나마 어쨌든 보상 문제를 극복하는 데 성공했다. 한 세기가 지나는 동안 전 세계에서 사회주의 정권에 살해된 사람이 약 1억 명인 데서 보듯[2] 처벌이 이론에만 그치는 것은 절대 아니므로 일에 대한 보상은 자본주의 사회보다 강할 것이다. 따라서 사회주의는 단순히 보상 문제 때문에 실패한 것이 아니다. '새로운 사회주의 인간(the new socialist man)'상을 만들어 보상 문제를 극복했는데도 사회주의가 결국 실패한 이유를 처음으로 정확하게 설명한 사람이 미제스다.

미제스가 드러낸 사회주의의 치명적 단점은 자유 시장과 달리 가

---

2) Stephane Courtois, Nicolas Werth, Karel Bartosek, Andrzej Paczkowski, Jean-Louis Panne, and Jean-Louis Margolin, 《The Black Book of Communism: Crimes, Terror, Repression》 (Harvard University Press, 1997).

3) Ludwig von Mises, 《Socialism: An Economic and Sociological Analysis》, Ludwig von Mises Institute, Auburn, AL, 2008 (1922). (루트비히 폰 미제스, 《사회주의》 (지식을만드는지식, 2015, 박종운 옮김).

격 장치가 없어서 경제 계산에 실패하고, 그 중에서도 특히 자본재 분배에 실패한 데 있다.[3] 앞에서 논했듯 자본을 생산하려면 더 정교하게 진보한 생산 방식, 더욱 긴 시간 주기, 소비되기 위해서가 아니라 미래에 최종 소비재를 생산하는 데 쓰일 더욱 많은 중간재가 필요하다. 정교한 생산 구조가 출현하려면, 자본과 소비재 각각을 만드는 생산자 각각이 서로 투입물과 산출물을 사고팔며 수행하는 계산이 그물처럼 뒤얽혀야만 한다.[4] 그리고 배분 결과가 가장 생산적이려면 자본재를 가장 생산적으로 쓸 사용자가 가장 높은 가격에 낙찰 받는 가격장치가 있어야만 한다. 자본재의 수요와 공급은 생산자와 소비자가 상호작용하며 상대의 판단에 대응하는 과정을 계속하면서 결정된다.

사회주의 체제에서는 정부가 생산 수단을 소유하고 통제하므로, 경제에 존재하는 모든 자본재의 유일한 구매자이자 생산자 역시 정부다. 이렇게 중앙에 모든 것이 집중되면 실제 시장의 기능이 억압되므로 가격을 근거로 삼아 건전한 판단을 내리기 불가능하다. 참여자가 독립적으로 입찰하여 자본을 사는 자본 시장이 없으니 자본 전체에든, 개별 자본재에든 가격을 매길 수가 없다. 상대적 수요와 공급을 반영한 자본재 가격이 없으니 무엇이 자본을 가장 생산적으로 쓰는 방법인지 합리적으로 판단할 방법도 없고, 개별 자본재 생산량을 합리적으로 결정할 방법도 없다. 정부가 철강 공장은 물론이고 철을 써서 다양한 소비재와 자본재를 만드는 공장까지 소유한다면 강철 가격이든, 강철을 써서 만드는 물건 가격이든 드러나지 않기 때문에 강

....

4) 케인스주의 경제학의 수없이 많은 결점 중에서도 가장 괴상한 것은 아마 자본생산 함수 구조를 다루는 개념이 전혀 없다는 사실일 것이다.

173

철을 어떤 용도로 쓰는 편이 가장 중요하고 가치가 높을지 알 도리가 없다. 정부가 철강 공장 뿐 아니라 자동차와 기차 공장도 소유한 상태에서 시민이 가질 차와 기차 대수까지 정하고 강제로 배분한다면, 유한한 강철을 차 만드는데 써야 할지, 기차를 만드는 데 써야 할지 대체 어떻게 정해야 할까? 시민이 기차와 자동차 사이에서 결정하는데 쓸 가격 체계가 없다면 최적의 배분 비율을 알 방법이 없고 강철이 어디에 가장 긴요한지 알 방법도 없다. 시민에게 설문조사해 봤자 의미 없다. 선택지끼리 상충하는 곳에 존재하는 진짜 기회비용은 가격에 반영되는데, 가격이 없다면 사람들의 선택도 무의미하기 때문이다. 가격 없이 설문조사를 하면 누구나 페라리를 한 대씩 가지고 싶다고 하겠지만, 값을 내야 한다고 하면 페라리를 고르는 사람은 당연히 몇 명 남지 않는다. 중앙 계획자는 개개인의 선호를 알 수도 없고, 개인의 욕구를 가장 잘 충족하도록 자원을 배분하는 방식도 알 수 없다.

더 나아가 정부가 나라 안에 존재하는 모든 생산 과정에 쓸 투입물까지 모두 소유할 경우, 가격 장치가 없다면 다양한 자본재가 적절한 양 만큼 생산되도록 조율하여 모든 공장을 제대로 돌리기는 사실상 불가능하다. 바로 모든 경제학의 출발점인 희소성 때문에 생산에 투입할 재화와 서비스를 무한정 만들어내기는 불가능하다. 하나를 얻으면 하나는 놔줘야 하듯, 강철 생산에 자본·토지·노동을 배분하면 구리를 더 많이 생산할 기회는 희생해야 한다. 공장들이 구리와 강철을 얻으려 경쟁하여 시장에 부족과 잉여가 나타나는 자유 시장에서 구리 생산자와 강철 생산자가 생산과정에 들어가는 자원을 얻으려 경쟁할 수 있는 토대는 가격이다. 중앙 계획자는 이렇게 서로 그물처럼 얽혀있는 기차 · 자동차 · 구리 · 강철 · 노동 · 자본 · 토지의 선호와 기회비용에 완전히 깜깜하다. 가격이 없으면 자원을 어떻게 배분해야 최적으로 생산할지 계산할 방법도 없으므로 생산이 완전히 붕괴한다.

그나마 이제까지 말한 내용은 고정된 시장에 이미 존재하는 재화를 생산하는 상황이었으므로 경제 계산 문제의 일각에 불과하다. 인간 행동이 절대 고정되지 않는다는 사실을 생각하면 문제는 더욱 분명해진다. 인간은 자기 경제 상황을 개선하고 새 물건을 만들어내며, 더 좋은 방법을 더 많이 찾아내려고 끝없이 노력하기 때문이다. 영원히 수선하고 개선하고 혁신하려는 인간의 충동은 사회주의가 가장 해결하기 힘들었던 문제기도 하다. 중앙 계획 체제가 고정된 경제를 관리하는 데는 성공했다 한들, 변화를 받아들이거나 기업가 정신을 허용할 수는 없다. 사회주의 체제가 존재하지도 않는 기술과 혁신을 어떻게 계산해 낼 것이며, 그 산물이 제대로 돌아갈지조차 알 수 없는데 생산 요소를 어떻게 배분하겠는가?

> 기업가 정신과 경영을 혼동하는 사람은 경제 문제에 눈을 감는다. (중략) 자본주의 체제는 경영 체제가 아니라, 기업 체제다.
>
> — 루트비히 폰 미제스[5]

위 설명의 핵심은 사회경제체제에 반대하는 것이 아니다. 지난 세기에 사회주의를 실험한 모든 사회가 완전히 실패하여 재앙과 유혈사

---

[5] Ludwig von Mises, 《Human Action》, pp. 703~704. (루트비히 폰 미제스, 《인간 행동》, p.1377)

태를 겪은 마당에, 제정신이 박힌 오늘날 성인이라면 사회주의를 진지하게 생각하지는 않는다. 위 설명의 진짜 핵심은 자본을 배분하고 생산 결정을 내리는 두 가지 방법, 즉 가격과 계획의 차이를 명백하게 설명하는 데 있다. 오늘날 중앙 계획 위원회가 책임지고 자본재를 직접 배분하는 나라는 많지 않다 해도, 시장 가운데 가장 중요한 자본재 시장을 관장하는 중앙 계획 위원회는 어느 나라에나 있다. 자유 시장이란 구매자와 판매자가 스스로 결정한 조건에 따라 자유롭게 거래하는 시장이자, 진입과 철수가 자유로운 시장이다. 자유 시장에는 구매자와 판매자가 시장에 들어오지 못하게 막는 제3자도 없고, 시장에서 거래하지 못하는 구매자와 판매자에게 보조금을 주려고 대기하는 제3자도 없다. 그리고, 이러한 자유 시장의 특징을 갖춘 자본시장은 전 세계 어느 나라에도 없다.

현대 경제에서 자본 시장은 여러 가지 대출 자금 시장으로 구성된다. 생산 구조가 복잡해지고 소요 기간도 늘어난 지금, 개인들은 자기 저축금을 스스로 직접 투자하지 않고 다양한 금융기관을 통하여 생산에 특화한 기업에 대출한다. 이 때 빌려주는 쪽이 자기 자금을 대출하고 받는 가격이자, 빌리는 쪽이 자금을 차입하고 내는 가격이 이자율이다.

대출 자금을 거래하는 자유 시장에서 자금 공급량은 다른 공급곡선과 마찬가지로 이자율이 올라갈수록 늘어난다. 다시 말하면 이자율이 높아질수록, 기업가와 회사에 저축금을 빌려주려는 사람도 많아진다. 반면 자금 수요량은 이자율과 부의 상관관계에 있다. 즉 기업가와 회사는 이자율이 올라갈수록 빌리기 꺼린다.

자유 자본 시장에서 이자율은 0 이상이다. 왜냐하면 사람의 시간선호는 0보다 크기 때문에 지금 빌려준 만큼만 미래에 받아도 괜찮다는 사람은 없기 때문이다. 시간선호가 낮은 사람이 많은 사회라면 저축액도 많을 가능성이 높으니 이자율이 낮아져 회사가 투자할 자본도 풍부해지며, 그리하여 경제가 미래에 크게 성장하게 된다. 반면 사회의 시간선호가 높아지면 사람들은 덜 저축하려 할 테니 이자율은 높을 것이고 생산자는 자본을 덜 빌릴 것이다. 평화롭고 재산권과 경제 자유가 고도로 보장된 사회라면 그만큼 개인이 미래 가치를 덜 낮게 보려 할 것이므로 시간선호가 낮을 것이다. 심지어 오스트리아 경제학자인 오이겐 폰 뵘바베르크(Eugen von Böhm-Bawerk)가 주장한 바에 따르면 이자율은 그 나라의 문화 수준을 반영한다. 즉 지성이 뛰어나고 정신력이 강할수록 저축이 늘고 이자율이 낮아진다.

하지만 오늘날 모든 현대 경제에서는 자본 시장이 그렇게 움직이지 않는다. 현대식 중앙은행이 발명되고, 개입주의자들이 가장 중요한 시장에 간섭하기 때문이다. 중앙은행은 다양한 통화 대책을 이용하여 금융계를 장악하면서 이자율과 자금 공급량을 결정한다.[6]

현대 금융 제도를 이해하려면 은행은 대출할 때마다 신용을 창출

---

6) 중앙은행이 주로 쓰는 도구는 재할인율 설정, 지급준비율 설정, 공개시장조작, 대출적격조건 결정 등이다. 이러한 도구를 운용하는 장치를 자세히 설명한 내용은 기초 거시경제학 교과서라면 다 나온다. 요약하면 이렇다. 중앙은행이 통화 확대 정책에 참여하는 방법은 다음 네 가지다. (1) 이자율을 낮춰 대출을 활성화하고 신용창출을 확대 (2) 지급준비율을 낮춰 은행이 대출을 늘리도록 허용하여 신용창출을 확대 (3) 국채 등 금융 자산을 매입하여, 역시 신용창출을 확대 (4) 대출적격조건을 완화하여 은행이 대출을 늘리도록 허용하여 역시 신용창출을 확대. 이를 반대로 실행하면 통화 긴축 정책이 되어 화폐 공급을 줄이게 되거나, 최소한 공급량 증가율을 낮추게 된다.

한다는 사실, 즉 돈을 만들어 낸다는 기초 사실부터 알아야 한다. 오늘날 전 세계에서 보이는 것과 유사한 부분지급준비제도(fractional reserve banking system)에서는 은행이 예금주가 맡긴 장기저축금뿐 아니라 요구불예금까지 대출한다. 요구불예금이란 예금주가 언제든 인출할 수 있는 예금인데, 그 중 상당 비율이 대출 형태로 은행 밖으로 나가 있다는 얘기다. 은행은 한편으로 예금주가 언제든 인출할 수 있는 돈을 차입자에게 빌려줌으로써 사실상 돈을 더 만들어내는 셈이고, 그 결과 화폐 공급이 늘어난다. 화폐 공급과 이자율 사이 관계에는 이런 바탕이 있다. 이자율이 떨어지면 대출이 늘어나 신용 창출이 증가하고 화폐 공급이 늘어난다. 반면 이자율이 올라가면 대출이 줄어들어 화폐 공급이 위축되거나, 최소한 화폐 공급 증가율이 떨어진다.

| 경기 변동과 금융 위기 |

자유로운 자본 시장에서는 시장 참여자가 이자율에 따라 대출 여부를 결정하므로 결국 대출 가능 금액까지 결정하는 반면, 중앙은행과 부분지급준비제도가 있는 나라에서는 경제학자 위원회가 정치인과 은행원과 방송에 출연하는 전문가 그리고 경우에 따라서는 이채롭게도 군 장성에게도 영향을 받으며 대출 가능 금액을 지시한다.

경제학을 조금이라도 안다면 가격 통제가 어떤 위험을 불러오는지 명확하게 보일 것이다. 정부가 사과 가격을 정하고 변하지 못하게 막는다면 사과가 부족하거나 넘쳐날 것이고, 사회 전체는 생산량이 부족하거나 지나쳐 크게 손실을 입을 것이다. 자본 시장에서 일어나는 일도 비슷하지만, 자본은 모든 경제재를 생산할 때 필요하기 때문에 자본 문제는 모든 경제 분야에 영향을 끼쳐 훨씬 파괴적인 효과를 일으킨다.

우선 대출 가능 금액과 실제 자본재가 어떻게 다른지 이해하는 것이 중요하다. 건전화폐를 사용하는 자유 시장 경제에서는 소비를 미뤄야 저축할 수 있다. 은행에 저축된 돈은 지금 소비하지 않고 만족을 연기하여 미래에 더 큰 만족을 얻으려는 사람에게서 가져온 돈이다. 저축된 금액은 생산자에게 대출 가능한 금액과 정확히 동일하다. 사용 가능한 자본재 양은 소비 감소분과 같을 수밖에 없다. 형태가 있는 자원, 노동력, 토지, 자본재 가운데 자본재를 생산하는 데 들어가는 양 만큼은 최종 소비재를 공급하는 데 들어갈 양에서 빠진다. 예컨대 노동시장에 새로 들어오는 노동자가 자동차 판매 대리점이 아니라 자동차 공장에서 일자리를 얻게 된다. 옥수수 종자를 먹지 않고 땅에 심은 셈이다.

모든 경제학의 기본 출발점인 희소성은 모든 것에 기회비용이 있다는 매우 중요한 개념을 함축한다. 자본시장에서 투자의 기회비용은 발생하지 못한 소비고, 소비의 기회비용은 발생하지 못한 자본 투자다. 이 관계를 조절하는 가격이 바로 이자율이다. 투자를 원하는 수요가 늘어나면 이자율이 올라가 저축자가 더 많이 저축할 유인을 얻는다. 이자율이 떨어지면 투자자는 투자를 늘리고, 또 생산 주기가 더 길고 더욱 발전한 기술을 사용하는 생산 방식에 투자할 유인을 얻는다. 그렇다면 낮은 이자율은 생산 주기가 더 길고 생산성이 더 높은 생산 방식을 도입할 수 있게 하는 셈이다. 그리하여 사회는 낚싯대로 낚시하던 시절을 벗어나 대형 동력선으로 낚시하는 시대로 움직인다.

경제가 점점 발전하고 복잡해지면 물리적 자본과 대출 시장의 실제 관계는 변하지 않는 반면 사람들은 둘을 점점 혼동하게 된다. 중앙은행을 갖춘 현대 경제는 이러한 근본적 상충관계를 무시한 채, 소비자가 소비를 포기하지 않아도 은행이 새로 돈을 찍어 투자 자금을 댈 수 있다는 가정을 토대로 건설되었다. 저축과 대출 가능 금액을 잇던 연결고리가 끊긴 지금은, 그 관계를 무시할 때 발생하는 재앙은 고사하고 심지어 관계 자체를 가르치는 경제학 교과서조차 없다.[7]

중앙은행이 통화 공급과 이자율을 관리하면 저축과 대출 가능 금액 사이에는 반드시 괴리가 생긴다. 중앙은행은 보통 경제성장과 투자에 박차를 가하고 소비를 늘리려 하므로 통화 공급을 늘리고 이자율을 낮추곤 하는데 그 결과 대출 가능 금액이 저축액보다 커지게 된다. 이처럼 인위적으로 이자율을 낮추면 기업은 저축자가 투자 자금을 대려고 남겨놓은 금액보다 더 많이 빌려서 사업을 개시한다. 다시 말해 미뤄둔 소비 가치가 빌린 자본 가치보다 적어진다. 소비를 충분히 미뤄두지 못했다면, 생산 초기 단계에 자본·토지·노동력이라는 자원이 소비재보다 중요한 자본재에 충분히 투입되지 못할 것이다. 결국 공짜 점심이란 존재하지 않으므로, 소비자가 저축을 줄인다면 투자자가 사용할 자본도 줄어들 수밖에 없다. 저축은 모자란 상황에서 종잇조

---

7) 실재하지 않는 가상의 자유 자본 시장을 가르칠 때마다 느끼는 일인데, 고학년 학생들이 불행하게도 화폐 이론 수업에서 배운 사이비 과학, 즉 케인스식 중앙 계획 이론과 자유 자본 시장의 깔끔한 작동 논리를 비교할 때 얼굴에 떠올리는 반응을 보노라면 언제나 즐겁다.

각만 새로 만들고 여기에 디지털 계정만 연결한다고 해서 실제 자본이 사회에 마법처럼 늘어나지는 않는다. 그저 기존에 공급된 화폐 가치가 떨어지고 가격이 왜곡될 뿐이다.

이렇게 실제 자본이 부족해도 즉시 눈에 띄지는 않는데, 중앙은행과 일반은행이 얼마든지 돈을 찍어내 빌려줄 수 있기 때문이다. 결국 이것이 불건전화폐를 쓰는 주요 이점이다. 건전화폐를 쓰는 경제에서는 자본 가격을 그렇게 조작하기가 불가능하다. 이자율을 인위적으로 낮게 설정하면 은행이 보유한 저축액이 줄어들고, 빌릴 수 있는 자본 양이 즉시 그만큼 줄어들어 이자율이 오르게 되며, 따라서 균형이 맞을 때까지 대출 수요가 줄어들고 저축 공급이 늘어난다.

불건전화폐를 쓰면 그런 조작이 가능하지만, 현실을 영원히 속일 수는 없으니 그것도 잠시뿐이다. 이자율을 인위적으로 낮추고 돈을 지나치게 많이 찍어내면, 여기에 속은 생산자는 실제로 사용 가능한 양보다 많은 생산 과정을 실행하게 된다. 실제로 소비를 초과하는 화폐 발행분은 가치를 뒷받침 받지 못하지만, 생산자는 일단 빚을 늘려 돈을 얻어 두었으니 자기 생산 과정에 필요한 자본재를 모두 살 수 있을 거라고 착각하며 공장을 돌린다. 하지만 실제로는 사람들이 존재하리라고 기대한 양에 비하여 적은 자본재와 자원만 존재하므로, 생산 과정을 진행하면서 이를 사려는 생산자가 늘어나며 경쟁을 벌이면 자본재 가격은 자연스레 올라간다. 이 시점이 되면 조작이 폭로되고, 자본재 가격이 새로 설정되며, 갑자기 수지가 맞지 않게 된 자본 투자 사업이 동시에 여러 건씩 붕괴한다. 이렇게 자본시장이 왜곡되지 않았다면 애초에 시작하지 않았을 투자를 그리고 배분이 부적절했다는 사실이 폭로되면 중단될 투자를 미제스는 나쁜 투자(malinvestment) 라고 불렀다. 중앙은행이 자본시장에 개입하면 가격이 왜곡되어 투자자가 계산을 잘못한 결과 사업도 더 많이 진행되지만, 중앙은행이 개입한다고 해서 사용 가능한 자본이 실제로 늘어나지는 않는다. 따라서 과잉 투자는 결실을 맺지 못하고 자본은 쓸데없이 낭비된다. 여러 사업이 동시에 중단되면 온 나라의 실업률은 올라간다. 이처럼 한 나라 전체에서 과도하게 확대된 사업이 동시에 실패하는 사건을 불황이라고 한다.

불황과 경기 변동의 원인을 이해하려면 자본이 어떤 구조로 되어 있는지, 이자율 조작이 자본을 축적할 유인을 어떻게 없애버리는지 이해해야만 한다. 이자율이 조작되면 이를 본 투자자는 실제로 존재하여 사용 가능한 자본보다 많은 금액을 은행에서 불건전화폐로 받을 수 있다고 착각하고, 그렇게 자본 시장이 왜곡된 결과 자연스럽게 이어지는 귀결이 경기 변동이다. 마치 원시종교라도 믿는 듯한 케인스학파의 생각과 달리, 경기 변동이란 '야성적 충동'이 시들어 생기는 신비로운 현상이 아니다.[8] (게다가 케인스주의에 따라 경기를 인위적으로 회복시킬 방법을 찾는 중앙은행도 '야성적 충동'의 원인이 무엇인지는 무시해버린다.) 경제 논리만 살펴봐도, 물자 부족은 가격 상한선 설정이

---

8) 오스트리아 학파의 자본 이론을 대신하여 불황을 설명하려는 이론은 수도 없이 많지만, 크게 보면 모두 20세기 초에 출현한 괴상한 화폐론 주장을 반복했을 뿐이다. 심지어 케인스학파에서 최근에 나온 글과 통속 심리학 이론에 맞선 현대의 반박문도 읽어볼 필요 없을 정도다. 하이에크의 1933년작 《화폐이론과 경기순환 (Monetary Theory and the Trade Cycle)》이나 로스바드의 1963년작 《미국 대공황 (America's Great Depression)》만 읽어도 충분하다.

필연적으로 부르는 결과이듯 불황은 이자율 조작이 필연적으로 부르는 결과라는 사실이 뚜렷하게 드러난다.

핵심을 묘사하기 위하여 미제스의 책[9]에서 비유를 가져와 (조금 바꿔) 보자. 사회의 자본은 벽돌이고 중앙은행은 벽돌로 집을 지을 책임을 진 하청업자다. 집을 한 채 지으려면 벽돌 10,000개가 필요한데 부동산개발업자는 집을 100개 지을 수 있는 하청업자를 찾고 있으니 벽돌은 모두 1백만 개가 필요하다. 그런데 케인스주의 하청업자는 계약을 따내려 열을 올린 끝에 벽돌 800,000개만 가지고 똑같은 집을 120채 짓겠다는 제안서를 내서 낙찰 받을 가능성을 높이기로 한다. 그러니까 자본 공급은 줄어들고 수요는 늘어나도록 이자율을 조작한 것이다. 현실에서 집 120채를 지으려면 벽돌 120만 개가 필요한데, 쓸 수 있는 것은 800,000개뿐이다. 800,000개로도 120채를 짓기 시작할 수야 있겠지만 다 완성하기에는 부족하다. 공사를 시작할 때만 해도 개발업자는 놀라운 케인스주의 공학 덕분에 비용은 80%만 들이고 집은 20% 더 지을 수 있으니 아낀 돈으로 새 요트를 살 수 있겠다며 기뻐한다. 하지만 결국 속임수는 들통 나고, 집을 모두 지을 수 없다는 사실이 명백해지면 공사는 중단될 수밖에 없다. 하청업자는 120채를 짓는다는 계약을 못 지키는 정도가 아니라 한 채조차도 다 짓지 못한 채, 지붕도 없으니 쓸모없는 벽돌무더기와 다르지 않은 집 비슷한 것 120채만 개발업자에게 넘겨준다. 하청업자는 계략을 써서 개발업자가 들인 자본을 줄여주었지만, 결국 실제 가격 신호에 따랐다면 완

---

9) Ludwig von Mises, 《Human Action》, p. 560. (루트비히 폰 미제스, 《인간 행동》, p. 1087~1089)

성했을 숫자보다 적은 집만 짓고 말았다. 개발업자가 정직한 하청업자와 계약했다면 100채를 얻었을 것이지만, 앞으로도 숫자를 왜곡하는 케인스주의 하청업자와 계약한다면 현실에 기초를 두지 않은 사업에 자기 자본을 헛되이 배분하게 될 것이다. 120채를 짓기 시작할 때라도 개발업자가 실수를 일찍 알아채고 공사를 멈춰 자본 낭비를 최소한으로 막고 다른 하청업자를 고용했다면 남은 벽돌로 90채라도 지을 수 있을 것이다. 개발업자가 자본이 바닥날 때까지도 현실을 깨닫지 못한다면, 공사가 중단될 때까지 지붕도 못 올렸으니 가지려는 사람이 없어 가치가 전혀 없는 집 120채만 가지게 될 것이다.

중앙은행이 일반은행들에게 대출을 늘려 돈을 더 만들어내라고 지시함으로써 결과적으로는 시장을 청산할 가격보다 낮게 이자율을 조작한다면, 바로 사회에서 사용 가능한 저축액을 줄이고 차입자가 원하는 금액을 늘릴 뿐 아니라 그렇게 빌린 자본을 완결할 수 없는 사업으로 몰아주는 것과 다름없다. 따라서 화폐가 불건전할수록 그리고 중앙은행이 이자율을 조작하기가 쉬울수록 경기 변동도 심각해진다. 화폐 공급을 조작하기 쉬울수록 경기 변동과 불황도 심각해진다는 것이 화폐의 역사가 증언하는 사실이다.

사회주의 사회는 과거의 유물일 뿐이고 자본주의 경제는 시장을 따라 돌아간다고 상상하는 사람이 많지만, 자본주의 체제가 현실에서 기능하려면 수요와 공급의 상호작용에 따라 자본의 가격이 드러나고 자본가가 정확한 가격 신호에 따라 움직일 수 있도록 자유 자본시장이 존재해야 한다. 정치인, 언론인, 학자, 좌파 운동가가 자본주의 탓으로 돌리는 불황과 위기는 모두 중앙은행이 자본시장에 간섭하는 데서 생겨난다. 중앙에서 계획하여 화폐를 공급하는 것은 자본시장의 가격 장치를 오염하여 경제를 폭넓게 교란하는 길이다.

정부가 통화 공급을 팽창하는 길을 걷기 시작하면 부정적 결과를 피할 도리가 없다. 중앙은행이 통화 팽창 정책을 멈추면 이자율이 올라가고, 그리하여 이미 개시한 사업도 채산이 맞지 않는다는 사실이 폭로되어 중단되고 자원과 자본을 제대로 배분하는 데 실패했다는 사실이 드러나면서 불황이 따라온다. 그렇다고 중앙은행이 통화 팽창을 끝없이 계속한다면 잘못 배분된 경제 규모가 커지기 때문에 언젠가 반드시 찾아올 불황이 더욱 고통스러워진다. 케인스학파의 괴짜들이 공짜라고 속여 우리에게 넘긴 점심 값을 비싸게 치르지 않고는 빠져나갈 방도가 없다.

> "이제 우리는 호랑이 꼬리를 잡았다. 이번 통화 팽창은 얼마나 갈 수 있을까? (통화 팽창이라는) 호랑이를 놓치면 우리는 잡아먹힌다. 우리가 잡고 있는 동안 호랑이가 점점 더 빨리 달려도 역시 우리는 끝장이다! 최종 결과가 나올 때쯤이면 나는 여기 없을 테니 다행이지만."
>
> *– 프리드리히 하이에크[10]*

중앙은행이 화폐 공급을 통제하는 것은 바람직하지도 가능하지도 않다. 중앙은행이 그토록 오만하게 군림하는 상황은 자본시장처럼 크고 추상적이며 자생적으로 등장한 시장을 중앙에서 통제할 수 있다고

---

10) Friedrich Hayek, 《A Tiger by the Tail》, p. 126.

믿을 정도로 시장 경제의 현실에 무지한 몇몇 사람들이 경제에서 가장 중요한 시장을 통제하는 격이다. 중앙은행이 불황에 '맞서 싸우며' 이를 '방지하고', '관리'할 수 있다는 상상은 마치 방화범에게 소방서를 맡기자는 공상만큼이나 잘못되었다.

시장에서 선택된 건전화폐는 비교적 안정적이므로 가격 탐색과 개인별 의사결정을 원활하게 함으로써 자유 시장이 돌아가게 만든다. 중앙 계획에 따라 공급량이 결정되는 불건전화폐는 애초부터 통제당하는 대상이므로 정확한 가격 신호를 나타내지 못한다. 가격을 통제하던 중앙 계획자들은 자기들이 원하는 목표를 달성하기에 가장 적합한 가격을 찾으려고 수백 년 동안 노력했지만 결국 실패했다.[11] 가격 통제가 실패할 수밖에 없는 이유는 중앙 계획자가 올바른 가격을 찾을 수 없어서가 아니라, 그저 (얼마가 되었건) 가격을 정해버림으로써 시장 참여자가 가격에 따라 소비와 생산 결정을 내리는 시장 절차를 막아 필연적으로 부족이나 잉여가 나타나기 때문이다. 마찬가지로 신용 시장을 중앙에서 계획하려 하면 실패할 수밖에 없는 이유는 시장 참여자에게 정확한 신호와 유인을 주어 소비와 생산을 관리하는 데 도움을 줄 가격 탐색 장치가 시장에서 사라지기 때문이다.

오스트리아학파의 경기변동 이론에서 설명했듯이 중앙에서 자본 시장을 계획하여 나타나는 실패는 '호황과 불황(boom-and-bust)'이 이어지는 형태를 띤다. 어쨌든 현대 경제학자는 이자율을 중앙은행

---

11) 가격 통제가 만들어 낸 처참하고 무시무시하면서도 우스꽝스러운 역사적 결과를 담은 책으로 다음을 강력히 추천한다. Robert Schuettinger and Eamonn Butler, 《Forty Centuries of Price and Wage Controls: How Not to Fight Inflation》.

이 통제하는 것이 현대 시장 경제의 정상적 일면이라고 생각하기 때문에 '호황과 불황'도 시장 경제의 정상적 일면으로 취급한다. 이 영역에서 중앙은행이 남긴 성과는 특히 중앙계획이나 화폐 공급 감독이 없던 시절과 비교할 때 극히 절망적이다. 1914년에 설립된 미국 연방준비제도는 1920~21년에 갑자기 일어난 경제불황, 1929년에 순식간에 일어난 대공황 그리고 1945년 말까지 지속된 후폭풍에 책임이 있다. 그 후 경제 침체가 경제의 괴롭고도 일상적인 일부가 되어 몇 년 만에 한 번씩 반복되면, 정부는 그 여파를 처리한다는 구실로 개입을 확대했다.

스위스 경제의 운명은 건전화폐의 이점을 잘 보여준다. 건전화폐의 마지막 보루였던 스위스는 자국 화폐를 금 가치에 고정했다가, 1992년에 국제 중립을 포기하고 국제통화기금에 가입하기로 결정하는 실수를 저질렀다. 그 전날까지 실업률은 1%를 넘은 적도 없어 사실상 0%였다. 하지만 화폐 가치를 금에 묶어두지 못하게 막는 IMF에 가입한 후, 스위스 경제는 케인스주의에 따라 불건전화폐의 수상한 즐거움을 경험한 반면 실업률은 몇 년 만에 5%까지 올랐고 그 후 2% 이하로 떨어진 적이 드물었다. (그림 13[12] 참고)

공황기를 금본위제 시절과 비교할 때 한 가지 주의할 사실을 말하자면, 19세기 유럽과 미국에서도 은행과 정부가 준비금으로 보유한 금 가치 이상으로 화폐 공급을 늘렸기 때문에 비록 규모는 훨씬 작았어도 20세기와 마찬가지로 몇 번 호황과 불황이 반복되는 등 여러 가

---

12) 출처 : 연방준비제도 경제자료. https://fred.stlouisfed.org 에서 열람 가능.

그림 13 · 스위스 실업률

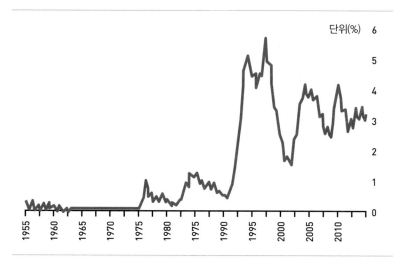

단위(%)

지 결점이 있었기 때문에 당시 금본위제도 역시 완벽한 건전통화제도는 절대 아니었다.

그런 배경을 염두에 두고 보면 케인스주의가 몰려온 이래 보통 교과서에 실려 온 내용보다 훨씬 명확하게 현대 화폐사를 이해할 수 있다. 밀턴 프리드먼(Milton Friedman)과 애나 슈워츠(Anna Schwartz)가 미국 화폐사를 다룬 결정판 《미국화폐사(The Monetary History of the United States)》는 통화주의의 뿌리가 되는 책이다. 두 사람은 888쪽에 달하는 이 두꺼운 책에서 사실과 세부사항과 통계와 분석도구를 끝없이 늘어놓으며 놀라운 능력을 과시하지만 한 가지 핵심 쟁점은 불운한 독자에게 끝내 해설하지 않는다. 바로 금융위기와 불황의 원인 말이다.

엄밀함으로 논리를 대체하는 데 공을 들이는 현대 학계의 근본 결점은 프리드먼과 슈워츠의 저서에도 드러난다. 이 책은 한 세기가 넘는 동안 몇 번이고 미국 경제에 영향을 끼친 금융위기가 발생한 원인을 찾아내려는 노력을 체계적·조직적으로 회피하고, 그 대신 그럴듯한 연구 자료와 사실과 사소한 정보와 상세내용을 독자에게 쏟아 붓는다. 이 책의 핵심 주장에 따르면 금융 위기, 대규모 예금인출사태, 디플레이션에 따른 경제 붕괴가 일어날 때 정부가 신속하게 통화 공급을 팽창하여 은행업에 다시 활력을 불어넣어야 하고, 그러지 못한 결과가 불황이다. 밀턴 프리드먼은 자유지상주의 패거리의 우두머리 답게 경제 문제만 보면 정부를 탓하지만, 근거에 오류가 있으니 해결책이랍시고 내놓은 주장도 정부가 더 많이 개입해야 한다는 정도다. 이 책에는 저자가 금융위기, 대규모 예금인출사태, 디플레이션 붕괴가 발생하는 이유가 무엇인지 한 번이라도 논하지 않은 잘못이 확연하다. 오스트리아학파의 경기변동 이론을 논하며 보았듯, 애초에 전반적 경제 불황을 부른 유일한 원인은 화폐 공급 확대다. 프리드먼과 슈워츠는 원인을 이해해야 한다는 부담을 치워버렸으니, 안심하고 원인 그 자체를 해결책이랍시고 추천한다. 즉 정부는 경제 불황의 신호가 처음 나타나자마자 개입하여 은행계에 자본을 적극적으로 투입하고 유동성을 늘려야 한다는 것이다. 이쯤 되면 왜 현대 경제학자들이 그토록 인과관계를 논리적으로 이해하지 않으려는지 슬슬 이해가 갈 것이다. 그랬다가는 자기들이 제시한 해결책 중 거의 모두가 오류투성이로 드러날 테니까.

프리드먼과 슈워츠는 자기 책이 다루는 시점을 1867년부터로 잡았기 때문에, 1873년 불황의 원인을 분석할 때 미국 정부가 그린백을 발행하여 남북전쟁 자금을 댔다는 문제를 사소하게 보아 무시하는데, 사실은 이것이 불황의 궁극적 원인이다. 이런 패턴은 책 전체에서 반복된다.

프리드먼과 슈워츠는 1893년 불황의 원인을 논하지 않다시피 하면서 금의 수량은 경제의 화폐 수요를 충족하기에 불충분하다며 슬쩍 은을 지지하더니, 다음에는 그 해에 일어난 불황에 얽힌 사소한 사실을 퍼부어 독자를 압도한다. 반면 미국 재무부가 국채를 새로 발행하여 은을 대량으로 매입하는 내용으로 미국 하원이 1890년에 승인한 셔먼은구매법(Sherman Silver Purchase Act of 1890)은 언급하지 않는다. 당시 사람들은 은이 전 세계에서 거의 완전히 화폐 지위를 잃었다고 보고 자기가 보유한 은이나 국채를 금으로 바꾸려 했고, 그 결과 재무부가 보유한 금이 새어나갔다. 결과적으로 재무부는 은을 여전히 화폐인 척 위장시키려고 화폐 공급을 늘림으로써 통화 팽창 정책을 매우 과도하게 채택한 셈이다. 그 결과 미국 국채 가치가 떨어져 금융 버블이 생겨났다가, 금 인출이 가속하면서 버블이 붕괴했다. 피상적으로나마 화폐론을 이해하는 사람이라면 이 시기를 다룬 역사책 가운데 무엇을 읽더라도 이 정도는 이해할 만한데, 이를 조금이라도 언급하지 않으려는 프리드먼과 슈워츠의 태도는 인상 깊을 정도다.

이 책에서 1920년 불황을 다루는 부분에서는 미국의 제1차 세계대전 참전비용을 대기 위해 대규모로 늘린 통화 공급을 무시한다. 비록 책에서 명시적으로 분석하지는 않았지만, 여기에 실린 자료[13]만 봐도 통화량은 1914년 6월에서 1920년 5월 사이에 115% 늘었다. 이 중 금

---

13) 프리드먼과 슈워츠의 책 p.206의 표 10을 참고하라.

보유량 증가에 따른 통화량 증가분은 26%뿐이니, 나머지는 정부 · 은행 · 연방준비제도가 늘렸다는 얘기다. 이것이 바로 1920년 불황의 핵심 원인이지만, 이 역시 저자들은 언급하지 않는다.

하지만 무엇보다도 흥미로운 것은 1920~21년 불황 회복을 완전히 무시했다는 사실이다. 경제학자 벤저민 앤더슨(Benjamin Anderson)이 '완전고용이 자연스레 회복된 마지막 시기'라고 부른 이 시기에 세금과 정부 지출은 줄고 임금은 자유롭게 조정되도록 풀려난 결과 1년도 되지 않아 완전고용상태가 신속히 회복되었다.[14] 1920년 불황은 미국 역사상 생산이 (1920년 9월부터 1921년 7월까지 10개월 만에 9% 하락하며) 가장 빨리 위축한 시기였고, 또 가장 빨리 회복된 시기였다. 다른 불황기에는 케인스주의와 통화주의 경제학자의 의견에 따라 유동성을 투입하고 화폐 공급을 늘리며 정부 지출을 확대했는데, 회복 속도는 더 느렸다.

모든 사람이 대공황에서 교훈을 얻으려 하지만, 주류 경제학 교과서는 1920년 불황을 전혀 언급하지 않고, 또 그 때는 왜 그리 회복이 빨랐는지를 배우려 하지도 않는다.[15] 당시 대통령 워런 하딩(Warren Harding)은 자유 시장에 강력히 헌신하고, 개입주의 경제학자의 요청에 영합하기를 거부했다. '나쁜 투자'가 청산되었고, 여기에 투입되던 노동과 자본은 매우 빠르게 새로운 투자로 다시 할당되었다. 정부가 비록 애초에 왜곡을 초래했지만 다시 개입하지는 않아 상황이 악화하

---

14) Murray Rothbard, 《America's Great Depression》 (5th edition), p.186.
15) 다음 책은 당시 불황을 훌륭하고 상세하게 풀어냈다. James Grant, 《The Forgotten Depression:1921: The Crash That Cured Itself》 (Simon & Schuster, 2014).

지 않은 결과, 실업률이 곧 정상 수준으로 돌아갔다. 이는 프리드먼과 슈워츠가 추천한 모든 해결책과 정반대고, 또 1920년 사례와 마찬가지로 책에 한 마디도 언급되지 않았다.

이 책에서 가장 유명한 부분(그나마 읽어본 사람이 있을 유일한 부분)인 7장의 초점은 대공황이다. (한국에도 7장만 《대공황, 1929~1933년》으로 발췌 번역되었고 전체 번역본은 없음. - 옮긴이) 7장은 주식시장이 붕괴한 1929년 10월 이후부터 시작하는데, 6장은 1921년을 다루며 끝난다. 대공황의 원인은 1921년부터 1929년 10월까지 기간에 분명히 존재할 텐데, 888쪽이나 되는 이 책에서는 단 한 쪽도 들일 가치가 없다고 판단한 모양이다.

프리드먼과 슈워츠는 1920년대 내내 물가가 빨리 오르지 않았다는 사실만 가볍게 언급하고, 따라서 이 기간에는 인플레이션이 발생하지 않았으므로 대공황의 원인은 인플레이션일 수가 없다는 결론을 내린다. 하지만 1920년대에는 경제가 급격히 성장했으므로 물가도 떨어졌을 것이다. 또 같은 시기에 미국 연방준비제도는 영국은행을 도와 금이 영국에서 빠져나가는 흐름을 바꾸려고 통화량을 크게 늘렸는데, 그러자 영국은행은 임금수준을 낮추는 방향으로 가지 않고 다시금 통화량을 팽창했다. 통화 공급이 증가하는 동시에 경제가 빠르게 성장한 결과, 물가는 많이 오르지 않았지만 특히 주택과 주식 같은 자산 가격은 상당히 올랐다. 통화 공급 증가량은 소비재 물가 상승으로 이어지지 않았는데, 연방준비제도가 주식·주택시장을 자극하는 방향을 잡은 영향이 크다. 통화량은 1921~29년 동안 68.1% 늘어난 반

16) Murray Rothbard, 《America's Great Depression》.

면 금 보유량은 15%만 늘었다.[16] 이처럼 달러 공급량이 금 보유량보다 크게 늘어난 것이 대공황의 근본 원인이다.

통화주의의 아버지이자 1920년대를 바쳐 '과학적 물가 관리'를 연구한 어빙 피셔(Irving Fisher)까지 거슬러 보면 영광스러운 발언도 찾을 수 있다. 미국이 통화 공급을 확대하던 당시에 피셔는 자기가 폭넓게 보유한 자료와 과학적 관리를 활용하면 통화 공급량과 자산 가격 상승 속도를 통제하여 물가를 안정시킬 수 있으리라고 생각했다. 그리고 1929년 10월 16일에 〈뉴욕 타임스〉에 기고하기를, 주식은 '고원에 안착하여 영원히 하락하지 않을 것'이라고 자랑스럽게 선언했다.[17] 그러나 1929년 10월 24일부터 주식시장이 붕괴했고, 이후 대공황은 점점 심각해졌으며, 피셔가 1929년에 선언한 대로 주식시장이 다시 '고원에 안착하여 영원히 하락하지 않을' 상태로 복귀한 시기는 피셔가 죽은 이후인 1950년 중반이었다. 밀턴 프리드먼이 어빙 피셔를 미국이 낳은 가장 위대한 경제학자라고 선언한 것도 당연하다.

대공황은 1920년대 통화 팽창이 주식시장에 가짜 부라는 버블을 엄청나게 만들어 낸 결과였다. 통화 팽창 속도가 늦어지면 거품은 바로 꺼질 수밖에 없었다. 거품이 꺼지면 거품이 만들어 낸 가짜 부는 모두 디플레이션이 자아내는 소용돌이에 휘말려 사라질 운명이었다. 부가 사라지자 은행이 아무리 애를 써도 대규모 인출사태는 불가피했다. 그리고 부분지급준비제도의 문제가 드러났다. 결국 언젠가는 터질 재앙이었다. 이를 고려하면 연방준비제도가 예금액을 보장하는 편

---

17) "Fisher Sees Stocks Permanently High", 〈New York Times〉, 1929년 10월 16일, p.8.

이 (하지만 기업과 주식시장의 손실은 보장하지 않는 편이) 옳았을지도 모른다. 이에 따른 피해는 은행에게만 지우고, 회사를 청산하고 물가가 떨어지도록 내버려두는 편이 유일한 해결책이다. 그러면 불황이 닥쳐 고통을 피할 도리가 없겠지만, 바로 그렇기 때문에 애초에 통화 팽창을 해서는 안 되었던 것이다! 유동성을 더욱 쏟아 부어 불황을 피하려 해 봤자, 애초에 위기의 원인인 왜곡만 심해질 뿐이다.

통화 팽창이 가짜 부를 만들었기 때문에 자원이 부적절하게 배분되었으니, 가짜 부가 없어져야만 시장이 적정한 가격 장치에 따라 다시 적절하게 돌아간다. 애초에 붕괴를 일으킨 것이 바로 가짜 부다. 가짜 부를 원래 위치로 되돌리는 정도라면, 더욱 크게 몰려올 다음 번 붕괴에 대비하려 하면서 모래성을 다시 세우는 격이다.

프리드먼과 슈워츠는 1929년 이전 시기가 주식 시장 붕괴와 아무런 관련이 없는 양 간단히 무시한 후, 상황이 대공황으로 악화한 것은 오직 연방준비제도가 주식 시장 붕괴에 대응한 방법 탓이라고 결론 짓는다. 연방준비제도가 통화 공급이라는 수도꼭지를 열어 은행계를 유동성에 푹 적셨다면 전체 경제는 주식 시장 손실에 별 영향을 받지 않았을 것이고 공황은 벌어지지 않았을 것이라고 이들은 주장한다. 그러나 그토록 자료를 쏟아부으면서도 연방준비제도가 실제로 통화 팽창 정책으로 위기에 대응했다는 사실은 쏙 빼고 무시했다. 연방준비제도가 은행업계의 유동성 부족을 완화하려 했음에도 붕괴를 막지 못한 것은 해결하려는 의지 부족 때문이 아니라, 경제 전체에서 잘못 배분되고 투자된 자본과 4장에서 논한 극렬 개입주의 정책 때문이다.

분량이 엄청난 이 책은 정작 세 가지 중요한 질문에는 답하지 않아 논리에 큰 구멍이 뚫려 있다. 첫째, 1920년 불황과 1929년 불황을 비교하지 않은 이유는 무엇인가? 1920년에는 저자들이 추천한 바와 달리 연방준비제도가 개입하지 않았는데도 사태가 오래 가지 않았다. 둘째, 중앙은행이 없던 19세기 동안 미국이 (그린백을 발행했던 남북전쟁 시기, 그리고 은에 화폐 지위를 부여한 1890년 등 두 번에 걸쳐 미국 의회가 재무부에게 중앙은행처럼 행동하라고 명령했던 시기만 빼면) 금융 위기를 겪지 않은 이유는 무엇인가? 가장 의미심장한 질문은 세 번째인데, 중앙은행도 없고 통화 팽창은 제한되었으며 물가는 계속 떨어지던 1873년부터 1890년까지 미국이 금융위기를 한 번도 겪지 않고 가장 오랫동안 지속적으로 경제 성장을 이룬 이유는 무엇인가? 프리드먼과 슈워츠는 이 시기에 물가가 '떨어지는데도' 경제가 눈에 띄게 성장했다고만 언급하고 지나칠 뿐, 그러한 사실이 자기들의 '물가하락 공포증'과 정면으로 대립한다고는 굳이 부연하지 않는다.

로스바드가 설명했듯이 시장경제의 작동방식 자체는 실업 문제가 지속하는 원인이 절대 아니다. 자유 시장이 보통 작동하는 방식에 따르면 수많은 사람이 일자리를 잃거나 그만두고, 수많은 기업이 다양한 이유로 파산하거나 폐업하지만, 이렇게 줄어든 일자리는 새로 생기는 일자리와 기업 수와 대체로 비슷할 것이기 때문에 원치 않은 실업자 수는 언제를 기준으로 살펴보든 무시할 만큼 적을 것인데, 바로 금본위제가 잘못 쓰이지 않던 19세기 시절에 그러했고 또 1992년 이전 스위스가 그러했다. 경제 모든 분야가 동시에 대규모 실패를 겪어, 산업 전체에서 대규모 감원의 파도가 밀어닥치면서, 다른 분야로 옮기기 쉽지 않은 기술을 지닌 노동자가 동시에 대규모로 일자리를 잃는 시기는 오직 중앙은행이 화폐 공급과 이자율을 조작하는 시대에만 다가온다.[18] 하이에크는 이렇게 표현했다. "실업이 파도처럼 닥치는 원인은 '자본주의'가 아니라, 기업이 정당하게 돈을 벌 권리를 부정하는 정부다."[19]

| 건전한 무역 기반 |

건전화폐가 쓰이던 세상에서 재화와 자본이 다른 나라로 흘러가기 위해서는, 한 나라 안에서 다른 지역으로 흘러갈 때와 마찬가지로 정당한 소유주끼리 모두 이익을 얻게 될 때 서로 원하고 합의하기만 하면 되었다. 아우레우스를 쓰던 율리우스 카이사르 시절, 암스테르담 은행(Bank of Amsterdam)이 중심이던 17세기 금본위제 시절, 또 19세기 금본위제 시절에는 실제 재화를 한 장소에서 다른 장소까지 옮기는 정도가 무역하는 데 가장 큰 장애물이었다. 관세와 무역장벽은 없다시피 했고 설령 있다 해도 검문소와 항구를 관리하고 유지하는 데 쓰이는 수수료 수준이었다.

유럽이 봉건주의로 퇴보했던 중세나, 화폐 민족주의로 퇴보했던 근대 같은 불건전화폐 시대에 접어들자 무역은 더 이상 거래 당사자의 개인적 권리가 아니라 국가의 중대사가 되었고, 봉건영주나 현대 정부는 통치권을 내세워 개인 무역을 감시했다. 무역의 본질이 이처

---

18) 다음을 참고하라. Murray Rothbard, 《Economic Depressions: Their Cause and Cure》 (2009).
19) Friedrich Hayek, 《Denationalization of Money》 (1976).

럼 괴상하게 변한 끝에, 20세기에 자유 무역이라는 용어는 서로 다른 나라 사람들이 당사자끼리 합의한 조건으로 실행하는 무역이 아니라 각자 속한 나라끼리 합의한 조건에 따라 실행하는 무역을 가리키는 말이 되었다!

정부 대부분이 지폐 금태환을 정지하고 제한하며 금본위제를 포기한 1914년 이후를 하이에크는 '화폐 민족주의 시대'라고 불렀다. 저량/유량 비율이 가장 높으며 그렇기에 공급의 가격탄력성이 가장 낮아서 가치가 예측하기도 쉽고 비교적 안정적인 상품인 금의 가치는 화폐 가치를 제약하지 않았다. 반대로 통화 정책과 재정 정책 뿐 아니라 변덕스런 국제 무역조차도 화폐 가치를 흔들었다. 이자율이 낮아지거나 통화 공급량이 늘면 돈 가치도 떨어지고, 그러면 중앙은행에서 차입하여 지출해야 할 정부의 부담도 줄어든다. 통화·재정정책이라는 두 가지 요소는 정부가 최소한 스스로 관리하여 안정시킬 수 있다고 자기기만이라도 하며 명목상으로나마 통제한다고 해도, 국제 무역이라는 세 번째 요소는 모든 시민과 수많은 외국인이 행동하여 출현하는 결과이므로 그러기 힘들다. 한 나라의 수출이 수입보다 많아지면(무역 흑자) 그 나라의 화폐는 국제 외환 시장에서 가치가 올라가고, 수입이 수출보다 많아지면(무역 적자) 가치가 떨어진다. 이 현상을 정책결정자는 화폐 가치에 개입하지 말고 사람들이 가치가 가장 적게 변동하는 상품을 자유롭게 화폐로 선택하도록 허용해야 한다는 신호로 보지 않고, 국제 무역을 매우 사소한 부분까지 미세하게 관리해 달라는 뜻으로 받아들였다.

화폐는 모든 경제 활동을 측정하고 계획할 가치척도가 되어야 마땅하다. 그러나 한때 가장 안정적인 상품의 시장가치와 같던 화폐 가치는 이제 정부의 (통화·재정·무역정책이라는) 세 가지 정책도구의 합에 따라, 그리고 이 세 가지 정책 도구에 개인들이 보이는 엄청나게 예측 불가능한 반응에 따라 결정되기 시작했다. 정부가 가치의 기준을 지시하겠다는 결정은 정부가 나라 안 사람들 키와 건물 높이에 맞춰 길이의 기준을 지시하는 것과 마찬가지로 이치에 맞지 않는다. 도량형을 정하는 중앙 관청이 매일 1미터 길이를 바꿔 발표할 경우 모든 공학 업무가 어떤 영향을 받을 지는 상상에 맡기겠다.

측정 단위를 바꿔서 달라질 것은 미친 사람의 허영심뿐이다. 1미터가 가리키는 길이가 줄어들면 넓이가 200평방미터였던 집이 실제로 400평방미터로 늘었다고 믿을 사람이 있을지 몰라도 실제 집 넓이는 달라지지 않는다. 1미터가 가리키는 길이를 바꾸면 건축기사가 집을 짓고 보수할 능력만 떨어질 뿐이다. 마찬가지로 화폐 가치가 떨어지면 명목상으로는 나라가 더 부유해지거나 수출품 가치가 더 올라갈지 모르지만 그렇다고 나라가 정말 부유해지는 것은 아니다.

'불가능한 삼위일체'는 현대 중앙은행이 처한 곤경을 표현하는 현대 경제학 개념이다. 여기에 따르면 어떤 정부도 고정 환율제, 자유로운 자본 흐름, 독자적 화폐 정책이라는 세 가지 목표를 동시에 달성할 수는 없다. 예컨대 어떤 정부가 고정 환율제를 채택하고 자본이 자유롭게 흐르도록 한다면 화폐 정책을 독자적으로 실행할 수는 없다. 왜냐하면 이자율을 바꾸면 환율을 방어할 수 없을 정도로 자본이 흘러들어오거나 나가기 때문이다. 그런데 모두 알다시피 현대 경제학에서 화폐 정책은 경제를 '관리'하는 수단이므로 찬양할 대상이다. 한편 고정환율제를 채택하고 독자적으로 화폐 정책을 실행하려면 자본 흐름을 제한해야만 하는데, 이것이 1946년부터 1971년까지 일반적 상황이었다. 하지만 그조차도 오래가지는 못했다. 환율 불균형을 바로잡는 방향으로 재화가 흐르면서 어떤 나라는 지나치게 많이 수출하고 어떤 나라는 지나치게 많이 수입하게 되자, 결국 정치 협상을 벌여 환율을 재조정하게 되었기 때문이다. 모든 국가 정부가 수단방법을 가리지 않고 자기 집단의 특수한 이익을 추구할 뿐이므로, 국제기구에서 벌어지는 협상이 합리적 근거에 따라 결판나지는 않는다. 1971년 이후 세계는 독자적 화폐 정책을 추진하고 자유로운 자본 흐름을 허용하는 한편 변동환율제를 채택하는 방향으로 확연히 움직였다.

이렇게 하면 케인스주의 경제학자는 자기가 좋아하는 경제 '관리' 도구를 가지고 놀 수 있고, 국제 금융기관과 대규모 자본 소유자 역시 행복해진다는 장점이 있다. 또한 외화 현물과 선물을 하루에 몇 조 달러씩 거래하는 외환시장이 생겨나니 대형 금융기관도 엄청난 수익을 얻는다. 하지만 그 외 다른 사람은, 특히 사회에 가치 있는 재화를 생산하여 공급하는 기업 소유주는 이익을 보지 못할 것이다.

고도로 국제화하여 엄청나게 많은 국내외 변수에 따라 환율이 변동하는 세상에서는 생산성 높은 기업을 운영하기가 쓸데없이 복잡하다. 잘 돌아가는 기업이라면 여러 나라에서 물자를 사오고 또 여러 나라로 상품을 팔 것인데, 그때마다 관련된 외화 환율을 고려해서 결정해야 한다. 그러한 세상에서는 매우 경쟁력 높은 기업이라도 자국 상황과 상관없이 오직 환율 변동 때문에 엄청난 손실을 볼 수 있다. 주요 공급처가 속한 나라의 화폐 가치가 올라가면 회사가 구입하는 가격이 올라 수익성이 없어질 수도 있다. 주요 수출 시장의 화폐 가치가 떨어져도 같은 일이 일어난다. 수십 년을 들여 만들어 낸 경쟁 우위도 외화 시장이 예상치 못하게 움직이면 15분 만에 사라질 수 있다. 그 탓에 비난받는 대상은 주로 자유 무역이고, 이를 구실삼아 경제학자와 정치인은 해로운 보호무역 정책을 도입하여 인기를 끌려 한다.

변동환율제라는 불안정한 모래 늪 위에 자유로운 자본 흐름과 자유 무역이라는 집을 짓게 되면 훨씬 많은 기업과 전문가가 환율 움직임에 신경 써야 한다. 모든 기업이 자원과 인력을 투입하여, 엄청나게 중요하지만 통제하기는 절대 불가능한 쟁점을 연구해야 한다. 점점 더 많은 사람이 중앙은행과 각국 정부의 행동, 환율 변동을 예측하는 데 필요하게 된다. 이처럼 정교한 중앙 계획 조직과 여기서 실행하는 의식은 결국 경제 활동에 영향을 끼친다. 현대 세계경제 현황 중에서도 가장 놀라운 것은 아마도 생산적 경제활동 규모 대비 외화시장 규모일 것이다. 국제결제은행(Bank of International Settlements)은 2016년 4월 현재 외화시장 거래규모를 매일 5.1조 달러로 추정했으니[20] 1년이면 1,860조 달러 정도 되는 셈이다. 세계은행 추정에 따르면 2016년 전 세계 GDP는 약 75조 달러다. 즉 외화시장 규모는 지구 전체 경제생산 규모의 25배 정도라는 얘기다.[21] 그런데 외화거래가 생산적 과정이 아니라는 사실이 중요하다. 그래서 외화 거래량은 GDP 통계에 집계되지 않는다. 화폐를 다른 화폐와 바꾸는 행동은 경

---

20) 국제결제은행(2016), 《Triennial Central Bank Survey. Foreign Exchange Turn-over in April 2016》.

21) 자세한 내용은 다음을 참고하라. George Gilder, 《The Scandal of Money: Why Wall Street Recovers but the Economy Never Does》 (Washington, D.C. Regnery, 2016).

제 가치를 창출하는 활동이 아니라, 여러 나라에서 쓰려고 여러 나라 화폐를 다 가질 때 겪을 불편을 덜기 위해 지불하는 비용일 뿐이다. 경제학자 한스헤르만 호페가 말한 '전 세계적 부분 물물교환 체제'[22] 때문에 국제 무역의 효용이 손상되는데, 그 피해를 완화하는 데 들어가는 거래비용이 또 엄청나다. 이러한 장애물을 극복하느라 전 세계에서 자본과 노동력이 엄청나게 낭비될 뿐 아니라, 전 세계 기업과 개인이 환율 변동이라는 모래 늪 때문에 경제 계산을 빈번하게 실수한 탓에 상당한 손실도 발생한다.

화폐시장이 자유롭다면 사람들이 자기가 쓰고 싶어하는 화폐를 선택할 것이고, 그 결과 저량/유량 비율이 가장 낮아 신뢰할 만한 화폐가 선택될 것이다. 이러한 화폐라면 수요 공급이 변해도 가치가 최소한으로만 오르내릴 것이고, 또 전 세계가 추구하는 교환매개가 됨으로써, 모든 경제 계산의 수단이 되고 시간과 공간을 뛰어넘는 공통 가치척도가 될 것이다. 화폐라는 상품은 판매가능성이 높을수록 본연의 기능을 수행하기에 적합하다. 로마의 아우레우스, 비잔티움의 솔리두스, 미국의 달러는 각각 결점을 지녔을지언정 그러한 화폐를 어느 정도 실현한 사례였다. 이후에 출현한 국제 금본위제 아래의 금은 이상에 가장 근접한 화폐였지만, 그때마저도 몇몇 나라와 사회는 여전히 은이나 다른 원시적 화폐에 머물러 있었다.

1900년에 살던 기업가가 환율 변동에 전혀 신경 쓸 필요 없이 어떤 국제 화폐로든 전 세계적으로 경제 계획을 세우고 경제 계산을 할 수

---

22) Hans–Hermann Hoppe, "How Is Fiat Money Possible?", ⟨The Review of Austrian Economics⟩, vol. 7, no. 2 (1994).

있었다는 사실은 현대인이 보기에 경이롭다. 그로부터 한 세기 후에 활동하는 기업가라면 국경을 뛰어넘는 경제 계획을 세울 때마다 끊임없이 크게 변동하는 환율을 접하느라 마치 살바도르 달리의 초현실적 그림에 들어가는 느낌을 받게 된다. 누구든 제정신으로 이런 난장판을 분석해 본다면, 화폐 가치를 다시 금에 묶음으로써 정부가 통화 정책을 통제할 필요 없이 자본 흐름과 무역을 자유롭게 하는 것이 최선이라는 결론을 내릴 것이다. 그렇게 하면 단번에 경제가 안정되고 엄청난 자본과 자원이 복잡한 환율 변동을 예측하는 데서 풀려나 가치 있는 상품과 서비스를 만들어 내는 데 쓰일 것이다.

하지만 안타깝게도 책임과 권한이 있는 사람들은 현상을 유지해야 계속 이득을 볼 테니 현재 화폐 제도를 관리할 방법을 찾으려 하는 한편, 더욱 창의적으로 금본위제를 비난하고 무시하는 방법을 찾는 쪽을 선호한다. 정부가 돈을 찍어내는 인쇄기를 가까이 두어 자기들에게 보상할 수 있어야 자기들의 일자리도 무사할 테니, 왜들 그러는지 이해야 간다.

변동환율제와 케인스주의 이념이 결합한 결과 우리가 사는 세상에서 벌어지는 환율 전쟁은 온전히 현대만의 현상이다. 케인스주의 분석에 따르면 수출이 늘면 GDP가 늘어나는데 GDP는 경제적 행복의 성배이므로, 케인스주의자의 결론에 따르면 수출을 늘리는 것은 무엇이든 좋다. 그리고 화폐 가치가 떨어지면 수출품 가격도 내려가므로, 경제 성장이 둔화된 나라는 모두 화폐 가치를 떨어뜨려 수출을 늘림으로써 GDP를 부풀리고 실업률을 낮출 수 있다.

이런 세계관에는 수많은 오류가 있다. 화폐 가치를 내린다고 해서 산업 경쟁력이 실제로 올라가지는 않는다. 산출물 가격을 일시적으로 할인함으로써 외국인이 내국인보다 낮은 가격에 살 기회를 줄 뿐이니 외국인에게 보조금을 주고 내국인을 가난하게 만들 뿐이다. 또 외국인이 보기에 모든 국내 자산 가격이 싸게 되므로 이들이 국내로 들어와 토지·자본·자원을 싼 값에 살 기회가 된다. 자유 경제 질서에서라면 외국인이 국내 자산을 산다고 해도 아무 문젯거리가 없겠지만, 케인스주의 경제 체제에서라면 적극적으로 보조를 받고 들어온 외국인이 나라를 할인가에 사게 된다. 게다가 경제사를 살펴보면, 독일·일본·스위스처럼 전후 시대에 가장 크게 성공한 나라는 자국 화폐가치가 계속 올라가는 상황에서도 수출을 크게 늘렸다. 이런 나라는 수출을 늘리려고 자국 화폐를 계속 낮출 필요가 없었다. 경쟁 우위를 높여 전 세계가 자국 상품을 원하게 만들었고, 따라서 무역 상대국보다 화폐 가치가 올라갔으니 자국민도 더욱 부유해졌다. 이런 나라에서 물건을 수입하는 나라가 자국 화폐 가치를 떨어뜨리기만 하면 자기도 수출을 늘릴 수 있다고 생각해 봤자 결과는 생산적이지 않다. 외국인에게 자국민의 부를 할인가에 살 기회를 주므로 피해만 발생한다. 제2차 세계대전 이후 화폐 가치가 떨어진 나라와 경제 침체 및 쇠퇴 때문에 고통 받은 나라가 같은 것은 우연의 산물이 아니다.

만에 하나, 번영하기 위한 수단으로 화폐가치를 낮추면 문제가 생긴다는 말이 완전히 틀렸다고 해도, 역시 화폐 가치를 낮춰봤자 효과가 없다고 주장하는 데는 한 가지 간단한 근거면 충분하다. 만약 한 나라에서 그렇게 하여 효과가 났다면, 그래서 다른 모든 국가가 따라 한다면, 모든 화폐 가치가 떨어질 것이니 어떤 화폐도 다른 화폐에 우위를 지닐 수 없기 때문이다. 각국 정부가 수출을 늘리기 위하여 자국 화폐 가치를 떨어뜨리면 다른 나라는 화폐 가치를 '불공정하게'조작한다고 불평하는 현재 국제 경제가 바로 그렇게 하여 출현했던 것이다. 모든 나라가 수출업자를 격려하고 GDP 숫자를 올리려고 자국 시민을 가난하게 만들면서, 다른 나라가 자기와 똑같은 행동을 한다고 불평하는 셈이다. 이 정도 경제적 무식과 어깨를 나란히 하려면 위와 같은 말을 앵무새처럼 반복하는 정치인과 경제학자의 거짓과 위선 정도는 되어야 한다. 국제 경제 회담에서 세계 지도자끼리 서로 상대방의 화폐 가치 절하를 어느 정도까지 허용할 수 있는지 협상할 정도로 화폐 가치는 중요한 지정학적 쟁점이 되었다.

만약 전 세계가 한 가지 국제 화폐를 전 세계 가치척도이자 측정단위로 채택하여 전 세계 생산자와 소비자가 자기 비용과 수입을 정확하게 평가할 수 있게 되고 경제 이익이 정부 정책에서 풀려난다면, 앞에서 말한 것 중 무엇도 필요하지 않을 것이다. 경화가 채택되어 화폐 공급 문제가 정부와 정부 소속 경제나팔수들의 손에서 풀려난다면, 모든 사람은 화폐 조작처럼 바보 같은 심부름을 찾아다니지 말고 사회에 가치를 더해야만 부유해질 기회를 얻게 될 것이다.

Part 07

건전화폐와
개인 자유

The Bitcoin Standard
건전화폐와 개인 자유

"정부는 인기 없는 세금과 매우 인기 있는 지출 사이에서 선택해야
할 때, 바로 인플레이션을 향한 길에서 탈출구를 찾는다. 이것이 금본
위제를 벗어나면 생기는 문제다."

– 루트비히 폰 미제스[1]

20세기에 뉴스를 보고 자란 세대라면 경화본위제를 채택한 정부가
따라야 했던 운영방식인 균형재정이 생소할 것이다. 그때는 통화 공
급을 늘려 정부 부채를 갚아줄 중앙은행이 없었기 때문에 정부는 예
산을 짤 때 균형재정을 준수해야 했다. 정상적이고 건전한 주체라면
모두 채택하는 이 일반원칙을 화폐 민족주의에서는 폐지하려 하고 공
교육에서는 되도록 슬쩍 덮어두려 한다.

정부는 전능하다는 선전을 들으며 20세기를 살아온 사람이라면 개
인의 자유와 책임이 정부 권력을 대신하는 세상을 상상하기 힘들다.

1) Bettina Bien Greaves, 《Ludwig von Mises on Money and Inflation: A Synthesis of
Several Lectures》, p. 32.

하지만 인간이 자유롭게 진보하던 위대한 시기에 세상은 그랬다. 정부는 국경·사유재산·개인자유를 보호하는 역할까지만 수행했고, 개인은 스스로 결정하여 비용을 감수하고 이익을 얻을 자유를 고도로 누렸다. 이제 정부가 통화 공급을 관리해야 하느냐는 질문을 비판적으로 검토하고, 그 다음에는 실제로 관리하면 어떤 일이 벌어지는지 생각해 보자.

| 정부가 통화 공급을 관리해야 하는가? |

정부가 통화 공급을 관리해야 한다는 사상은 현대의 근본을 이루는 속임수다. 주류 경제학파와 정당은 하나같이 이 개념을 한 치도 의심하지 않고 기본 전제로 받아들인다. 실제로는 이런 주장을 뒷받침하는 증거가 하나도 없을 뿐더러, 통화 공급을 관리하려고 시도할 때마다 결국 경제 재앙이 벌어졌다. 통화 공급 관리란 해결책인 척 하는 문젯거리고, 감정적 기대가 냉철한 이성을 누르고 거둔 승리며, 귀 얇은 유권자에게 속여 판 모든 정치적 공짜 점심의 뿌리다. 통화 공급 관리는 필로폰이나 설탕처럼 중독성이 심하고 파괴적으로 작용한다. 희생자가 여기에 취하면 처음에는 천하무적이 된 듯 들뜨지만, 약효가 떨어지면 비참한 기분이 들어 더 많이 원하게 된다. 바로 이 때 어려운 결정을 내려야 한다. 금단증상을 참고 중독을 끊을 것인가, 아니면 심각한 피해를 모른 체 하고 한 번 더 약을 맞아 심판을 하루 더 미룰 것인가.

케인스주의나 마르크스주의 경제학자 같은 국정화폐론 지지자는

208

국가가 돈이라고 정하면 무엇이든 돈이 된다고 보기 때문에 돈을 마음대로 다룰 특권도 국가에게 있다고 생각한다. 그 특권이란 결국 국가적 목표를 달성하기 위하여 돈을 찍어낼 권한이다. 그렇다면 경제 연구의 목적은 통화 공급을 어떤 방법으로 어디까지 확대하면 최선일지 결정하는 데 있다. 하지만 민족국가가 생겨나기 훨씬 전 부터 금이 돈으로 사용되었다는 사실만 들어도 그런 이론을 반박하기에 충분하다. 각국 중앙은행이 지금도 금을 엄청나게 보유하고 있을 뿐 아니라 보유량을 계속 늘려가는 현상을 보면, 정부가 허가하지 않아도 금은 영구히 화폐 속성을 지닌다는 사실이 입증된다. 여기에 국정화폐론자가 무슨 시비를 걸든, 비트코인이 지난 10년 동안 우리 눈앞에서 끊임없이 성장하고 성공하면서 국정화폐론은 산산조각 났다. 비트코인은 어떤 당국에서도 돈으로 사용해도 된다는 승인을 받지 못했지만, 판매가능성을 안정적으로 확보했다는 단 한 가지 이유로 정부 발행 화폐 대부분을 뛰어넘는 가치를 획득하며 화폐 지위를 얻어냈다.[2]

오늘날 정부가 인정한 주류 경제학파 두 가지는 케인스주의와 통화주의다. 두 학파는 방법론과 분석 틀이 매우 이질적인데다 상대편이 빈곤층·아동·환경·불평등 같이 그때그때 유행하는 화두에 무심하다며 강단에서 격하게 싸우지만, 다음 두 가지를 의문의 여지 없는 진실이라고 믿는 데서는 서로 같다. 첫째, 정부는 통화 공급을 확대해야 한다. 둘째, 첫째 진실에 더욱 창의적으로 도달하는 길로 이어지는 정

2) John Matonis, "Bitcoin Obliterates 'The State Theory of Money'", 〈Forbes〉(2013년 4월 2 일). http://www.forbes.com/sites/jonmatonis/2013/04/03/bitcoin-obliterates-the-state-theory-of-money/#6b93e45f4b6d 에서 열람 가능.

말 중요하고 '심오한 질문'을 계속 탐구하기 위하여 정부에게 더 많은 자금을 지원받을 자격을 두 학파 모두 충분히 갖췄다.

두 학파가 각각 어떤 근거를 내세우는지 이해하면 둘이 함께 잘못된 결론에 도달한 경위도 이해하기 쉽다. 케인스는 투자자로서 실패했고 경제학을 전혀 공부하지 않은 통계학자지만 영국 지배층에 탄탄한 인맥을 쌓아둔 덕분에 대표작인 《고용 · 이자 · 화폐의 일반이론》에서 끼적인 헛소리가 단숨에 거시경제학의 근본 진리로 격상했다. 케인스 이론은 총지출 수준이 한 사회의 경제 상태를 결정하는 데 가장 중요한 지표라고 (부당하게도 아무 근거 없이) 가정하며 시작한다. 한 사회가 많이 소비하면 생산자가 더 많이 생산할 유인이 되므로 노동자가 더 많이 고용되어 완전고용이라는 균형에 도달한다. 지출이 지나치게 늘어나 지속 가능한 생산 능력을 넘어서게 되면 인플레이션이 발생하여 물가가 전반적으로 오른다. 반면 사회가 지나치게 적게 소비하면 생산자가 생산량을 줄이기 위해 노동자를 해고하여 실업자가 늘어나고 불황이 온다.

불황이란 총지출수준이 급격히 낮아져 발생하는 현상이라고 케인스는 생각했다. 인과 개념을 잘 이해하지도 못했고 논리적 설명에도 약했던 케인스는 의미 없는 말만 잇달아 뱉어냈을 뿐 지출수준이 왜 급격하게 떨어지는지는 애써 설명하지 않고 '야성적 충동'이 시든 탓으로만 돌렸다. 이 '야성적 충동'이 대체 무엇이고 왜 갑자기 시드는지는 지금까지 아무도 모르는데, 그렇다면 국가에서 자금을 받아 가내수공업 식으로 근근이 운영하는 경제학계 종사자 모두가 '야성적 충동'을 설명해내거나 이와 관계가 있음직한 자료를 현실 세계에서 찾으려 노력하는 데 평생을 바쳤다는 얘기밖에 안 된다. 이러한 연구는 학계에서 명성을 쌓는 데야 매우 적당했겠지만 경기가 왜 변동하는지 실제로 이해하는 데는 아무런 도움을 주지 못한다. 딱 잘라 말하는데, 통속 심리학이 자본 이론을 대신하지는 못한다.[3]

불황의 원인을 찾아야 한다는 제약에서 풀려난 케인스는 이제 거리낌 없이 자기 방식의 해결책을 추천한다. 불황이 발생하거나 실업률이 올라간다면 원인은 언제나 총지출 수준 하락이고, 해결책은 정부가 소비를 자극하는 것이며, 그렇게 하면 생산이 늘어나고 실업률이 떨어질 것이다. 총지출을 자극하는 방법은 세 가지다. 통화 공급을 늘리거나, 정부 지출을 늘리거나, 세금을 줄이는 것이다. 그런데 세금을 줄이자고 하면 케인스주의자는 보통 언짢아한다. 사람들은 세금이 줄어들면 그만큼을 다 소비하지 않고 일부를 떼서 저축할 것이기 때문에, 저축을 매우 싫어한 케인스가 보기에 감세는 효과가 가장 적은 수단이다. 저축하면 그만큼 지출이 줄어드는데, 경기 회복을 원할 때 상상할 수 있는 최악의 상황이 지출 감소다. 정부의 역할은 지출을 늘리거나 돈을 찍어냄으로써 사람들이 지금보다 더 소비하도록 몰아가는 것이다. 불황에 세금을 올리기는 힘드니, 정부 지출을 확대한다는 말도 사실은 통화 공급을 늘린다는 얘기라고 알아들어야 한다. 즉 경제가 완전고용 상태가 아니라면 언제든 통화 공급을 늘려 해결하면 된다는 것, 이것이 케인스주의의 성배다. 인플레이션은 걱정할

---

3) 그리고 뵘바베르크, 미제스, 하이에크, 로스바드, 우에르타 데 소토(Huerta de Soto), 살레르노 등이 설명했듯 오스트리아 학파의 자본 이론을 대신할 자본 이론은 없다.

필요가 없다. 케인스가 '보였듯'(다시 말해 근거 없이 가정했듯) 인플레이션은 지출이 지나치게 많을 때만 일어나는데, 실업률이 높으면 지출은 지나치게 적을 수밖에 없기 때문이다. 오랜 기간 후에는 부작용이 나타날지도 모르지만 그런 장기 영향을 걱정할 필요는 없다. 케인스가 현재 소비를 무책임하고 무절제하게 선호하는 경향을 옹호하는 데 쓴 가장 유명한 표현대로 '장기적으로는 우리 모두 죽기' 때문이다.

물론 케인스주의 경제관은 현실과 정반대다. 케인스식 모형이 조금이라도 진실을 담았다면, 인플레이션과 실업률이 동시에 높은 사회는 절대로 없어야 한다. 하지만 사실 그런 사례는 여러 번 나타났다. 특히 1970년대 미국에서는 닉슨 대통령부터 '자유 시장 경제학자' 밀턴 프리드먼까지 미국 지배층이 "이제 우리는 모두 케인스학파다"라는 후렴을 노래하는 가운데 정부가 물가를 올려 실업을 없앨 책무를 졌음에도 불구하고, 물가가 급등하는 동안 실업률도 올랐다. 그렇게 케인스주의 경제학자들이 결코 일어나지 않으리라고 말했던 일이 벌어졌고, 둘 사이에 상충관계가 존재한다는 이론은 논파 당했다. 제정신인 사회라면 케인스주의는 경제학 교과서에서 사라지고 학계의 웃음거리로나 남아야 했겠지만, 정부가 학계를 대단히 강하게 통제하는 사회였기에 교과서에는 돈을 더 찍어내야 한다고 정당화하는 케인스주의 염불이 계속 실렸다. 정부가 비유로든, 말 그대로든 돈을 찍어낼 능력을 갖추면 권력도 커지기 마련인데, 모든 정부가 물불 가리지 않고 얻으려는 것이 바로 더 큰 권력이기 때문이다.[4]

우리 시대에 정부에게 인정받은 주류 경제학파를 하나 더 꼽자면 밀턴 프리드먼을 정신적 아버지로 둔 통화주의가 있다. 통화주의자는 케인스주의자라는 남편에게 학대당하면서도 같이 사는 아내라고 생각하면 이해하기 쉽다. 통화주의자의 존재이유는 자유 시장 논쟁에서 허약한 허수아비 역할을 하여 마치 지적 논쟁이 이어지는 듯한 환상을 자아내고, 또 끊임없이 완전하게 논파됨으로써 자유 시장을 진지하게 생각해 보려는 지적 호기심이 일지 않도록 안전하게 방지하는 데 있다. 진짜 통화주의자가 케인스주의자에 비하면 세력이 미미한데도 자기 사상을 표현하도록 할당받은 공간은 지나치게 많은 상황을 보노라면 마치 양 편이 팽팽하게 대치하기라도 하는 듯하다. 통화주의자도 케인스주의 모형의 기본 가정에는 대체로 동의하는 가운데 몇몇 결론에 수학적으로 정교하고 복잡한 트집거리를 잡는 정도인데, 이 몇 가지 예외 때문에 정부가 거시경제에서 역할을 약간 줄여야 한다고 감히 주장하는 탓에 통화주의자는 단숨에 가난한 사람을 안중에도 두지 않는 무정하고 사악한 자본주의 쓰레기라고 비난받는다.

케인스주의자가 돈을 써서 실업을 없애자고 하면, 통화주의자는 그래봤자 장기적으로 물가만 올라가고 실업에는 효과가 없을 거라며

---

4) J. M. Keynes, 《A Tract on Monetary Reform》 (1923), Ch. 3, p. 80. (《화폐개혁론》, 이석윤 옮김, 비봉, 1993.) 그런데 오늘날 케인스주의자는 케인스의 관심사가 미래를 희생하여 현재를 중시하자는 데 있었다는 근거로 이 인용문을 읽으려 하지 않는다. 사이먼 테일러(Simon Taylor) 같은 케인스주의 경제학자가 주장하는 바에 따르면 케인스는 '먼 미래에 닥칠 인플레이션을 걱정하기보다는 눈앞에 닥친 실업을 먼저 해결하자'는 의미로 이 인용문을 말했다고 한다. 안타깝지만 그렇게 변호해봤자 오늘날 케인스주의 후계자들이 케인스만큼이나 근시안적이라는 사실, 그리고 애초에 실업을 만들어 낸 것이 바로 통화팽창론 지지자의 정책이었다는 근본 현실에 완전히 무지하다는 사실만 드러날 뿐이다. 다음을 참고하라. "The True Meaning of 'In the Long Run We Are All Dead", http://www.simontaylorsblog.com/2013/05/05/the-true-meaning-of-in-the-long-runwe-are-all-dead/ 에서 열람 가능.

반대한다. 통화주의자는 정부 지출보다 자유 시장이 자원을 배분하는 데 더 좋은 방법이라고 생각하기 때문에 세금을 감면하여 경제를 자극하는 방식을 선호한다. 서로 세금 감면과 지출 확대를 내세우면서 논쟁이 점점 격렬해지지만 현실에서는 둘 중 어떤 정책을 쓰든 정부 적자가 늘어나고, 적자를 줄이려면 빚을 내서 돈을 마련해야 하니, 어쨌든 통화 공급은 늘 수밖에 없다. 하지만 통화주의 사상의 핵심 교리에 따르면 화폐 공급 붕괴 또는 물가 하락이 모든 경제 문제의 근원이므로 정부는 무슨 수단을 써서든 이를 막아야 한다. 물가 하락, 즉 통화주의나 케인스주의에서 말하는 디플레이션이 일어나면 사람들이 돈을 긁어모으고 지출을 줄일 것이라서 실업이 늘어난 결과 불황이 발생하게 된다. 통화주의자는 디플레이션이 일어나 은행업계의 재무 건전성이 붕괴하는 상황을 가장 두려워하는데, 인과관계를 도통 이해하려 하지 않는 데서는 케인스와 마찬가지라서 중앙은행이 디플레이션이 일어나지 않도록 수단방법을 가리지 말아야 한다고 결론짓게 된다. 통화주의자가 그토록 디플레이션을 두려워하는 이유를 제대로 기술한 자료를 찾는다면 미국 연방준비제도 위원장을 지낸 벤 버냉키가 2002년에 "절대 일어나서는 안 될 '그것', 디플레이션"이라는 제목으로 한 연설 내용을 참고하라.[5]

전 세계 대학생이 배우는 거시경제학 과정에는 두 학파의 의견을 합한 내용이 공통으로 들어간다. 즉 중앙은행은 속도를 통제해 가며

---

[5] 2002년 11월 21일 워싱턴 D.C.에서 열린 전미경제학자클럽(National Economist Club)에서 당시 이사였던 벤 버냉키가 연설한 "Deflation: Making Sure 'It' Doesn't Happen Here".

통화 공급을 확대하여 사람들이 지출을 늘리도록 장려함으로써 실업률을 충분히 낮게 유지하여야 한다는 것이다. 중앙은행이 화폐 공급을 축소해버리거나 적절히 확대하지 못한다면 디플레이션의 소용돌이가 시작되어 사람들이 위축되고 돈을 쓰지 않음에 따라 고용이 불안정하게 되고 경제는 침체된다고 한다.[6] 주류 경제학자와 교과서 대부분이 과연 통화 공급을 늘려야 하느냐는 질문 자체는 고려하지 않고, 통화 공급 증가는 기정사실로 둔 채 중앙은행이 통화 공급 속도를 어떻게 정하고 관리해야 하느냐만 두고 논쟁하는 상황의 본질이 여기에 있다. 소비와 지출을 통하여 욕구를 즉각 충족하라는 케인스의 신조는 오늘날 세계 어디서나 지지받는다. 중앙은행은 통화 공급을 계속 확대하는 정책을 실행함으로써 저축과 투자의 매력을 낮춰, 사람들이 저축과 투자를 줄이는 한편 소비를 늘리도록 장려한다. 그 결과 세상에 과시적 소비 문화가 널리 퍼져, 사람들은 필요하지도 않은 쓰레기를 더욱 많이 사들이는 데 인생을 바친다. 돈을 써버릴지 아니면 저축액 가치가 줄어드는 광경을 앉아서 볼 지 선택해야 한다면, 누구라도 돈이 가치를 잃기 전에 써버리고 즐길 것이다. 이러한 금융 판단은 삶의 모든 면에서 시간선호를 높여 사람들의 성품에도 영향을 끼친다. 즉 화폐 가치 하락은 저축 감소와 대출 증가를 부추겨 경제 생산과 예술·문화 활동을 할 때도 단기 이익만 중시하게 만들 뿐 아니라, 무엇보다도 토지에서 양분을 고갈시켜 식품의 영양가를 줄인다.

---

[6] 다음을 참고하라. Campbell McConnell, Stanley Brue, and Sean Flynn, 《Economics》 (New York: McGraw-Hill, 2009), p.535. (《경제학 이해》, 최광 외 공역, 2013, p.764.)

고전경제학은 두 학파와 달리 전 세계에서 수백 년 동안 이어진 학문의 극치다. 고전경제학파는 제1차 세계대전 이전 황금시대에 오스트리아에서 마지막으로 활동했던 위대한 경제학자 세대를 기리고자 오늘날 오스트리아학파라고 흔히 불리며, 고전경제학파는 고대 그리스와 스코틀랜드·프랑스·스페인·아랍의 고전 경제학이 낸 성과에 의지하여 경제학을 이해하고자 한다. 엄밀한 수치 분석과 수학적 궤변에나 집착하는 케인스주의나 통화주의와 달리 오스트리아학파는 인과에 따라 현상을 이해하고, 명백히 진실된 공리로부터 논리적으로 결과를 도출하는 데 집중한다.

오스트리아학파의 화폐론에서는 가장 시장성 높은 상품이자 가장 판매가능성 높은 자산, 즉 소유자가 유리한 조건으로 제일 간편하게 팔 수 있는 자산이 시장에서 화폐로서 등장한다고 가정한다.[7] 가치를 잃는 자산보다는 자기 가치를 보전하는 자산이 좋기 때문에, 교환매개를 선택하려는 저축자는 시간이 흘러도 자기 가치를 보전하는 자산을 화폐로 쓰는 쪽으로 이끌릴 것이다. 이윽고 네트워크 효과에 따라 단 하나 또는 소수의 자산만이 교환매개로 쓰인다. 저축자가 투자한 화폐에 부가 쌓이기 시작할 때마다 정부는 자국 화폐 가치를 떨어뜨릴 유혹을 느낄 것이므로 정부에게 통제받지 않는 것이 화폐가 건전하기 위한 필요조건이라고 미제스는 생각한다.

나중에 8장에서 살펴볼 내용인데 나카모토는 비트코인 총 공급량에 절대적 상한선을 설정했다. 그가 교과서에 나오는 표준 거시경제학이 아니라 오스트리아학파에 크게 영향을 받았다는 사실이 여기서

---

7) Carl Menger, 《On the Origins of Money》 (1892).

명백하게 드러난다. 오스트리아학파에 따르면 화폐는 얼마든지 작은 단위로 나뉠 수 있고, 또 화폐에서 중요한 것은 숫자로 표현된 수량이 아니라 실제 재화와 서비스 기준으로 측정된 구매력이기 때문에, 화폐 공급량은 얼마가 된다 해도 규모가 큰 경제든 작은 경제든 운영하는 데 충분하며, 따라서 화폐 수량 자체는 중요하지 않다. 루트비히 폰 미제스는 이렇게 표현했다.[8]

> "화폐가 제공하는 서비스는 화폐의 구매력에 따라 결정된다. 화폐를 얼마만큼 원한다는 것은 일정한 개수 또는 무게만큼 원한다는 말이 아니라 일정한 구매력만큼 원한다는 말이다. 그리고 화폐의 구매력은 시장이 작동한 결과 화폐의 수요와 공급이 일치할 때 최종적으로 결정되므로, 화폐의 과잉이나 부족은 절대로 일어날 수 없다. 화폐 총량은 크든 작든 상관없이 사람들이 개인으로서나 전체로서나 화폐를 사용하여 간접교환하고 편익을 누리기에 언제나 충분하다. (중략) 화폐 공급량을 바꾸기만 해서는 화폐가 제공하는 서비스가 좋아지지도 나빠지지도 않는다. (중략) 경제 전체에서 사용 가능한 화폐 총량이 얼마가 되든 상관없이, 사람들은 화폐가 제공하고 또 제공할 수 있는 모든 것을 충분히 얻을 수 있다."

머리 로스바드는 다음과 같은 말로 미제스에게 동의한다.[9]

> "통화량이 일정한 세상은, 산업혁명을 꽃피우는 데 성공하여 자본

---

8) Ludwig von Mises, 《Human Action》 (1949). p. 421. (루트비히 폰 미제스, 《인간 행동》, p. 823~824)
9) Rothbard, Murray. "The Austrian Theory of Money", 《The Foundations of Modern Austrian Economics》 (1976): 160 C184.

투자가 증가하고 상품 공급이 늘어나며 상품 생산비와 판매 가격이 같이 떨어졌던 18 · 19세기와 비슷할 것이다."

오스트리아학파가 볼 때, 통화량이 고정된 상태에서 경제가 성장하면 상품과 서비스의 실질 가격이 떨어지고, 같은 돈으로 살 수 있는 상품과 서비스의 양이 갈수록 늘어난다. 그런 세상에서는 케인스주의자가 두려워하듯 즉시 소비하기를 꺼리게 되지만, 대신 저축과 투자가 장려되므로 미래에 더 많이 소비할 수 있다. 케인스는 높은 시간선호에 푹 빠진 학파의 시조이므로, 현재 저축이 증가하여 소비가 줄어드는 폭보다는 과거에 저축이 증가한 덕에 소비가 늘어난 폭이 압도적으로 크다는 사실을 이해하지 못한 것도 무리가 아니다. 장기적으로 보면 소비를 계속 미루는 사회는 적게 저축하는 사회보다도 많이 소비하게 되는데, 시간선호가 낮은 사회는 더 많이 투자하여 구성원에게 더 많은 소득을 창출하기 때문이다. 시간선호가 낮은 사회는 소득 중 저축 비율이 훨씬 높지만, 자본 축적량만 늘어나는 것이 아니라 장기적으로 보면 소비 수준도 올라가게 된다.

사회를 마시멜로 실험(1966년 스탠포드 대학의 심리학자 미셸 박사가 네 살 먹은 아이들 653명을 대상으로 아이들에게 각각 마시멜로를 하나씩 주면서 15분간 먹지 않으면 상으로 1개를 더 주겠다는 제안을 한다. 그리고 15년 후 그 때 실험에 참가했던 아이들을 추적한 결과 마시멜로를 바로 먹지 않고 오래 참은 아이일수록 가정이나 학교에서의 삶 전반에서 참지 못한 아이들보다 훨씬 우수했고, 대학입학 시험(SAT)에서는 또래들에 비해 뛰어난 성취도를 보였다고 발표했다)에 참여한 꼬마에 비유한다면, 케인스주의 경제학자는 과자 하나를 먹지 않고 기다리면 두 개가 아니라 반 개 만을 주어 벌을 내리는 쪽으로 실험 내용을 바꾸어, 자제하고 시간비용을 낮추면 이익이 적어지도록 만들 것이다. 그러면 당장 쾌락에 탐닉하는 편이 경제적으로 더 그럴듯한 행동이 되고, 그리하여 문화와 사회 전반에 영향을 끼친다. 반면 건전화폐를 강력히 주장하는 오스트리아학파는 인간이 자연에게 상충관계라는 현실을 받았음을 인식하고, 기다리면 더 큰 보상을 받아 장기적으로 더 행복할 것이므로 만족을 미룸으로써 더 큰 만족을 얻으라고 아이를 격려한다.

화폐 가치가 올라가면 사람들은 소비에 훨씬 예민해지고, 미래를 위해 소득을 훨씬 더 많이 저축하게 된다. 화폐 가치가 점점 올라가는 사회에서는 과시적 소비, 쇼핑으로 기분 풀기, 싸구려 플라스틱 쓰레기를 반짝거리는 새 싸구려 플라스틱 쓰레기로 시도 때도 없이 바꾸려는 욕구 같은 문화가 나타나지 못할 것이다. 그런 세상에서는 사람들이 화폐를 두고 판단을 내리다 보면 미래에 더욱 큰 가치를 두어야 한다고 배우게 되고 미래를 지향하여 행동하게 되므로 시간선호도 낮아질 것이다. 따라서 그런 사회에서는 사람들이 더욱 더 저축하고 투자할 뿐 아니라 윤리·예술·문화적으로도 먼 미래를 보고 방향을 잡게 될 것이다.

화폐 가치가 올라가면 저축액의 구매력도 시간이 흐를수록 올라가므로 저축할 유인이 생긴다. 따라서 소비를 미루도록 권장되므로 시간선호가 낮아진다. 반면 화폐 가치가 떨어지면 사람들은 인플레이션을 극복할 만한 수익을 찾아 나서게 되는데, 수익에는 위험이 따르므로 위험한 사업에도 투자가 늘어나고, 투자자가 더 큰 위험을 감수한 결과 손실도 커진다. 가치가 안정된 화폐를 보유한 사회에서는 보통 시간선호가 낮아지고 미래를 생각하며 저축하는 법을 배우게 되는 반면, 인플레이션이 높고 화폐 가치가 점점 떨어지는 사회에서는 저축이 중요하다는 사실을 잊고 지금 즐기는 데 집중하기 때문에 시간선호가 높아진다.

게다가 화폐가치가 높아지는 경제에서는 화폐 가치 상승분을 제외하고도 실질수익이 발생하는 사업만 투자를 받을 것이다. 다시 말해 사회의 자본축적량을 늘리리라고 예상되는 사업만 자금을 얻을 것이다. 반대로 화폐 가치가 떨어지는 경제에서는 실질 기준으로는 손실이 발생한다 해도 가치가 하락하는 화폐 기준으로 수익이 발생하기만 한다면 사업에 투자할 유인이 있다. 물가상승분까지는 보전해도 실질 수익을 창출하지는 못하는 사업은 결국 사회의 자본축적량을 줄이게 되지만, 그렇다 해도 화폐 가치가 떨어지는 만큼에 비해서는 자본이 덜 감소하기 때문에 투자자 입장에서는 합리적인 대안이 된다. 이처럼 루트비히 폰 미제스가 말하는 나쁜 투자는 인플레이션이 발생하고 이자율이 인위적으로 낮은 시기에만 수익이 발생하는 것처럼 보일 뿐 사실은 채산이 맞지 않는 사업이며, 물가상승률이 낮아지고 이자율이 오르면 수익성이 없다는 사실이 즉시 드러나 '호황과 불황' 가운데 '불황'을 일으킨다. 미제스의 표현에 따르면 "호황은 나쁜 투자를 일으켜 희소한 생산요소를 낭비하고 과잉소비를 일으켜 사용 가능한 재고를 줄인다. 호황이 준 듯한 축복은 빈곤으로 대가를 치른다."[10]

---

10) Ludwig von Mises, 《Human Action》 (1949), p. 575. (루트비히 폰 미제스, 《인간 행동》, p. 1112)

왜 케인스주의 주류 경제학자들은 정부가 명령하는 대로 공급량을 늘릴 수 있는 탄력적 화폐를 발행해야 한다고 주장하는 반면 오스트리아학파 경제학자는 금을 화폐로 쓰는 데 찬성하는지는 이로써 설명된다. 케인스주의자는 전 세계 중앙은행들이 명목화폐를 운영한다는 사실에서 자기 사상이 우월하다는 증거를 본다. 반면 오스트리아학파는 정부가 금을 화폐로 쓰지 못하게 강압하고 명목화폐로 지불하도록 강제해야 한다는 사실이, 명목화폐가 열등하기에 자유 시장에서 성공할 능력이 없음을 똑똑하게 보여주는 증거라고 본다. 또한 명목화폐는 모든 호황과 불황을 만들어 내는 근원이기도 하다. 불황이 발생하는 원인을 물어보면 케인스주의 경제학자는 '야성적 충동'을 들먹일 뿐이지만, 오스트리아학파 경제학자는 경기 변동을 조리 있게 설명하는 유일한 이론을 개발했다. 바로 오스트리아학파의 경기 변동 이론이다.[11]

| 불건전화폐와 끝없는 전쟁 |

4장에서 화폐의 역사를 다루며 논했듯, 중앙은행이 화폐를 통제하는 시대가 인류 역사 상 최초의 세계 대전과 함께 개막한 것은 우연이 아니다. 불건전화폐와 전쟁이 서로 밀접해진 근본 원인은 세 가지다. 첫째, 불건전화폐 자체가 나라끼리 무역하지 못하게 막는 장벽이다. 나라와 나라 사이에서 가치를 왜곡하고 무역을 정치 쟁점으로 만

---

11) 다음을 참고하라. Murray N. Rothbard, 《Economic Depressions: Their Cause and Cure》 (Ludwig von Mises Institute, 2009).

들어 정부와 국민 사이에 증오와 적대감을 자아내기 때문이다. 둘째, 정부가 인쇄기에 손댈 수 있게 되면 자금이 떨어지더라도 자국 화폐 가치가 완전히 없어질 때까지 계속 전쟁할 수 있다. 건전화폐를 채택한 정부는 세금을 징수할 수 있는 한도까지만 전쟁비용으로 쓸 수 있다. 하지만 불건전화폐를 채택했다면 화폐가 완전히 쓸모없어질 때까지 찍어내 전쟁비용을 댈 수 있으므로 훨씬 손쉽게 부를 훔쳐올 수 있다. 셋째, 5장에서 논했듯 건전화폐를 쓰는 개인은 시간선호가 낮아지므로 분쟁보다는 협력을 진지하게 고려하게 되지만, 불건전화폐는 정 반대다.

개인은 시장에서 교역할 수 있는 범위가 넓어질수록 생산하는 데더욱 전문화할 수 있고 무역해서도 더 큰 이익을 얻는다. 같은 노동력을 쏟아도 열 명이 모인 원시 경제에서 얻을 수 있는 물질적 생활 수준은 1,000명이나 1,000,000명이 모인 훨씬 큰 시장에서보다 훨씬 낮을 것이다. 현대 자유 무역 사회에서 생활하는 사람은 하루에 몇 시간 남짓 들여 고도로 전문화한 일을 하고 번 돈을 전 세계에서 가장 싸고 좋은 물건을 생산하는 사람에게 주고 물건을 살 수 있다. 자급자족해서 산다면 어떨지 상상해 보면 무역이 어떤 이익을 주는지 온전히 인식할 수 있다. 이제 우리는 생존에 가장 기본적인 것을 스스로 얻기에 비효율적이고 결실도 없는 방식으로 시간을 쓰기 때문에 자급자족해서는 생존만 하기도 매우 어렵다.

화폐는 무역을 가능케 하는 매개이자, 가까운 사람들끼리 모인 소규모 공동체 범위를 넘어 무역을 확장할 유일한 도구다. 가격이라는 장치가 제대로 돌아가려면 공동체 전체가 거래하는 데 사용하는 건전화폐 기준으로 가격을 표시해야 한다. 공통 화폐를 사용하는 지역이 넓을수록 거래 범위가 넓어지고 거래하기도 편해진다. 사람들끼리 거래하면 타인이 번영해야 자신도 이익을 얻으므로 모두 평화롭게 공존하게 된다. 반면 공동체마다 서로 다른 불건전화폐를 사용하게 되면 화폐 가치가 변동할 때마다 가격도 바뀌므로 거래 조건을 예측하기가 어려워지고 국경을 넘나들며 경제 활동을 계획해 봤자 자주 역효과가 나므로 무역하기 복잡하다.

시간선호가 낮은 사람들은 미래에 초점을 맞추는 성향이 있기 때문에, 현재만 보는 사람보다 분쟁에 휘말릴 가능성이 낮다. 미래를 지향하는 지성인이라면 분쟁이 그 자체로 해롭기 때문에 폭력 분쟁이 벌어지면 승자조차도 애초에 분쟁에 휘말리지 않을 때보다 큰 손실을 보고, 따라서 분쟁에서 이익을 얻는 사람은 아무도 없다는 사실을 안다. 문명사회는 사람들이 다른 사람의 의지를 존중하고, 분쟁이 생겨도 평화로운 해결책을 찾아낸다는 전제에서 돌아간다. 원만한 해결책을 찾을 수 없다 해도 자기주장만 내세우며 분쟁을 계속하기보다는 차라리 서로 피하고 제 갈 길을 갈 가능성이 높다. 그래서 번영하는 문명사회에는 범죄 · 폭력 · 분쟁이 적다.

국가 차원에서 보면 건전화폐를 사용하는 국가는 군사작전에 들일 수 있는 비용에 현실적 한계가 있기 때문에 대체로 평화를 유지하고, 서로 분쟁을 벌여도 규모가 제한될 가능성이 훨씬 높다. 19세기 유럽에서는 왕끼리 싸우고 싶다면 세금을 거둬서 군사비를 대야 했다. 장기적으로 보면 공세적으로가 아니라 수세적으로 군대를 운용하는 왕만 이익을 볼 상황이었다. 수비자는 자국민과 보급선이 가까운 자기 영토 안에서 싸우기 때문에 수세적 군사행동이 공세적 군사행동보다 훨씬 우월했다. 군주가 수세적 군사행동에 집중하면 시민도 외국의 침략에 맞서 스스로 지키려고 기꺼이 세금을 냈다. 하지만 군주가 자기 욕심을 채우려고 오랜 기간에 걸쳐 외국에 원정하면 국민에게 분노를 살 뿐인데다, 타국에서 타국 군대와 싸우느라 상당한 비용도 들여야 했다.

이런 사실을 알고 나면 20세기가 역사 상 가장 치명적인 시기였다는 사실도 이해하기 쉽다. 유엔이 2005년에 발행한 인간 개발 보고서[12]에는 지난 다섯 세기 동안 분쟁에 따른 사망자 수를 분석한 자료가 있는데, 여기에 따르면 가장 치명적인 시대는 20세기였다. 물론 금본위제 시대에도 주요 유럽 국가끼리 전쟁을 벌였지만, 그 때는 보통 짧은 기간 동안 전장에서 직업 군인들끼리 싸웠다. 19세기 유럽에서 가장 큰 전쟁인 1870~1871년 프랑스-프러시아 전쟁에서 9개월 동안 발생한 사망자는 대략 150,000명인데, 20세기에 정부가 발행한 연화로 전쟁 비용을 댔던 제2차 세계대전에서는 1주일 치 평균 사망자 수가 대략 그 정도였다. 19세기 유럽 정부는 금본위제 때문에 전쟁 비용을 세금으로만 대야 했으므로 가급적 전쟁이 시작하기 전에 미리 비용을 준비해 두고 가능한 한 효율적으로 군대를 준비하여 신속하게 결정적 승리를 얻으려 노력해야만 했다. 전세가 일단 기운 상태에서는 세금을 올려 군대를 재무장하고 전세를 뒤집으려고 시도해 봤자 병참으로나 경제적으로나 더 크게 지는 길이었으니 차라리 강화하여 가능한

---

12) Human Development Report 2005 (New York: United Nations Development Programme, 2005).

한 손실을 줄이는 편이 나았다. 참고로 19세기에 가장 많은 사상자를 낸 나폴레옹 전쟁은 인플레이션이라는 어리석은 실험을 했던 프랑스혁명 이후이자 금본위제가 유럽 대륙 전체에 정식으로 채택되기 이전일이다. (표 5[13] 참고)

표 5 | 최근 다섯 세기 동안 분쟁에 따른 사망자 수

'분쟁에 따른 인명 피해는 꾸준히 증가'			
기간	분쟁 관련 사망자 (백만 명)	각 세기 중반 전 세계 인구 (백만 명)	세계 인구 대비 사망자 비율 (%)
16세기	1.6	493.3	0.32
17세기	6.1	579.1	1.05
18세기	7.0	757.4	0.92
19세기	19.4	1,172.9	1.65
20세기	109.7	2,519.0	4.35

지금 선진국에는 군사사업에 특화했기 때문에 전쟁이 계속되어야 사업도 계속할 수 있는 기업이 상당히 많다. 이런 기업은 정부 지출이 아니면 살아남을 수 없고, 또 전쟁이 계속되어 엄청난 군사비용이 지출되어야 계속 존재할 수 있다. 미국은 지구 상 다른 모든 국가를 합친 것과 비슷한 국방비를 지출하고, 미국 군사기업은 미국 정부가 어떤 형태를 띠든 군사 원정을 지속해야 이익을 본다. 이 사실은 세계 다른 지역에서 벌어지는 분쟁이 보통 미국인의 삶과 관계가 있을 리 없는데도 미국이 그토록 많이 개입하는 이유를 설명하는 어떠한 전략·

---

13) 출처 : United Nations Development Programme's Human Development Report (2005).

문화·이념·안보 관련 근거보다도 설득력이 높다. 불건전화폐가 아니었다면 이러한 기업이 성장할 수도, 또 언론·학계·정책연구소에 엄청난 영향력을 행사함으로써 전쟁을 옹호하는 목소리를 계속 높이게 만들 수도 없었을 것이다.

| 제한받는 정부 대 전능한 정부 |

자크 바전(Jacques Barzun)은 저서 《새벽에서 황혼까지》에서 지난 다섯 세기 동안 서구 문명의 역사를 훑던 중, 제1차 세계대전 종전에서 서구의 퇴폐·부패·종말이 시작되는 중요한 반환점을 찾아냈다. 바전이 말한 '대전환(The Great Switch)'은 자유주의의 일종인 듯 사기를 치지만 사실은 정반대 개념인 온정주의(liberality)가 자유주의(liberalism)를 대체한 상황으로, 전쟁 직후부터 서구를 괴롭혔다.[14]

"원래 자유주의는 적게 통치할수록 좋은 정부라는 원칙으로 일세를 풍미했다. 그랬던 자유의 이상이 서구 국가에 정치적 지혜가 이어져 내려오는 데도 불구하고 지금은 온정주의로 탈바꿈했다. 전환 탓에 자유주의 개념이 혼란해졌다."

자유주의는 개인이 자유롭게 살며 자기 행동에 따른 이익을 누리고 손실을 감수하도록 허용하는 것이 정부의 역할이라는 주장인 반면 온정주의는 개인에게 어떤 욕망이든 허용하면서도 손실은 막아주는 것이 정부 역할이라는 급진적 개념이다. 정부는 사회·경제·정치적

---

14) Jacques Barzun, 《From Dawn to Decadence》. (자크 바전, 《새벽에서 황혼까지 1500~2000: 서양 문화사 500년》, 이희재 옮김, 민음사, 2006)

소원을 들어주는 램프의 요정 역할을 새로 맡게 되었고, 국민은 투표만 하면 원하는 것을 얻을 수 있었다.

제1차 세계대전이 발발하고 세계 주요 열강이 경제와 지성을 국유화하는 방향으로 움직이기 시작한 1914년 이후 기간을 프랑스 역사학자 엘리 알레뷔(Élie Halévy)는 압제의 시대(Era of Tyrannies)라고 정의했다. 열강들은 생산수단을 국유화하고, 노동공산주의(syndical-ism)와 협동조합주의(corporatist)에 따라 사회조직을 바꿔 나가는 한편, 국익에 반하는 사상을 탄압하고 민족주의를 장려했다. 알레뷔는 이를 '열정의 조직화'라고 불렀다.[15]

고전적 자유주의 개념에 따른 정부가 존재하려면 정부가 독재와 과잉통치를 하지 못하도록 자연스레 제약하는 건전화폐가 있어야만 했다. 정부는 세금을 거두어야만 운영비를 댈 수 있었기에 국민이 견딜 만한 한도 안으로 운영 범위를 제한해야만 했다. 정부는 언제나 세금을 거두어 생긴 수입까지만 지출하도록 균형재정을 유지해야 했다. 건전화폐를 쓰는 사회라면 정부는 국민이 운영비를 대겠다고 동의하는 한도까지만 운영할 수 있다. 정부는 새로운 사업을 제안할 때마다 먼저 그 비용을 댈 세금을 거두거나 장기 국채를 판매함으로써 국민이 해당 전략의 진정한 비용을 정확히 측정하여 수익과 쉽게 비교하도록 해야 한다. 정부가 진행하려는 국방이나 기반시설 건설 사업이 정당하다면, 국민에게도 이익이 보일 테니 세금을 부과하거나 채권을 팔아 재원을 마련하는 데 문제가 없을 것이다. 하지만 정부가 군주의

---

15) Élie Halévy and May Wallas, "The Age of Tyrannies", 〈Economica〉, New Series, vol. 8, no. 29 (1941년 2월): 77~93.

사치스러운 생활비를 대려고 세금을 올린다면 국민이 크게 분노할 것이므로 군주의 통치권은 정당성에 타격을 입고 매우 위태로워질 것이다. 정부가 부과한 세금과 부담이 클수록 납세를 거부할 가능성이 높아지니 징세비용이 크게 올라갈 것이고, 심지어 국민이 봉기하여 투표로든, 무기로든 정부를 갈아치울 지도 모른다.

따라서 건전화폐는 정부가 정직하고 투명하도록 강요하는 수단이 되어, 국민이 바람직하고 또 견딜만하다고 느낄 범위 안으로만 지배를 제한했다. 또 건전화폐는 행동이 일으키는 비용과 이익을 정직하게 계산하는 분위기와 어떤 조직과 개인이라도 소비하려면 먼저 생산해야 한다는 경제적 책임감을 사회 전반에 조성한다.

반면 불건전화폐를 사용하면 정부가 인기 있는 목표를 이루려 하면서도 비용은 청구할 필요가 없으니 국민에게 충성과 인기를 살 수 있다. 정부는 어이없는 계획을 꾸며 놓고 비용은 그저 화폐 공급을 늘려 충당하는데, 국민이 그러한 계획에 드는 진정한 비용을 알아채려면 화폐 공급이 늘어나 물가가 오르기까지 몇 년이 지나야 할 것이고, 그때가 되면 화폐 가치가 손상된 이유를 외국인, 은행, 소수민족집단, 이전 정권이나 다음 정권이 사악한 음모를 실행해서라는 등 수많은 요인 탓으로 돌리기 어렵지 않다. 특히 계속 선거 압력을 받는 현대 민주주의 정부 손에 들어가면 불건전화폐는 위험한 도구가 된다. 오늘날 유권자라면 자기 계획에 연관된 비용과 이익을 솔직하게 드러내는 후보자를 선호할 가능성보다는 공짜 점심을 약속하고 청구된 비용은 전임자나 사악한 음모 탓으로 돌리는 악당과 함께 할 가능성이 높다. 그리하여 민주주의는 자기 손으로 공짜 점심에 투표하여 경제학 법칙을 무시하고 인플레이션과 경제 불황으로 비용을 청구 받을 때마다 격분하여 희생양에게 화를 풀도록 조종당하는 대중의 망상이 된다.

안타깝게도 학부 수준에서 현대 거시경제학을 배운 사람들과 유권자 대다수가 믿는 현대적 망상, 즉 정부는 원하는 대로 현실을 창조해 내는 전능한 마술봉을 가지고 있으며 어떤 행동을 해도 기회비용이 발생하지 않는다는 몽상의 핵심에는 불건전화폐가 있다. 현대 시민 대부분은 '정치적 신념', '강력한 지도력', '청렴'만 있으면 실제 비용을 들이지 않고도 빈곤 개선, 도덕 강화, 보건, 교육, 기반시설, 타국의 정치 및 경제 제도 개혁, 감정적으로 중요한 상품의 수요공급 법칙 무시 등 무엇이든 달성할 수 있다는 망상에 빠져 산다. 불건전화폐는 공공 업무를 생각하는 사람들의 마음속에서 상충관계와 기회비용이라는 개념을 완전히 지워버렸다. 좋아하는 정치인이든, 싫어하는 정치인이든 이렇게 훌륭한 일을 비용도 들이지 않고 무에서 창조해 내기는 불가능하다는 당연한 사실을 지적하면 보통 시민은 충격을 받을 것이다. 이런 업적을 해내려면 실재하는 사람들이 자기가 하고 싶은 일을 할 기회를 스스로 포기하고 몇 날 며칠 몇 년 동안 새벽부터 열심히 일해야 한다. 이런 현실을 깨달았기 때문에 당선된 정치인은 이제까지 하나도 없지만, 그렇다고 인간의 시간이 희소하다는 근본 사실을 투표함이 뒤집지는 못한다. 정부가 무언가 제공하기로 결정했다고 해서 경제 산출이 늘어나지는 않는다. 중앙에서 만들어 낸 경제 산출 계획이 늘어날 뿐이고, 결과는 누구나 예상할 만하다.[16]

---

16) Murray Rothbard, "The End of Socialism and the Calculation Debate Revisited", 〈The Review of Austrian Economics〉, vol. 5, no. 2 (1991).

불건전화폐는 폭군, 강압적 정권, 부정한 정부가 일을 진행할 때 이익에 비용이 든다는 현실을 회피하고 우선 화폐 공급을 늘려서 비용을 충당하는 한편, 국민의 부와 구매력이 사라지는 효과는 나중에야 나타나게 만드는 요긴한 도구다. 무에서 돈을 만들어 내는 특권을 손에 넣은 정부가 거의 예외 없이 그 특권을 남용하고 국민을 배반한 사례는 역사에 넘친다.

역사 상 가장 끔찍한 폭군들이 하나같이 정부 발행 화폐 제도를 운용하여 통화량을 끊임없이 늘리면서 정부 활동비를 댔다는 사실은 절대 우연이 아니다. 블라디미르 레닌, 이오시프 스탈린, 마오쩌둥, 아돌프 히틀러, 막시밀리앙 드 로베스피에르, 폴 포트, 베니토 무솔리니, 김정일 같이 악명 높은 범죄자들이 권력을 쥔 시기는 모두 정부가 불건전화폐를 발행하던 시대였으므로 이들이 자기 좋을 대로 돈을 찍어내어 대량학살 전체주의라는 과대망상증을 충족할 비용을 댈 방법도 충분했다. 이런 대량살인자를 낳은 사회라 해도 건전화폐를 채택하여 정부가 지출하기 전에 먼저 세금을 걷어야 했던 시절에는 그들 같은 범죄자를 내지 않았던 이유도 마찬가지다. 물론 이 괴물들이 직접 건전화폐를 폐지하여 대량살인 비용을 대지는 않았다. 그 전부터 이미 건전화폐 파괴가 아동복지·교육·노동해방·국위선양 같이 훌륭한 목적을 달성하기 위한 수단으로 미화되고 실행되었기 때문이다. 하지만 건전화폐가 한 번 파괴되고 나면 그런 범죄자가 불건전화폐 공급을 늘려 권력을 잡고 사회의 자원을 모두 좌우하기는 식은 죽 먹기다.

불건전화폐는 정부에게 잠재력이 무한한 권력을 주고, 삶이라는 무대에서 정치가 한가운데 자리를 차지하도록 강제하며, 사회 전체의 에너지와 자원 가운데 대부분을 '누가 어떻게 지배하느냐'는 제로섬 게임에 투입하여 모든 사람에게 심각한 영향을 끼친다. 반면 건전화폐는 정부가 어떤 형태를 띤다 해도 그 여파를 제한한다. 건전화폐는 민주제든, 공화제든, 군주제든 모든 정부를 제약하고, 사람들 대부분이 개인 삶에서 상당한 자유를 누리게 한다.

소비에트 경제와 자본주의 경제는 모두 정부가 경제를 '운영'하거나 '관리'하여 경제 목표를 달성한다는 개념을 필요선으로 본다. 여기서 다시 존 메이너드 케인스의 시각으로 돌아와, 그가 제안하고 지난 수십 년 동안 인류가 씨름해야 했던 경제 제도의 동기를 이해해 볼 만하다. 케인스는 비교적 덜 유명한 논문 〈자유방임의 종언(The End of Laissez-Faire)〉에서 자기가 생각하는 정부의 사회적 역할을 설명한다. 케인스는 예상대로 자유주의와 개인주의를 반대하지만 한편으로 사회주의에도 반대하는 근거를 아래와 같이 설명한다.

> 19세기 국가사회주의는 19세기 개인주의의 기초였던 벤담과 자유경쟁 등 철학을 어떤 면에서는 더욱 선명하고 어떤 면에서는 더욱 흐릿하게 바꾼 것이다. 국가사회주의와 개인주의는 두 가지 모두 자유를 강조하는데, 개인주의는 이미 존재하는 자유에 제약을 하지 말라는 소극적 입장을 취하고 국가사회주의는 선천적 독점이든 후천적 독점이든 모두 없애야 한다는 적극적 입장을 취한다. 이 둘은 동일한 지적 환경에 서로 다르게 반응한 결과다.

케인스가 사회주의에 의문을 던진 이유는 이처럼 사회주의의 최종 목표가 개인 자유 증진이기 때문이었다. 케인스가 보기에 최종 목표는 개인 자유 같이 사소한 쟁점을 달성하는 것이 아니라, 케인스 본인의 입맛대로 정부가 경제를 다방면에서 장악하는 것이어야 한다. 그는 정부 역할이 대단히 중요하다고 본 세 가지 영역에서 큰 틀을 잡았다. 첫째로 '중앙기구가 화폐와 신용을 신중히 통제해야 한다'는 믿음을 통하여 현대식 중앙은행의 토대를 놓았다. 두 번째도 첫 번째와 관계가 있는데, "공동체 전체가 저축하기에 바람직한 규모, 이 저축 가운데 외국 투자 형태로 나라 밖에 내보내야 할 규모 그리고 현재 투자 시장 조직이 나라 안에서 가장 생산성 높은 경로를 통하여 저축액을 배분하는지 여부를 결정하는 것이 정부 역할이다. 이런 문제를 지금처럼 사적 판단과 사적 이익에 전적으로 맡기는 도박을 해서는 안 된다고 생각한다."고 케인스는 믿었다. 마지막으로 케인스는 "인구를 지금보다 늘려야 할지 줄여야 할지 아니면 지금처럼 유지해야 할지를 사려 깊게 판단하여 국가 정책을 정해야 한다. 정책이 확정되면 단계를 밟아 실행해야 한다. 그리고 나서 얼마 후에는 공동체 전체가 미래 구성원의 숫자 뿐 아니라 질적 수준에도 관심을 쏟아야 할 것이다."라고 말했다.[17]

다시 말해 케인스는 모든 중앙은행이 준수하는 현대 중앙은행 정책의 기원이자 전 세계에서 쓰인 경제학 교과서 절대다수의 틀인 케인스주의 국가관의 시조로서, 정부가 삶의 두 가지 중요 영역을 감독하기를 원했다. 첫째로 정부가 화폐 · 신용 · 저축 · 투자를 통제하라

---

17) J. M. Keynes, "The End of Laissez-Faire", 《Essays in Persuasion》, pp. 272~295.
(존 메이너드 케인스, 《설득의 에세이》, 정명진 옮김, 부글북스, 2017, p.215~217.)

고 주장했는데, 전체주의에 따라 자본 배분 기능을 중앙에 집중하고 개인이 자유롭게 영위하는 사업을 없앰으로써 오직 생존만 하려 해도 정부에 완전히 의지하게 만들라는 얘기였다. 둘째로 인구의 양과 질을 통제하라고 주장했는데, 결국 우생학을 실행하라는 이야기다. 그리고 케인스가 개인을 이 정도로 통제하기 원했던 이유는 사회주의자와 달리 장기적으로 개인 자유를 증진하기 위해서가 아니라, 자신이 볼 때 적절한 사회 이상을 장엄하게 펼쳐나가기 위해서였다. 그래도 사회주의자들은 사람을 노예로 만들려는 이유가 당사자에게 이익을 주는 데 있는 양 꾸밀 염치라도 있었지만, 케인스가 사람을 노예로 만들려는 궁극의 목적은 그저 인간을 정부의 노예로 만드는 데 있을 뿐이었다. 머리 로스바드가 "마르크스에게도 단 한 가지 장점이 있다. 최소한 케인스주의자는 아니었으니까."[18]라고 말한 이유도 이해가 간다.

이러한 신념에 매료된 상아탑의 이상주의자라면 결과가 긍정적일 수밖에 없다고 상상했을지 모르지만, 현실에서는 경제 생산이 일어나는 데 꼭 필요한 시장 장치만 파괴되었을 뿐이다. 그런 체제에서 화폐는 더 이상 생산을 위한 정보체계로서가 아니라, 정부에 복종하는 프로그램으로서 기능한다.

---

18) Murray Rothbard, "A Conversation with Murray Rothbard", 〈Austrian Economics Newsletter〉, vol. 11, no. 2 (1990년 여름).

3장에서는 어떤 상품이든 화폐 기능을 얻으면 사람들이 그 상품을 더 생산할 유인을 받게 된다고 설명했다. 화폐가 생산하기 쉬우면 경제적 자원과 인간의 시간이 화폐 생산에 끌려들어갈 것이다. 화폐를 가지는 이유가 화폐 고유의 성질이 아니라 다른 상품이나 서비스와 교환하려는 데 있다면, 중요한 것은 화폐의 절대적 수량이 아니라 구매력이다. 따라서 화폐 공급이 는다고 사회가 얻을 이익은 없다. 그래서 자유 시장에서 화폐 기능을 담당하는 물건은 무엇이 되었든 저량/유량 비율이 안정적으로 높을 것이다. 기존의 전반적 공급량에 비하여 새로 공급되는 화폐 양이 적다는 얘기다. 그래야 사회의 노동과 자본 자원이 화폐를 더 생산하는 데는 가능한 한 적게 들어가고, 화폐와 달리 절대적 수량이 중요하면서 유용한 상품과 서비스를 생산하는 데 가능한 한 많이 들어간다. 금이 전 세계에서 첫 손에 꼽히는 본위화폐가 된 것은 기존 공급량에 비하여 새로 생산되는 양이 언제나 안정적으로 미미하게 유지되므로 금 채굴로 얻을 이익이 적고 불확실하다 보니 점점 더 많은 자본과 노동력을 비화폐성 상품 생산에 들일 수밖에 없기 때문이었다.

존 메이너드 케인스와 밀턴 프리드먼은 금본위제에서 이탈하고 정부 발행 지폐로 전환하면 금 채굴 비용이 줄어들고 지폐 발행 비용도 금 채굴 비용보다 훨씬 적게 든다는 이점이 있다고 보았다. 두 사람은 공급을 늘리기가 훨씬 쉬운 다른 재화에 비하여 금 생산에 들어가는 자원이 훨씬 적다는 사실을 미처 이해하지 못했을 뿐 아니라, 대중과 특수 이익 집단의 정치행동에 민감한 정부가 원하는 대로 공급을 확대할 수 있는 화폐를 썼을 때 사회가 부담하는 진짜 비용을 심각하게 과소평가하기까지 했다. 진짜 비용은 인쇄기를 돌리는 직접비용이 아니라, 생산적 자원을 경제 생산이 아니라 정부 발행 화폐를 새로 인쇄하는 데 들이느라 포기하게 된 모든 경제 활동이다.

경제학자 존 케네스 갤브레이스(John Kenneth Galbraith)가 대공황을 다룬 저서[19]에서 '횡령'이라고 부른 것이 사회 전체 수준으로 확대되었다고 보면 '통화팽창 신용창조(inflationary credit creation)'가 무엇인지 이해하기 쉽다. 1920년에 신용이 급격히 확대되자 기업에는 돈이 넘쳐났고, 그 돈을 손쉽게 가로채는 방법도 여러 가지였다. 신용이 흐르는 동안에는 희생자가 상황을 파악하지 못하다 보니, 희생자와 도둑 모두 돈이 자기 것이라고 생각하게 되었고 부가 늘어났다는 환상이 온 사회에 가득했다. 중앙은행이 신용을 확대하면서 수익성 없는 사업이 자금을 얻고 비생산적 활동에 자원을 소비함에 따라 호황이 일어났지만 지속할 수는 없었다.

건전통화체제에서는 어떤 기업이든 상품을 팔아서 투입비용보다 높은 수익을 얻으며 사회에 가치를 제공해야 살아남는다. 기업은 시장가치가 일정한 투입을 시장가치가 더 높은 산출로 바꾸어야 생산적이다. 투입가치보다 산출가치가 낮은 기업은 모두 도태될 것이고, 그 기업이 쓰던 자원은 자유롭게 풀려나 더욱 생산적인 기업에게 사용되

---

19) John Kenneth Galbraith, 《The Great Crash 1929》 (Boston, Ma: Houghton Mifflin Harcourt, 1997), p. 133. (존 케네스 갤브레이스, 《대폭락 1929》, 이헌대 옮김, 일리, 2008. p.198)

는데, 이를 경제학자 조지프 슘페터(Joseph Schumpeter)는 창조적 파괴라고 불렀다. 자유 시장에서는 실제 손실 위험을 지지 않는 이익이 있을 수 없고, 모든 참여자는 결과에 득실을 건다. 언제든 실패할 수 있는 한편, 상당한 대가를 얻을 수도 있다. 하지만 정부가 불건전화폐를 발행하여 이 절차가 멈추면, 비생산적 기업은 생생히 살아있는 생산적 기업의 자원을 빨아먹으면서 투입한 자원만도 못한 가치를 지닌 물건이나 만들어 내면서 마치 좀비나 흡혈귀처럼 죽지도, 그렇다고 진정 살지도 못한 상태로 근근이 유지한다. 또 불건전화폐는 판돈을 거는 법 없이 다른 사람과는 다른 규칙에 따라 존재하는 사회 계층을 새로 만들어낸다. 이들은 자기 성과를 시장에서 시험당하는 법 없고, 자기 행동이 불러온 결과에도 영향 받지 않는다. 이 새로운 사회 계층은 정부 자금을 지원받는 모든 경제 분야에 존재한다.

현대 경제에 존재하는 경제 활동 중에서 사회에 유용한 상품과 서비스를 생산하는 쪽이 아니라 정부 발행 화폐를 따라다니는 쪽에 투입되는 비율이 어느 정도인지 정확히 추정하기는 불가능하다. 하지만 어떤 회사와 산업이 자유 시장에서 시험을 통과했기 때문에 살아남았는지, 반면 어떤 회사와 산업이 재정정책이든, 통화정책이든 전적으로 정부의 호의 덕분에 살아있는지 살펴보면 대략 짐작할 수는 있다.

좀비를 만들어내는 방법 가운데 그나마 가장 알아보기 쉬운 것은 재정지원이다. 정부에게 직접 지원을 받는 기업 모두 그리고 공공영역에 상품을 판 덕분에 생존한 기업 중 절대다수는 사실상 좀비다. 이러한 기업이 사회에 생산적이었다면 사람들이 자유롭게 판단하여 자기 돈을 내고 상품을 샀을 것이다. 자발적으로 지불하는 돈만 받아서는 살아남지 못했다는 데서, 이런 기업은 사회의 생산적 자산이 아니라 짐이라는 사실이 드러난다.

그러나 정부가 돈을 직접 지원하는 방식보다도 더 악질인 것이 낮은 이자율로 신용을 제공하여 좀비를 만드는 방법이다. 명목화폐가 사회의 저축 능력을 천천히 망가뜨렸기 때문에 자본 투자금은 이제 저축이 아니라 정부 부채에서 나오는데, 정부 부채는 기존 화폐의 가치를 떨어뜨린다. 건전화폐 사회에서는 많이 저축하는 사람일수록 자본도 많이 축적하고 투자도 많이 할 수 있으므로, 자본을 보유한 사람은 시간선호가 낮은 경향이 있다. 하지만 자본이 정부가 창조하는 신용에서 나온다면 이제는 미래지향적인 사람이 아니라 여러 관료기구 구성원이 자본을 배분하게 된다.

건전화폐를 사용하는 자유 시장에서 자본 소유자는 가장 생산적인 투자 건에 자기 자본을 할당하고, 이 할당 과정을 관리하는 데 투자은행을 활용할 수 있다. 이 과정에서 고객을 제대로 모시는 회사와 그 회사를 찾아낸 투자자는 보상을 받고, 실수한 사람은 벌을 받는다. 하지만 명목화폐 체제에서는 중앙은행이 사실상 신용할당 과정 전체를 책임진다. 중앙은행은 자본을 할당하는 은행을 관리·감독하고, 대출요건을 설정하며, 현실 세계의 위험은 어찌되었든 무시하고 수학으로 위험을 수치화하려고만 한다.[20] 중앙은행이 정하는 신용 제공 지침을 따르면 손실과 이익이라는 경제적 현실을 무시해도 상관없으므

---

20) 《행운에 속지 마라(Fooled by Randomness)》, 《블랙 스완(Black Swan)》, 《안티프래질 (Antifragility)》, 《판돈(Skin in the Game, 국내 미출간)》 등 나심 니콜라스 탈레브(Nassim Nicholas Taleb)가 이 주제를 다룬 책을 무슨 이유에서든 아직 읽어보지 않았다면 꼭 읽어봐야 한 다.

로 자유 시장에서 수행하던 시험은 이제 멈춘다.

명목화폐를 사용하는 세상에서는 고객을 모시는 것보다 중앙은행에서 돈을 내보내는 수도꼭지를 잡는 것이 더 중요하다. 낮은 이자율로 대출받아 운영할 수 있는 회사는 그렇지 못한 경쟁자보다 계속 유리할 것이다. 사회에 제공하는 서비스보다는 더 낮은 이자율로 자금을 얻을 능력이 시장에서 성공하기 위한 요건과 더 밀접해진다.

이처럼 단순한 현상만 보아도, 누구에게도 아무 가치 없는 물건이나 만들고 돈을 버는 산업이 현대 경제에 수없이 존재하는 현실이 대체로 이해된다. 그 중에서도 가장 확실한 사례가 정부기관이다. 왜 공무원은 경쟁력이 없다는 악명을 전 세계에 떨치는지 이해하려면 정부가 경제 현실과 전혀 상관없이 예산을 받기 때문에 횡령하는 것과 다름없다는 배경을 봐야 한다. 정부기관은 시민에게 서비스를 제공하는 시장에서 어렵게 성공을 거두어 시험을 통과할 필요 없이, 그저 자기 실적을 스스로 평가한 다음 자기들이 저지른 온갖 실패를 해결하려면 예산을 더 많이 받아야 한다고 한결같은 답을 낼 뿐이다. 정부기관과 공무원은 아무리 무능하고 태만하며 아무리 크게 실패해도 제대로 책임지는 경우가 드물다. 정부기관은 존재할 근거가 없어진 이후에도 계속 운영하며 의무와 책무을 더 많이 찾아낼 것이다. 예컨대 레바논에서는 기차가 없어진 지 수십 년이라 철로가 녹슬어도 아무도 신경 쓰지 않는데, 철도청은 아직도 있다.[21]

---

21) 이 주제를 더 알려면 다음을 참고하라. James M. Buchanan and Gordon Tullock, 《The Calculus of Consent: Logical Foundations of Constitutional Democracy》 (1962).

세계가 국제화하면서 횡령도 나라 안 정부조직에만 머물지 않고 밖으로 퍼져나간 결과, 국제기구도 시간과 노력을 엄청나게 잡아먹으면서 직원 말고는 누구에게도 아무런 이익을 주지 못하는 곳이라고 전 세계가 인식하게 되었다. 이러한 조직은 자금원천인 납세자와 멀리 떨어졌기 때문에 정부조직보다도 훨씬 적게 감독받으며 따라서 신뢰성은 훨씬 낮으면서도 예산·기한·업무 압박은 훨씬 느슨하다.

학계도 좋은 사례다. 학생이 엄청난 수업료를 내고 대학에 들어와 봤자 가르치는 교수는 수업하고 조언하는 데 극히 적은 시간과 노력만 들이고, 나머지 시간을 대부분 도저히 읽지 못할 연구보고서를 내는 데 사용하여 정부 보조금을 받고 기업에서 좋은 자리를 차지하려고 한다. 자유 시장에서라면 학자는 사람들이 실제로 배울 수 있고 또 배워서 유익할 만한 것을 가르치고 글로 남겨 사회에 기여해야 할 것이다. 하지만 논문을 읽는 사람은 보통 같은 분야 연구자 몇몇 뿐이다. 이들이 하는 일은 서로 보조금 신청서를 승인해 주고, 또 학문처럼 포장했지만 사실은 집단순응 사고 기준과 정치적 의도에 맞게 억지로 결론을 내도록 압력을 넣는 것이다.

노벨상 수상자 폴 새뮤얼슨(Paul Samuelson)이 쓴 《새뮤얼슨의 경제학(Economics: An Introductory Analysis)》은 전후시기에 가장 널리 읽히며 큰 영향을 끼친 경제학 교과서다. 4장에서 이미 살펴본 대로, 새뮤얼슨은 제2차 세계대전이 끝나면 세계 역사 상 가장 심각한 불황이 올 것이라고 예측했지만 사실은 미국 역사 상 최대급의 호황이 이어졌다. 그래도 새뮤얼슨이 쓴 책은 60년 동안 수백만 권이 팔려 전후 시대 가장 널리 읽힌 경제학 교과서가 될 정도로 계속 호조였다.[22]

레비(David Levy)와 퍼트(Sandra Peart)가 새뮤얼슨 교과서의 몇 가지 판을 연구한 결과에 따르면, 새뮤얼슨은 소비에트 식 경제 모형이 경제 성장에 유리하다고 반복해서 주장했고, 1961년에 나온 4판에서는 소비에트연방의 경제가 빠르면 1984년에서 늦어도 1997년까지는 미국을 추월할 것이라고 예측했다.[23] 이후에도 새뮤얼슨은 개정판을 일곱 번 더 낼 때마다 소비에트가 미국을 추월할 것이라고 더욱 강하게 확신하였으며, 1980년에 나온 11판에는 추월 시점을 여러 가지로 예측하기까지 했다. 소비에트 연방의 실체가 드러나고 대학생들이 현실을 깨닫기 시작한 1989년에 윌리엄 노드하우스(William Nordhaus)와 함께 펴낸 13판에도 새뮤얼슨은 이렇게 썼다. "의심 많은 사람들의 생각과 달리 사회주의 계획경제가 제대로 돌아갈 뿐 아니라 번영할 수도 있다는 증거가 소비에트 경제다."[24] 레비와 퍼트가 보여주었듯 이러한 생각은 교과서 하나 뿐 아니라, 두 번째로 널리 읽힌 경제학 교과서인 맥코넬(Campbell McConnell) 저 《경제학 이해(Economics: Principles, Policies and Problems)》 등 여러 교과서에도 널리 나타난다. 전후시기에 미국 식 교육과정을 따르는 대학에서 (즉 전 세계 거의 모든 대학에서) 경제학을 배운 학생이라면 소비에트 모형이 경제 활동을 조직하는 데 더 효율적이라고 배웠을 것이다. 소비에트 연방이 완

22) Mark Skousen, "The Perseverance of Paul Samuelson's Economics", 〈Journal of Economic Perspectives〉, vol. 11, no. 2 (1997): 137~152.

23) David Levy and Sandra Peart, "Soviet Growth and American Textbooks: An Endogenous Past", 〈Journal of Economic Behavior & Organization〉, vol. 78, issues 1~2 (2011년 4월): 110~125.

24) Mark Skousen, "The Perseverance of Paul Samuelson's Economics", 〈Journal of Economic Perspectives〉, vol. 11, no. 2 (1997): 137~152.

전히 실패하며 무너진 이후에도, 같은 교과서에서 소비에트 연방이 성공했다고 거창하게 선언하는 부분만 제거했을 뿐 나머지 경제관과 방법론은 전혀 문제 삼지 않은 개정판이 같은 대학에서 강의하는 데 계속 교재로 쓰였다. 그토록 완전히 실패한 교과서로 어떻게 계속 강의할 수 있고, 지난 70년이 넘는 기간 동안 (제2차 세계대전 이후 호황, 70년대 스태그플레이션, 90년대 소비에트 연방 붕괴 같은) 현실에 부딪히면서 고치지도 못할 만큼 망가진 케인스주의 세계관을 어떻게 대학에서 계속 가르칠 수 있을까? 심지어 오늘날 케인스주의 경제학자의 대표 격인 폴 크루그먼(Paul Krugman)은 외계인이 쳐들어오면 정부가 자원을 동원하여 소비해야 할 테니 경제에 매우 좋은 영향을 끼칠 것이라고까지 썼다.[25]

자유 시장 경제체제였다면 자존심 강한 대학교 치고 학생을 가장 유용한 지식으로 무장시키려 하지 않는 곳이 없을 테니, 그토록 완벽하게 터무니없고 오류투성이인 것을 가르치려고 하지는 않을 것이다. 하지만 정부 자금에 완전히 오염된 학계에서 교육과정을 결정하는 요소는 현실 관련 여부가 아니라 정부가 자금을 지원하는 정치 의제와 관련 여부다. 그리고 오늘날 모든 나라 정부는 1930년대 정부와 같은 이유로 케인스주의 경제학을 사랑한다. 즉, 케인스주의 경제학은 정부가 더 많은 권력과 돈을 얻도록 정당화하는 궤변이다.

현대의 다른 분야 학계와 학과를 두고도 같은 논쟁을 계속 이어갈 수 있다. 편견을 근본에서 공유하여 고만고만한 생각밖에 못 하는 학

---

25) Paul Krugman, "Secular Stagnation, Coalmines, Bubbles, and Larry Summers", 〈New York Times〉, 2003년 11월 16일.

자들이 정부기관에서 나오는 자금을 독점한다는 패턴은 어디서든 반복되기 때문이다. 이런 체제 안에서 일자리를 구하거나 자금을 얻으려면 현실 세계에 생산적이고 유용하며 중요한 학문적 성과를 내 봤자 소용없고, 오로지 자금지원자가 원하는 의제를 다듬어내야 한다. 자금 원천이 하나뿐이기 때문에 사상이 거래되는 자유 시장이 생길 가능성도 근절된다. 형제나 다름없는 논쟁 당사자들은 지극히 어려운 세부사항을 두고 학문 논쟁을 벌이는 한편, 이렇게 중요한 의견불일치를 계속 유지해나가려면 양 편 모두 더 많은 자금을 받아야 한다는 데는 언제나 한 목소리를 낸다. 학계에서는 거의 언제나 현실 세계와 무관한 논쟁만 하고, 학회지에 실린 논문은 승진하려고 논문을 써낸 사람들 말고는 거의 읽지 않지만, 정부의 횡령은 끝없이 계속된다. 아무에게도 유익하지 않다면 정부가 자금지원을 줄여야 할텐데, 그런 장치가 없기 때문이다.

건전화폐 사회에서라면 은행업 종사자가 경제 번영에 매우 중요한 두 가지 기능, 즉 자산을 예치 받아 안전하게 보관하고 투자자와 피투자자 사이에서 투자 기간과 위험 감수 성향을 서로 맞추는 역할을 수행하기 때문에 은행업이 매우 중요하고 생산적인 일이다. 은행업자는 자기 업무에 성공하면 이윤 중 일부를 가져가 돈을 벌지만 실패하면 아무런 이윤도 받지 못한다. 은행업자와 은행이 일을 계속하려면 성공해야 하고, 실패하면 도태된다. 건전화폐 사회에서는 모든 은행이 예치금 전액을 보유하고 있으며, 만기가 적절한 투자만 할 수 있으므로 영업에 실패해도 유동성 문제가 없다. 다시 말해 흑자가 났는데 유동성은 부족할 일이 없고, 어떤 은행에도 '대마불사'론을 적용해서 살려야 할 체계적 위험이 없다. 은행이 실패해도 은행의 주주와 채권자 말고는 문제를 겪을 사람이 없다.

불건전화폐는 부분지급준비금제도 등에 따른 만기 불일치 문제가 발생할 가능성을 만들어내기 때문에 은행은 언제든 유동성 위기나 예금인출사태의 진원지가 될 수 있다. 만기 불일치 또는 그 특정 사례인 부분지급준비금제도는 채권자와 예금자가 동시에 자기 돈을 돌려달라고 요구할 때 생기는 유동성 위기의 원흉이다. 만기가 불일치해도 안전할 유일한 방법은 언제든 예금인출사태가 발생하면 돈을 빌려줄 준비를 완벽하게 갖춘 최종 대부자를 두는 것뿐이다.[26] 건전화폐 사회에서 중앙은행이 은행을 구제하기 위한 돈을 마련하려면 은행과 무관한 사람들에게 세금을 걷어야 한다. 반면 불건전화폐 사회에서 중앙은행이 은행에 유동성을 지원하려면 그저 돈을 추가로 공급하면 된다. 따라서 은행이 보유 자산의 순현재가치 기준으로는 상환 능력이 있지만 특정 시점에는 유동성에 문제가 있어 금융 부채를 전부 상환하지 못할 위험이 나타나므로 불건전화폐는 은행이 흑자도산할 가능성을 만들어 낸다. 한편 유동성이 부족해지면 그 자체 때문에 예금자와 채권자가 자기 돈을 돌려받고 싶게 만들어 대규모 예금인출사태가 시작할 수도 있다. 설상가상으로 한 은행이 유동성 부족을 겪으면 그 은행과 거래하는 다른 은행도 유동성 부족을 겪을 수 있어 체계적 위험 문제까지 발생한다. 하지만 그런 상황이 닥쳐도 믿을

<hr>

26) 이 표현을 정식으로 모형화한 내용은 다음을 참고하라. D. W. Diamond and P. H. Dybvig, "Bank Runs, Deposit Insurance, and Liquidity", 〈Journal of Political Economy〉, vol. 91, no. 3 (1983): 401~419.

만한 중앙은행이 유동성을 공급하겠다고 약속하면 유동성 위기를 두려워할 필요가 없으니 예금인출사태를 피하고 은행 제도를 안전하게 유지하게 된다.

화폐 공급을 유연하게 사용하여 은행을 구해주는 중앙은행이 없다면 부분지급준비제도, 더 크게 보아 만기불일치 문제 때문에 금융 위기가 계속 발생할 가능성이 높다. 하지만 은행을 구원할 수 있는 중앙은행이 있기 때문에 은행이 도덕적 해이 문제를 겪는 것이기도 하다. 중앙은행이 체계적 위험을 방지하기 위하여 기꺼이 구해주리라는 사실을 알기 때문에 이제 은행은 과도한 위험이라도 감수할 수 있다. 이 정도면 은행업이 왜 은행가에게 위험 없는 수익을 창출하는 한편 다른 모든 이에게는 수익 없는 위험을 떠넘기는 사업인지 알 만하다.

오늘날 계속 성장하는 모습만 보인 산업 하면 은행업이다. 은행은 망할 수가 없다. 은행을 운영하는 데는 체계적 위험이 따르기 때문에 은행은 진짜 이유가 무엇이든 간에 유동성 문제 때문에 실패한 척하기만 하면 중앙은행에게 지원받을 가능성이 매우 높다. 외견상 사기업 가운데 민간 부문의 높은 수익률과 공공 부문의 안정성이 결합하여 만들어 낸 지나친 특권을 누리는 곳은 은행뿐이다. 이 두 가지가 결합한 덕분에 은행업자는 창의적이고 생산적으로 일하기로는 공기업 직원 수준이지만 보상은 다른 어떤 직업보다도 많이 받는다. 그 결과 금융 산업은 성장만을 거듭하여 미국 경제는 그 어느 때보다 '금융화'했다. 1999년에 글래스-스티걸 법(Glass-Steagall Act)이 폐지된 이후 상업은행과 투자은행의 경계가 없어지자 FDIC(Federal Deposit Insurance Corporation, 미국 연방예금보험공사)에서 예금을 보장받은 상업은행이 투자은행업에도 진출하여, 투자 손실도 FDIC에서 보험으로 보장받게 되었다. 예금보장 보험에 가입한 투자자, 즉 은행은 사실상 돈을 찍어낼 허가라는 권리를 공짜로 받은 셈이다. 수지맞는 투자를 하면 이득을 다 가져가지만 손실은 사회에 부담시킬 수 있기 때문이다. 그런 보장을 받는다면 그저 빌려서 투자하기만 해도 엄청난 돈을 벌 수 있다. 이익은 얻지만, 손실에는 보호받는다. 그러니 세상에 존재하는 것 중 공짜 점심과 가장 비슷한 금융업이 점점 더 많은 자본과 노동 자원을 끌어 모으는 것도 당연하다.

경제학자 토마스 필리폰(Thomas Philippon)은 지난 150년 동안 금융업이 GDP에서 차지한 비중을 상세하게 연구했다.[27] 비율은 제1차 세계대전 이전에 3% 미만이었다가 그 후 급격히 솟아오르고, 대공황 시절에 폭락했다가 제2차 세계대전이 끝난 후 멈추지 않는 기세로 성장했다. 비슷한 예를 찾아보자면 대학생 중에서도 공학이나 의학 같이 생산적인 산업보다는 금융업에서 일하는 데 관심을 쏟는 사람이 많다.

원격통신이 발달했으니 시간이 흐를수록 금융업의 업무 중 자동화하여 기계적으로 처리할 수 있는 일도 점점 많아져서 금융업 규모도 줄어들리라고 생각하는 사람도 있을 것이다. 하지만 현실에서 금융업은 우후죽순처럼 계속 커간다. 근본 수요가 늘어서가 아니라, 손실을 보아도 정부에게 보호받기 때문에 번영할 수밖에 없어서다.

횡령이란 말은 아마 금융업계에서 가장 많이 등장하겠지만 그렇다

---

27) Thomas Philippon and Ariell Reshef, "An International Look at the Growth of Modern Finance", 〈Journal of Economic Perspectives〉, vol. 27, no. 2 (2013): 73~96.

고 금융업에만 적용되지는 않는다. 횡령은 큰 기업이 작은 기업에 오랫동안 행사한 비교우위 가운데 상당한 비중을 차지한다. 자본투자 재원을 저축에서 마련해야 하는 사회에서는 시간선호가 낮은 사람이 자본을 소유하고, 시장에서 성공할 가능성을 스스로 예상하여 자본을 할당하며, 예상이 맞았으면 보상을 받고 틀렸으면 손실을 본다. 하지만 불건전화폐를 사용하면 저축액 가치는 손상되고 자본은 은행이 신용을 부풀림으로써 창출되며, 이 자본을 어떻게 할당할지는 중앙은행 및 협력 은행이 결정한다. 할당을 결정하는 주체는 시간선호가 가장 낮고 시장을 가장 잘 내다보며 신중하게 판단하는 사회구성원이 아니라 정부 관료인데, 이들은 손실을 봐도 상당 부분 보호받기 때문에 제대로 대출하기보다는 많이 대출해야 유리하다.

중앙계획식 신용할당은 '중앙계획'이라는 말이 붙은 모든 것과 동일하다. 관료들이 자기 상사가 요구한 대로 확실히 처리하기 위하여 서류에 있는 항목에 체크하거나 공란을 채우는 동안 그 작업을 하는 원래 명분은 온데간데 없어진다. 은행가의 통찰과 투자의 진짜 가치를 성실하게 검토해야 할 작업은 중앙은행이 제시한 대출요건에 맞는 항목에 표시하는 작업으로 대체된다. 이 때 차입자의 덩치가 클수록 대출할 때 수치상으로 덜 위험해 보이기 때문에, 규모가 클수록 중앙에서 제공하는 신용을 얻기에도 유리하다. 기업이 클수록 어떤 성공 공식을 쓸지 예측하기도 쉽고, 기업이 실패한다 해도 잡아 둔 담보가치가 클 것이므로 은행 관료도 중앙은행이 제시한 대출요건에 따라 대출하기만 하면 마음이 편하다. 규모의 경제가 다양한 산업에 이익을 주기는 하지만, 중앙에서 신용을 제공하면 규모를 키워 얻는 이점이 자유 시장에서보다 훨씬 커진다. 그러니 자신이 감당할 만큼보다 더 빌릴 수 있는 산업이라면 모두 지원자로 적격이다. 물론 저축으로 자본을 충당하는 세계에서는 실현될 리 없는 시나리오다.

회사가 클수록 적은 이자만 내고 자금을 빌리기 쉬우므로 규모가 작은 독립 생산자보다 훨씬 큰 우위를 얻는다. 저축으로 투자 자금을 대는 사회에서는 가족이 경영하는 동네 식당도 패스트푸드 대기업과 동일한 조건에서 고객과 자금을 두고 경쟁한다. 고객과 투자자 모두 자기 돈을 두 회사에 어떻게 나눌 지를 자유롭게 선택하기 때문이다. 패스트푸드 회사는 규모의 경제에 우위가 있는 반면 동네 식당은 요리사와 고객이 서로 주고받는 개인적 관심과 관계에 우위가 있어 서로 경쟁할 만할 것이고, 결과는 시장의 시험에 달려 있다. 하지만 중앙은행이 신용을 할당하는 세상에서는 큰 기업일수록 작은 경쟁자가 얻지 못할 낮은 금리로 자금을 얻어 우위를 누린다.[28] 대규모 외식 기업이 세상에 그토록 널리 퍼진 이유가 여기서 잘 드러난다. 이자율이 낮으면 마진이 커지기 때문이다. 특색도 없는 정크 푸드가 대량 생산

---

[28] 신용창출 중앙화는 코즈(Ronald Coase)의 논문인 "The Nature of the Firm"(《Economica》, vol. 4, no. 16 (1937): 386~405)에 나오는 코즈의 법칙(Coase's Law)를 행사하는 데 정부가 개입한 상황으로 볼 만하다. 코즈에 따르면 개인끼리 계약하여 작업할 경우 탐색과 정보 수집, 협상, 계약, 집행에 비용이 들기 때문에, 여기에 비하여 비용을 절감할 수 있는 회사가 존재할 이유도 있다. 따라서 회사는 비싼 외부 계약 비용을 사내 활동으로 대체하여 이익을 볼 수 있는 한도까지 성장할 것이다. 화폐 가치가 점점 떨어지고 신용을 중앙에서 할당하는 세상에서는 규모를 키워 얻을 수 있는 주요 비용 우위 중 하나가 자금 확보다. 대기업은 자본재와 담보가 더 많으므로 더 좋은 조건으로 자금을 얻을 수 있다. 따라서 모든 회사는 고객이 원하는 수준을 넘어 성장할 유인을 지닌다. 기업이 자체 수입에 훨씬 더 크게 의지하고 자유 시장에서 신용을 얻어야 할 자유 자본시장에서라면 고객의 선호에 가장 알맞은 생산규모를 갖췄을 때 성과를 내기 좋을 것이다.

으로 만연한 현상을 이해하려면 생산자가 규모를 키울수록 엄청난 우위를 얻는다는 사실을 고려해야 한다.

거의 모든 회사가 중앙은행의 신용확대를 통해 자금을 얻는 요즘 세상에서는 횡령이라는 스테로이드를 맞지 않았다면 성장하지 못했을 회사를 가려내기가 쉽지 않지만, 그래도 숨길 수 없는 증상이 몇 가지 있다. 사장이 멍청하다고 직원이 불평하는 회사는 횡령에 참여했을 가능성이 높은데, 회사가 횡령이라는 가짜 경제 현실에 있지 않고서야 멍청한 사장을 감당할 리 없기 때문이다. 사회에 가치 있는 서비스를 하는 생산적 회사가 성공하려면 고객을 만족시켜야만 한다. 그 핵심 작업을 잘 하는 노동자는 보상을 받아야 하고, 그런 노동자를 공정하게 대우하지 않은 사장은 직원을 경쟁자에게 빼앗기거나 머지않아 회사에 해를 끼치게 된다. 사회에 봉사하지 않고 관료에게 호의를 구걸하여 살아남는 비생산적 회사에는 직원을 포상하거나 처벌하는 기준이 사실상 없다. 횡령하는 회사에 들어가면 실제 성과야 어쨌건 두둑한 월급이 따박따박 나오니까 회사 밖에서 보기에 매력적이지만, 경제학에서 가장 중요한 교훈대로 공짜 점심은 없다. 비생산적인 사람도 돈을 받는 회사가 있다면 그런 일자리를 얻고 싶은 사람이 많이 모일 것이므로, 그러한 일자리를 얻는 비용이 (시간이 되었든 자존심이 되었든) 올라가게 된다. 겹겹이 쌓인 관료들이 고용·해고·승진·처벌을 모두 자기 재량에 따라 처리한다. 회사에 가치 있는 업무는 없고 모든 사람이 대체 가능한 이곳에서 일자리를 유지하려면 자기 윗사람에게 이익을 주는 수밖에 없다. 이런 회사에서 업무란 하루종일 사내정치하는 것이다. 그런 일자리에 매력을 느끼는 사람은 다른 사람에게 권력을 행사하는 데서 즐거움을 느끼는 천박하고 물질적인 사람 정도지만, 부당한 대우를 몇 년 동안 받아도 버티는 것은 월급봉투가 두둑하기 때문이고 또 나중엔 자기도 다른 사람을 부당하게 대우할 수 있으리라는 희망 때문이다. 이런 일을 하는 사람들이 시도 때도 없이 무기력해지는 것도 또 기본 능력이나마 유지하려면 정기적으로 육체와 정신을 치료받아야 하는 것도 당연하다. 아무리 많은 돈을 횡령해 봤자 그런 환경에 처한 사람이 받는 정신적 피해를 보상하지는 못한다. 이런 조직은 진정한 책임을 질 만큼 생산적이지도 않지만, 그 말을 뒤집어 보면 새로 선출된 관료가 직무를 시작한 지 몇 주만에 자금줄을 끊어 조직이 없어지는 일도 충분히 일어날 법하다는 얘기다. 이런 조직에서 일하는 노동자는 다른 직종으로 이직할 만큼 쓸 만한 기술도 보통 갖추지 못했을 테니 보통 사람보다도 훨씬 가혹한 운명을 맞을 것이다.

이러한 병적 현상을 다룰 유일한 치료책은 바로 건전화폐다. 건전화폐가 도입된다면 선택 란에 표시나 하고 가학적인 상사를 만족시키는 행위 역시 제대로 된 업무라는 생각은 사라질 것이고, 사람들의 소득을 조정하는 요소는 시장 원칙 하나만 남을 것이다. 만약 회사원인 당신이 가치 있는 것을 만들어 내야 해서가 아니라 오직 상사를 만족시켜야 해서 직무 스트레스를 받는다면 그리고 이런 현실에 불만이라면 세상이 좋게 바뀔 수도 있다는 사실에 안도할 수도 있고, 반대로 정부의 인쇄기도 영원히 돌아가지는 않을 테니 당신의 일자리도 영원하지 않을지 모른다는 사실에 걱정할 수도 있다. 어쨌든 이 책을 계속 읽어나가라. 건전화폐의 미덕이 신세계를 만들어 내어 당신에게 기회를 줄지도 모르니까.

Part 08

디지털 화폐

The Bitcoin Standard
디지털 화폐

1950년대부터 시작된 전 세계 원격통신 혁명은 물질적 삶에 점점 큰 영향을 끼치는 한편, 이전까지 풀리지 않고 해묵은 문제에 공학적 해결책을 제시했다. 혁신이 성공한 덕분에 컴퓨터와 네트워크 기술을 이용하여 자금을 결제하고 장부를 기록하는 은행과 스타트업이 늘어났지만 새로운 화폐를 만들어내려는 혁신은 모두 실패했다. 비트코인은 화폐 문제를 디지털로 해결한 최초의 진정한 해답으로, 판매가능성 · 견고함 · 주체성 문제를 해결할 잠재력이 있다. 지난 9년 동안 사실상 오류 없이 운용된 비트코인이 앞으로 90년 동안도 지금처럼만 운용된다면 개인에게 자주성을 제공하여 예기치 못한 인플레이션을 막을 수 있는 한편 공간 · 규모 · 시간을 뛰어넘는 판매가능성도 높이 확보함으로써 화폐 문제를 해결할 강력한 해법이 될 것이다. 비트코인이 지금까지 운용된 것처럼만 앞으로도 운용된다면 조개껍질 · 소금 · 소 · 귀금속 · 정부발행지폐 같이 인간이 이제껏 화폐로 채택해 온 옛 기술은 모두 컴퓨터 옆에 놓인 주판처럼 진귀한 골동품 꼴이 될 것이다.

이 책 앞부분에서 살펴보았듯 야금술이 등장하자 화폐 문제를 푸는 데 구슬이나 조개 같은 물건보다 우월한 해결책이 나타났고, 규격을 갖춘 동전이 발명되자 크기가 제각각인 금속덩이보다 우월한 화폐인 금화와 은화가 출현했다. 다음으로 금이 금융을 뒷받침하게 되면서 본위화폐로서 전 세계를 장악하고 은이 화폐 지위를 잃은 과정도 살펴보았다. 이후 필연적으로 금이 한 데 모이면서 금으로 가치를 보장받는 정부화폐가 등장했는데, 이에 따라 규모를 뛰어넘는 판매가능성은 높아졌지만 동시에 정부가 화폐 공급을 늘리고 강압적으로 통제한 끝에 결국 화폐의 건전성과 자주성이 손상되었다. 기술이 발전하고 현실이 바뀔 때마다 사람들이 채택하는 화폐 기준이 바뀌고, 이에 따라 경제와 사회가 엄청나게 큰 영향을 받는다. 카이사르 시절 로마인이나 콘스탄티누스 시절 비잔티움인, 금본위제 시절 유럽인 같이 건전화폐를 선택한 사회와 개인은 엄청난 혜택을 누렸다. 한편 오키프가 도착할 당시 야프 섬 사람들이나 유리구슬을 쓰던 서아프리카인, 19세기 은본위제 시절 중국인처럼 불건전화폐나 기술이 열등한 화폐를 쓰던 사람은 비싼 값을 치렀다.

지난 수십 년 동안 발전한 여러 기술 발전을 이용하며 디지털 화폐를 만들려는 여러 실패를 딛고 디지털 시대에 태어난 비트코인은 화폐 문제에 해결책으로 새로 제시된 기술로서, 발명되기 전까지만 해도 상상하기조차 힘들었던 것을 선사한다. 그 이유를 이해하기 위하여 우선 화폐로서 비트코인의 속성과 비트코인 네트워크가 도입된 이후 달성한 경제적 성과에 초점을 맞출 것이다. 금본위제를 다룬 책이 금의 화학적 성질을 논하지 않듯, 이 장에서도 비트코인 네트워크 운영방식을 기술면에서 지나치게 자세히 파고들기보다는 비트코인이라는 화폐의 화폐적 속성에 초점을 맞출 것이다.

| 디지털 현금으로서 비트코인 |

비트코인이 발명되기 전, 서로 쓰임새가 확연히 구분되는 두 가지 지불 수단이 쓰이던 세상을 살펴보고 나면 디지털 현금 기술이 지니는 의미도 이해하기 좋다.

1. 두 당사자가 직접 실행하는 현금지불방식(cash payment). 거래가 즉시 완결되므로 편리하고 거래 상대방을 신뢰할 필요도 없다. 지연시간 없이 결제가 실행되고, 제3자가 개입하여 결제를 중단할 방법도 사실상 없다. 주된 단점은 두 당사자가 같은 시각과 장소에 물리적으로 존재해야 한다는 데 있다. 원격통신이 발달하여 서로 먼 장소에 있는 사람끼리 거래를 원하는 경우가 많아지면서 이 문제가 점점 심각해지고 있다.

2. 믿을 만한 제3자가 필요한 중개지불방식(intermediated payment). 수표, 신용카드, 직불카드, 은행이체, 송금서비스가 해당하고, 최근에는 페이팔(PayPal) 같은 혁신사례까지 포함한다. '중개' 지불방식이라는 말 그대로 거래당사자 사이에서 돈을 옮겨주는 제3자가 필요하다. 주된 이점은 두 당사자가 같은 시각과 장소에 존재할 필요가 없고, 지불하는 쪽이 돈을 들고 돌아다니지 않아도 된다는 데 있다. 반대로 주요 단점은 제3자를 신

뢰해야 거래를 실행할 수 있고, 제3자에게 문제가 일어날 위험이 있으며, 시간과 비용을 들여 결제를 완료하고 청산한 후에야 지불받은 사람이 돈을 쓸 수 있다는 데 있다.

두 가지 결제방식 모두 장단점이 있기 때문에 경제 거래를 할 때는 두 가지를 섞어 쓴다. 비트코인이 발명되기 전에 쓰이던 디지털 결제방식은 모두 중개지불방식이었다. 컴퓨터가 등장한 이래 지금까지 디지털 객체는 본질 상 희소하지 않았다. 끝없이 복제할 수 있고 전송해도 복사될 뿐인 디지털 객체로는 화폐를 만들 수 없었다. 어떤 전자결제 방식이 되었든 언제나 중개자를 통해야 했던 이유는 이중결제 위험이다. 즉 지불하는 사람이 정직해서 자기 돈을 두 번 이상 사용하지 않으리라고 보장할 수 없으니, 믿을만한 제3자가 계좌를 감독하고 지불이 제대로 처리되었는지 검증해야 했다. 현금으로 거래하려면 물리적으로 직접 만나야만 했고, 디지털 결제를 하려면 모두 제3자에게 감독받아야 했다.

비트코인은 오랜 기간 동안 수많은 프로그래머가 다양한 기술에 의지하여 시행착오를 겪으며 혁신한 끝에 등장하였으며, 제3자를 신뢰하여 중개자로 이용하지 않고도 디지털 결제를 가능케 하는 첫 번째 공학적 해결책이다. 비트코인은 희소성이 검증된 최초의 디지털 객체로서, 최초의 디지털 현금이 되었다.

제3자를 믿고 중개자로 이용하여 거래할 때 단점이자, 디지털 현금이 이를 해결하여 다수에게 제공하는 가치는 여러 가지다. 제3자가 끼면 당연히 보안 문제가 가중된다.[1] 즉 거래 당사자가 늘어날수록 도난이나 기술 실수가 발생할 가능성이 더해가므로 위험도 어쩔 수 없이 높아진다. 게다가 중개자를 통해 지불하려고 하면 권력에 거래를 감시당하거나 금지당할 위험도 생긴다. 다시 말해 형태가 어찌되었든 디지털 결제에 의지하면 제3자를 신뢰하지 않아도 될 대안이 없고, 언제나 권력에 통제당하며, 권력이 안보·테러·돈세탁 같은 구실을 대 지불을 막을 위험이 있다. 설상가상으로 중개지불방식을 쓰면 언제나 사기 위험이 있기 때문에 거래비용이 올라가고 결제가 완전히 완료되는 데 소요되는 시간도 길어진다.

다시 말해 화폐는 소유자가 언제든 원하는 대로 쓸 수 있어 유동성이 높아야 하는데, 중개지불방식을 사용하면 교환매개로서 화폐가 지니는 이 특성이 상당히 무색해진다. 화폐는 역사적으로 대체가능성(fungibility, 돈의 단위가 같으면 가치도 동일함)과 유동성(liquidity, 소유자가 시장가에 빠르게 팔 수 있음)이라는 성질을 계속 유지했다. 사람들은 돈을 자주적으로 사용하고 싶어하므로 대체가능성과 유동성을 지닌 화폐를 선택한다. 자주적 화폐에는 그 화폐를 쓰는 데 필요한 모든 권한이 이미 내재한다. 즉, 화폐가 자주적이라면 소유주 아닌 타인이 화폐를 가지고 싶다 한들 그 화폐를 통제할 능력이 부족하다.

현금결제방식을 사용하면 중개거래방식처럼 화폐의 장점을 위협당할 일이 없다. 하지만 현대 원격통신 덕분에 장거리 무역과 고용이 늘어나자 현금거래방식은 도저히 쓸 수 없을 정도로 실용성이 떨어지게 되었다. 그리하여 디지털 결제가 늘어나자 사람들은 자기 돈에 자

---

1) 다음을 참고하라. Nick Szabo, 2001, 《Trusted Third Parties Are Security Holes》. nakamotoinstitute.org에서 열람 가능.

주성을 점점 잃고, 신뢰하지 않을 도리가 없는 제3자의 변덕에 휘둘리게 되었다. 게다가 아무도 찍어낼 수 없는 돈인 금을 버리고 중앙은행에 공급이 통제되는 명목화폐를 쓰게 되자 자기 재산에 자주성을 더욱 잃었고, 중앙은행이 정부 활동비를 대느라 화폐 공급을 늘리자 자기 돈의 가치가 눈앞에서 점점 줄어드는 장면을 앉아서 보아야 했다. 화폐를 발행하는 정부에게 허락받지 않고는 자본과 부를 축적하기 점점 더 어려워졌다.

사토시 나카모토가 비트코인을 만든 동기는 제3자를 신뢰하지 않아도 거래할 수 있고 거래 당사자 아닌 누구도 공급량을 조정할 수 없는, '순수하게 개인 대 개인(peer-to-peer)으로 돌아가는 전자현금'을 만드는 데 있었다. 다시 말해 비트코인은 (중개자가 없고 거래 완결이 보장된다는) 실제 현금의 바람직한 특성을 디지털 영역으로 가져온 한편, 예상치 못한 인플레이션을 외부자가 일으킴으로써 이익을 얻고 보유자에게 피해를 입히는 일을 엄격히 방지하는 화폐 정책을 결합한 것이다. 나카모토는 이를 달성하기 위하여 분산형 개인 대 개인 네트워크, 해싱(hashing), 디지털 서명(digital signature), 작업증명(proof-of-work) 등 널리 알려지지 않았지만 매우 중요한 기술을 이용했다.[2]

나카모토는 철저하고 엄격한 증명(proof)과 검증(verification)에 기반을 두고 비트코인을 만들어 냄으로써 제3자를 신뢰해야 할 필요를 없앴다. 비트코인의 작동 특성 중 핵심은 검증이고, 오직 검증 덕분

---

2) 앞 세 가지 기술은 이 장 부록에 간략하게 설명해 두었고, 작업증명은 이 장과 10장에서 더욱 자세히 다룬다.

에 비트코인에 신뢰가 전혀 필요하지 않게 되었다고 해야 마땅하다.[3] 네트워크 구성원 모두는 모든 거래를 기록하는데, 그리하여 잔액과 거래를 모두 기록한 장부를 공유한다. 네트워크 구성원이 다른 구성원에게 얼마를 이체할 때마다 모든 네트워크 구성원은 송신자의 잔고가 충분한지 검증할 수 있고, 각 노드(node, 네트워크에 연결된 컴퓨터 – 옮긴이)는 10분마다 새로운 거래 블록을 장부에 제일 먼저 기록하려고 경쟁한다. 노드가 거래 블록 하나를 장부에 기록하려면, 연산력(processing power)을 소모하여 수학 문제를 풀어야 하는데, 이 문제는 풀기에는 복잡하지만 답이 맞는지 검증하기는 쉽다. 이처럼 블록을 기록하고 네트워크 구성원 모두에게 검증받으려면 정답을 맞혀야 하는 구조가 작업증명(proof-of-work, PoW) 체계다. 여기서 쓰이는 수학 문제 자체는 비록 비트코인 거래와 무관하지만, 블록에 부당한 거래가 포함된다면 노드가 답을 푸는 데 쓴 연산력이 낭비되도록 만듦으로써 비트코인 시스템이 돌아가는 데 중요한 역할을 한다. 한 노드가 작업증명을 올바르게 풀어내고 거래를 공표하면 네트워크에 있는 다른 노드들은 블록이 타당한지 투표하고, 그 블록을 승인하자는 표가 과반이 되면 노드들은 거래를 새긴 새 블록을 기존 블록체인 마지막에 붙어 있던 블록 뒤에 덧붙인 후, 새 작업증명을 풀기 시작한다. 이 때 타당한 거래 블록을 네트워크에 기록한 노드가 새로 발행된 비트코인 및 거래한 사람이 지불한 거래수수료를 합한 블록보상(block reward)을 받는다는 사실이 매우 중요하다.

---

3) Konrad Graf, "On the Origins of Bitcoin: Stages of Monetary Evolution" (2013). www.konradsgraf.com에서 열람 가능.

이 절차를 귀금속 채굴 과정에 비유하여 채굴(mining)이라고 부르고, 마찬가지로 작업증명을 푸는 노드를 채굴자(miner)라고 부른다. 그리고 채굴자가 자원을 들여 작업증명을 푼 대가가 블록보상이다. 현대에 중앙은행이 새로 발행한 돈은 대출이나 정부 지출에 쓰이는 반면, 비트코인에서 새로 발행된 돈은 자원을 들여 장부를 갱신한 사람에게만 간다. 나카모토는 대략 10분마다 새 블록이 생성되고, 운영된 지 4년까지는 블록마다 50 비트코인을 보상하고 그 후에는 25 비트코인을 보상하는 식으로 4년마다 보상이 반으로 줄어들도록 비트코인 프로그램을 짰다.

생성될 비트코인의 양은 프로그램에 따라 이미 정해졌으므로 작업증명에 아무리 많은 노력과 에너지를 쏟는다 해도 바뀌지 않는다. 이를 달성한 수단인 난이도 조정(difficulty adjustment)은 비트코인 구조 가운데서도 아마 가장 기발한 부분일 것이다. 비트코인을 보유하기로 선택한 사람이 많아질수록 비트코인의 시장가치는 올라가므로 비트코인을 새로 채굴해 얻을 이익도 커질 것이고, 따라서 더 많은 채굴자가 더 많은 자원을 들여 작업증명 문제를 풀게 된다. 채굴자가 많아지면 연산력 총량도 커지고, 그러면 작업증명 해법이 더욱 빨리 나올 것이므로 새 비트코인이 발행되는 속도도 빨라질 것이다. 하지만 연산력 총량이 커지면 비트코인은 채굴 보상을 얻기 위해 풀어야 할 수학 문제를 더 어렵게 만듦으로써 블록이 여전히 10분 내외에 하나만 생성되게 한다.

비트코인이 다른 모든 돈과 다른 것은 경화를 만들고 저량/유량 비율이 내려가지 않도록 제한하는 기술로써 가장 믿을만한 '난이도 조정'을 갖춘 덕분이다. 무슨 화폐든 가치가 올라가면 생산을 늘리는 데 더 많은 자원이 투입되어 결국 화폐 공급량이 늘어나지만, 비트코인은 가치가 올라가서 생산하는 데 더 많은 노력을 쏟아도 공급량이 늘어나지 않는다. 타당한 거래를 비트코인 네트워크에 기록하는 데 들여야 하는 연산력이 늘어날 뿐이고, 그리하여 네트워크를 위협하기 어려워져 네트워크가 더욱 안전해지는 효과만을 낸다. 비트코인은 이제까지 발명된 화폐 가운데 가장 견고하다. 가치가 상승해도 네트워크의 저항력을 키워 안전성이 올라갈 뿐, 공급량이 늘지는 못한다.

다른 모든 돈이라면 가치가 오를 경우 능력만 있으면 누구나 그 돈을 생산하기 시작할 것이다. 라이 · 조개껍질 · 은 · 금 · 구리 · 정부화폐 중 무엇이든, 누구나 그 돈을 더 생산할 유인을 얻을 것이다. 화폐는 가치가 올라도 더 생산해 내기 어려울수록 널리 채택되고 쓰일 가능성도 높아졌다. 또 그런 화폐를 사용하는 곳에서는 사람들도 (통화량이 많든 적든 경제를 운영하는 데는 문제가 없기 때문에) 아무런 사회적 가치도 없는 화폐 생산 활동을 통해서가 아니라 다른 사람에게 봉사하여 부를 창출하려 했으므로 사회도 더욱 번영했다. 금은 생산하기 가장 어렵기 때문에 모든 문명사회에서 가장 중요한 화폐가 되었는데, 비트코인은 난이도 조정 덕분에 금보다도 생산하기 더 어렵다. 금은 가격이 크게 오르면 장기적으로 생산량이 늘어나겠지만, 비트코인은 가격이 아무리 올라도 네트워크만 더 안전해질 뿐 공급량은 동일하다.

비트코인이 안전한 것은 장부에 거래를 기록하기 위해 작업증명을 푸는 비용과 작업증명의 타당성을 검증하는 비용 사이에 큰 격차가 있기 때문이다. 거래를 기록하는 데 드는 전력과 연산력은 점점 커지지만, 비트코인 발행량이 늘어나더라도 거래의 타당성을 검증하는 비용은 지금과 마찬가지로 계속 0에 가까울 것이다. 채굴자가 부당한 거래를 비트코인 장부에 기록하려 해도, 다른 노드는 비용을 거의 들이지 않고도 이를 거부하고 채굴자가 블록보상을 받지 못하게 막을 수 있기 때문에 작업증명을 푸는 데 들인 자원이 낭비될 뿐이다.

이미 기록된 장부를 바꾸려면 이미 사용된 에너지보다 더 많은 에너지를 들여야 하는데, 시간이 흐를수록 사용된 에너지가 점점 늘어나므로 장부를 바꾸기도 더욱 어려워진다. 이처럼 매우 복잡한 과정이 반복하면서 규모도 커져 엄청난 연산력과 전기가 들게 되었지만, 그 대가로 제3자의 신뢰성에 전혀 기대지 않고도 소유권과 거래를 논쟁의 여지없이 기록한 장부를 만들어냈다. 비트코인의 토대는 신뢰 0%에 검증 100%다.[4]

거래가 일어나도 화폐가 실제로 움직이지 않는다는 점에서 비트코인의 공유장부는 2장에서 논한 야프 섬의 라이에 비유할 만하다. 야프 섬 사람들이 모인 자리에서 라이의 소유자가 바뀌었다고 발표하면 온 마을 사람이 새로운 돌 주인을 인지했듯, 비트코인에서는 네트워크 구성원이 자기 거래를 네트워크 전체에 알리면 구성원들은 송신자가 거래하기에 충분한 잔액을 보유했는지 검증한 후 수신자 계좌에

---

4) 이 책과 독자를 형이상학 문제로 끌고 갈 의도는 전혀 없이 하는 말인데, 어쩌면 비트코인의 거래 장부가 세상에서 유일하게 객관적인 사실만을 모아놓은 집합이 아닌가 하는 생각을 한 적이 있다. (여러 철학자가 말하듯) 모든 사실은 주관적이며 이를 말하거나 듣는 사람에 따라 진실성이 바뀐다고 주장하기도 하지만, 비트코인의 거래 장부는 누구의 말에도 의지하지 않고 전기와 연산력을 변환하여 만들어 낸 것이다.

거래액을 옮긴다. 디지털 코인은 단지 장부에 기록된 항목으로 존재할 뿐이고, 거래가 일어나고 검증되면 그 코인의 소유권이 송신자의 장부에서 수신자의 장부로 이동할 뿐이다. 코인 소유권은 소유자 이름이 아니라 공개주소를 따라 할당되고, 공개주소에 속한 코인에 접근할 권한을 얻으려면 암호에 비유할 만한 일련의 글자배열인 개인키(private key)가 있어야만 한다.[5]

라이는 크고 무거워서 가치에 맞춰 나누기가 매우 어려웠지만 비트코인에는 그런 문제가 없다. 비트코인의 공급량은 최대 21,000,000개로 정해져 있는데, 1비트코인은 100,000,000 사토시(satoshi)로 나뉘므로 규모를 뛰어넘는 판매가능성이 높다. 야프 섬의 라이는 서로 매우 잘 아는 소규모 집단이 사는 작은 섬에서 몇 번 정도 거래할 때나 실용적이었지만, 비트코인은 세계 어디서나 인터넷만 있으면 디지털 장부에 접근할 수 있기 때문에 공간을 뛰어넘는 판매가능성이 훨씬 우수하다.

비트코인 노드라는 개인 차원에서 보자면, 부정직하게 행동해 봤자 즉시 들키므로 사기를 쳐 봤자 비용만 들고 성과는 얻지 못하기 때문에 정직할 수밖에 없다. 비트코인 네트워크라는 집단 차원에서 보자면, 다수가 야합하여 거래 장부의 진실성을 침해하는 데 성공해 봤

---

5) 비트코인을 얻으려면 개인키를 통제하는 방법 밖에 없다. 누군가가 당신의 개인키에 접근할 권한을 얻었다면 당신의 비트코인은 이제 그 사람 것이다. 개인키를 도난당하면 달러 지폐나 금을 도난당한 것처럼 복구할 방법 없이 상황 종료다. 어떤 감독기관에 전화한들 도난을 무효화하지 못한다. 이는 현금이 된 비트코인이 피할 수 없는 현상이고, 비트코인에 얼마가 되었건 투자를 고려한다면 무엇보다도 먼저 완전히 이해해야 할 중요한 사실이다. 개인키를 안전하게 보관하기란 간단하지 않지만, 안전하게 보관할 수 없다면 매우 위험하다.

자 비트코인이 제공하는 가치가 전부 사라지고 비트코인 하나하나의 가치가 붕괴하여 0이 될 것이기 때문에 사기를 칠 수 없다. 야합하는 데 비용이 많이 들기도 하지만, 성공해도 전리품이 쓸모없어진다. 다시 말해 비트코인은 경제 유인에 의지함으로써, 사기를 칠 때 드는 비용을 보상보다 훨씬 크게 만든다.

누구도 단독으로는 장부를 유지하는 데 핵심 역할을 하지 않고, 네트워크 구성원 다수에게 동의 받지 않고서는 누구도 장부에 쓰인 기록을 바꿀 수 없다. 거래가 타당한지는 어떠한 정부기관의 의견이 아니라, 네트워크의 노드 각각에서 돌아가는 소프트웨어가 결정한다.

랠프 머클(Ralph Merkle)은 비트코인이 거래를 기록하는 데 활용하는 자료 구조인 머클트리(Merkle tree data structure, 해시트리(hash tree)라고도 함 – 옮긴이)를 만든 사람으로 비트코인을 다음과 같이 인상 깊게 묘사했다.

> 비트코인은 새로운 생명 형태의 첫 본보기다. 비트코인은 인터넷에서 살고 숨 쉰다. 비트코인은 유용한 서비스를 제공하고, 그 서비스에 사람들이 대가를 지불하기 때문에 살아남는다. 누구나 어디서든 코드 복사본을 돌릴 수 있기 때문에 살아남는다. 실행되는 복사본끼리 끊임없이 대화하기 때문에 살아남는다. 복사본이 오염되면 말썽도 소란도 없이 빠르게 폐기되기 때문에 살아남는다. 철저히 투명하여 누구나 코드가 무엇을 하는 지 정확하게 살필 수 있기 때문에 살아남는다.
>
> 비트코인은 바뀔 수 없다. 논쟁거리도 아니다. 조작되지도 않는다. 오염시킬 수도 없다. 멈출 수도 없다. 방해할 수조차 없다.

핵전쟁이 일어나 지구 절반이 파괴되더라도 비트코인은 오염되지 않고 계속 살아남을 것이다. 계속 서비스를 제공할 것이다. 자신을 살아있게 하는 사람에게 계속 대가를 줄 것이다.

비트코인을 멈추는 방법은 비트코인이 들어있는 모든 서버를 파괴하는 것뿐이다. 물론 그러기는 어렵다. 비트코인은 엄청나게 많은 나라에 있는 엄청나게 많은 서버에 들어 있고 엄청나게 많은 사람이 사용하기 원하기 때문이다.

비트코인을 없애는 현실적 방법은 비트코인이 제공하는 서비스를 시대에 뒤떨어져 쓸모없게 만듦으로써 아무도 쓰지 않도록 만드는 것뿐이다. 돈을 지불하려는 사람이 아무도 없을 정도로 뒤떨어져야 한다. 비트코인을 가지고 싶은 사람이 아무도 없어야 한다. 그러면 비트코인은 누구에게도 돈을 지불할 수 없을 것이다. 그리하여 굶어 죽을 것이다.

하지만 사용하려는 사람이 남아있는 한, 비트코인을 없애거나 오염시키거나 멈추거나 방해하기는 매우 어렵다.[6]

비트코인이 살아남은 이유는 바퀴·칼·전화 등 다른 기술이 살아남은 이유와 똑같다. 사용자에게 이익을 주기 때문이다. 사용자·채굴자·노드 운영자는 모두 비트코인과 상호작용하여 경제적 보상을 받는다. 그래서 비트코인은 계속 돌아간다. 그리고 비트코인을 돌아가게 만드는 당사자를 하나하나씩 살펴보면 비트코인을 운영하는 데 꼭 필요한 사람이란 없다. 비트코인은 어떤 개인에게도 의지하지 않

---

6) Ralph Merkle, "DAOs, Democracy and Governance", 〈Cryonics〉, vol. 37, no. 4 (2016년 7~8월호): 28~40; Alcor, www.alcor.org

고, 누군가 비트코인을 바꾸려 해도 마치 누구에게도 아무런 영향을 받지 않은 듯 계속 운영해 나갈 능력을 완벽하게 갖췄다. 이를 이해하고 나면 10장에서 다루듯 비트코인의 불변하는 본질을 이해하고, 또 비트코인 코드를 크게 바꾸려는 시도가 이어진 끝에 결국 비트코인 모방품이 탄생했다 해도 비트코인처럼 경제적 유인의 균형을 갖춰 변화 없이 계속 운영해 나갈 수는 없는 이유를 이해하는 데 도움이 된다.

한편으로 비트코인은 자발적으로 출현하여 자율적으로 활동하며 새로운 화폐와 새로운 결제 네트워크를 제공하는 회사라고 이해할 수도 있다. 경영진도 회사 조직도 없는 이 회사에서는 모든 일을 미리 프로그래밍한 대로만 자동으로 결정한다. 오픈소스 프로젝트에서는 프로그래머가 자발적으로 참여하여 코드를 바꾸고 개선할 수 있지만 이를 채택할 것인지는 사용자가 판단할 몫이다. 이 회사가 제공하는 가치는, 자기 화폐의 수요가 늘어 가격이 오른다 해도 채굴 난이도 조정 덕분에 공급이 완전히 비탄력적이므로 네트워크만 더욱 안전해 질 뿐 공급이 늘지는 않는다는 사실이다. 채굴자가 네트워크를 보호하는 채굴 기반시설에 전력과 연산력을 투자하는 것은 보상을 받기 때문이다. 사용자는 디지털 현금을 이용하고 또 그 디지털 현금 가치가 시간이 흐르면서 오르는 데서 이익을 보려고 채굴자에게 수수료를 내고 거래 수수료를 내며, 그럼으로써 채굴자가 투자하는 네트워크 운영비를 댄다. PoW 채굴기 투자금은 네트워크를 더욱 안전하게 만드는 데 쓰이는데, 회사의 자본이라고 이해해도 좋다. 네트워크 수요가 커갈수록 채굴자가 받는 보상과 거래수수료의 가치도 높아지고, 그러면 새로운 비트코인을 생성하는 데 드는 연산력이 커지고, 회사의 자

266

본이 늘어나며, 네트워크가 더욱 안전해지고 비트코인을 생산하기가 더욱 어려워진다. 이처럼 경제 구조가 관련자 모두에게 생산적이고 유리하므로 네트워크가 엄청난 속도로 계속 성장한다.

나카모토는 이러한 기술 구조를 이용하여 디지털 희소성(digital scarcity)을 발명해 냈다. 비트코인은 무한하게 재생산할 수 없고 희소한 최초의 디지털 재화다. 디지털 객체를 디지털 네트워크에 존재하는 한 지점에서 다른 지점으로 보내는 정도야 이메일, 문자메시지, 파일 다운로드 등으로도 할 수 있는 사소한 일이지만, 그런 절차를 쓰면 보낸 사람도 그 디지털 객체를 여전히 소유하며 무한하게 재생산할 수 있으므로 전송(sending)보다 복사(copying)라고 부르는 편이 더 정확하다. 반면 비트코인은 보낸 사람이 더 이상 소유하지 못하는 최초의 디지털 재화다.

비트코인은 디지털 희소성 뿐 아니라 절대 희소성(absolute scarcity)을 최초로 구현한 사례기도 하다. 즉 (디지털과 실물을 막론하고) 사상 처음으로 총량이 늘어날 수 없게 고정된 유동성 상품이다. 희소성이란 비트코인이 발명되기 전까지만 해도 언제나 상대적 개념이었지 절대적 개념인 적은 한 번도 없었다. 어떤 실물 재화가 유한하여 절대 희소성을 띈다고 생각한다면 오해다. 모든 재화의 생산량 상한선은 그 재화를 생산하는 데 드는 시간과 노력에 따라 결정되었지, 그 재화가 지구에 존재하는 양에 따라 결정되는 것은 절대로 아니기 때문이다. 하지만 비트코인은 절대 희소성을 갖췄으므로 시간을 뛰어넘는 판매가능성이 높다. 이 사실은 대단히 중요하므로 9장에서 비트코인의 가치저장 기능을 다루면서 더 자세히 설명할 것이다.

| 공급 · 가치 · 거래 |

이론적으로야 어떤 자산의 공급량을 예상 가능한 한도로 유지하거나 조금씩만 늘려 계속 화폐 기능을 지니게 만들 수 있지만 현실은 언제나 이론보다 훨씬 까다로웠다. 정부는 민간단체가 자체 화폐를 발행하지 못하게 금지함으로써 정부 자신이 스스로 자금을 대며 성장하는 주된 수단을 침해받지 않으려 했다. 즉 정부는 언제나 화폐 생산을 독점하려 했고, 또 화폐 공급을 늘리려는 유혹은 너무 강력했다. 하지만 비트코인이 발명되자, 마침내 공급량 증가율을 철칙에 따라 낮게 보장하는 인공 화폐가 세상에 등장했다. 비트코인은 화폐정책 결정 과정에서 거시경제학자, 정치인, 대통령, 혁명지도자, 군사 독재자, 방송에 출연하는 전문가 등을 모두 몰아낸다. 화폐 공급량 증가율은 미리 프로그램되고 네트워크 구성원 모두가 도입한 함수에 따라 결정된다. 비트코인 운영 초기에는 공급량 증가 계획이 바뀔 가능성도 있었지만 이제는 다 옛날 얘기다. 이제는 어떤 현실적 의도와 목적을 든다 해도 비트코인의 거래 기록을 바꿀 수 없듯, 공급량 증가 계획도 바꿀 수 없다.[7] 비트코인이 등장한 후 몇 년 동안은 공급량 증가율이 매우 높았고 공급 계획이 변하지 않으리라는 보장도 완전히 믿기는 어려웠지만, 시간이 흐르면서 공급량 증가율은 떨어졌고 네트워크가 공급 계획을 지키리라는 믿음은 강력해졌으며, 네트워크에 중요한 변화가 일어나지 않은 채 하루하루가 지날 때마다 믿음도 더욱 강력해진다.

---

[7] 비트코인이 지닌 불변성과 변화 저항력을 논한 내용은 10장을 참고하라.

비트코인 블록은 대략 10분마다 공유장부에 추가된다. 네트워크가 탄생했을 때 블록보상은 블록 당 50비트코인으로 프로그램되었다. 대략 4년마다, 그러니까 210,000 블록이 발행될 때마다 블록보상은 반으로 줄어든다. 첫 반감기인 2012년 11월 28일에 새 비트코인 발행량은 블록 당 25비트코인으로 떨어졌다. 2016년 7월 9일에는 다시 블록 당 12.5비트코인으로 떨어졌고, 2020년에는 6.25비트코인으로 떨어질 것이다. 이 계획에 따르면 공급량은 계속 늘지만 증가율은 점점 떨어지고, 총 공급량이 2,100만 개에 수렴하는 2140년쯤 되면 더 이상 비트코인이 발행되지 않을 것이다. (그림 14 참고)

그림 14 · 블록이 10분마다 하나씩 발행된다고 가정할 때 비트코인의 공급량과 공급증가율(%)

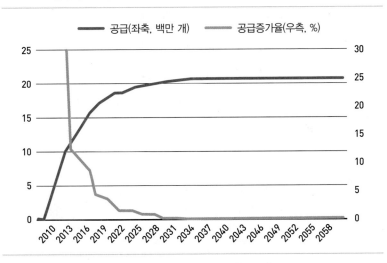

비트코인이 새로 생성되려면 새 블록이 발행되어야 하고, 새 블록을 만들려면 작업증명 문제를 풀어야 하므로, 새 비트코인을 생성하

는 데는 비용이 실제로 든다. 비트코인 시장가격이 오르면 PoW를 풀어 블록보상을 얻으려는 노드가 더 많이 들어오고, 그러면 PoW 문제가 더욱 어려워지므로 더 많은 비용을 들여야 보상을 받게 된다. 따라서 비트코인을 생산해 내는 비용과 시장가격은 대체로 같이 오를 것이다.

사토시는 공급 증가 계획을 이렇게 설정한 후 1비트코인을 100,000,000단위로 나눴는데, 나중에는 그를 기리는 의미에서 이 단위를 사토시라고 부르게 되었다. 비트코인은 공급량이 계속 늘어나다 2140년이 되면 21,000,000개를 모두 채운다. 하지만 증가율이 떨어지기 때문에 이 중 2천만 개는 2025년 정도까지 채굴되고 나머지 1백만 개가 100년이 넘는 기간 동안 채굴될 것이다.

새로 발행되는 비트코인 수는 알고리즘에 따라 예측된 수와 완전히 똑같지는 않다. 새 블록이 정확히 10분 만에 하나씩 채굴되지 않기 때문인데, 그 이유는 앞에서 말했듯 난이도 조정 자체가 엄밀한 절차에 따른 과정이 아니라 2주마다 보정하는 작업이기 때문에 채굴 사업에 새로 참여하는 채굴자 수에 따라 목표를 과대달성할 수도, 과소달성할 수도 있어서다. 비트코인을 써본 사람이 매우 적었던 2009년에는 발행량이 계획을 훨씬 밑돌았던 반면 2010년에는 공급량 증가율로 예상했던 숫자를 웃돌았다. 실제 발행량은 상황에 따라 달라지겠지만, 공급이 증가하면 이론에 따른 증가량과 차이는 줄어들 것이다. 하지만 비트코인 존재량을 제한하는 상한선이 불변한다는 사실 그리고 기존 코인 수는 점점 늘어나는데 추가 코인 수는 점점 줄어들기 때문에 공급량 증가율이 계속 내려가리라는 사실은 변하지 않을 것이다.

2017년 말 기준으로 이미 채굴된 코인은 1,677만 5천 개로, 앞으로 존재할 수 있는 전체 코인 수의 79.9%다. 2017년 연간 공급량 증가율은 4.35%로 2016년 6.8%에 비하여 내려갔다. 표 6에는 BTC의 연간 공급량과 공급량 증가율을 나타냈다.[8]

표 6 | 비트코인 공급량과 공급량 증가율

연도	2009	2010	2011	2012	2013	2014	2015	2016	2017
비트코인 총 공급량 (백만 개)	1.623	5.018	8.000	10.613	12.199	13.671	15.029	16.075	16.775
연간 증가율 (%)		209.13	59.42	32.66	14.94	12.06	9.93	6.80	4.35

향후 비트코인 공급 계획을 자세히 살펴보면 공급량과 증가율을 추정할 수 있다. 실제 숫자는 이와 달라질 수 있지만 차이가 크지는 않을 것이다. (표 7[9] 참고)

표 7 | 비트코인 공급량과 공급량 증가율 추정

연도	2018	2019	2020	2021	2022	2023	2024	2025	2026
비트코인 총 공급량 (백만 개)	17.415	18.055	18.527	18.855	19.184	19.512	19.758	19.923	20.087
연간 증가율 (%)	3.82	3.68	2.61	1.77	1.74	1.71	1.26	0.83	0.82

---

8) 출처 : blockchain.info.
9) 출처 : 저자 계산.

그림 15는 지난 25년 동안 전 세계 주요 준비통화와 금의 공급량 증가율 그리고 프로그램된 증가율에 따른 비트코인의 공급량 증가율을 바탕으로 향후 25년 동안 증가율을 추정한 결과다. 계산에 따르면 비트코인 공급은 향후 25년 동안 27% 증가할 것인데 비하여 금의 공급은 52%, 일본 엔은 64%, 스위스 프랑은 169%, 미국 달러는 272%, 유로화는 286%, 영국 파운드는 429% 증가할 것이다.

그림 15 · 향후 25년 동안 비트코인과 각국 화폐의 공급증가율(%) 추정

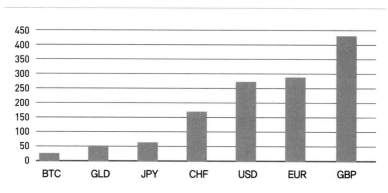

이 자료를 보면 비트코인이 지닌 판매가능성을 평가하고 비트코인이 어떻게 화폐 기능을 충족하는지 이해된다. 비트코인은 2025년에 공급량 증가율이 금보다 낮아지는 데서 보듯 공급량이 제한되어 가치 저장 수단으로 상당한 수요가 발생할 수 있으므로 시간을 뛰어넘는 판매가능성을 확보할 수 있다. 또 디지털이라는 특성 덕분에 전 세계에 간단하고 안전하게 보낼 수 있으니 다른 화폐는 불가능한 방식으로 공간을 뛰어넘는 판매가능성도 있고, 1비트코인을 100,000,000 사토시로 나눌 수 있으니 규모를 뛰어넘는 판매가능성도 있다. 게다

가 비트코인은 중개자에게 통제받지 않고, 권력이 가치를 떨어뜨리거나 몰수하기도 거의 불가능하니 정부화폐가 지닌 주요 단점도 없다. 디지털 시대가 우리 삶의 여러 측면을 개선하고 효율화했듯, 비트코인은 간접교환 문제를 해결한 화폐로서 소와 소금을 버리고 금과 은을 채택한 사건만큼이나 엄청난 기술 도약을 이뤄냈다.

전통 화폐는 공급이 계속 늘고 구매력이 계속 줄어드는 반면 비트코인은 (비록 공급량 증가율은 계속 낮아지고 존재 가능한 수량 한계도 있지만) 이제까지 공급량이 완만하게나마 늘어났는데도 실질 구매력이 엄청나게 올라갔다. 거래를 검증하는 채굴자는 비트코인이라는 보상을 받기 때문에 네트워크를 진실하게 유지해야 이익을 얻을 가능성이 매우 높고, 그리하여 비트코인 가치는 올라가게 된다.

비트코인 네트워크는 2009년 1월에 운영되기 시작한 이후 얼마간은 잘 알려지지 않아 암호학 전문가 메일링 리스트에 포함된 몇몇 사람들만 쓰는 프로젝트였다. 비트코인이 태어난 후 가장 중요한 시점을 꼽으라면 네트워크에 존재하는 토큰이 경제적으로 아무 가치도 없었다가 시장 가치를 얻음으로써 비트코인이 시장의 시험을 통과했음을, 즉 누군가가 진짜 돈을 주고 토큰을 기꺼이 살 정도로 네트워크 운영이 성공했음을 검증한 첫날을 들어야 할 것이다. 뉴 리버티 스탠다드(New Liberty Standard)라는 온라인 거래소에서 1비트코인이 0.000994 달러에 팔린 2009년 10월이 그때다. 2010년 5월에는 실제 세상에서 물건을 사는 데 처음으로 비트코인이 쓰였다. 어떤 사람이 10,000비트코인을 내고 피자 두 판을 샀는데, 피자 값이 25달러니 1비트코인에 0.0025달러를 매긴 셈이다. 그 후 비트코인 얘기를 듣

고 관심을 보여 구입하는 사람이 늘어나면서 가격이 계속 올랐다.[10]

비트코인 토큰의 수요가 시장에 존재하는 이유는 최초로 (또 지금까지는 사실상 유일하게) 제대로 작동하고 믿을만한 디지털 현금 체계를 운영하는 데 필요해서다.[11] 암호학자와 자유지상주의자가 모인 소규모 공동체는 네트워크가 초기에 성공적으로 운영되는 상황을 보고 비트코인이라는 디지털 토큰에 수집 가치를 부여하여 자기 컴퓨터로 채굴하기 시작하다 나중에는 서로 사고팔기도 했다.[12] 토큰이 이렇게 수집품으로 인정받기 시작한 데는 복제될 수 없고 엄격한 제한을 받는다는 사실이 큰 영향을 끼쳤다. 비트코인은 사람들이 비트코인 네트워크에서 쓰려고 구하는 대상이 되고 또 경제 가치를 얻자, 가치저장 수단으로서 원하는 사람들이 많아져 화폐 지위를 얻게 되었다. 이런 일련의 행동은 루트비히 폰 미제스가 화폐의 기원을 다룬 회귀 이론(Theory of Regression)에 부합한다. 이 이론에 따르면 화폐성 재화는 처음에 시장 재화였다가 나중에 교환매개로 쓰이게 된다. 비트코인이 소규모 공동체에서 수집품 지위를 얻었듯, 조개껍질·라이·귀금속도 장식품으로서 가치를 지녔다가 그 후에 화폐 지위를 얻으면서 가치도 더 크게 올랐다.

비트코인은 등장한지 얼마 되지 않고 이제 막 보급되기 시작했기

---

10) 앞에서 말한 거래 두 번에 얽힌 이야기는 다음 책에 자세히 나온다. Nathaniel Popper, 《Digital Gold》.

11) 비트코인 모방품을 디지털 현금으로 볼 수 없는 이유는 10장에서 논한다.

12) 이 이야기를 상세하게 다룬 내용은 다음을 참고하라. Kyle Torpey, "Here's What Goldbugs Miss About Bitcoin's 'Intrinsic Value'", 〈Forbes Digital Money〉. https://www.forbes.com/sites/ktorpey/2017/10/27/heres-what-gold-bugs-miss-about-bitcoi ns-intrinsic-value/2/#11b6a3b97ce0 에서 열람 가능.

때문에 수요가 변동하면 가격도 크게 변동하지만 가격이 급등해도 권력이 자의에 따라 공급량을 늘리기가 불가능하므로 구매력이 급등한 것도 이해가 간다. 비트코인 수요가 급증해도 비트코인 채굴자는 구리 채굴자와 달리 이미 설정된 계획량 이상으로 생산량을 늘릴 수 없다. 또 전 연방준비제도 위원장 그린스펀(Alan Greenspan)이 시장에 금을 풀라고 중앙은행에 제안했던 사례와 달리, 비트코인을 시장에 풀어 상황에 개입할 중앙은행도 없다. 수요가 늘면 시장은 가격을 올려 보유자가 신참에게 코인을 조금이라도 팔 유인을 주어 대응할 수밖에 없다. 바로 이것이, 비트코인이 최초로 거래된 2009년 10월 5일에 1비트코인 가격이 0.000994달러였다가 2017년 10월 5일에 4,200달러로 올라 8년 동안 422,520,000% 상승하고 연평균성장률 573%를 기록한 이유다. (그림 16[13] 참고)

그림 16 · 1비트코인의 미국 달러 기준 가격

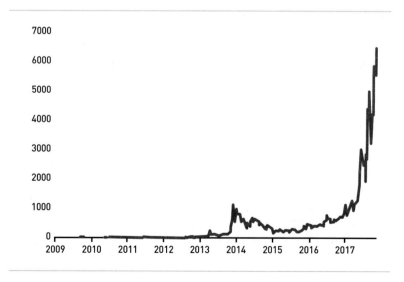

비트코인 가격이 오르려면 사람들이 쓰지 말고 가치저장 수단으로 가지고 있어야 한다. 화폐를 상당한 기간 동안 가지고 있으려는 사람이 충분히 많지 않다면 화폐가 계속 팔릴 것이라 가격이 오르지 못하고 떨어질 것이다. 2017년 11월에 유통되던 비트코인 총량의 시장가치는 1,100억 달러 수준으로, 대부분의 각국 화폐의 광의통화량보다 컸다. 비트코인이라는 나라가 있다면 그 나라의 총 통화량 가치는 전 세계에서 56위가 될 것인데, 비교하자면 모로코와 페루보다는 크고 쿠웨이트나 방글라데시와는 대략 비슷하며 콜롬비아나 파키스탄보다는 작다. 협의통화 공급량과 비교한다면 비트코인의 공급 총량 가치는 33위정도 되어 브라질, 터키, 남아프리카공화국과 비슷하다.[14] 네트워크에서 익명의 프로그래머가 설계하고 자생적·자발적으로 등장한 온라인 경제가 9년 만에 전 세계 대부분 국가의 통화량을 넘는 가치를 지니게 되었다는 사실은 인터넷이 만들어 낸 성취 중에서도 가장 놀라운 결과로 꼽아야 할 것이다.[15]

이러한 보수적 화폐 정책과 그 덕분에 상승한 시장가치는 비트코인이 성공적으로 운영되는 데 필수일 뿐 아니라, 채굴자가 전력과 연산력을 써서 거래를 정직하게 검증하는 이유기도 하다. 비트코인이 케인스주의자나 통화주의자가 추천하는 통화량 확대 정책을 채택했다

---

13) 출처 : 코인데스크(Coindesk) 비트코인 가격 지수. www.coindesk.com/price에서 열람 가능.

14) CIA World Factbook. https://www.cia.gov/library/publications/the-world-fact-book/에서 열람 가능.

15) 완전히 동일한 대상을 엄밀하게 비교한 결과는 아니므로 가감하여 받아들여야 한다. 정부화폐 통화량은 중앙은행 뿐 아니라 일반은행도 창출하지만 비트코인에는 그런 과정이 없다. 또 나라마다 통화량에 포함하는 금융자산이 다르므로 통화량 측정 기준도 다르다.

면 사용자나 거래 회수에 비례하여 공급량도 늘어났을 텐데, 그랬다면 온라인에서 암호학 애호가들이나 하는 실험을 뛰어넘지 못했을 것이다. 시스템 이용자 증가에 따라 가치가 떨어질 토큰을 얻으려고 거래를 검증하고 작업증명을 푸는 데 거액을 투자할 이유도 없으니, 채굴에 투입되는 연산력도 의미 있는 수준으로 늘지 않았을 것이다. 앞에서 말했듯 현대 명목화폐 국가와 경제학자가 지지하는 통화 팽창 정책은 자유 시장에서 시험을 통과해서가 아니라, 정부 법령에 따라 채택되었다. 반면 비트코인은 사람들이 사용하라고 강제하는 장치가 없는 자발적 시스템이므로 의미 있는 수요를 이끌어내지 못했을 것이고, 그 결과 디지털 현금 지위를 보장받지도 못했을 것이다. 그래도 제3자를 신뢰할 필요 없이 거래할 수는 있었겠지만, 누군가 악의를 품고 대규모 연산력을 동원하여 공격하면 네트워크는 저항하지 못했을 것이다. 다시 말하면, 비트코인이 보수적 화폐 정책과 난이도 조정을 갖추지 못했다면 이론적으로야 디지털 현금으로 성공할 수 있을지 몰라도 실제로 널리 쓰이기는 불안했을 것이다. 그랬다면, 경화 정책을 최초로 채택한 경쟁자가 등장하여 장부 갱신과 추가 화폐 발행 비용을 점점 비싸지게 했을 것이다. 장부를 갱신하는 비용이 높아질수록 채굴자에게는 장부를 정직하게 갱신할 유인이 생기므로 그런 네트워크는 통화량 확대 정책을 채택한 경쟁자보다 안전해진다.

가격 상승은 네트워크가 사용자에게 점점 큰 효용과 사용 범위를 제공하는 상황을 반영한다. 네트워크에서 일어나는 거래 건수 역시 급격히 늘어났다. 거래 건수가 2009년에는 32,687건(하루에 90건 수준)이었던 반면, 2017년에는 1억 3백만 건(하루에 287,797건) 이상으로 늘었다. 2018년 1월 현재 누적 거래건수는 3억 건에 육박한다. 연간 증가 추세는 표 8[16]과 그림 17[17]에 나온다.

표 8 | 연간, 일평균 거래 건수

연도	연간 거래건수	1일 평균 거래건수
2009	32,687	90
2010	185,212	507
2011	1,900,652	5,207
2012	8,447,785	23,081
2013	19,638,728	53,805
2014	25,257,833	69,200
2015	45,661,404	125,100
2016	82,740,437	226,067
2017	103,950,926	284,797

그림 17 · 비트코인 네트워크 상 연간 거래건수

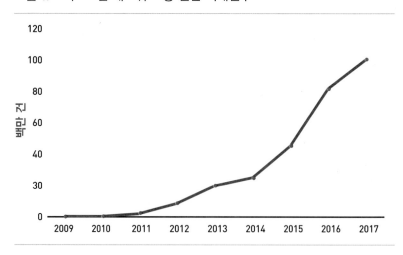

16) 출처 : blockchain.info.
17) 출처 : blockchain.info.

거래건수가 증가하는 추세도 인상적이지만, 비트코인 총량 가치가 상승하는 추세에 비하면 아무것도 아니다. 이는 화폐 총 공급량 가치가 비슷한 경제와 거래건수를 비교하면 비트코인 거래건수가 훨씬 적다는 데서도 뒷받침된다. 하루에 300,000건이라는 거래량은 작은 도시에서나 나오는 숫자지, 비트코인 공급량 가치와 규모가 비슷한 중규모 경제에서 나올 숫자는 아니다. 게다가 현재 비트코인 블록 크기 상한선이 1메가바이트라는 사실을 고려하면 비트코인 네트워크에서 실행되고 모든 개인이 기록할 수 있는 거래량 상한선은 하루에 500,000건 정도다. 거래량이 한계에 도달했다는 사실이 널리 알려졌는데도 비트코인 가치와 일간 거래가치 상승세는 이제껏 꺾이지 않았다. 이는 9장에서 살펴보듯 비트코인을 채택한 사람들이 비트코인을 교환매개라기보다는 가치저장 수단으로 더 높이 평가한다고 암시한다.

거래량의 시장가치도 네트워크가 이어지는 동안 계속 증가해 왔다. 비트코인 거래가 지닌 특성 덕분에 거래량의 가치를 비트코인으로든, 미국 달러로든 정확히 추정하기는 어렵지만 보수적으로 추정하면 일평균 거래규모는 비트코인 탄생 이후 매우 들쑥날쑥한 증가세를 보인 끝에 2017년에 약 260,000비트코인에 도달했다. 비트코인 기준으로는 거래가치가 그다지 오르지 않은 반면, 미국 달러 기준으로는 거래가치가 시간이 흐르면서 크게 올라 2017년에 거래규모는 3,756억 달러가 되었다. 거래가 일어난 시점의 달러 가치로 계산하면 태어나서 9번째 생일을 맞을 때까지 비트코인이 처리한 거래 규모는 5천억 달러에 이른다. (표 9 참조[18])

표 9 | 비트코인 네트워크에서 일어난 거래 총량, 미국 달러 기준

연도	USD 기준 거래량
2009	0
2010	985,887
2011	417,634,730
2012	607,221,228
2013	14,767,371,941
2014	23,159,832,297
2015	26,669,252,582
2016	58,188,957,445
2017	375,590,943,877
합계	499,402,199,987

거래를 처리하는 데 든 거래수수료 가치도 비트코인 네트워크의 성장세를 재는 척도가 된다. 이론적으로는 비트코인 거래를 처리하는 데 비용이 들지 않지만 실제로는 수수료를 들여야 채굴자가 거래를 처리하며, 수수료가 높을수록 채굴자가 빨리 처리할 가능성도 높아진다. 거래 건수가 적었던 초기에는 블록보상으로 발행되는 새 코인만으로도 노력을 들일 만 한 가치가 있었기 때문에 채굴자는 수수료가 붙지 않은 거래도 처리했다. 그러나 비트코인 거래 수요가 늘자 채굴자에게는 수수료가 많이 붙은 거래를 먼저 선택하여 처리할 여유가 생겼다. 2015년 하반기까지는 수수료가 건당 0.1달러 이하였다가 2016년 상반기에는 건당 1달러 이상으로 오르기 시작했다. 2017년에는 비트코인 가격이 급등하자 11월 말에 일평균 수수료가 7달러에 도달했다.(그림 18[19] 참고)

18) 출처 : blockchain.info.
19) 출처 : blockchain.info.

그림 18 · 비트코인 네트워크에서 발생한 거래 당 평균 수수료

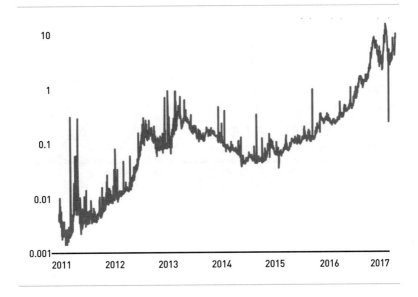

비트코인 가격은 시간이 흐르면서 대체로 올랐지만 상승률 변동성
은 매우 컸다. 그림 19는 지난 5년 동안 비트코인 일간 거래수익률의
30일치 표준편차다.[20] 변동성이 줄어드는 듯 보이기는 해도 각국 화
폐와 금에 비하면 여전히 높으며, 앞으로 변동성이 줄어들 것이라고
판단할 만큼 추세가 강하지도 않다. 비교 목적으로 미국 달러의 30일
변동성지수도 그림 19에 포함했다.

---

20) 세인트루이스 연방준비은행 경제자료에 나온 USD 자료와 coindesk.com에서 얻
은 비트코인 자료를 근거로 저자가 계산한 자료.

그림 19 · 비트코인과 USD의 30일 변동성(월별)

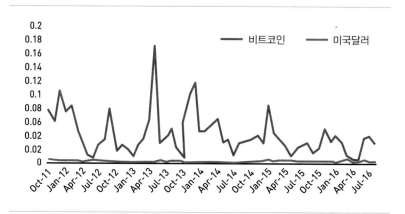

금과 주요국 화폐, 암호화폐 가격 자료를 분석해 보면 각 화폐의
시장가격 변동성 차이가 확연히 드러난다. 지난 5년 동안 금, 주요 명
목화폐, 비트코인을 분석해 보니 비트코인의 일간 수익률 표준편차는
주요국 화폐보다 일곱 배 이상 컸다. (표 10[21] 참고)

표 10 | 2011년 9월 1일~2016년 9월 1일 동안 미국 달러 기준
　　　각 화폐 시장가의 일평균 변동률과 표준편차

	일평균 변동률(%)	표준편차
중국 위안	0.00002	0.00136
미국 달러	0.00015	0.00305
영국 파운드	0.00005	0.00559
인도 루피	0.00019	0.00560
유로	−0.00013	0.00579
일본 엔	0.00020	0.00610
스위스 프랑	0.00003	0.00699
금	−0.00018	0.01099
비트코인	0.00370	0.05072

비트코인은 공급량이 미리 결정된 비율에 따라 증가하도록 프로그래밍되어 극도로 경직되었기 때문에 수요 변화에 반응하지 않고, 따라서 변동성이 높다. 보통 상품의 수요가 변동한다면 그 상품을 생산하는 생산자는 영향을 받는다. 즉 수요가 늘면 생산을 늘려 가격 상승을 완화하고 수익도 올리는 반면, 수요가 줄면 공급을 줄여 손실을 최소화하려 한다. 각국 화폐도 마찬가지라서, 화폐 정책에 관련한 변수를 조정하여 시장 변동에 대응함으로써 자국 화폐의 구매력을 비교적 안정하게 유지하는 것이 중앙은행의 임무다. 반면 공급 계획이 수요에 거의 반응하지 않고, 공급을 관리하는 중앙은행도 없다면 변동성이 클 수밖에 없다. 특히 매일매일 수요가 매우 변덕스럽게 변하고 비트코인을 거래하는 금융 시장이 여전히 걸음마하는 초기 단계라면 더욱 그렇다.

하지만 시장 규모가 성장하고, 비트코인을 거래하는 금융기관의 양과 질이 개선되면 변동성은 떨어질 것이다. 시장의 규모가 커지고 유동성이 높아지면 일별 수요 변동은 상대적으로 작아질 것이고, 따라서 가격 변동 폭이 줄면 시장 조성자가 위험을 방어하여 가격 변동을 줄임으로써 이익을 얻을 여지도 커진다. 그러려면 오랫동안 보유할 목적으로 비트코인을 얻는 시장 참여자가 많아져 비트코인 통화량의 시장가치가 크게 올라가고, 통화량 중 일부만 유통해서도 충분한 유동성을 갖출 정도로 시장이 커져야 한다. 언제든 네트워크가 안정적 규모에 도달하면 그 안으로 들어오고 밖으로 나가는 자금 규모는

---

21) 각국 화폐 가격은 미국 달러 기준이고, 미국 달러 가격은 USD 지수 기준이다. 각국 화폐 정보는 세인트루이스 연방준비은행 경제자료에서, 금 자료는 세계금협회에서, 비트코인 자료는 coindesk.com에서 수집했다.

대체로 동일할 것이고 비트코인 가격은 안정된다. 그 경우 비트코인은 더 높은 안정성을 확보하는 한편, 시장에서 매일 일어나는 거래에 큰 영향을 받지 않을 만큼 충분한 유동성도 갖추게 된다. 비트코인이 점점 더 널리 도입될수록, 비트코인 가치가 상승하여 이를 선택하는 사람이 많아지게 되고, 그래서 가치가 더욱 상승하면 변동성도 더욱 낮아진다. 비트코인이 성장하는 한 비트코인의 가격은 매우 빠르게 성장하는 스타트업의 주식 가격처럼 움직일 것이다. 급성장을 멈추고 안정된 이후 비트코인은 고위험 투자자금이 몰리지 않게 되어 가치가 매년 조금씩만 오를 것으로 예상되는 일반 화폐성 자산이 될 것이다.

비트코인이 사용하는 기술들

여기서는 비트코인이 사용하는 세 가지 기술을 간단히 설명한다.

해싱(hashing)은 어떠한 자료를 역산 불가능한 수학 공식에 투입하여 크기가 고정된 자료집합(이를 해시(hash)라고 한다)으로 바꾸는 작업이다. 해시 함수에 어떤 자료를 투입하여 크기가 일정한 해시를 만들기는 간단하지만, 해시를 가지고 원래 자료를 알아내기는 불가능하다. 해싱은 디지털 서명, 작업증명, 머클트리, 거래 식별자, 비트코인 주소 등 여러 가지로 응용되어 비트코인을 운영하는 데 필수적 역할을 한다. 해싱은 자료의 내용 자체를 드러내지 않으면서 자료를 공개적으로 검증해 내는 데 가장 중요하게 쓰이며, 이를 통해 여러 당사자가 서로 신뢰하지 않고도 각자 가지고 있는 자료가 서로 같은지를 안전하게 확인할 수 있다.

공개키 암호화(public key cryptography)는 개인키(private key), 공개키 그리고 하나 이상의 서명 등 수학적으로 서로 관계가 있는 숫자의 집합을 이용하는 인증 방식이다. 개인키는 비밀로 유지해야 하지만, 개인키로 생성한 공개키는 분석해도 개인키를 알아낼 수 없으므로 자유롭게 공개할 수 있다. 공개키 암호화로 인증하는 법은 이렇다. A가 자기 공개키를 공개한 후, 어떤 자료를 해싱한 해시값을 자기 개인키로 서명하여 서명을 만들어 낸다. B가 가진 자료도 A와 같다면 해시값도 같을 것이므로 그것이 서명을 만드는 데 쓰였다는 사실을 알 수 있다. 그 후 먼저 받은 공개키와 서명을 비교하여 두 개가 수학적으로 서로 관계가 있음을 B가 확인하면, 개인키를 가진 사람이 해시 값으로 뒷받침되는 자료에 서명했다는 사실이 증명된다. 비트코인은 보안되지 않은 공개 네트워크를 통해 안전하게 가치를 교환하는 데 공개키 암호화를 이용한다. 비트코인 소유자가 맞는 개인키를 가졌을 경우에만 자기 비트코인에 접근할 수 있지만, 이들과 엮인 공개 주소는 아무 곳에나 공개할 수 있다. 모든 네트워크 구성원은 비트코인 송금 거래가 올바른 개인키 주인에게서 나왔다는 사실을 검증하여 거래가 타당한지 검증할 수 있다. 비트코인의 소유권은 개인키 소유권으로서만 존재한다.

개인 대 개인 네트워크(peer-to-peer network)는 모든 구성원이 서로 동등한 권리와 의무를 지니는 네트워크 구조다. 네트워크의 규칙을 바꿀 수 있는 중앙 조정자는 없다. 노드 운영자가 네트워크의 작동 방식에 반대한다 해도 다른 네트워크 구성원에게 자기 의견을 강요하거나 다른 사람의 권리를 무시하지는 못한다. 가장 널리 알려진 개인 대 개인 네트워크 사례는 온라인 파일 공유 프로토콜인 비트토렌트(BitTorrent)다. 중앙화 네트워크 구성원은 자신이 속한 중앙 서버에서 파일을 내려 받는 반면, 비트토렌트 사용자는 파일을 작게 조각낸 후 서로 직접 주고받는다. 한 사용자가 파일 하나를 온전히 내려 받으면 그 파일의 시드가 되어 다른 사람이 내려 받게 허용할 수 있다. 이런 구조를 이용하면 대용량 서버와 대규모 기반시설이 없어도 매우 큰 파일을 비교적 빠르게 퍼뜨릴 수 있으면서도, 한 곳에서 실수가 발생했을 경우 전체가 해를 입을 가능성이 차단된다. 네트워크에서 공유하는 파일은 모두 암호화 해시로 보호되므로 파일을 공유하는 노드 가운데 누군가가 파일을 훼손시켰는지 검증하기 쉽다. 냅스터(Napster) 같은 중앙화 파일공유 웹사이트는 법에 저촉되어 단속되었지만, 탈중앙이라는 특성을 지닌 비트토렌트는 법으로 폐쇄할 수 없다. 비트토렌트는 전 세계에서 사용자를 계속 늘려간 끝에 전 세계 인터넷 전송량 중 약 1/3을 차지한 적도 있다. 비트토렌트와 비트코인이 이용하는 네트워크는 서로 비슷하지만, 비트토렌트 네트워크 구성원은 비트로 된 영화·노래·책을 공유하는 반면 비트코인 네트워크 구성원은 비트코인 거래를 모두 담은 장부를 공유한다.

Part 09

비트코인은
어디에 좋은가?

비트코인은 어디에 좋은가?

| 가치저장 |

자원이 유한하고 희소하다고 믿는다면 경제학의 핵심 개념인 희소성의 본질을 오해한 것이다. 지구에 존재하는 모든 천연자원의 절대량은 인간이 모두 측량하거나 파악할 수 없을 정도로 엄청나게 많고 인간이 어떤 방법을 동원한다 해도 생산량에 진정한 한계가 없다. 필요한 광물을 찾는대봤자 지구 표면을 긁는 정도에 그칠 뿐인데다, 더 넓게 탐색하고 더 깊게 파 들어갈수록 자원은 더 많이 나온다. 자원의 양에 현실적이고 실질적인 한계를 설정하는 요소는 언제나 이를 생산해 내는 데 투입하는 인간의 시간 총량일 뿐이다. (비트코인이 탄생하기 전까지만 해도) 인간의 시간만이 진정 희소한 자원이기 때문이다. 경제학자 故 줄리언 사이먼(Julian Simon)은 유일하게 한계가 존재하는 자원이자 유일하게 자원이라는 용어를 실제로 적용할 만한 대상이 왜 인간의 시간뿐인지를 명저《근본 자원(The Ultimate Resource)》에서 설명한다. 사람이 지구에서 보내는 시간은 누구에게나 한정되어 있고, 오직 그것만이 개인으로서 우리가 직면하는 유일한 희소성

이다. 사회 전체로서 우리가 겪는 유일한 희소성은 여러 가지 상품과 서비스를 생산해 내는 데 사용할 수 있는 사회 구성원의 시간 총량에만 존재한다. 언제든 인간의 시간만 들이면 무슨 재화든 더 만들어 낼 수 있다. 그렇다면 재화의 진정한 비용은 그 재화를 생산하느라 포기해야 했던 다른 재화의 가치, 즉 기회비용이다.

인간 역사를 통틀어 어떤 천연 원료나 자원도 바닥난 적 없다. 그리고 지금은 역사상 어느 때보다도 사실상 모든 자원의 가격이 낮은 시기인데, 그 이유는 기술이 발전한 덕분에 시간 기준으로 더 적은 비용만 들여 생산할 수 있어서다. 천연자원은 고갈되지 않은 정도가 아니라, 소비량이 늘어나는 와중에도 그보다 많은 매장량이 끊임없이 확인된다. 자원이 유한하다면 소비량이 늘어나면서 비축량은 줄어들 것이다. 하지만 자원 소비량이 계속 늘어나는데도 가격은 계속 떨어지고, 또 탐사·채굴기술이 발달하여 가면 갈수록 더 많은 자원이 발견된다. 가장 좋은 사례는 현대 경제의 생명선이자 믿을만한 통계자료도 많은 원유다. 그림 20에 나오듯 원유는 소비량과 생산량이 해마다 늘어났지만 확인된 매장량은 그보다도 더 빨리 늘어났다.[1] BP의 통계 검토 자료에 따르면 2015년 원유 생산량은 1980년에 비하여 46% 많고 소비량은 55% 많았다. 반면 확인된 원유 매장량 증가율은 생산과 소비 증가율에 비하여 약 세 배 높은 148%였다.

---

1) 출처 : BP Statistical Review.

그림 20 · 1980~2015년 전 세계 원유 소비량, 생산량, 확인된 매장량, 연간 생산량 대비 매장량 비율

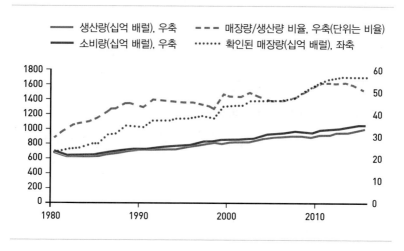

지각에 분포하는 자원이라면 매장량이 많든, 적든 원유와 비슷한 통계가 나온다. 자원이 희소할수록 상대적 채굴 비용도 올라간다. 철이나 구리 같은 금속은 찾기 쉽기 때문에 값도 비교적 싸다. 은이나 금 같이 더 희소한 금속은 더 비싸다. 하지만 이런 금속의 채굴가능량 한계를 결정하는 요소는 매장된 절대량이 아니라, 그 금속을 채굴하면 포기해야 하는 다른 금속 생산량, 즉 기회비용이다. 가장 좋은 증거는 3장에서 살펴보았듯 가장 귀한 금속이라는 금이 채굴된 지 수천 년이 지난 지금도 기술이 발전하면서 채굴량이 더욱 늘고 있다는 사실이다. 가장 귀한 금속의 연간 생산량이 매 년마다 늘어난다면, 실질적 관점에서 볼 때 다른 자원의 수량이 한정되어 있다고 말하는 것은 이치에 맞지 않는다. 물질 자원의 희소성은 채굴 비용 차이가 결정하는 상대적 개념에 불과하다. 줄리언 사이먼이 멋지게 보여주었듯 희

293

소한 것은 이러한 금속을 생산하는 데 들일 인간의 시간뿐이다. 그렇기 때문에 임금은 전 세계에서 계속 오르고, 제품과 물질 가격은 만드는 데 드는 인간 노동력에 비해서 계속 싸진다.

희소성이라는 경제 개념이 이처럼 이해하기 어렵다 보니, 환경 운동가들이 지난 수십 년 동안 종말론적 유언비어를 퍼뜨려 사람들이 끊임없이 히스테리에 시달리게 만드는 데도 큰 영향을 끼쳤다. 줄리언 사이먼이 이런 히스테리와 싸우느라 온 힘을 다하던 와중에 20세기 최고의 히스테리 환자 폴 에얼릭(Paul Ehrlich)과 10년짜리 내기를 한 사실은 유명하다. 에얼릭은 히스테리 가득한 저서 여러 권을 통하여 지구에 필수 자원이 고갈되어 가면서 파국이 다가온다고 주장하고, 여러 자원이 없어질 두려운 시점을 콕 집어 예측했다. 그러자 사이먼은 1980년에 에얼릭에게 내기를 걸었다. 에얼릭이 어떤 천연자원을 고르든, 또 기간을 1년 이상만 된다면 얼마나 길게 설정하든, 인플레이션을 반영한 그 금속의 가격은 해당 기간이 지날 경우 항상 떨어질 것이라는 데 10,000달러를 걸었던 것이다. 에얼릭은 자기가 고갈될 것이라고 예측했던 구리·크롬·니켈·아연·텅스텐을 골랐다. 그리고 10년이 흘러 1990년이 되자, 인구는 8억 명이 늘어 10년 증가분으로는 인류 역사 상 전무후무한 기록을 세웠지만, 에얼릭이 고른 금속 가격은 모두 떨어졌고 연간 생산량은 늘어났다.

현실에서는 사람이 많을수록 생산 가능한 천연자원 양도 늘어난다. 게다가 경제학자 마이클 크레머(Michael Kremer)가 주장하듯[2],

---

2) Michael Kremer, "Population Growth and Technological Change: One Million B.C. to 1990", 〈Quarterly of Journal of Economics〉, vol. 108, no. 3 (1993): 681~716.

인간이 진보하는 근본 동력은 천연자원이 아니라 문제를 푸는 기술적 해결책이다. 기술은 본질상 비배제성(즉 한 사람이 무언가 발명하면 다른 사람 모두 베껴 이익을 볼 수 있다)과 비경합성(즉 한 사람이 어떤 발명으로 이익을 본다고 해서, 다른 사람이 같은 발명에서 얻을 수 있는 효용이 줄지 않는다)을 지닌다. 예컨대 바퀴를 생각해 보자. 누군가가 바퀴를 발명해 내자 모두가 그를 따라 바퀴를 만들어 썼다. 또 각자 바퀴를 사용한다고 해서 다른 사람이 바퀴를 써서 얻는 능력이 어떤 식으로든 줄지 않았다. 독창적 발상은 몇몇 사람만이 떠올릴 수 있어 희귀하다. 따라서 인구가 많을수록 기술과 발상을 더 많이 떠올릴 수 있고 또 그 이익은 모든 사람이 받기 때문에, 세상에는 인구가 많을수록 좋다. 지구에 사는 사람이 많아질수록 사람들이 떠올리는 기술과 생산적 발상도 많아지며, 또 이런 발상에서 이익을 얻고 서로 베끼는 사람도 많아짐으로써 인간의 시간 당 생산성이 높아지고 생활수준이 향상한다.

크레머는 지구 인구가 늘수록 인구 증가율이 줄지 않고 오히려 늘어난다는 사실을 보여 이를 실증했다. 인간이 자원이나 소모하는 짐 덩어리라면 인구가 늘수록 개개인이 사용할 수 있는 자원 양도 줄어들고 경제 성장률도 떨어져, 맬서스 모형이 추측하듯 인구 성장률도 내려가야 했다. 하지만 인간은 그 자체로 자원이고 생산적 발상은 경제 생산의 동력이므로, 사람 숫자가 늘수록 생산적 발상과 기술도 많아지고 1인당 생산량도 올라가, 인구를 부양할 여유도 더욱 커진다. 게다가 땅덩이가 고립된 경우라면 인구밀도가 낮을 때보다 높을 때 경제성장과 진보가 빨랐다는 사실도 크레머는 보여주었다.

원자재를 자원이라고 부르기는 부적절하다. 인간은 하늘에서 떨어진 만나를 받아먹기만 하는 수동적 소비자가 아니기 때문이다. 원자재는 언제나 인간 노동과 독창성의 산물이고 인간의 시간·노력·독창성을 사용하면 언제나 더 많은 산출을 만들어낼 수 있기 때문에 궁극의 자원은 인간이다.

인간은 자기 시간을 들여 생산한 가치를 저장하여 미래로 보내려면 어떻게 해야 하느냐는 딜레마를 영원히 마주할 것이다. 인간 시간은 유한하지만, 다른 모든 것은 사실상 무한하여 인간 시간을 들일수록 더 많이 생산할 수 있다. 어떤 물건이든 인간이 가치저장 수단으로 선택하기만 하면 가치가 올라가는데, 그 물건이 무엇이든 더 많이 만들어낼 수 있으므로 사람들은 그 물건을 더 많이 만들어 그 안에 저장된 가치를 얻으려 할 것이다. 야프 섬 사람들은 오키프에게 폭약과 좋은 배를 써서 라이를 더 많이 가져오도록 시켜 기존 라이에 저장된 가치를 얻으려 했다. 아프리카 사람들은 유럽 사람들에게 유리구슬을 배 한가득 채워 가져오도록 시켜 기존 구슬에 저장된 가치를 얻으려 했다. 화폐로 사용되었던 금속 중 금 아닌 모든 것은 과잉생산되어 결국 가격이 폭락했다. 현대 국가에 존재하는 케인스 식 중앙은행은 4장에서 살펴보았듯 인플레이션과 싸우는 척하지만 사실은 늦든, 빠르든 자기 화폐 가치를 떨어뜨린다. 최근에 미국인이 자기 집을 저축 수단으로 사용하기 시작하자 주택 공급량이 폭증하여 집값이 폭락했다. 수없이 생겨난 버블은 화폐 인플레이션이 지속하는 상황에서 유용한 가치저장 수단을 찾으려고 투기한 결과라고 이해해도 좋다. 오직 금만이 공급량을 크게 늘리기가 불가능한 화학적 성질 덕분에 이 문제를 해결하는 데 가장 가깝게 갔고, 그 결과 인류 역사 상 가장 영광스런 시대를 이루어냈다. 하지만 정부는 금을 점점 강하게 통제하면서 금을 정부 발행 화폐로 교체하고 금의 화폐 기능을 제한했으며 그로인해 지금까지 나타난 결과는 암담하다.

여기에 대면 비트코인이라는 기술이 어떤 놀라운 업적을 성취했는지 분명하게 드러난다. 인간은 사상 처음으로 공급이 엄격히 제한된 상품에 기대게 되었다. 네트워크 사용자가 아무리 많아져도, 비트코인 가치가 아무리 올라도, 비트코인을 생산하는 장비가 아무리 발전해도, 비트코인은 2,100만 개만 존재할 수 있다. 늘어난 수요에 대응하여 공급을 늘릴 기술적 여지가 없다. 비트코인을 가지고 싶어 하는 사람이 늘어나서 수요가 증가할 때, 여기에 맞추려면 기존 공급량의 가격을 올리는 방법밖에 없다. 비트코인 하나하나가 1억 사토시로 나뉘기 때문에 가격이 올라도 작은 단위를 쓰면 그만이라, 비트코인이 성장할 여지는 충분하다. 따라서 가치저장 수단을 수행하는 데 매우 적합한 자산이 새로 출현한 셈이다.

비트코인이 발명되기 이전까지 모든 화폐는 수량이 제한되지 않아 시간을 뛰어넘어 가치를 저장하는 능력을 완벽히 갖추지 못했다. 비트코인이라는 화폐는 공급량을 바꿀 수 없으므로 한정된 인간 시간으로 만들어 낸 가치를 저장하기에 가장 좋은 매개고, 따라서 인간이 이제껏 발명한 가치저장 수단 중 최고라고 할 만하다. 다시 말해 비트코인을 사면 미래를 가장 싸게 사는 셈이다. 가격이 아무리 올라도 가치를 떨어뜨릴 수 없도록 보장받은 유일한 매개가 비트코인이기 때문이다. (그림 2[13])

비트코인은 아홉 살밖에 되지 않은 2018년에 이미 전 세계 수백만

그림 21 · 전 세계 가용 비축량 대비 연간 생산량 비율

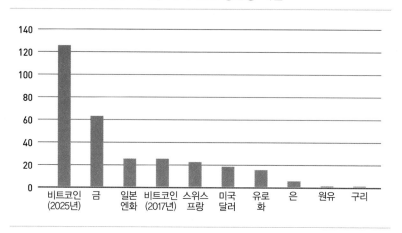

명이 채택했고[4] 공급량 증가율은 국제 준비통화에 견줄 만하다. 1장에서 논한 저량/유량 비율 기준으로 보자면 2017년 비트코인의 기존 비축량은 2017년 신규 생산량의 25배 정도다. 금에 비하면 아직 절반이 안 되는 비율이지만, 2022년 쯤 되면 비트코인의 저량/유량 비율은 금을 따라잡을 것이고, 2025년에는 금의 두 배 쯤 될 것이며 그 후로도 빠르게 올라갈 것인 반면, 금 비율은 3장에서 살펴본 채굴 역학 관계를 고려할 때 대략 그대로 유지될 것이다. 2140년이 되면 더 이상 새로 공급되는 비트코인은 없을 테니 저량/유량 비율은 무한이 될

---

3) 금은 미국 지질조사국. 은은 세계은협회. 비트코인은 Blockchain.info와 저자 계산. 원유는 BP Statistical Review of World Energy. 각국 화폐는 미국 연방준비제도 경제자료 (https://fred.stlouisfed.org). 구리는 저자 추정.

4) 개인마다 원하는 대로 비트코인 지갑 주소를 가질 수 있기 때문에 비트코인 사용자 수를 간단히 추정 할 방법은 없다. 2017년 비트코인 소유자 추정치는 1천만 명에서 1억 명 사이로 큰 편차를 보이는 데, 필자 생각에 그 이상 정확하게 짐작하기는 어렵다.

것이다. 이제껏 어떤 상품이나 재화도 달성하지 못한 결과다.

비트코인 공급량이 줄어들고 공급량 증가율도 계속 떨어진다는 사실에는 비트코인의 기존 공급량이 새 공급량에 비하여 매우 크다는 중요한 의미가 담겨 있다. 그런 의미에서 비트코인 채굴은 금 채굴과 비슷하고, 따라서 화폐로서 비트코인을 더 공급하는 데 들어가는 시간과 노력은 공급량을 쉽게 늘릴 수 있는 다른 화폐에 비하여 비교적 적어지고, 따라서 비트코인과 교환할 수 있는 유용한 경제적 산출물에 더 많은 시간과 노력이 투입될 수밖에 없다. 블록보상이 줄어들면 비트코인을 채굴하는 데 들어가던 자원은 이제 새 비트코인을 만들기보다는 거래를 처리하여 네트워크를 안전하게 만드는 데 주로 쓰일 것이다.

인류 역사에서 가치저장 수단으로 쓰인 것은 대체로 실체가 있는 물질이다. 물리적 실체가 있어야만 가치를 저장할 수 있는 것은 아니지만, 그러면 가치저장 수단의 공급이 늘어나기 힘들어지는 효과는 있다. 반면 비트코인은 물리적 실체가 없는 순수한 디지털 존재로서 엄격한 희소성을 지닌다. 작은 단위로 나누어 옮길 수 있는 물질 중에 엄격한 희소성을 지닌 것은 이제껏 없었다. 비트코인 덕분에 인간은 물리적 세상에 의존하지 않고 디지털을 통하여 가치를 옮길 수 있게 되었고, 따라서 매우 큰 가치를 몇 분 만에 전 세계 어디로나 옮길 수 있게 되었다. 비트코인 토큰이 지닌 엄격한 디지털 희소성은 물리적 화폐가 지닌 최고의 요소만 가져오고, 옮기거나 가지고 다니기 힘들다는 물리적 단점은 하나도 가져오지 않았다. 비트코인은 저축하기 위해 발명된 기술 중 단연 최고라고 할 만하다.

| 개인 자주성 |

최초의 디지털 현금으로서 비트코인이 제공하는 가장 중요한 가치는 전 세계 모든 사람이 자주성에 기반을 둔 돈을 이용할 기회다. 비트코인을 소유하여 누리는 경제적 자유는 비트코인이 발명되기 전만 해도 얻을 수 없었다. 비트코인 보유자는 누구에게 허락받지 않고도 전 세계 어디에나 엄청난 가치를 전송할 수 있다. 비트코인의 가치는 현실 세계의 어떠한 존재에도 의존하지 않으므로, 정치계나 범죄집단이 어떤 물리력을 동원해도 절대로 방해하고 파괴하고 몰수할 수 없다.

비트코인 발명이 21세기 정치 현실에 중요한 이유는 현대 국가가 등장한 후 정부가 금융으로 행사하던 영향력에서 개인이 확실하게 벗어날 해결책을 처음으로 준 기술이기 때문이다. 그러한 기술이 왜 중요한지 가장 잘 묘사한 책은 놀랍게도 비트코인이 탄생하기 딱 12년 전인 1997년에 이미 나왔다. 저자는 비트코인과 놀랄 정도로 비슷한 디지털 화폐가 등장하리라고, 또 그러한 화폐가 인간 사회를 변혁하는 데 영향을 끼치리라고 예상했다.

제임스 데이빗슨(James Davidson)과 윌리엄 리스모그(William Rees-Mogg)가 저서 《자주적 개인(The Sovereign Individual)》에서 주장하는 바에 따르면, 속박하는 법률과 무거운 세금과 전체주의적 충동을 갖춘 현대 민족국가는 중세 유럽의 교회와 마찬가지로 시민의 자유를 점점 더 심하게 억압하고, 또 마찬가지로 붕괴할 시기가 무르익고 있다. 중세 유럽에서는 사람들이 무거운 세금 부담과 개인별 통제와 각종 의식 등 교회를 지탱하는 비용을 참아내기 점점 힘들어지면서 새롭고 생산적인 정치·경제조직이 등장하여 교회를 대체하고 보잘 것 없게 만들었다. 기계공학, 인쇄술, 자본주의, 현대 민족국가가 등장하면서 산업사회 시대가 열리고 현대 시민권 개념이 나타났다.

그로부터 500년 후인 지금 산업사회와 현대 민족국가는 억압하고 경직되며 부담스런 존재가 되가는 한편, 새로운 기술에게 힘과 존재 의의를 잠식당했다. "마이크로프로세서는 민족국가를 뒤엎어 없앨 것이다."는 말이 이 책의 도발적 주제다. 정보기술은 새로운 형태를 갖춘 조직을 낳음으로써, 시민이 자발적 수준을 넘어 봉사하도록 강제하는 힘을 국가에게서 빼앗을 것이다. 디지털 혁명은 현대 국가가 시민에게 행사하는 권력을 없애고, 민족국가가 단위 조직으로서 지닌 중요성을 줄이며, 개인이 자기 삶에 유례없는 힘과 주체성을 발휘하도록 할 것이다.

그런 과정은 원격통신 혁명 덕분에 이미 일어났다. 인쇄기 덕분에 전 세계 가난한 사람들은 예전에 교회가 접근을 금지하고 독점한 지식을 얻을 수 있었지만, 실물 책은 언제든 압수당하거나 금지되거나 불탈 수 있으니 여전히 한계가 있었다. 그러나 사실상 모든 인간의 지식이 담긴 사이버 세계에는 정부에게 통제받거나 검열당할 염려 없이 접근할 수 있다.

마찬가지로 무역과 일자리가 정부 규정과 규제를 뒤엎을 힘도 정보에서 나온다. 좋은 사례로 우버와 에어비앤비처럼 정부에게 허락받지 않고도 자기 제품을 출시하는 데 성공하여 전통적 규정과 감독을 뒤엎은 회사가 있다. 현대에는 개인이 강압적인 정부 규정에 전혀 기대지 않고도 서로 존중하고 합의한다는 전제 하에서 만들어 낸 정체성과 보안 체계를 통하여 온라인에서 서로 만나 거래할 수 있다.

저렴한 온라인 원격통신이 등장하면서 지리적 위치가 일자리에 끼치는 중요성도 완전히 바뀌었다. 이제는 다양한 생산자가 점점 더 물질 형태를 벗어나 정보 형태를 띤 제품을 만들어, 자기 좋을 대로 어디에 자리 잡든 순식간에 전 세계 어디로든 보낼 수 있다. 개인이 자기에게 맞는 곳에서 살고 일하며 원격통신을 통해 결과물을 보내게 되면서 정부 규제와 세금은 점점 더 유명무실해진다.

경제 생산물이 무형재화 형태를 띠면 띨수록 토지 같은 유형 생산수단은 사들여봤자 수익이 신통치 않아지고, 그래서 가치가 떨어진다. 생산적 자본은 가면 갈수록 사람 자체에 내재하게 되고, 그래서 개인의 생산성과 동의 여부는 뗄 수 없는 관계를 맺게 되므로, 자본을 폭력으로 빼앗겠다고 위협해 봤자 무의미해진다. 농노의 생산성과 생존이 자기 소유도 아닌 토지에 묶여 있었던 시절에는 폭력적 위협이 농노의 생산성을 향상하여 지주의 이익을 올리는 데 효과적이었다. 마찬가지로 산업사회는 물리적 생산자본과 여기서 나온 유형 산출물에 깊이 의존했으므로 국가가 비교적 직접적 방식으로 착취했으며, 이는 유혈로 점철된 20세기 역사만 봐도 알 수 있다. 하지만 개인의 정신 능력이 사회에서 가장 중요한 생산력이 되자 폭력적인 위협의 효과는 크게 떨어졌다. 위협받지 않을 사법권으로 이주하기도 쉬워졌고, 자기가 무슨 일을 하는지 정부에게 전혀 알려주지 않고도 컴퓨터를 이용하여 생산을 할 수도 있게 되었다.

이제까지 디지털화라는 퍼즐을 미완으로 남긴 마지막 한 조각은 바로 화폐와 가치 전송이다. 정보기술이 지리와 정부의 통제와 규제를 뒤엎는 동안에도, 결제만큼은 계속하여 정부 및 정부가 독점적으로 좌지우지하는 금융서비스에 강력하게 통제받았다. 정부가 좌지우지하는 독점서비스가 모두 그렇듯 금융업도 수수료와 지대 착취를 제한하고 소비자에게 이익을 줄 혁신과 변화에 오랫동안 저항했다. 경제 범위가 점점 더 넓어져 전 세계가 하나로 묶이는 상황에서 금융업이라는 독점서비스는 점점 더 큰 부담이 되었다. 그런데 데이빗슨과 리스모그는 암호학으로 보호받고 모든 물리적 제약에서 벗어나 정부기관이 막거나 몰수할 수 없는 디지털 화폐가 새로운 탈출구가 되리라고 놀랍도록 정확하게 통찰했다. 이 주장은 책이 막 나올 때만 해도 낯설어 보였지만 이제는 그 중요성을 이해한 사람조차 많지 않은데도 전 세계 수백만 명이 활용하는 생생한 현실이 되었다.

비트코인 또는 더 넓게 보아 암호학은 재산과 정보를 공격하는 비용보다 수비하는 비용이 훨씬 싸게 드는 수비 기술이다. 도둑질이 엄청나게 비싸진 데다 성과도 불확실해졌으므로 서로 싸우지 않고 평화롭게 살고자 하는 사람 모두가 이익을 본다. 지난 세기 동안 정부가 돈을 훔쳐 중앙은행으로 넣는 바람에 개인이 생존과 행복을 얻는 데 온전히 정부에 의지하게 만든 결과 발생한 힘의 불균형을 바로잡는 데 비트코인이 큰 도움이 된다. 역사에 실존한 건전화폐인 금도 그런 이점은 없었다. 금은 물질이기 때문에 정부 통제에 저항할 수 없었다. 금을 가지고 다니기 어렵다는 얘기는 금을 이용한 결제 기능이 일반은행과 중앙은행에 집중된다는 얘기고, 따라서 금을 몰수당하기도 쉽다. 반면 비트코인을 쓰면 누구나 인터넷에 연결된 장비만 가지고 있어도 공짜로 거래 장부에 접근할 수 있으니, 거래를 검증하기가 식은 죽 먹기고 비용도 사실상 들지 않는다.[5] 비트코인이 처리하는 거래 규모를 키우려면 제3의 중개자를 사용해야 하겠지만, 그 때도 금으로 결제할 때와는 여러 가지 매우 중요한 측면에서 다를 것이다. 무엇보다도 그 제3의 중개자와 거래한 내용은 결국 누구나 접근 가능한 장부에서 확정될 테니 훨씬 투명하여 감사하기 적합하다. 비트코인은 현대 개인에게 전체주의 · 통제주의 · 케인스주의 · 사회주의 국가의 손아귀에서 벗어날 기회를 준다. 우연히 자기 영토 안에서 태어난 생산적 개인을 착취함으로써 살아남은 역병, 즉 현대 정부라는 현상을 치료할 해결책이 이 단순한 기술이다. 비트코인이 계속 성장하여 전 세계 부에서 차지하는 비중을 점점 높이게 된다면, 압박을 받은 정부는 시민이 기꺼이 값을 지불할 만한 서비스를 제공함으로써 시민이 자원하여 낸 '세금'만을 거둘 수 있는 자발적 조직 형태에 점점 가까워질 지도 모른다.

비트코인이 제시하는 정치적 이상을 이해하려면 비트코인의 출발점인 사이버펑크 운동의 발상을 자세히 살펴보는 편이 좋다. 티머시 메이(Timothy May)는 이렇게 말한다.

> 깰 수 없을 정도로 강력한 공개키 암호화 기술과 가상 네트워크 공동체가 사이버 공간에서 결합하면 경제와 사회 체제의 본질이 근본부터 흥미롭게 바뀔 것이다. 암호화 무정부주의(crypto anarchy)는 무정부적 자본주의(anarcho-capitalism)를 사이버 공간에서 구현한

---

[5] 그리고 인터넷 접속 가능 장비와 인터넷 접속 비용은 지금도 저렴한 데다 계속 저렴해지고 있다.

것으로, 국경을 초월하고 개인을 자유롭게 하여 사람들이 동의하는 대로 경제를 합의해 나가자는 사상이다. (중략) 암호화 무정부주의는 이웃과 정부의 강압에서 개인을 해방한다. (넷에서는 이웃과 정부도 개인의 정체를 알지 못하기 때문이다.) 자유지상주의자가 보기에 강력한 암호화는 정부를 회피할 수단이다. [6]

메이가 묘사하는 무정부적 자본주의의 이상은 오스트리아 학파에 속한 미국 경제학자 머리 로스바드가 발전시킨 정치철학이다. 로스바드는 저서 《자유의 윤리(The Ethics of Liberty)》에서 자유지상주의 무정부적 자본주의가 자유의지와 자기소유권(self-ownership) 사상에서 논리적으로 도출되는 유일한 귀결이라고 설명한다.

또 한편으로 자유의 윤리가 지닌 보편적 지위를 그리고 그러한 윤리 하에서 얻은 신체와 재산의 자연권이 지닌 보편적 지위를 생각해 보자. 언제 어디에 있든 모든 사람은 자신을 소유할 권리, 이전에는 쓰이지 않았지만 자신이 점유하고 변형한 자원을 소유할 권리 그리고 (자발적 교환으로든 자발적 증여로든) 이 기본권에서 도출되는 모든 권리를 소유할 권리를 얻는다. ('자연소유권 법칙'이라고 부를 만한) 이러한 규칙들은 명백하게 적용 가능하고, 시간과 공간과 그 사회의 경제적 성취와 관계없이 지킬 수 있다. 그 외에 다른 사회 체제가 보편적 자연법 지위를 얻기는 불가능하다. 왜냐하면 한 개인과 집단을 다른 개인과 집단보다 우월하게 만드는 강압적 규칙

6) Timothy C. May, 《Crypto Anarchy and Virtual Communities》, 1994, nakamotoinstitute.org 에서 열람 가능.

이 있다면 (그리하여 마찬가지 위계질서가 모든 규칙에 적용된다면), 모든 사람에게 동일한 규칙을 적용하기가 불가능하기 때문이다. 자연권과 자연법을 충족할 수 있고, 더 중요하게는 모든 인류에게 보편 윤리 조건을 충족할 수 있는 곳은 지배자 없이 순수하게 자유지상주의를 따르는 세계뿐이다.[7]

로스바드의 무정부적 자본주의가 기반으로 삼는 불가침 원칙 위에서는 정부의 침해, 개인의 침해든 모두 윤리적으로 부당하다. 완전히 자발적이고 굉장히 평화적인 비트코인은 자발적 협동 위에서만 건설될 세계에 화폐라는 토대를 제공한다. 무정부주의자라고 하면 후드티를 뒤집어쓴 불량배를 떠올리는 통념이 있지만, 비트코인 표 무정부주의는 개인이 정부 통제와 인플레이션에서 풀려나는 데 필요한 도구에 불과하여 완전히 평화롭다. 비트코인은 아무에게도 사용하라고 강요하지 않는다. 비트코인이 만약 성장하고 성공한다면 그것은 다른 사람에게 사용하라고 강요해서가 아니라, 화폐를 만들고 결제를 처리하는 평화롭고 중립적인 기술이라는 장점이 있어서일 뿐이다.

대중 채택률이 아직 매우 낮은 수준에 머물러 있는 비트코인은 머지않아 정부의 금융 규제를 회피하는 도구이자, 정부가 만들어내는 인플레이션에 영향 받지 않고 부를 저축하는 데 필요한 유동적 가치 저장 수단이며, 비용 대 효율마저 좋은 선택지가 될 것이다. 비트코인이 널리 채택된다면 거래 처리 규모 확대 관련 부분에서 설명하듯

---

7) Murray Rothbard, 《The Ethics of Liberty》, (New York, NY: New York University Press, 1998), p. 43. (《자유의 윤리》, 전용덕 등 옮김, 피앤씨미디어, 2016, p. 53)

온체인(on-chain, 인터넷 위를 말하는 '온라인'처럼 블록체인 위를 가리키는 표현 - 옮긴이)에서 비트코인 거래를 처리하는 비용은 상당히 올라갈 것이고, 따라서 개인이 검열 받지 않는 온체인 거래를 수행하여 정부 지배와 규제를 회피하려는 목적으로 쓰기에는 적당치 않아질 것이다. 그렇다 해도 비트코인이 널리 채택되면 정부가 운영비를 대려고 인플레이션을 일으키는 능력을 줄임으로써 개인 자유에 끼치는 훨씬 큰 긍정적 영향을 끼칠 것이다. 20세기 정부화폐는 강력한 개입 · 통제주의를 채택하고 전체주의와 독재주의 경향을 띤 국가가 탄생하는 데 중요한 역할을 했다. 하지만 경화를 바탕으로 돌아가는 사회에서라면, 정부가 경제적으로 비생산적인 일을 강요해 봤자 그 돈을 계속 대 줄 유인이 없을 테니 오래지 않아 포기해야 할 것이다.

| 국제 · 온라인 결제 |

금은 공급량을 의미 있는 만큼 늘릴 수 있는 사람이 아무도 없었기 때문에 전 세계에서 지불 · 결제와 가치를 저장하는 데 전통적으로 널리 쓰였다. 금의 가치는 누군가가 채무를 져서 얻은 것이 아니라 자유시장에서 스스로 얻은 것이다. 19세기가 되어 소통하고 이동하는 범위가 넓어지면서 더 먼 거리에서 금융 거래를 할 필요가 생기자 금은 사람들의 손을 떠나 은행 금고로 그리고 결국은 중앙은행으로 들어갔다. 금본위제 시절에 사람들은 금 보관증을 가지고 다니거나 금을 지급한다는 수표를 발행하여 진짜 금을 실제로 움직이지 않고도 거래를 청산할 수 있었고, 그래서 국제 무역의 속도와 효율이 크게 향상했다.

정부가 금을 몰수하고 자체 화폐를 발행하자 개인과 은행은 더 이상 국제 결제를 금으로 할 수 없게 되었고, 금 대신 거래 수단이 된 각국 화폐는 가치가 시시각각 변동하여 국제 무역에 상당한 문제가 일어났다는 사실을 6장에서 살펴보았다. 비트코인이 발명되자, 어떤 중개자에게도 의지하지 않고 기존 금융 기반시설과 철저히 독립하여 국제결제를 처리할 수 있는, 근본부터 새롭고 독립적인 대안 장치가 창조되었다.

비트코인은 누구라도 노드를 운영하고, 아무에게도 허락받지 않고 자기 신원도 노출할 필요 없이 자기 돈을 보낼 수 있다는 데서 금과 확연히 다르다. 비트코인은 컴퓨터에 저장할 필요가 없다. 일련의 문자 또는 단어인 개인키만 기억하면 개인 비트코인 저장소에 접근할 수 있기 때문이다. 금 뭉치를 들고 돌아다니기보다는 비트코인 개인키를 가지고 돌아다니기가 훨씬 쉽고, 또 도난당하거나 몰수당할 위험을 지지 않고 전 세계 어디에나 보내기가 훨씬 쉽다. 정부는 사람들이 저축한 금을 몰수한 후 그 금으로 가치를 보장받는 화폐만 가지고 무역하라고 강요했지만, 비트코인을 사용하면 거액은 정부 손이 닿지 않는 저장소에 저축해 두고, 소규모 거래만 중개자를 통해 처리하면 된다. 비트코인 기술이 지닌 바로 그 본질 때문에 정부는 다른 모든 화폐를 쓸 때보다 훨씬 가혹한 불이익을 받고, 따라서 재산을 몰수하기가 훨씬 어려워진다.

게다가 비트코인 보유자가 블록체인을 통해 비트코인 보유현황을 모두 추적할 수 있으므로 어떤 정부기관도 비트코인을 다루는 은행에 최종 대부자 역할을 하는 게 극히 어려워진다. 심지어 화폐를 금으로 바꿔 받을 수 있었던 국제 금본위제 전성기에조차 중앙은행은 스스로 발행한 화폐의 전체 공급량을 뒷받침할 만한 금을 가진 적이 드물었고 따라서 보유한 금 가치를 초과하여 지폐 공급량을 늘릴 여지도 컸다. 비트코인에서는 그런 일이 일어나기가 훨씬 힘들다. 암호화를 이용하여 디지털적으로 명료하게 장부를 기록하기 때문에 부분지급준비제도에 참여한 은행을 색출하기 쉽기 때문이다.

10장에서 거래 처리 규모 확대 문제를 논하며 설명할 텐데, 미래에는 비트코인 소액결제를 분산장부상에서가 아니라 2차 단계에서 처리할 것이다. 비트코인은 온라인 거래에서 새롭게 떠오르는 준비통화라고 볼 수도 있다. 이 경우 온라인에서 은행 역할을 하는 기관이 비트코인을 콜드스토리지(cold storage, 오프라인 보관소 – 옮긴이)에 보관하는 한편 비트코인으로 가치를 보장받는 토큰을 사용자에게 발행하면, 모든 토큰 사용자는 이 중개자가 보유한 비트코인 양을 실시간으로 감사할 수도, 온라인 검증 및 평판 체계를 이용하여 토큰에 인플레이션이 일어나지 않았는지 검증할 수도 있다. 그리하면 온체인 거래를 하느라 비싼 거래수수료를 지불할 필요 없이 온라인에서 무수히 많은 거래를 할 수 있다.

비트코인은 계속 진화하여 시장 가치가 높아지고 거래 수수료도 높아지다 보니, 일상에서 매매와 거래 용도로 쓰는 화폐라기보다는 준비통화에 점점 가까워진다. 이 책을 쓰는 지금처럼 비트코인이 비교적 덜 채택된 시점에도 비트코인 거래 가운데 대부분은 온체인에서 일어나지 않고 거래소나 도박·카지노 웹사이트 같이 비트코인 기반으로 운영되는 온라인 플랫폼에서 일어난다. 앞으로도 이처럼 고객이 회사 내부로 자금을 입금하거나 외부로 출금할 때만 비트코인 네트워크에서 거래를 수행하고, 회사 안에서 일어나는 비트코인 입출 내역은 내부 장부에만 기록하는 기업이 많을 것이다.

디지털 현금으로서 비트코인이 지닌 비교우위는 현금 결제를 대체하는 데 있다기보다는 장거리 현금 결제를 가능케 하는 데 있을 것이다. 개인 사이에 소액을 결제할 때는 현금·물물교환·심부름·신용카드·수표 등 다양한 대안이 있다. 지금도 다양한 최신 지불결제 기술을 사용하여 소규모 지불결제를 처리하는 데는 아주 적은 비용만 든다. 비트코인이 이러한 단거리·소액 결제방식과 경쟁하기에 유리해 보이지는 않는다. 비트코인의 우위는 현금결제가 지닌 완결성을 디지털 세계에 도입함으로써 장거리·국제 대규모 거래대금 결제를 가장 빠르게 완결하는 데 있다. 이러한 관점에서 비트코인이 지닌 우위는 앞에서 말한 결제방식과 비교할 때 가장 명백히 드러난다. 전 세계에서 지불 수단으로 통용되는 화폐는 미국 달러, 유로, 금, IMF의 특별인출권(Special Drawing Rights) 정도밖에 없다. 국제 결제금액은 절대 다수가 이 중 한 가지 화폐 단위로 표시되고, 나머지도 그 외 주요 통화 몇 가지로 표시될 뿐이다. 이러한 화폐로 수천 달러에 해당하는 만큼을 국제 송금하면 수수료가 몇 십 달러 붙고 시간도 며칠 걸리며, 불법 자금거래가 아닌지 금융기관에게 샅샅이 검사당하기까지 한다. 이처럼 거래에 큰 비용이 드는 것은 무엇보다도 국제 거래 화폐의 변동성이 크고, 서로 다른 나라의 금융기관 사이에 결제하는 데 문제가 있기 때문에 여러 단계에 걸쳐 중개해야 하기 때문이다.

비트코인은 존재한 지 10년도 안 되어 이미 상당한 국제적 유동성을 확보했고, 그리하여 지금으로서는 기존 국제 송금보다 훨씬 낮은 가격만 들이고도 국제 결제를 처리할 수 있게 되었다. 비트코인이 국제 화폐 송금 시장을 대체할 것이라고 주장하는 것이 아니라, 그저 비트코인이 국제적 유동자산이 될 잠재력을 지녔다고 지적하는 것이다. 현재 기준으로 국제 화폐 유동량은 비트코인의 블록체인이 처리할 수 있는 범위를 훨씬 넘어서므로, 만약 점점 더 많은 국제 지불을 비트코인으로 하려 할수록 수수료가 올라 수요를 억누를 것이다. 그렇다고 해서 비트코인이 사형 선고를 받은 것은 아니다. 이 정도 개별 지불액을 보내기 어려워진다고 해서 비트코인의 능력이 한계에 도달한 것은 아니기 때문이다.

비트코인 네트워크로 거액 거래를 최종 결제하는 데는 몇 분밖에 걸리지 않으므로 비트코인은 거래 상대방 위험이 없는 화폐다. 따라서 비트코인은 중앙은행이나 대형 금융기관끼리 실행하는 지불결제 수단과 경쟁한다고 보는 편이 가장 적당하며, 또한 기록이 검증 가능하고, 암호화 덕분에 보안성이 높으며, 보안이 취약할지도 모르는 제3자에 의존하지 않는 만큼 안전하므로 경쟁에 유리하다. 미국 달러나 유로 같은 주요 화폐를 결제에 사용하면 환율 변동 위험을 지게 되고 또 여러 번 거쳐야 할 중개자를 모두 믿어야 한다. 중앙은행이나 대형 금융기관끼리 결제를 청산하는 데는 며칠에서 길면 몇 주까지도 걸리는데, 그 동안 쌍방 모두 상당한 외환 위험과 거래 상대방 위험에 노출된다. 한편 금은 전통적 화폐 가운데 유일하게 누군가가 진 부채도 아니고 거래 상대방 위험도 없지만, 금을 실제로 움직이려면 운영 작업에 엄청난 비용이 들고 위험도 따른다.

거래 상대방 위험이 없고 제3자에 전혀 의존하지 않는 비트코인은
금본위제에서 금이 수행하던 기능을 특유의 방식에 따라 똑같이 수
행하기에 적절하다. 비트코인은 국제 준비 화폐를 발행한다는 '엄청
난 특권(exorbitant privilege)'을 어떤 나라에도 부여하지 않기 때문
에, 어떤 나라의 경제 성과와도 무관한 중립적 국제 화폐다. 비트코인
은 모든 특정 국가의 경제와 분리되어 있으므로 비트코인 가치는 비
트코인 기준으로 표시된 무역 거래량에 영향을 받지 않을 것이고, 따
라서 20세기에 만연했던 환율 문제가 모두 방지된다. 게다가 비트코
인을 사용하면 거래 상대방과 전혀 관련 없이 결제가 완결되고 은행
에게 사실상의 조정자 역할을 맡길 필요도 없으므로, 전 세계의 패권
이 한 곳에 집중된 체제보다는 동등한 주체끼리 모인 전 세계 네트워
크에서 쓰기에 이상적이다. 비트코인 네트워크가 기반을 둔 화폐는
네트워크를 구성하는 은행 중 누구도 공급을 확대할 수 없기 때문에,
정부 예산을 대기 위하여 공급을 늘릴 수 있는 각국 화폐보다 가치저
장 수단으로서 매력적이다.

비트코인의 거래 처리 능력은 현재 중앙은행끼리 매일 결제한다고
가정할 때 일어날 결제 회수마저 훨씬 능가한다. 비트코인은 하루에
약 350,000건을 처리할 수 있으니, 전 세계 중앙은행이 850개 있을
경우에도 매일 한 번씩 네트워크에 존재하는 다른 모든 은행과 서로
거래할 수 있다. (네트워크에 존재하는 노드 n개가 모두 서로 한 번씩 연
결한다면 연결선은 n(n-1)/2개이므로, 노드가 850이라면 연결선은 850 x
(850-1) / 2 = 360,825개다.)

전 세계 중앙은행 850개로 비트코인 네트워크를 구성하면 서로 매

일 결제를 완료할 수 있다. 중앙은행 하나가 1,000만 명에게 서비스를 제공할 경우 전 세계 인구도 상대할 수 있는 셈이다. 비트코인의 능력이 어떻게든 전혀 늘어나지 않는다는, 극도로 비관적인 시나리오에서도 그렇다. 게다가 다음 장에서 살펴보듯 굳이 하위호환을 포기하면서까지 비트코인 구조를 바꾸지 않고도 처리능력을 향상하는 방법이 여러 가지 있기 때문에, 은행이 수천 개라도 매일 결제를 완료할 잠재력은 충분하다.

어떤 정부도 비트코인을 더 만들어 낼 수 없는 세상에서라면 앞에서 말한 '비트코인 중앙은행'들이 서로 자유롭게 경쟁하며, 비트코인으로 가치를 보장받는 화폐성 도구와 결제 방식을 물리적 형태로든 디지털 형태로든 제공할 것이다. '최종 대부자'가 없으니 부분지급준비금제도는 극히 위험한 방식이 될 것이므로 필자 생각에는 가치를 비트코인으로 100% 보장받는 금융 상품을 제공하는 은행만 장기적으로 살아남을 것이다. 이런 문제야 경제학자끼리 논쟁할 일이고, 누가 옳은지는 시간이 흘러봐야 알 것이다. 하여간 이런 은행은 고객끼리 결제한 거래는 비트코인의 블록체인 밖에서 청산하고, 은행끼리 하는 일간 결제는 블록체인 안에서 최종 처리할 것이다.

이런 관점은 마치 '완전한 개인 대 개인 현금'이라는 본래의 이상을 배반하는 듯 비칠지도 모르지만, 사실은 새로운 관점도 아니다. 나카모토에게 역사 상 최초로 비트코인을 받았던 할 피니(Hal Finney)는 2010년에 비트코인 포럼에 이런 글을 썼다.

비트코인으로 가치를 뒷받침하고 비트코인으로 태환할 수 있는 자체 디지털 화폐를 발행하는 은행이 등장하게 되리라는 생각에는 사실 매우 그럴듯한 근거가 있다. 비트코인 자체는 모두에게 중계되고 블록체인에 포함되는 전 세계 금융 거래를 하나하나 모두 처리할 만큼 거래 처리 능력을 키울 수 없다. 따라서 몸이 가볍고 효율이 높은 2차 결제 체계가 있어야 한다. 마찬가지로, 비트코인 거래를 완결하는 데 걸리는 시간을 생각하면 구매의 수단으로 쓰기도 비현실적이다.

비트코인으로 가치를 뒷받침하는 은행이 있으면 이런 문제가 해결된다. 이들은 국영화폐 이전 시대 은행처럼 운영할 것이다. 어떤 은행은 공격적으로 운영하고 어떤 은행은 보수적으로 운영하는 식으로 은행마다 다른 정책을 채택해도 된다. 어떤 은행은 부분지급준비제를 채택하는가 하면 어떤 은행은 비트코인으로 가치를 100% 보장할 것이다. 이자율도 서로 다를 법하다. 한 은행이 발행한 돈이 다른 은행이 발행한 돈보다 할인된 가격에 거래될지도 모른다.

조지 셀긴(George Selgin)이 세련되게 다듬어 온 자유 경쟁 은행 이론에 따르면, 그러한 체제는 안정적이고 인플레이션 저항력과 스스로 규제하는 능력을 보유한다.

내 생각에 비트코인은 궁극적으로 자체 디지털 화폐를 발행하는 은행의 준비통화 역할을 하는 '고성능 화폐'가 될 운명이다. 비트코인은 대부분 은행끼리 이체 차액을 결제하느라 거래될 것이다. 개인끼리 비트코인으로 거래하는 경우는 뭘까... 마치 오늘날 비트코인으로 거래하는 경우와 마찬가지로 드물 것이다.[8]

---

8) Bitcoin Talk forums, 2010년 12월 30일. https://bitcointalk.org/index.php?topic=2500.msg34211#msg34211에서 열람 가능.

비트코인 경제에서도 오늘날 경제와 비슷한 거래량이 발생할 수 있지만, 그 결제를 모두 비트코인 장부에서 처리하지는 않을 것이다. 비트코인 장부가 지닌 불변성과 신뢰불필요성은 개인 소비자 결제에 사용하기에 지나치게 거창하기 때문이다. 금융·결제 영역은 돈을 만드는 권한을 가진 정부에게 통제받는 탓에 현대 산업 중 가장 경직되어 있지만 자유 시장 경쟁이 도입되고 나면 결제 방식은 지금 맞닥뜨린 한계에 상관없이 엄청나게 개선될 것이다.

비트코인이 계속하여 가치를 키우며 점점 더 많은 금융기관에서 활용된다면 결국 새로운 중앙은행이 거래하는 준비통화가 될 것이다. 이러한 새 중앙은행은 근거를 디지털 세계에 둘 수도, 현실 세계에 둘 수도 있을 것이다. 그런데 기존 국영 중앙은행이 비트코인도 준비금으로 확보해야 하느냐는 것도 생각해 볼만한 문제다. 현재 국제 화폐 체제에서 국가 중앙은행이 보유하는 준비금은 주로 미국 달러, 유로, 영국 파운드, IMF 특별인출권 그리고 금이다. 이러한 준비통화는 중앙은행끼리 계좌를 청산하고 자국 화폐의 시장가치를 방어하는 데 쓰인다. 비트코인 가치가 지난 몇 년과 비슷한 속도로 계속 오를 경우, 미래에 관심을 두는 중앙은행이라면 비트코인에 주목할 가능성이 높다.

비트코인이 계속 상당한 가치를 얻어간다면 중앙은행에는 통화정책과 국제 계좌 결제를 유연하게 처리할 여지가 생길 것이다. 하지만 중앙은행이 정말 비트코인을 소유하게 된다면 비트코인이 성공한다는 시나리오에 대비하여 보험을 들기 위해서일 것이다. 비트코인 공급이 엄격히 제한된다는 사실을 고려하면, 중앙은행도 미래에 비트코인 가치가 크게 오를 경우에 대비하여 예산 중 소액을 들여 현재 비트코인 공급량 중 일부라도 취득하는 편이 현명할지 모른다. 만약 비트코인 가치는 계속 오르는데 비트코인을 전혀 소유하지 않았다면 비축해 둔 준비통화와 금의 시장가치는 비트코인 기준으로 떨어질 것이고, 그제야 비트코인을 준비금으로 취득하려 하면 중앙은행에게 불리하다.

비트코인이 여전히 괴상한 인터넷 실험처럼 비치는 와중에도 계속 살아남아 점점 가치를 키워가므로, 우선 순자산이 많은 개인과 기관 투자가가 진지하게 주목하기 시작할 것이고, 그 후에는 중앙은행도 그리 할 것이다. 그리고 중앙은행이 비트코인을 사용할지 고려하기 시작하는 그 순간, 사람들이 예금을 인출하러 은행에 몰려드는 뱅크런 사태와 반대로 중앙은행이 모두 비트코인을 구하려고 몰려드는 일종의 역(逆) 뱅크런이 벌어진다. 중앙은행 가운데 한 곳이라도 비트코인을 구입하기 시작하면 나머지 중앙은행도 그런 가능성이 있다고 경고 받은 셈이 되어 같은 방향으로 급하게 움직일 것이다. 중앙은행이 최초로 비트코인을 구입하면 가격이 상당히 오르게 될 것이고, 그러면 뒤쳐지는 중앙은행일수록 더욱 비싼 값을 치르고 사야 한다. 그럴 가능성이 있다면 중앙은행은 비트코인을 조금이라도 사는 편이 현명하다. 만약 공시하지 않고도 비트코인을 살 권한이 있다면 저가에 살 수 있을 테니 그러는 편이 더욱 현명하다.

또 비트코인은 국제적 제약 때문에 금융업이 한계에 부딪혔거나 달러 중심 국제 화폐 체계에 불만을 품은 나라의 중앙은행에서 유용한 준비자산 기능을 할 수 있다. 미국 아닌 나라의 중앙은행이 비트코인을 준비금으로 채택할 가능성을 확보한다면 그 자체가 미국 화폐 당국과 협상하는 데 유용하게 쓸 판돈이 된다. 중앙은행 중 하나라도 태도를 바꿔 비트코인을 결제 수단으로 쓴다면 다른 나라도 뒤를 이어 유혹을 받을 것인데, 미국은 애초에 그런 장면을 보고 싶지 않을 것이기 때문이다.

중앙은행은 대체로 비트코인의 중요성을 무시해 왔지만 그것도 오래 가지는 못할 허세일지 모른다. 중앙은행 관계자라면 믿기 힘들지 몰라도, 한 세기 동안 시장 경쟁을 차단해 온 그들의 사업영역에서 직접 부딪힐 경쟁자가 바로 비트코인이다. 비트코인은 적은 비용으로 국제 결제를 처리하고 최종 청산할 능력을 모든 사람에게 줄 뿐 아니라, 인간이 계획하던 화폐 정책을 그보다 우월하고 완벽하게 예측 가능한 알고리즘으로 대체한다. 현대 중앙은행의 사업 구조는 공격당하고 있다. 중앙은행이 이제껏 해 왔던 대로 법률만 통과시켜서는 경쟁을 피하지 못한다. 중앙은행이 이제 맞서게 된 디지털 경쟁자는 현실 세계의 법규로 끌려올 가능성이 극히 낮다. 중앙은행이 비트코인의 신속한 청산 기능과 건전통화정책을 사용하지 않는다면, 벼락같이 나타난 디지털 경쟁자들에게 문을 활짝 연 셈이 되어 가치저장 및 결제에 관련한 시장을 점점 더 잠식당하게 될 것이다.

현대 세계가 화폐 붕괴에 따른 경제적 영향에 고통 받는 고대 로마와 같고 달러가 아우레우스와 같다면, 사토시 나카모토는 이 시대의 콘스탄티누스이며 비트코인은 솔리두스고 인터넷은 콘스탄티노플이다. 정부가 계속 가치를 낮추는 화폐로 거래하고 저축하라고 강요받는 사람들에게 구명선이 되는 화폐가 비트코인이다. 앞으로 이어질 분석에 따르면 비트코인의 진정한 우위는 신뢰할 만한 장기적 가치 저장 수단이고, 개인이 허락받지 않고 거래를 할 수 있는 자주적 화폐라는 데서 나온다. 머지않은 미래에 비트코인의 주 용도는 어디서나 값싸게 거래할 능력이 아니라 그런 비교우위를 토대로 삼아 나타날 것이다.

| 국제 가치척도 |

마지막으로는 비록 금방 실현될 법하지는 않아도 비트코인 고유의 특성을 생각하면 흥미로운 적용 분야를 살펴본다. 금본위제 시절이 끝난 후에는 나라마다 화폐 가치가 다른 탓에 국제 무역이 크게 제한받았다. 단일한 교환매개를 사용하여 간접교환을 할 수 없게 되고, 국경 밖에서 무언가를 사려면 마치 물물교환을 하듯 그 생산자가 사용하는 화폐를 먼저 사야 했다. 그래서 국경을 넘나들 때 경제적 계산을 할 능력이 심각하게 제한되고, 외환 거래 산업이 엄청나게 성장했다. 이 산업은 화폐 민족주의가 낳은 끔찍한 결과를 개선한다는 것 말고는 아무런 가치도 만들어 내지 못한다.

금본위제는 어떤 정부와 당국도 장악하지 못한 단일 화폐를 전 세계 화폐 기준으로 삼아 이 문제를 해결했다. 가격은 금 기준으로 조정되고 표현되었기 때문에 국경을 넘나들 때 계산하기도 쉬웠다. 하지만 금은 물리적으로 이동하기에 힘들기 때문에 한 곳에 집중되어야 했고 결제는 중앙은행끼리 처리해야 했다. 그렇게 금을 집중시키고 나자 정부가 금의 매력에 저항하지 못했다. 금을 통제하고 나더니 결국은 자신이 공급량을 통제하는 명목화폐로 금을 대체했던 것이다. 그 결과 건전하던 화폐는 불건전해졌다.

비트코인이 무역과 경제활동에 쓰이는 국제 가치척도 기능을 수행할 잠재력이 있느냐는 문제에는 아직 답이 나오지 않았다. 이 가능성을 실현하려면 비트코인이 준비통화로 쓰이면서 전 세계에서 극히 많은 사람들에게 (아마도 간접적으로) 채택되어야 한다. 그러고 나서도 비트코인의 일간 거래량은 보유량에 비하여 미미할 것이므로 비트코인이 지닌 공급 안정성이 가치 안정성까지 이어질지는 두고 볼 문제다. 현재 비트코인 통화량이 전 세계 통화량의 1%를 밑돈다는 사실을 생각하면 비트코인이 대규모로 거래될 때마다 가격이 큰 영향을 받을 수 있고 또 수요 변동이 적기 때문에 가격이 더욱 크게 흔들릴 수 있다. 하지만 이는 비트코인을 국제 결제 네트워크와 화폐로 보았을 때, 현재로서는 국제 지불결제와 통화 공급량에서 차지하는 비중이 여전히 미미하여 나타나는 특징이다. 비트코인은 아직도 규모와 가치가 매우 작아서 앞으로도 매우 빠른 속도로 성장하여 지금보다 훨씬 크게 성장할 가능성이 있으므로, 지금 비트코인 토큰을 산다면 가치저장 수단으로서 빠르게 성장하는 네트워크 및 화폐에 투자하는 셈이다. 비트코인이 전 세계 통화 공급량과 국제 결제 거래에서 주류가 된다면 수요는 지금보다 훨씬 예측할 만하고 안정적인 수준에 도달할 것이며, 그 결과 화폐 가치도 안정될 것이다. 비트코인이 전 세계에서 유일하게 쓰이는 화폐가 된다고 가정한다면, 가치가 더 오를 여지는 크지 않을 것이다. 그 때가 되면 비트코인 수요는 그저 유동적 화폐를 소유하고자 하는 수요에 불과할 것이고, 지금과 같은 투기용 수요는 없어질 것이다. 그런 상황이 되면 비트코인의 가치는 전 세계 모든 사람의 시간선호에 따라 다르게 평가될 것이고, 가치저장 수단으로서 보유하려는 수요가 점점 늘어나면서 가치 상승폭은 낮은 수준에 그칠 것이다.

비트코인 공급량을 통제하는 권력이 없다는 사실은 가격 변동성을 키우는 요소지만, 장기적으로는 변동성을 줄이는 요소로 변할 가능성도 높다. 예측 가능한 공급량과 증가하는 사용자 수가 결합하면 수요는 매일 오르내리더라도 가격에 영향을 덜 끼칠 것이다. 시장조성자가 헤지(hedge - 가격변동이나 환위험을 피하기 위한 거래)를 이용하여 수요공급 변동 폭을 줄임으로써 가격을 안정시킬 수 있기 때문이다.

6장에서 참고한 재스트럼의 연구결과에 자세히 나오듯, 이는 금본위제 시절에 금이 처한 상황과 비슷하다. 금이 화폐로 쓰이던 여러 세기 동안 금 공급량 증가율이 느리고도 꾸준했다는 말을 바꾸면 가치가 크게 늘거나 줄지 않았다는 이야기도 되고, 따라서 금은 공간과 시간을 뛰어넘는 가치척도로서 완벽하게 기능했다.

하지만 이 시나리오는 금과 비트코인 사이에 존재하는 근본적 차이를 무시했다. 즉 금 수요는 산업용으로나 장식용으로나 크고 또 매우 안정적이다. 금은 독특한 화학적 성질을 지닌 덕분에 화폐 기능이 있든 없든 언제나 수요가 많았다. 화폐로서 금 수요가 변동한다면, 다시 말해 화폐로서 수요가 줄어 가격이 떨어진다면 산업계는 기본적으로 수량이 무한한 금을 언제든 활용할 태세를 갖추고 있다. 여러 가지 용도에 가장 적합한 성질을 갖추고 있는 금 대신 열등한 대체품을 쓰는 이유는, 오직 금이 비싸서다. 전 세계 중앙은행이 보유한 금을 모두 처분하는 경우가 벌어진다 해도, 장신구나 산업용 수요가 초과 공급량을 모두 흡수할 것이기에 가격 하락은 일시적 현상에 그칠 가능성이 높다. 금은 희소성이 높기 때문에 분명히 다른 금속이나 다른 물질에 비하여 언제나 비쌀 것이다. 이 중요한 성질 덕분에 여러 세기 동안 금본위제가 채택되었다, 폐지되었다 하며 전 세계에서 화폐로서 금 수요가 변해도 금 가치는 장기적으로 비교적 일정했고, 그래서 금이 화폐로 각광받은 것이다. 금은 이처럼 비교적 안정적이라서 화폐성 자산으로서 매력과 수요를 확실히 보장받았고, 마찬가지 이유 때문에 중앙은행들이 금 태환을 중단한 지 수십 년이 지난 지금까지도 보유한 금을 내다 팔지 않았다고 이해할 만하다. 만약 중앙은행이 보유한 금을 팔아도, 그 후 몇 년 동안 엄청나게 많은 금을 산업용으로 쓸 것이라서 금 가격은 크게 변하지 않을 것이다. 그렇게 거래한다면 중앙은행은 스스로 찍어낼 수 있는 명목화폐만을 지니고, 자기 화폐에 비하여 가치가 오를 자산을 잃는 결과를 맞게 된다.

금 수요 중 산업용 수요가 있듯 비트코인 수요 중에도 화폐 성격과 무관한 수요가 있다면 그것은 가치저장 수단으로서 수요가 아니라 비트코인 네트워크를 이용하기 위한 필수 전제조건으로서 수요일 것이다. 하지만 산업용 수요가 화폐 수요와 완전히 별개로 존재하는 금과 달리, 비트코인 네트워크를 운영하기 위한 비트코인 수요는 가치저장 수단으로서 수요와 밀접히 연관된다. 따라서 화폐와 무관한 수요는, 비트코인이 화폐 기능을 키워나가는 와중에 나타날 시장 가치 변동성을 개선하는 데 그다지 중요한 역할을 하지 못할 것이다.

비트코인의 양면을 살펴보면, 한편으로는 희소성을 엄격히 유지하므로 가치저장 수단으로 매우 매력적이고, 또 점점 많은 비트코인 보유자가 그래왔듯 앞으로도 변동성이 긍정적인 방향으로 치우치리라고 전제하고 오랜 기간 동안 변동성을 감내한다. 다른 한편으로는 계속 변동성을 지니기 때문에 가치척도로 기능하기 힘들 수도 있다. 최소한 가치가 현재보다 훨씬 오르고, 전 세계에서 보유하고 받아들이는 사람 비율이 훨씬 높아지기 전까지는 그렇다는 얘기다.

하지만 요즘 사람들이 서로 가치가 크게 변동하는 명목화폐들만 존재하는 세상에서 살아봤다는 사실을 생각하면, 요즘 사람인 비트코인 보유자는 확실성이 높던 금본위제 시대의 세대에 비해 비트코인의 변동성을 훨씬 잘 참아 낼 것이다. 아무리 좋은 명목화폐라도 단기밖에는 안정성을 유지할 수 없는 데다, 장기적으로는 가치가 떨어질 것이 뻔하다. 반면 금은 장기적으로 안정성을 유지해 왔지만 단기적으로는 비교적 불안정하다. 이처럼 어떤 대안도 비트코인과 마찬가지로 비교적 불안정하다면, 비트코인이 안정적이지 않다 한들 그 결점이 성장 가능성과 채택 가능성을 원천봉쇄할 만큼 치명적이라고 말하기는 힘들다.

이런 역학관계가 어떻게 풀릴지는 실제로 지켜보지 않고 알 수 없으므로 지금으로서는 앞에서 말한 문제의 답을 딱 잘라 말할 수 없다. 화폐 지위란 인간이 행동한 결과 저절로 등장한 결과물이지, 인간이 합리적으로 설계한 산물이 아니다.[9] 사람들은 사익을 추구하여 행동

---

9) 둘 사이에는 매우 중요한 차이가 있다. 관련 자료는 다음을 참고하라. Adam Ferguson, 《An Essay on the History of Civil Society》 (London: T. Cadell, 1782). 다음도 참고하라. Vernon Smith, 《Rationality in Economics》 (New York: Cambridge University Press, 2008).

할 뿐이고, 그러한 인간 행동의 결과를 빚어냄으로써 사람들에게 저항하고 적응하고 변화하고 혁신할 유인을 주는 것은 기술적 가능성과 수요·공급이라는 경제 현실이다. 자연 화폐 질서란 이처럼 복잡한 상호작용에서 등장하는 것이지, 학술 논쟁이나 합리적 계획이나 정부 권한으로 만들어 내는 것이 아니다. 어떤 화폐 기술이 이론적으로는 더 좋아 보인다 해도 현실에서 성공한다고 보장하지는 못한다. 화폐 이론가가 볼 때 비트코인은 변동성이 있어 화폐가 아니므로 무시당할지 모르지만, 인간이 행동한 결과 시장에서 나타난 자연 질서보다 화폐이론이 더 중요하지는 않다. 가치저장 수단으로서 비트코인은 저축 수요를 계속 더 많이 끌어들이면서 다른 모든 화폐에 비하여 계속 가치를 올리다가, 결국은 대가를 지불받는 수단으로서 누구나 가장 먼저 고려하는 대상이 될 가능성도 충분하다.

비트코인이 어느 정도 안정적 가치를 확보하게 되면 국제 지불 결제 용도로 쓰기에는 각국 화폐보다 우월해 질 것이다. 오늘날 각국 화폐는 그 나라와 정부의 상태에 따라 가치가 오르내리고, 한 나라 화폐가 국제 준비통화로서 널리 채택되면 그 화폐를 발행하는 나라가 '엄청난 특권'을 얻는다. 국제 결제 화폐는 모든 나라의 화폐 정책에 중립적이어야 한다. 금이 국제 금본위제 시대에 그 기능을 훌륭하게 수행해 낸 것도 마찬가지 이유 때문이다. 그리고 그런 기능 관점에서 보면 비트코인은 몇 분 만에 결제를 완료할 수 있고, 인터넷에만 접속하면 모든 사람이 사실상 비용을 들이지 않고도 거래 신빙성을 손쉽게 검증할 수 있기 때문에 금보다 우월하다. 반면 금은 옮기는 데 시간이 들고, 결제하고 옮기는 일을 담당하는 중개자가 신뢰할 만하다는 전제에서만 거래를 청산할 수 있다. 그렇다면 금은 직접 현금 거래에서 화폐 기능을 유지하고, 비트코인은 국제 결제에 특화할지도 모른다.

Part 10

비트코인 문답

비트코인 문답

8장에서는 비트코인 운영 원리의 경제적 기초를 설명했고 9장에서는 비트코인을 주로 사용할 만한 사례를 논했으니, 이제는 비트코인 운영을 둘러싼 몇 가지 핵심 문제를 살펴보자.

| 비트코인 채굴은 낭비인가? |

비트코인 네트워크에 가입한 사람은 누구나 공개주소와 개인키를 생성한다. 이메일에 비교한다면 주소와 패스워드다. 다른 사람에게 비트코인을 받을 때 공개주소로 받고, 자기 잔고에서 비트코인을 보낼 때 개인키를 사용한다. 두 가지는 QR코드로도 나타낼 수 있다.

거래가 성립하면 송금자는 모든 네트워크 구성원(노드)에게 거래 내역을 전파하고, 각 노드는 송금자가 소유한 비트코인이 거래하기에 충분한지 그리고 같은 코인을 다른 거래에 쓰지는 않았는지 검증한다. 네트워크에 존재하는 CPU 중 과반에게 검증받은 거래는 모든 네트워크 구성원이 공유하는 공통 장부에 새겨지고, 모든 구성원은 두 거래 당사자의 잔고를 갱신한다. 네트워크 구성원이라면 누구나 거래가 타당한지 손쉽게 검증할 수 있지만, 투표할 때 구성원 하나가 한 표씩 행사한다면 해커가 노드를 여러 개 만들어 자신의 사기 거래를 승인하도록 조작할 수 있다. 따라서 비트코인이 제3자를 신뢰하지 않고도 이중지불 문제를 해결하려면, 구성원이 투입하는 CPU 성능에 기반을 두고 정확성을 검증해야 한다. 다시 말하자면 작업증명 체계를 채택해야 한다.

작업증명을 간단히 설명하자면, 풀어내기 어렵지만 답이 맞는지 검증하기는 쉬운 수학 문제를 풀려고 네트워크 구성원끼리 경쟁하는 것이다. 모든 비트코인 거래는 10분 간격으로 검증되고 한데 묶여 한 블록 안에 각인된다. 노드들은 한 블록 분량의 거래를 처리하는 PoW(작업증명, Proof-of-Work)를 풀려고 경쟁하고, 정답을 처음으로 낸 노드가 그 사실을 전파하면 네트워크 구성원은 답이 맞는지 매우 빠르게 검증한다. 네트워크 노드 중 과반이 거래의 타당성과 PoW를 검증하면 처음으로 PoW를 올바르게 풀어낸 노드에게 비트코인이 미리 정해진 만큼 발행되는데, 이것이 블록보조금이다. 그리고 새 비트코인을 만드는 과정을 채굴이라고 부르는데, 금 공급량을 늘리는 방법이 채굴밖에 없듯 비트코인 공급량을 늘리는 방법도 이뿐이기 때문이다. PoW를 올바로 푼 노드는 블록보상 외에도 송금자가 첨부한 수수료까지 받는다. 수수료와 블록보조금을 더하면 블록보상이 된다.

작업증명은 언뜻 보면 수학 문제를 푸느라 컴퓨터 연산력과 전력을 낭비하는 절차처럼 보일지 몰라도, 비트코인을 운영하는 데 반드시 필요하다.[1] PoW는 새 비트코인을 생성하려면 전력과 연산력을 소비하라고 요구함으로써 디지털 재화 생산비를 계속 비싸게 만드는 유일한 수단이 되었으며, 그리하여 그 디지털 재화를 경화로 만들었다. 연산력과 전력을 반드시 대량으로 소비해야만 수학 문제를 풀 수 있게 되었기 때문에, 그 연산력을 소비하여 블록보상을 받으려는 노드는 부당한 거래를 블록에 포함하지 않아야 한다는 매우 강한 타당성을 가진다. 거래 타당성과 PoW 답을 검증하는 비용이 PoW를 푸는 비용보다 훨씬 싸므로, 어떤 노드가 부당한 거래를 블록에 포함하려 해도 결국 실패할 것이고, 따라서 소비한 연산력에 맞는 보상을 받지 못할 것이 거의 확실하다.

블록을 기록하는 비용은 극히 비싸게 만든 반면, 기록이 타당한지 검증하는 비용은 극히 싸게 만들어 부당한 거래를 하려는 요인을 거의 모두 제거한 것이 PoW다. 부당한 거래를 시도한다면 전력과 연산력만 낭비하고 블록보상을 받지 못할 것이다. 따라서 비트코인이란 연산력을 소모하여 전력을 믿을만한 기록으로 바꾸어내는 기술이라고 이해해도 좋다. 전력을 소비하는 사람은 비트코인 화폐로 보상받으므로, 비트코인을 진실하게 유지할 강한 동기를 가진다. 비트코인 장부는 정직하게 행동할 강력한 경제적 동기를 부여함으로써 사실상 훼손당할 가능성이 없어졌고, 그래서 이제까지 운영하면서 승인받은 거래 가운데 이중지불 공격이 성공한 사례가 없다. 이처럼 비

---

1) 애초에 비트코인이 전력을 낭비하느냐고 질문하는 것 자체가, 가치란 본질적으로 완전히 주관적임을 이해하지 못한 결과다. 전 세계에서 대규모로 전력을 생산하는 이유는 소비자의 욕구를 충족하는 데 있다. 이 전력이 낭비되느냐 아니냐는 오직 그 전력비를 내는 소비자가 판단할 일이다. 거래하려고 비트코인 네트워크 운영비용을 기꺼이 내려는 사람은 사실상 이 전력 소비 비용을 내는 셈이고, 전력은 생산되어 소비자의 욕구를 충족했으니 낭비되지 않았다. 기능을 두고 말하자면 PoW는 디지털 경화를 만드는 유일한 방법으로 인간이 발명한 것이다. 사람들이 돈을 낼 가치를 찾아냈다면 전력이 낭비된 것도 아니다.

트코인 장부는 진실한 거래만 기록해 냈지만, 그러기 위하여 특정 당사자가 정직할 필요는 없었다. 비트코인은 순전히 검증에 의존함으로써, 거래를 완결하는 데 누군가를 신뢰할 필요를 없애고 사기 거래에 종말을 고했다.

어떤 공격자가 사기 거래를 비트코인 장부에 집어넣으려 한다면, 네트워크 뒤에 존재하는 연산력 중 과반수가 사기를 승인하게 만들어야 한다. 네트워크를 구성하는 노드 중 정직한 노드는 그럴 이유가 없다. 그랬다가는 비트코인의 진실성이 하락하여 자기가 받을 보상의 가치가 떨어질 것이며, 그러느라 들인 전력과 자원을 낭비하는 꼴이기 때문이다. 그러니 공격자가 희망을 걸 데라고는 네트워크의 연산력 중 50% 이상을 동원하여 사기를 검증함으로써 타당성을 확립하는 방법뿐이다. 네트워크 뒤에 있는 총 연산력이 미미하던 비트코인 초기라면 그런 방법도 가능했다. 하지만 당시에는 네트워크가 보유한 경제 가치가 보잘것없어서 실제로 그런 공격이 벌어지지는 않았다. 반면 네트워크가 성장을 거듭하고 구성원이 늘어나며 연산력이 강해지자, 이번에는 네트워크를 공격하는 비용이 올라갔다.

노드가 거래를 검증하고 받는 보상은 연산력에 걸맞은 가치를 입증했다. 2017년 1월 현재 비트코인 네트워크가 보유한 연산력은 일반 개인용 노트북 2조 대 분량이다. 세계에서 가장 강력한 슈퍼컴퓨터보다 2백만 배고, 세계 슈퍼컴퓨터 상위 500대를 합한 연산력에 비하면 200,000배다. 비트코인은 연산력을 바로 돈으로 바꿈으로써 단일 목적을 위한 컴퓨터 네트워크로서 세계 최대의 네트워크가 되었다.

연산력이 이처럼 증가하는 데는, 거래를 검증하고 PoW 문제를 푸는 작업을 처음에는 개인용 컴퓨터로 하다가 가면 갈수록 비트코인 소프트웨어를 돌리는 데 가장 적합하게 설계한 특수 프로세서로 하게 된 변화도 기여했다. 이 특수 프로세서를 ASIC(Application Specific Integrated Circuits, 주문형 반도체)라고 한다. 2012년부터 ASIC을 도입한 덕분에, 범용 연산 유닛과 달리 비트코인과 무관한 연산에 전력을 낭비하지 않기 때문에 비트코인 네트워크에 더욱 효율적으로 연산력을 공급하게 되었다. 이런 채굴기의 목적은 오직 비트코인 거래를 검증하고 작업증명 문제를 푸는 것뿐이다. 따라서 비트코인이 무슨 이유로든 실패한다면 ASIC이 쓸모없어질 테니, 보유자는 투자 손실을 보지 않기 위하여 네트워크를 정직하게 유지할 강력한 유인을 얻는다.

누군가 비트코인 네트워크 기록을 바꾸려면 ASIC 칩을 새로 사는 데 수억 달러, 아니 어쩌면 수천억 달러까지 투자해야 한다. 그렇게 해서 네트워크를 공격하여 기록을 바꾸는데 성공한다 해도, 네트워크에 손상이 가면 비트코인 가치가 0에 가깝게 떨어질 테니 아무런 경제 이익도 얻지 못할 가능성이 높다. 다시 말해 비트코인을 파괴하려면 엄청난 돈을 써야 하는데, 그리하여 얻을 수익이 없다. 게다가 그런 시도가 성공한다 하더라도, 네트워크에 존재하는 정직한 노드가 공격 전 거래 기록을 복원해 운영을 재개할 수 있다. 그러면 공격자는 정직한 노드끼리 합의한 내용을 계속 공격하기 위하여 엄청난 운영비를 계속 지출해야 할 것이다.

비트코인 초창기에는 사용자가 자기 거래를 처리하고 서로 거래를 검증하려고 노드를 사용했기 때문에 노드 하나하나가 모두 지갑이자 검증자고 채굴자였다. 하지만 시간이 흐르자 기능은 각각 분리되었다. 지금은 거래를 검증하고 비트코인을 보상받는 데만 특화한 ASIC 칩이 있다(그래서 ASIC 칩을 채굴기라고들 한다). 이제는 노드를 운영하거나 거래를 검증하는 데 연산력을 쓰지 않고 비트코인만 주고받으려는 일반 사용자도 있고, 지갑을 무한정 만들어 내 이들에게 제공하는 사업을 하는 노드 운영자도 있다. 그 결과 비트코인은 동등한 노드끼리 구성한 순수 개인 대 개인 네트워크에서 점점 멀어졌지만, 노드가 여전히 다수 존재하는 데다 네트워크를 운영하는 데 필요한 특정 당사자가 없으므로, 탈중앙 분산 네트워크라는 주요 기능적 본질은 여전히 온전하다. 게다가 전문 채굴기 덕분에 네트워크를 뒷받침하는 연산력이 지금처럼 엄청나게 커졌다.

토큰에 가치가 거의 없던 초창기에는 네트워크가 탈취당하거나 파괴당할 가능성도 있었지만, 그 때는 네트워크에 경제 가치도 거의 없었기 때문에 불안해 할 사람도 없었다. 네트워크가 확보한 경제 가치가 늘어나면서 네트워크를 공격할 가능성도 커졌지만 그러는 데 드는 비용도 훨씬 커졌기 때문에 현실에서 공격이 성공한 적은 없다. 하지만 비트코인 네트워크를 언제나 지키는 진짜 요소는, 비트코인 토큰의 가치가 온전히 네트워크의 진실성에 달려 있다는 사실이다. 공격자가 블록체인을 변조하여 코인을 훔치거나 이중지불을 성공해서 얻을 이익은 거의 없다. 그렇게 되면 모든 구성원이 네트워크가 공격에 취약하다는 사실을 명백히 알게 되므로 네트워크를 사용하고 코인을 보유하려는 수요가 심각하게 떨어지고 가격이 폭락할 것이기 때문이다. 다시 말해 비트코인 네트워크는 공격하는 데 비싼 비용이 든다는 사실뿐 아니라, 공격이 성공하면 전리품 가치가 없어진다는 요소로도 보호받는다. 비트코인은 완전히 자발적 체계라 그 자체가 정직해야만 계속 운영할 수 있다. 그렇지 않다면 사용자가 떠나기도 매우 쉽다.

비트코인이 오늘날까지 살아남으며 가치를 키워 온 것은 연산력이 분산되고, 코드가 변화에 매우 강력하게 저항하며, 여기에 통화정책마저 타협 없이 완강한 덕분이다. 요즘 비트코인을 처음 접한 사람이라면 비트코인이 오늘날 위치에 이르기까지 여러 해 동안 얼마나 많은 논리 문제와 보안 문제를 견뎌야 했는지 모를 것이다. 인터넷 덕분에 해커가 재미로건, 이익을 위해서건 모든 네트워크와 웹사이트를 공격할 기회가 수없이 많다는 사실을 염두에 두고 보면 더욱 놀라운 성취다. 전 세계 네트워크와 이메일 서버는 하루가 다르게 빈번해지는 보안 위협을 받고 있지만, 공격에 성공해서 얻는 자료나 기회로는 기껏해야 정치적 이득이나 볼 것이다. 반면 비트코인은 수십억 달러 가치가 있는데도 계속하여 안전하고 믿을 만하게 운영되는 이유는 운영 시작 첫날부터 가차 없는 공격의 대상이 되는 매우 적대적 환경에서 운영하도록 설계되어서다. 전 세계 프로그래머와 해커가 모든 기술을 동원하여 박살내려 해 봤지만, 비트코인 네트워크는 여전히 운영방식의 핵심을 정확하게 따르며 돌아간다.

| 통제 불가능 : 아무도 비트코인을 바꾸지 못하는 이유 |

"일단 버전 0.1이 배포되면 핵심 구조가 돌에 새겨져 생명이 다할 때까지 변치 않는 것, 그것이 비트코인의 본질이다."

– 사토시 나카모토, 2010년 6월 17일

비트코인은 공격에만 성공적으로 저항한 것이 아니다. 자기 성격을 바꾸거나 고치려는 시도도 노련히 거부했다. 이 말과 그 안에 숨은 뜻이 진정 얼마나 깊은지 온전히 실감하지 못한 사람들이 비트코인을 의심한다. 비트코인 화폐를 중앙은행에 비한다면 세상에서 가장 독립성 강한 중앙은행일 것이다. 국가에 비한다면 가장 자주성 강한 국가일 것이다. 비트코인은 누구나 알다시피 합의 원칙에 따라 운영하는 덕분에 개인이 변경하려는 데 매우 잘 저항하고, 그래서 자주성을 얻는다. 아무도 비트코인을 좌지우지하지 못한다는 말은 과장되지 않은 사실이므로, 누구나 지금대로 쓰느냐 아니면 쓰지 않느냐 가운데 하나만 골라야 한다.

비트코인이 이런 불변성을 얻은 것은 코딩 기술만 있으면 누구나 쉽게 바꿀 수 있는 비트코인 소프트웨어 덕분이 아니라, 비트코인 화폐와 네트워크에 얽힌 경제학 덕분이며, 또 네트워크 구성원 각자가 사용하는 소프트웨어에 똑같은 변경사항을 채용하라고 모든 구성원을 설득하기 어려워서다. 개인이 비트코인 네트워크에 접속하는 노드를 운영할 때 사용하는 소프트웨어는 처음에 사토시 나카모토가 故할 피니 등 프로그래머 몇 명과 협력하여 만들어 낸 오픈소스 소프트웨어다. 그 이후 누구나 원하는 대로 소프트웨어를 다운로드하여 사용하고 바꿀 수 있다. 그 덕분에 비트코인 실행 방식에 자유 경쟁 시장이 형성되어, 누구나 소프트웨어를 변경하거나 개선하는 데 기여하고 사용자에게 이를 채택하라고 홍보할 수 있게 되었다.

그 후 지금까지 전 세계 컴퓨터 프로그래머 수백 명이 자원하여 노드 소프트웨어를 개선했고, 그 과정에서 개인 노드의 능력을 개선해 왔다. 이들이 만들어 낸 소프트웨어는 여러 가지인데, 그 중 가장 크고 널리 쓰이는 것이 소위 '비트코인 코어(Bitcoin Core)'다. 물론 사용자는 다른 소프트웨어를 사용할 수도 있고, 언제든 소스 코드를 자유롭게 바꿀 수도 있다. 노드가 네트워크에 참여하기 위해 지켜야 할 요건은 다른 노드들이 합의한 원칙을 따라야 한다는 것뿐이다. 어떤 노드가 합의 원칙을 깨고 블록체인 구조나 거래 타당성이나 블록보상 같이 블록체인 체계의 매개변수를 바꾼다면, 그 노드의 거래를 나머지 노드가 거부한다.

비트코인의 매개변수는 스코틀랜드 철학자 애덤 퍼거슨(Adam Ferguson)이 말한 대로 '인간이 설계한 결과가 아니라 인간이 행동한 결과'2)에 따라 정의되었다. 2009년 1월에 실제로 작동하는 판을 만들어낸 사람은 사토시 나카모토와 할 피니 등 몇 명이지만, 그 이후 코드가 크게 발전한 것은 개발자 수백 명의 기여와 노드를 운영하는 사용자 수천 명이 선택한 결과다. 어떤 중앙 권력도 비트코인의 진화를 결정하지 않고, 어떤 프로그래머도 혼자서는 특정한 결과를 내라고 명령할 수 없다. 어떤 방식이 사람들에게 채택되어 실행되도록 하는 열쇠는 원래 구조에 설정된 매개변수를 잘 따르는 데 있음이 입증되었다. 어떤 변화가 실제로 소프트웨어에 적용되는 데 성공했다면, 그 변화는 개별 노드가 네트워크와 상호작용하는 방법을 개선한 한편 비트코인 네트워크나 합의 원칙은 바꾸지 않았다고 생각하면 틀리지 않다. 이 매개변수들이 무엇인지 상세히 논하는 것은 이 책의 범위를

---

2) Adam Ferguson, 《An Essay on the History of Civil Society》, (London: T. Cadell, 1782).

벗어나고, 다음 조건을 명시하는 정도면 충분할 것이다. "노드끼리 합의하지 않은 변경사항을 처음 도입한 노드가 네트워크에 계속 남아 있으려면, 다른 노드 모두가 이 변경사항을 따라 갱신해야 한다." 적지 않은 노드가 새로운 합의 규칙을 채택하면, 소위 하드포크(hard fork - 포크(fork)는 규칙을 변경한 새 프로그램 개발을 가리킨다. 특히 블록체인에서는 새 프로그램이 등장한 후 새로 생성하는 블록이 옛 규칙에 부합하지 않을 때 (즉 특정 시점 이후로 기존 프로그램이 생성하는 블록체인과 새 프로그램이 생성하는 블록체인이 호환하지 않고 서로 갈라질 때) 하드포크가 발생했다고 한다. 반면, 새 프로그램과 기존 프로그램이 생성한 블록체인이 호환하면 소프트포크라고 한다. - 옮긴이)가 발생한다.

그렇다면 비트코인 프로그래머는 능력이 아무리 좋은들 비트코인을 통제할 수 없고, 또 노드 운영자가 채택하기 원하는 소프트웨어를 노드 운영자에게 제공해야만 비트코인 프로그래머라고 자처할 수 있다. 하지만 프로그래머가 아닌 사람이라고 비트코인을 통제할 수 있는 것도 아니다. 채굴자 역시 해싱파워(hashing power. 같은 시간 동안 작업증명 문제를 푸는 능력으로, 채굴력과 동의어라고 보아도 크게 틀리지 않음 - 옮긴이)를 아무리 많이 동원한다 한들 비트코인을 통제할 수 없다. 해싱파워를 아무리 많이 소모하여 부당한 블록을 처리한들 비트코인 노드 과반수는 검증해주지 않을 것이다. 따라서 네트워크 규칙을 바꾸려는 채굴자는 블록을 생성해 봤자 같은 네트워크에서 노드를 운영하는 구성원에게 무시당할 뿐이고, 작업증명 문제를 푸느라 자원만 낭비할 뿐 보상은 하나도 받지 못한다. 채굴자는 기존 합의 원칙에 따라 타당한 거래만 실린 블록을 생성해야만 비트코인 채굴자라고 자처할 수 있다.

노드 운영자가 비트코인을 통제한다는 말을 하고 싶어 안달인 사람도 있을 텐데, 그 말은 추상적 집단으로서 노드 운영자를 볼 때만 진실이다. 현실적으로 보면 노드 운영자가 통제할 수 있는 것은 자기 노드뿐이고, 스스로 결정할 수 있는 사항은 어떤 규칙을 채택한 네트워크에 합류하느냐, 또 어떤 거래가 타당하고 어떤 거래가 부당하다고 보느냐 뿐이다. 노드가 합의 원칙 선택권을 행사하는 데는 매우 심한 제약이 있다. 만약 네트워크가 합의한 내용과 불일치하는 규칙을 강요하면 자기 거래가 기각될 것이기 때문이다. 각 노드는 네트워크의 합의 원칙을 지킴으로써 합의 원칙에 따라 다른 노드와 호환성을 유지할 강력한 유인을 지닌다. 개별 노드는 다른 노드가 코드를 바꾸도록 강요할 힘이 없고, 그렇기에 현재 합의 원칙을 유지할 집단 편향이 강력하게 나타난다.

결론을 말하자면, 자기가 만든 코드를 사람들이 채택하기 원하는 비트코인 프로그래머에게는 합의 원칙을 따라야만 한다. 채굴자가 작업증명에 소비한 자원에 합당한 보상을 받으려면 네트워크가 합의한 원칙을 따라야 한다. 자기 거래를 네트워크에서 청산하려는 네트워크 구성원에게도 합의 원칙을 따라야 한다. 프로그래머, 채굴자, 노드 운영자 모두 한 명 한 명으로 봐서는 네트워크에 없어도 된다. 합의 원칙에서 이탈하면 자원을 낭비하게 된다. 네트워크가 참가자에게 긍정적 보상을 제공하는 한, 이탈자를 대체할 사람은 얼마든 출현할 것이다. 따라서 비트코인에서 구성원이 합의한 매개변수는 자주성을 갖췄다고 할 만하다. 비트코인은 계속 존재하는 한 이러한 매개변수와 설정에 따를 것이다. 이처럼 비트코인 운영에는 현상유지 편향이 매우 강력하게 나타나므로 화폐공급 일정 등 중요한 경제적 매개변수를 바꾸기가 극히 어렵다. 이처럼 비트코인은 안정적 균형을 갖췄으므로 경화라고 말할 수 있다. 비트코인이 이러한 합의에서 벗어난다면 비트코인이 경화로서 제공하는 가치는 심각하게 위협받을 것이다.

필자가 알기로는 구성원 일부가 협동하여 비트코인의 통화정책을 크게 바꾸려 한 사례도 없을 뿐 아니라[3], 그보다 훨씬 간단하게 코드의 기술적 설정을 조금 바꾸려는 시도조차도 모두 실패했다. 프로토콜에 무해해 보이는 변경도 극도로 성공하기 어려운 이유를 들자면 우선 네트워크가 탈중앙이라는 본질을 가지고 있어서이다. 또 변화가 성공하려면 수없이 갈려 서로 적대하는 당사자들이 동의해야 하지만 그 결과가 어떨지는 지지자조차도 온전히 이해하지 못하는 반면 현 상태는 안전하며 실전에서 익숙하기 때문에 더할 나위 없이 익숙하며 의존할 만해서기도 하다. 현재 비트코인은 안정적 '중심점(Schelling point)[4]'에 있다고 볼 만하다. 즉, 유용해서 모든 참여자가 이를 계속 지킬 필요성을 얻는 한편, 언제든 여기서 이탈하면 상당한 손실을 볼 위험이 있다.

---

3) 2012년에 첫 번째 코인 보상 반감기가 지난 후에도 계속 50비트코인을 블록 채굴 보상으로 받으려 한 채굴자가 몇몇 있지만, 다른 노드들은 이들이 채굴한 블록을 기각하고 원래 인플레이션 일정으로 돌아오도록 강요함으로써 채굴자들의 시도를 좌절시켰다.

4) 본문에서 '중심점'이라고 옮긴 셸링 포인트(Schelling point)는 당사자끼리 서로 소통할 수 없을 때, 자기 눈에 자연스럽게 보이는 한편 다른 사람도 그 전략을 선택하리라고 예측하기 때문에 채택하는 전략이다. 비트코인 노드가 얼마나 존재하는지 제대로 추정할 방법조차 없는 상황에서 각 노드 구성원이 선택할 셸링 포인트는 기존의 합의 원칙을 지키는 한편 새로운 원칙으로 바꾸기는 피하는 전략이다.

비트코인 네트워크 구성원 중 누군가가 다른 네트워크 구성원과 호환되지 않는 새로운 버전의 소프트웨어를 도입함으로써 비트코인 코드의 매개변수를 바꾸기로 결정한다면 사실상 기존과 분리된 화폐와 네트워크를 새로 만들어내게 되는데, 그것이 포크(fork)다. 이 때 기존 네트워크에 남은 구성원은 채굴 설비, 네트워크 효과, 인지도 등 기존 네트워크가 쌓은 기반으로 이익을 볼 것이다. 새 포크가 성공하려면 압도적 다수의 사용자, 채굴 해싱파워 그리고 이주하기에 필요한 모든 기반이 필요하다. 만약 압도적 다수를 확보하지 못한다면 두 가지 비트코인이 거래소에서 서로 거래되는 결과가 나올 가능성이 높다. 새 포크로 옮긴 사람이 자기 포크가 성공하기를 원한다면, 기존 포크를 파는 한편 다른 사람들도 자기와 똑같이 행동하기를 바라야 한다. 그래야 옛 포크의 가격이 떨어지고 새 포크의 가격이 오르며, 그 결과 모든 채굴력과 경제 네트워크가 새 네트워크로 몰려올 것이기 때문이다. 하지만 비트코인 운영 매개변수가 변한 새 네트워크에서는 구성원 중 누군가가 피해를 본 만큼 다른 누군가가 이익을 챙겼을 가능성이 높으므로, 새 코인으로 이동하는 데 모두가 합의할 가능성은 낮다. 더 폭넓게 말해서 비트코인 보유자 중 다수는 규칙이 본질적으로 자동이라는 데 끌리고, 또 제3자가 명령해도 영향을 끼치지 못한다는 데 끌려서 비트코인을 보유하는 사람들이다. 그런 사람들이, 기존과 호환되지 않는 새 코드를 제안하는 새 집단에게 네트워크를 근본부터 바꿀 재량을 주는 위험을 질 가능성은 매우 낮다. 여기서 그런 다수가 존재하느냐 존재하지 않느냐는 질문은 논쟁할 가치가 없다. 중요한 것은 어떤 이유로든 현재 운영방식이 위협받지 않는다면 현재 매개변수를 계속 굳게 지킬 사람이 충분히 존재한다는 사실이다.

현재 구조가 파국적 실패를 맞을 가능성이 없다고 전제한다면 기존 방식에 남으려 할 노드 비율이 충분히 높다는 데 내기를 걸어볼 만하고, 그렇다면 새 포크로 넘어갈지 생각해볼 사람도 그냥 남기로 결정하는 편이 훨씬 안전할 것이다. 새 포크로 넘어가기로 결정하면, 기존 체인에 가지고 있던 코인을 팔아야만 새 포크가 성공한다는 문제에 부딪힌다. 누구도 기존 체인에 있는 코인을 팔고 새 네트워크로 넘어가기를 바라지는 않으니 모든 사람이 옮겨가지는 않고, 따라서 새 네트워크에 있는 코인 가치는 폭락한다. 요약하자면, 합의 원칙에 따라 새 제도로 옮겨가는 데 성공하려면, 절대다수가 함께 옮겨가기 원해야 하고, 또 다수가 옮겨가지 않는다면 관련자 모두가 경제적 재앙을 맞을 것이 거의 확실해야만 한다. 그리고 새 방식으로 어떻게든 옮겨가려면 비트코인 보유자 다수가 동의해야 한다. 그런데 변화가 성공한다면 이를 제안한 무리가 앞으로 비트코인의 방향에 상당한 영향을 끼칠 가능성이 높기 때문에, 이념적으로 권력이 어떤 집단으로 집중되는 데 대체로 반대하는 비트코인 보유자들이 그러한 변화를 지지할 가능성은 매우 낮다. 그런 집단이 존재한다면 다른 사람에게 매우 위험한 포크가 힘을 얻게 된다. 이 정도로 설명했으면 비트코인이 이제까지 변화를 크게 일으키려는 모든 시도에 저항해 낸 원동력이 무엇인지 이해할 것이다. 서로 손익이 대립하는 데다 불변성이라는 개념 자체에 강하게 사로잡히기까지 한 사람들을 동시에 한 방향으로 움직이도록 조직해 내려 한들, 이들이 현재 방식을 떠나 움직일 만큼 절박한 이유가 없다면 성공하기 어려울 것이다.

예컨대 비트코인 발행률을 늘려 채굴자가 보상받는 코인 수를 늘리는 수정안이 있다면 채굴자 마음에는 들겠지만 현재 보유자는 좋아하지 않을 것이니 제안에 찬성할 가능성이 낮다. 마찬가지로 비트코인 네트워크 블록 크기를 늘리도록 수정한다면 채굴자는 블록 당 처리하는 거래 수가 늘어나므로 거래수수료를 더 받게 되고 채굴장비 투자 수익이 늘어날 테니 이익을 얻게 될 것이다. 하지만 비트코인을 장기적으로 보유하려는 사람이 보기에는 블록 크기가 커지면 블록체인 크기도 훨씬 커질 테니 노드 하나를 온전히 운영하는 비용이 올라갈 것이고, 그리하여 네트워크에 존재하는 노드 수가 줄어들면 네트워크가 몇몇 지점으로 더욱 집중되어 공격에 취약해질 우려가 있어 별로 마음에 들지 않을 것이다. 비트코인 노드 운영 소프트웨어를 개발하는 사람은 누구에게도 변화를 강요할 힘이 없고, 그저 자기 코드를 제안할 뿐이다. 그러면 사용자는 자기 좋을 대로 코드와 버전을 선택해 다운로드한다. 기존 방식과 호환하는 코드는 호환하지 않는 코드보다 훨씬 많이 다운로드 될 것이다. 호환되지 않는 코드는 압도적 다수에게 채택 받아 운영되지 않고서는 성공할 수 없기 때문이다.

그 결과 비트코인은 극도로 강력한 현상유지 편향을 보인다. 이제껏 코드에 적용된 변화는 논쟁할 여지가 없을 정도로 사소한 것뿐이다. 그리고 네트워크를 크게 바꾸려는 시도는 하나같이 엄청난 실패로 끝남으로써, 무엇보다도 불변성을 갖추고 변화에 저항하는 특성 때문에 비트코인을 좋아하여 충직하게 장기적으로 보유하는 사람들에게 기쁜 결과가 되었다. 가장 유명한 일은 개별 블록의 크기를 늘려 거래 처리량을 늘리려 한 시도다. 오래 전부터 비트코인 관계자로 유명한 사람이 참여하고 많은 비용도 들여 새 코인의 인지도를 얻으려한 기획도 여러 번 있었다. 비트코인 세계에서 가장 유명한 축에 드는 개빈 안드레센(Gavin Andresen)은 유능한 개발자와 돈 많은 사업가 등 여러 이해관계자와 함께 블록 크기를 키운 포크를 만들려고 매우 공격적으로 여러 번 시도했다.

안드레센과 마이크 헌(Mike Hearn)이라는 개발자는 2015년 6월에 처음으로 블록 크기를 1MB에서 8MB로 늘리려는 목표를 설정한 비트코인 XT를 제안했다. 하지만 대다수 노드는 1메가바이트 짜리 블록에 남기를 선호하여, 소프트웨어를 업데이트하지 않기로 했다. 마이크 헌은 '금융기관 블록체인 컨소시엄'이라는 곳에 채용되어 블록체인 기술을 금융 시장에 도입하는 일을 하던 사람인데, 비트코인이 이제 실패할 운명을 맞았다고 공언했으며, 〈뉴욕 타임스〉가 자기 인적사항을 찬란하게 그려가며 비트코인을 구원하려 열성인 사람이라고 찬양하는 기사를 낸 데 발맞춰 블로그도 열었다. 마이크 헌은 비트코인이 거래 용량을 늘릴 수 없다는 치명적 장애물 때문에 실패할 것이므로 자기는 이미 모든 코인을 팔았다고 발표하는 한편, '비트코인 실험을 해결할 방법'을 제안했다. 당시 비트코인 가격은 350 달러 전후였다. 그 후 비트코인 가격이 40배 이상 뛴 2년 후에도, 마이크 헌이 합류한 '블록체인 컨소시엄'은 실질적인 결과를 내지 못하고 있다.

개빈 안드레센은 아랑곳하지 않고 즉시 '비트코인 클래식'이라는 이름으로 블록 크기를 8메가바이트로 올린 비트코인을 포크하겠다고 새로 제안했다. 이번에도 결과는 나을 바 없었고, 이를 지지하는 노드

수는 2016년 3월부터 쪼그라들기 시작했다. 하지만 블록 크기 확대를 지지하는 사람들은 2017년에 '비트코인 언리미티드'라는 이름으로 다시 모였다. 이번에는 비트코인 채굴 칩 최다 제조사에다 bitcoin.com 도메인을 가지고 있으며 블록 크기 확대를 홍보하느라 엄청난 자원을 써 온 훨씬 폭넓은 사람들이 연합했다. 대중매체에 광고를 엄청나게 띄우자 주류 언론과 소셜미디어로 비트코인 소식을 접한 사람들은 위기가 닥쳤다고 느꼈다. 하지만 현실에서는 포크가 시도되지 않았고, 노드 다수가 계속 1MB 호환 방식을 따라 돌아갔다.

그리고 마침내 2017년 8월, 예전부터 블록 크기를 늘리자고 주장해 온 여러 프로그래머가 뭉쳐 '비트코인 캐시'라는 이름으로 새 비트코인 포크를 제안했다. 비트코인 캐시의 운명은 합의에 따른 지지를 받지 못한 비트코인 포크에 어떤 문제가 있는지 생생히 보여준다. 대다수가 원래 체인에 남기로 결정했고 비트코인을 지지하는 거래소와 사업 기반이 여전히 원래 비트코인에 초점을 맞추고 있기 때문에, 비트코인 캐시 가격은 2017년 11월에 비트코인 가격의 5%로 저점을 찍을 때까지 계속 떨어졌고 비트코인 가격은 계속 훨씬 높은 수준을 유지했다. 새 포크는 경제 가치를 얻지 못했을 뿐 아니라 심각한 기술 문제 때문에 사용하기조차 어렵다. 새 체인의 해싱 알고리즘도 비트코인과 같으므로 채굴자는 연산력을 두 체인에서 모두 써 두 곳에서 모두 보상을 받을 수 있다. 하지만 비트코인 가치가 비트코인 캐시보다 훨씬 높으니 비트코인이 여전히 비트코인 캐시보다 훨씬 많은 연산력을 지니게 되고, 비트코인 채굴자는 비트코인 캐시가 더 큰 보상을 할 때를 기다렸다가 언제든 넘어갈 수 있다. 비트코인 캐시에게는 안타까운 딜레마다. 즉, 채굴 난이도가 지나치게 높으면 블록을 생성하고 거래를 처리하는 데 오래 걸릴 것이다. 하지만 난이도가 지나치게 낮게 설정되면 코인이 지나치게 빨리 채굴되어 공급도 빠르게 늘어난다. 그러면 비트코인보다 비트코인 캐시 공급이 빨리 늘어나고, 비트코인 캐시의 코인 보상이 빠르게 바닥나게 될 테니, 장래에 채굴자가 채굴할 유인이 줄어든다. 그래서 채굴자에게 계속 보상을 주도록 공급 증가율을 조정한 하드포크가 이어질 가능성이 매우 높다. 이 문제는 비트코인에서 갈라져 나온 체인에만 적용될 뿐, 비트코인 자체에는 전혀 적용되지 않는다. 비트코인 채굴은 언제나 가능한 한 최대량의 연산력을 알고리즘에 사용하고, 채굴자가 채굴 능력을 증대할수록 연산력도 언제나 증가한다. 하지만 비트코인에서 갈라져 나온 코인이라면 코인 가치가 낮고 채굴 난이도가 낮기 때문에, 가치가 더 높은 체인에서 작업하던 훨씬 큰 채굴력이 언제든 재빠르게 옮겨와 채굴할 수 있다는 약점이 있다.

해당 포크가 비트코인의 제1 지위에 도전하는 데 실패한 후, 비트코인 경제 세계 안에서 활발히 활동하던 여러 스타트업이 협의하여 블록 크기를 두 배로 늘린 포크를 실행하려던 계획이 11월 중반에 취소되었다. 기획자들이 자기 계획에 합의를 얻기가 매우 어려울 것이기에 아예 별개인 코인과 네트워크를 만드는 결과가 날 가능성이 가장 높다는 사실을 깨달았기 때문이다. 비트코인 충성파는 비트코인 합의 원칙을 바꾸려고 시도해 봤자 어떻게 덧칠하든 알트코인처럼 비트코인의 사소한 세부사항만 베꼈지 유일하게 중요한 특성인 불변성은 갖추지 못한 비트코인 흉내쟁이를 만들 뿐이기는 마찬가지라는 사실을 깨닫고 그런 시도 자체를 무시하는 법을 배워왔다. 앞에서 논했던 대로 비트코인의 우위는 속도 · 편리함 · 사용자 친화적 경험이 아니다. 비트코인의 가치는 바로 아무도 쉽게 바꿀 수 없으므로 불변하는 통화정책을 가졌다는 데서 나온다. 비트코인의 사양을 바꾸려는 사람들이 모여 시작한 새 코인은 비트코인이 값진 유일한 원인을 탄생할 때부터 잃은 셈이다.

비트코인은 사용하기에 직관적이지만 바꾸기는 사실상 불가능하다. 비트코인은 자발적이므로 아무도 쓰라고 강요하지 않지만, 이를 쓰고 싶은 사람은 규칙을 따를 수밖에 없다. 비트코인을 의미 있는 만큼 바꾸기는 사실 불가능하고, 그런 시도를 해봤자 이미 수천 가지나 되는 무의미한 열등복제품이 하나 더 나올 뿐이다. 비트코인은 있는 그대로 받아들여야 하고, 그 자체의 조건을 받아들이고 제공하는 대로 쓰여야 한다. 실질적 의도와 목적이 어쨌든 비트코인은 자주적이다. 그 자체의 규칙으로 운영되고, 어떤 외부자도 이 규칙을 바꿀 수 없다. 비트코인의 매개변수란, 마치 지구 · 태양 · 달 · 별의 자전처럼 우리가 통제할 수 없으므로 바꾸지 못하고 맞춰 살아야 하는 강제력에 비유하는 편이 차라리 나을지도 모르겠다.

| 안티프래질 |

나심 탈레브가 말한 안티프래질(antifragility)이란 역경과 무질서에서 오히려 이득을 얻는 힘인데, 비트코인이 체현한 것이 바로 안티프래질이다. 비트코인은 공격에 잘 버틸 뿐 아니라, 기술 차원과 경제

차원 모두에서 안티프래질하다고 할 만하다. 이제껏 비트코인을 죽이려는 시도는 모두 실패했을 뿐 아니라, 프로그래머가 취약점을 파악하고 고치게 함으로써 비트코인을 더욱 강하게 만들었다. 게다가 공격 하나하나가 실패할 때마다 훈장이 붙어 참여자와 외부자 모두에게 네트워크의 안전성을 증언하고 광고한다.

전 세계 소프트웨어 개발자 · 평가자 · 해커는 스스로 한 데 모여 비트코인의 코드와 네트워크를 개선하고 강화하는 데 전문적 · 재정적 · 지적 관심을 쏟았다. 코드의 설정에서 취약점이 발견되면 이들 같은 프로그래머가 각자 해결책을 제안하고 토론하고 시험한 후 네트워크 구성원에게 채택해 달라고 요청할 것이다. 이제까지 채택된 변경사항은 네트워크 운영 효율을 높이는 데 그쳤고, 비트코인 운영의 핵심을 바꾸지는 않았다. 이러한 프로그래머는 비트코인 토큰을 소유할 수 있으므로 비트코인을 성장시키고 성공시킬 재정적 요인이 있다. 비트코인이 계속 성공하면 프로그래머는 다시 금전적 보상을 받으므로 비트코인을 유지하는 데 시간과 노력을 더 쏟게 된다. 비트코인을 유지하느라 힘써 온 유명 개발자 중에는 비트코인에 투자한 덕에 다른 일을 하지 않고 비트코인 유지를 주업으로 해도 충분할 만큼 돈을 번 사람도 있다.

언론 보도 얘기를 하자면, 비트코인은 '무관심보다는 비난이 낫다'는 격언을 잘 실현한 사례. 언론은 이해하기 어려운 신기술을 다룰 때 항상 그렇듯, 비트코인 역시 사실관계조차 제대로 파악하지 않은 채 절대악으로 그린다. 웹사이트 99bitcoins.com에는 몇 년 동안 비트코인이 죽을 것이라고 발표한 유명 기사가 200건 이상 모여 있다.

필자 중 어떤 사람은 비트코인이 (국정화폐 이론, 아니면 화폐를 탄력적으로 공급해야 한다는 케인스주의 신념 같은) 자기 세계관에 위배된다는 사실만 확인했지 자기가 틀렸을지도 모른다는 가능성은 아예 염두에 두지도 않았다. 둘 중 존재해서는 안 될 것은 비트코인이어야 한다고 결론지었을 뿐이고, 따라서 곧 죽을 것이라고 예측했을 뿐이다. 또 어떤 사람은 비트코인이 계속 성공하려면 바뀌어야 한다고 굳게 믿었지만 자기가 원한 방향으로 바꾸지 못하자 비트코인이 죽어야 한다고 결론지었다. 이들은 비트코인을 공격하다 주장을 글로 남기기까지 했는데, 그 결과 점점 많은 독자가 관심을 보이게 되었다. 부고 기사가 늘어날수록 비트코인의 연산력 · 거래건수 · 시장가치도 늘어났다. 나를 포함한 비트코인 참가자들은 비트코인이 그토록 폄하되는 장면 뿐 아니라 계속 성공적으로 운영되는 상황까지 목격한 결과 비트코인의 중요성만 절감하게 되었다. 비트코인 부고기사는 그런 과정을 멈추는 데 무력한 정도가 아니라, 오히려 비트코인에 유명세를 얻어다 주고, 또 그토록 많은 적과 부정적 언론에 맞서면서도 계속 운영된다는 사실에 대중의 호기심을 끌어주는 역할을 해 주었다.

2013년 가을에 일어난 사건은 비트코인이 안티프래질함을 잘 보여준다. 원한다면 불법 약물을 포함하여 무엇이든 사고 팔 수 있는 진정한 온라인 자유 시장 웹사이트였던 실크로드(Silk Road)의 소유자로 추정되는 사람이 FBI에 체포된 것이다. 대중은 비트코인 하면 약물과 범죄를 연상하게 되었고, 전문가 대부분은 실크로드가 폐쇄되면 비트코인의 효용도 없어질 거라고 예측했다. 그날 비트코인 가격은 120 달러 근처에서 100 달러 전후로 떨어졌지만 곧 회복했고, 빠르게 올라 몇 달 만에 1,200 달러에 도달했다. 이 글을 쓰고 있는 현재까지 비트코인 가격은 실크로드 웹사이트가 폐쇄되기 이전 수준까지 떨어진 적이 없다. 비트코인은 실크로드 폐쇄에도 아무 탈 없이 살아남음으로써 범죄용 화폐가 아니라는 사실을 증명했고, 그 과정에서 실크로드를 다루는 언론 덕분에 공짜로 유명세까지 얻는 이익을 누렸다.

비트코인이 안티프래질함을 보여주는 사례가 또 있다. 2017년 9월에 중국 정부는 비트코인을 거래하는 중국 거래소를 모두 폐쇄한다고 발표했다. 가격은 처음에 40% 정도 떨어지는 공황을 일으키며 반응했지만, 몇 시간 안 가 회복되기 시작했고 몇 달이 지나자 중국 정부가 금지령을 내리기 전보다 두 배가 넘게 올랐다. 거래소에서 비트코인 거래를 금지하면 유동성이 줄기 때문에 비트코인을 채택하기 어려워질 것이라고 예상되었지만, 결국은 비트코인이 제안하는 가치를 강화하는 결과를 낳았을 뿐이다. 중국에서는 localbitcoins.com 같은 사이트에서 거래량이 폭증하는 등, 거래소 밖에서 더 많은 거래가 일어나기 시작했다. 거래를 막자 중국인들이 단기보다는 장기 목적으로 보유하게 되어 기대했던 바와 정 반대 효과가 나타났을 지도 모른다.

| 비트코인의 거래 처리 능력을 키울 수 있을까? |

이 글을 쓰고 있는 지금 비트코인을 둘러싸고 벌어지는 논쟁 가운데 가장 유명한 것은 비트코인의 규모를 키울 수 있느냐, 즉 거래 처리 능력을 확대할 수 있느냐는 문제다. 비트코인의 블록은 1메가바이트이므로 현재 상태에서 하루에 처리 가능한 거래 건수는 500,000

건 이하다. 비트코인의 거래 처리 규모는 이미 그 정도 수준에 도달했기 때문에 지난 몇 달 동안 거래 수수료가 상당히 올랐다. 세그위트(Segwit)라는 기술을 도입하면 하루 처리량을 네 배로 올릴 수 있지만, 그럼에도 탈중앙·분산이라는 속성 때문에 비트코인 블록체인이 처리할 수 있는 거래량에 절대 넘지 못할 한계가 있다는 사실만은 점점 더 명확해진다. 모든 네트워크 노드는 비트코인 거래가 일어날 때마다 기록하고, 모든 거래가 적힌 전체 장부의 복사본을 가지고 있어야 한다. 따라서 기록 하나에 백업본 몇 개 정도 보관하면 되는 중앙식 방법에 비하여 거래 기록 비용이 훨씬 높을 수밖에 없다. 고효율 결제 처리 시스템이 모두 중앙식인 데는 다 이유가 있다. 비트코인 작업증명으로만 달성한 방식에 따라 기록을 여러 곳으로 분산한 후 골머리를 썩이며 서로 동조하기보다는 중앙에 기록 하나만 유지하는 편이 아직은 싸기 때문이다.

비자나 마스터카드 같은 중앙 결제 방식에는 모든 거래를 처리하는 중앙 장부가 하나 있고, 백업 장부가 완전히 별개로 또 하나 있다. 비자는 거래를 초당 3,200건, 연간 1,008억 건을 처리할 수 있다.[5] 반면 비트코인의 1메가바이트짜리 블록은 거래를 초당 4건, 일당 350,000건, 연간 1.2억 건 처리할 수 있다. 비트코인이 비자처럼 1년에 1,000억 건을 처리하려면 블록 하나 당 크기가 800메가바이트 정도 되어야 하므로, 10분이 지날 때마다 비트코인 노드에 800메가바이트짜리 자료가 추가될 것이다. 1년이 지나면 비트코인 노드 하나

---

5) Visa, Inc. at a glance. https://usa.visa.com/dam/VCOM/download/corporate/media/visa-fact-sheet-Jun2015.pdf 에서 열람 가능.

가 블록체인에 더하는 자료는 42테라바이트, 즉 대략 42,000기가바이트가 된다. 현재든, 가까운 미래든 양산형 컴퓨터가 지닐 연산력 범위에서 완전히 벗어나는 수준이다. 지금 일반 소비자용 컴퓨터나 일반 외장 하드 드라이브 저장용량은 보통 1테라바이트인데 이 정도면 비자가 처리하는 1주일 치 거래 규모다. 비교 목적으로, 비자가 어느 정도 컴퓨터 시설로 거래를 처리하는지 검토해 보자.

2013년에 나온 한 보고서의 표현에 따르면 비자가 소유한 데이터 센터는 서버 376대, 스위치(일종의 네트워크 기계 - 옮긴이) 277대, 라우터 85대, 방화벽 42개로 구성된 '디지털판 포트 녹스(Fort Knox. 미국 켄터키 주에 있는 군 기지. 미국 정부가 보유한 금 중 상당량을 보관하는 금고가 있기로 유명하고, 당연히 경비가 삼엄하다. - 옮긴이)'다.[6] 물론 중앙 시스템에 고장이 나면 모두 물거품이 되므로, 예기치 못한 환경이 닥쳐도 시스템을 보호하기 위하여 자료를 중복 보관하고 대규모 여유 능력을 구비해 둔다. 반면 비트코인에서는 노드가 수없이 존재하고, 노드 하나하나는 고장이 나도 전체에 치명적 영향이 가지 않기 때문에 보안과 여유 능력을 확보하는 데 노력을 덜 쏟아도 된다. 하지만 매년 42테라바이트를 추가할 수 있는 노드를 운영하려면 매우 비싼 컴퓨터를 사야 할 것이고, 또 매일 이 정도 거래를 처리하는 데 필요한 인터넷 접속 속도를 확보하려면 엄청난 비용이 들 테니, 분산 네트워크를 유지하기가 도저히 불가능할 정도로 비싸고 일이 복잡해 질 것이다.

---

6) Tony Kontzer, "Inside Visa's Data Center", 〈Network Computing〉. http://www.networkcomputing.com/networking/inside-visas-data-center/1599285558 에서 열 람 가능.

비자 정도 되는 결제 처리 데이터 센터를 갖춘 곳은 전 세계를 살펴봐도 마스터카드 등 몇 군데뿐이다. 비트코인이 비자 같은 중앙 방식과 경쟁하기 위하여 그 정도 용량을 처리하려고 해 봤자, 규모가 그 정도나 되는 분산 데이터 센터를 수천 곳이나 확보할 수는 없을 테니, 결국 데이터 센터 몇 군데를 만들어 집중할 수밖에 없을 것이다. 비트코인이 분산화를 유지하기 위해서는 소프트웨어가 양산형 컴퓨터에서도 잘 돌아가서 수천 명이라도 비용 부담 없이 네트워크 노드를 운영할 수 있어야 하고, 노드끼리 주고받는 자료가 일반 소비자가 사용하는 인터넷으로도 충분히 처리할 수 있는 규모여야 한다.

비트코인이 중앙 시스템이나 감당할 만한 거래량을 온체인으로 처리할 수 있으리라고 보기는 어렵다. 그래서 거래비용은 오르는 중이고, 네트워크가 계속 성장한다면 앞으로도 계속 오를 가능성이 높다. 비트코인 거래 규모를 조정해 본다면, 덜 중요한 소규모 거래는 비교적 간단한 기술을 활용한 오프체인 방식으로 처리하는 정도가 아마 최선일 것이다. 그렇게 하면 비트코인이 엄청나게 소모하는 연산력을 정당화하는 두 가지 가장 중요한 특성, 바로 디지털 건전화폐이자 디지털 현금이라는 본질도 위협받을 일이 없다. 이 두 가지 기능을 제공하는 기술은 비트코인 뿐이지만, 소규모 결제와 소비자 지출을 낮은 비용으로 처리하는 기술은 여러 가지 있고, 또 현재 금융기술로도 매우 쉽게 도입하여 비교적 안정적으로 운영할 수 있다. 비트코인을 광범위한 상거래 결제용으로 사용한다는 생각은 현실적이지 않은데, 거래 승인을 1차로 받는 데도 1분에서 12분 정도 걸리기 때문이다. 판매자와 고객이 결제를 그렇게 오래 기다릴 수도 없고, 또 소규모 결제를 한 번 하는 정도면 몰라도 거래를 대량으로 처리하는 판매자에게는 중요한 문제가 이중지불 공격 위험이다. 실제로 일어난 베트코인 다이스(Betcoin Dice) 사례를 조금 뒤에 나오는 비트코인 공격 부분에서 다룰 것이다.

비트코인을 장기적으로 가치를 저장할 디지털 수단으로 사용하려거나, 압제적 정부를 거치지 않고 중요한 거래를 하는 데 쓰려는 사람에게는 높은 거래수수료도 낼만한 가치가 있다. 비트코인을 저축 용도로 쓴다면 본질상 거래를 많이 할 필요가 없을 것이고, 따라서 높은 거래비용도 낼만하다. 그리고 인플레이션이나 자본 통제를 피해서 나라 밖으로 돈을 옮기려는 등 일반 금융시스템으로 처리할 수 없는 거래를 할 때도 비싼 비트코인 거래 수수료를 낼만한 가치가 있다. 디지털 현금과 디지털 건전화폐의 수요가 많아지면서 비트코인 채택률이 낮은 지금도 이미 거래 수수료가 페이팔(Paypal)이나 신용카드처럼 소규모 거래를 처리하는 중앙식 방법과 경쟁하지 못할 정도로 올라갔다. 그럼에도 비트코인의 성장이 정체되지 않았으니, 비트코인의 시장 수요를 견인하는 것은 소액 디지털 결제 용도가 아니라 디지털 현금과 디지털 가치저장 수단 용도라는 사실이 드러난다.

비트코인이 인기를 더해간다면, 비트코인 자체 구조가 아니라 거래 구조를 바꿔 처리 가능한 결제 건을 늘리는 방법으로 비트코인의 크기를 키울 잠재적 해결책이 몇 가지 있다. 비트코인 각각은 여러 가지 입력값과 출력값을 포함하는데, 코인조인(CoinJoin)이라는 기술을 활용하면 결제 건 각각을 거래 하나로 묶을 수 있으므로 포함해야 할 입력값과 출력값을 크게 줄일 수 있다. 그렇게 하면 비트코인 거래량이 매일 수백만 건으로 늘어날 수 있기 때문에, 거래비용이 오르면 오를수록 더욱 널리 쓰이는 대안이 될 가능성이 높다.

물리적 차원에서 조작할 수 없고 언제나 잔액을 확인할 수 있게 만든 디지털 모바일 USB 지갑도 비트코인 크기를 키울 만한 해결책이다. 이 USB 드라이브에는 특정한 양의 비트코인에만 연동한 개인키를 실어, 누구든 여기서 돈을 뽑을 수 있게 만드는 것이다. 그러면 소유자가 드라이브의 가치를 검증하고 마치 현금처럼 쓸 수 있다. 네트워크에서 수수료가 오르는데도 가격이 오르는 데서 보듯 비트코인 수요는 꺾일 줄 모르고 커 갔으며, 따라서 사용자들은 지불해야 하는 거래수수료보다 거래해서 얻는 가치가 크다고 생각한다는 사실이 드러난다. 수수료가 올라간 결과 비트코인 보급 속도가 느려진 것이 아니라, 덜 중요한 거래가 오프체인으로 옮겨가고 더욱 중요한 거래가 온체인에 남게 된 것이다. 가장 중요한 용도인 가치저장 수단이자 검열 불가능한 결제 수단으로서 비트코인을 사용하기 위해서라면 거래수수료를 낼 가치가 충분하다. 사람들이 비트코인을 장기 보유하려고 산다면, 거래수수료는 한 번 내고 마는 것이니 이미 낼 각오를 했을 것이고, 또 소액이므로 판매자가 붙이는 수수료와 웃돈에 비하면 아무것도 아니다. 자본 통제를 피하려거나 경제가 어려운 나라로 돈을 보내려고 한다면 유일한 대안인 비트코인을 사용하기 위하여 거래수수료를 낼 가치가 충분하다. 한편 비트코인이 더 널리 보급되고 거래 수수료가 내기 힘들 만큼 높아지면, 위에서 언급했던 대로 체인을 분리해야 할 만큼 네트워크의 규칙을 위협하는 변화를 일으키지 않고도 거래 처리용량을 늘릴 수 있는 규모 확대 방법을 더 많이 활용하려는 경제적 압력이 커질 것이다.

그럴 가능성이 있는 정도가 아니라, 이미 오늘날에도 비트코인 거래 중 대다수는 오프체인에서 실행되고 청산만 온체인에서 처리된다. 거래소 · 도박장 · 게임 웹사이트 같이 비트코인에 기반을 둔 회사는 고객과 입출금 처리를 할 때만 비트코인 블록체인을 이용하고, 자사 플랫폼 안에서 일어나는 거래는 모두 비트코인 단위로 표시하여 자기 로컬 데이터베이스에 기록한다. 이런 회사 수가 엄청나게 많고, 회사별 플랫폼에서 일어나는 거래를 집계한 공식 자료도 없으며, 비트코인 경제의 역학관계가 빠르게 변하기 때문에 이런 거래 수를 정확하게 추정하기는 불가능하지만, 보수적으로 추정해도 비트코인 블록체인에서 실행되는 거래량에 비하여 열 배 이상 정도라고 보면 무리 없다. 요컨대, 비트코인은 비트코인 경제에서 일어나는 거래 중 대다수에서 이미 준비통화 내지 준비자산으로 쓰이고 있다. 비트코인이 계속 성장한다면 온체인 거래보다 오프체인 거래 수가 더 빠르게 느는 편이 자연스럽다.

이 말은 비트코인이 등장한 이후 여기저기서 들리는 미사여구대로 비트코인이 은행과 금융업에 종언을 고할 것이라는 홍보성 내용과는 상충하는 이야기로 들릴 것이다. 수백만, 아니 수십억 명이 모든 일상 거래를 비트코인 네트워크에서 직접 처리한다는 생각은 비현실적인데, 그러자면 모든 네트워크 구성원이 다른 모든 구성원의 거래를 기록해야 할 것이기 때문이다. 거래 건수가 늘면 기록도 커져 계산하기에 심각한 부담이 된다. 반면 비트코인은 가치저장 수단이라는 고유의 특성 덕분에 수요가 계속 늘어날 것이기에, 순수한 개인 대 개인 네트워크로 살아남기는 어려워질 가능성이 크다. 비트코인이 계속 성장하려면 비트코인 블록체인 바깥에서 결제를 해야 하고, 그런 방법이 경쟁시장에서 출현할 것이다.

은행이 편리하게 제공하는 보관 기능도 은행이 없어지지 않으리라는 중요 근거다. 비트코인 순수주의자는 금융기관을 접근시킬 필요 없이 자기가 자기 돈을 보유할 수 있다는 자유에 가치를 두지만, 사람들 절대 다수는 그런 자유를 원하지 않는다. 오히려 절도나 사기를 두려워하기 때문에 직접 보관 책임을 지려 하지 않을 정도다. 요즘 들어 높아지는 은행 반대 발언만 듣다 보면(특히 비트코인 집단에서 그런 목소리가 크다) 예금은행이란 전 세계에서 수백 년 동안 사람들이 원했던 합법 사업이라는 사실조차 잊기 쉽다. 이제껏 사람들은 자기 돈을 안전하게 보관하여 잃어버릴 위험을 거의 없애고 소액만 직접 가지고 다니기 위하여 흔쾌히 수수료를 냈다. 게다가 현금보다 현금카드가 널리 쓰이자 사람들은 언제든 소액만 가지고 다녀도 되었다. 그리하여 잠재적 범죄자도 현금이 두둑한 희생자를 마주칠 가능성도 낮고 현금카드를 훔쳐봤자 돈을 얼마 뽑기도 전에 희생자가 거래를 정지하리라고 깨닫게 되었다. 현대 사회가 안전해 진 데도 그 영향이 클 것이다.

만약 비트코인 네트워크가 2차 단계에서 처리할 필요도 없이 하루에 거래 수십억 건을 처리할 수 있게 되어도, 상당히 많은 비트코인을 보유한 사람 가운데 대부분은 결국 앞으로 여러 가지 등장할 비트코인 안전 보관 서비스를 이용하여 비트코인을 보관할 것이다. 안전 보관 서비스는 완전히 새로운 산업으로, 크게 진화한 끝에 안전성과 유동성이 각각 다른 수준으로 다양하게 조합된 여러 가지 보관 방식을 제공할 것이다. 이 산업이 어떤 모양을 띠게 되든 간에, 이 산업이 제공하는 서비스와 진화하게 될 경로는 비트코인에 기반을 둔 은행업 시스템의 형태에도 영향을 끼칠 것이다. 필자는 이러한 서비스가 어떤 모양을 띠고 어떤 기술적 능력을 지니게 될지는 예측하지 않을 것이고, 단지 암호학적 증명 장치를 사용하여 시장에서 명성을 쌓아야 성공리에 운영할 가능성이 높다는 정도만 예상하겠다. 이를 실현할 만한 기술 가운데 라이트닝 네트워크(Lightning Network)가 있는데, 비트코인 장부는 이체 처리가 아니라 잔고 타당성 검증에만 쓰고 각 노드는 오프체인 결제 채널을 운영하여 거래 처리 용량을 늘리려는 목표로 개발 중인 기술이다.

8장에서 살펴본 자료에서도 명백히 보이듯, 비트코인이 일일 최대 거래량에 근접했던 2016년과 2017년에도 네트워크는 계속 성장했다. 비트코인은 온체인 거래의 숫자 증가가 아니라 가치 상승을 통하여 규모를 키우고 있다. 점점 더 많은 거래가 오프체인에서 성사되고 비트코인을 다루는 거래소나 웹사이트에서 청산되면서 비트코인은 직접 결제 네트워크에서 거래 청산용 네트워크로 바뀌고 있다. 그렇다고 해서 보통 생각하듯 비트코인이 현금 기능을 잃지는 않는다. 오늘날에는 현금(cash)이라는 용어가 소규모 소비자 거래에 쓰이는 돈을 나타내게 되었지만, 원래 현금이란 제3자를 통해야만 청산할 수 있거나 제3자의 책임 없이, 보유자가 직접 가치를 이전할 수 있는 무기명 화폐를 가리킨다. 19세기에 현금이라는 용어는 중앙은행의 금 보유고를 가리켰고, 현금 결제 청산이란 은행끼리 금 실물을 옮기는 작업이었다. 여기에 서술한 분석이 옳다면, 그리고 비트코인의 가치와 오프체인 거래가 계속 커가는 한편 온체인 거래는 그렇게까지 늘지 않는다면, 비트코인은 오늘날 소규모 거래에 쓰이는 지폐를 가리키는 현대적 의미의 현금이 아니라, 금 보유고 같은 예전 의미의 현금으로 이해하는 편이 좋을 것이다.

결론을 내리자면, 현재 비트코인 구조를 바꿀 필요는 없고, 또 현재 노드 운영자가 보유한 장비를 동시에 새것으로 교체하지 않아도 여러 가지 방법으로 비트코인 거래 처리량을 늘릴 수 있다. 처리 규모 확대 문제는 노드 운영자가 다른 네트워크 구성원에게 비트코인 거래 자료를 보내는 방법을 개선하는 방식으로 해결될 것이다. 구체적으로는 거래를 한 데 묶고, 오프체인에서 거래하며, 지불 경로를 다양화하는 데서 나올 것이다. 반면 온체인 거래 처리 규모 확대 방식으로는 시간이 흐를수록 성장하는 비트코인 수요에 대응하기에 충분할 가능성이 낮다. 따라서 앞으로 2차 단계에서 처리하는 방식이 점점 더 중요해지고, 그리하여 암호학을 활용하고 주로 온라인에서 영업하는 금융기관이 새로 출현하여 오늘날 은행과 비슷한 역할을 할 가능성이 높다.

| 비트코인은 범죄에 쓰기 좋은가? |

비트코인이 처음 등장할 때부터 아주 널리 퍼져 있던 오해 가운데 하나가 범죄자와 테러리스트에게 훌륭한 화폐라는 인식이다. 한둘이 아닌 언론 기사가 근거도 대지 않은 채 테러리스트나 폭력조직원이 활동자금으로 비트코인을 이용한다고 주장했다. 이 중 적지 않은 글이 철회되었지만[7] 이미 범죄자를 포함하여 여러 사람들의 마음에는 그런 잘못된 생각이 깊이 박혔다.

현실을 보자면 비트코인 장부는 세계 어디서나 확인할 수 있는데다 내용을 바꿀 수도 없다. 비트코인이 운영되는 한 거래 기록이 모두 여기에 실린다. 비트코인이 가명으로 운영된다고 하면 몰라도 익명으로 운영된다고 하기는 부정확하다. 실제 신원과 비트코인 주소 사이에 연결고리를 찾을 가능성이 100%는 아니더라도 있기는 있으므로, 일단 실제 신원만 확인된다면 그 주소에서 들고 나간 모든 거래가 완전히 추적된다. 비트코인의 익명성은 인터넷의 익명성처럼 생각하면 적당하다. 즉 자신이 얼마나 잘 숨느냐, 다른 사람이 얼마나 잘 찾느냐에 달려 있다. 하지만 비트코인의 블록체인에서 숨기는 웹에서 숨기보다 훨씬 어렵다. 컴퓨터 · 이메일 주소 · IP주소를 한 번 쓰고 버리기는 쉽지만, 비트코인 주소 하나로 자금이 흘러간 흔적을 완전히 지우기는 어렵다. 비트코인 블록체인 구조는 사생활을 지키기에 본질부터 좋지 않다.

종합하자면, 피해자가 실제로 존재하는 범죄를 저지르는 범죄자에게 비트코인을 쓰라고 추천하기는 어렵다. 익명성이 아니라 가명성이라는 특성이 있기 때문에, 범죄를 저지른 지 여러 해가 지난 후에도 주소와 실제 신원을 연결할 수 있다. 범죄가 벌어진 지 여러 해가 지난 후에도 경찰, 피해자, 이들이 고용한 탐정 등 누가 되었든 범죄자의 신원과 연결고리를 찾을 수 있다. 비트코인이 완전히 익명이라는 과장광고에 낚인 온라인 마약상들이 신원을 들켜 체포당하는 이유가

---

7) Stein, Mara Lemos, "The Morning Risk Report: Terrorism Financing Via Bitcoin May Be Exaggerated", 〈Wall Street Journal〉, 2017.

바로 결제가 추적되는 비트코인의 특징 때문이다.

비트코인이라는 기술이 다루는 것이 돈이고, 돈은 언제나 범죄자가 쓸 수 있는 물건이다. 어떤 돈이든 범죄자에게 쓰이거나 범죄를 유발하지만, 비트코인은 장부가 영원히 남아있으니 언제가 되었든 피해자가 조사할 가능성이 높아 범죄에는 특히 어울리지 않는다. 다만 '피해자 없는 범죄'를 일으키는 데는 유용할 수 있는데, 피해자가 없기 때문에 아무도 '범죄자'의 신원을 알아내려 하지 않을 것이기 때문이다. 하지만 20세기 국가들의 선전선동을 극복하고 생각해 보면, 피해자 없는 범죄란 현실에 존재하지 않는다. 유권자나 관료가 자만심이 과도한 나머지 윤리를 법제화하여 다른 사람을 판단할 특권이 자신에게 있다고 믿을지 몰라도, 피해자를 내지 않는 행동은 범죄가 아니다. 그렇게 완벽하게 윤리적이지만 법에는 저촉되는 행동을 한다면 가해자를 잡아내려는 희생자가 없을 테니 비트코인이 매우 유용할 수도 있다. 그처럼 무해한 행위가 실행되면 여러 가지 이유에 따라 발생한 개별 거래가 블록체인에 출현한다. 따라서 온라인 도박이나 자본 통제 회피 같이 희생자 없는 범죄에는 비트코인을 사용할 수도 있지만, 살인이나 테러라면 아마 그렇지 않을 것이다. 다만 마약 거래는 비트코인 블록체인에서 일어나는 듯하다. 이는 아마 중독자가 이성적 판단을 하지 못할 만큼 약을 간절히 원하기 때문일 것이다. 비트코인으로 마약을 구입한 사람이 사법 당국에 들킨 수많은 사례가 그 증거다. 이 문제를 다룬 통계 자료는 매우 찾기 힘들지만, 비트코인으로 마약을 사는 편이 정부화폐 현찰로 살 때보다 훨씬 위험하다고 해도 나는 놀라지 않을 것이다.

다시 말해 비트코인은 개인 자유를 증진하지만, 그렇다고 반드시 개인이 범죄를 저지르기가 편해지지는 않는다. 비트코인은 두려워해야 할 도구가 아니라, 평화롭게 번영하는 미래의 일부로 받아들여야 할 도구다.

비트코인이 중요한 역할을 하기로 유명한 범죄 가운데 랜섬웨어 범죄가 있다. 랜섬웨어 범죄는 정당한 권한 없이 희생자의 컴퓨터에 접근하여 파일을 암호화해 버리고, 희생자가 돈을 지불해야 암호화를 풀어 주는 짓인데, 이 대가를 보통 비트코인으로 받는다. 비슷한 범죄는 비트코인이 등장하기 전에도 있었지만 비트코인이 발명되고 나자 저지르기가 더욱 편리해졌다. 비트코인이 범죄를 조장한다는 사례로는 가장 설득력 있는 경우다. 하지만 잠깐만 생각해 봐도 이런 랜섬웨어 범죄가 일어나는 진짜 이유는 컴퓨터 보안이 느슨해서일 뿐이다. 익명의 해커가 컴퓨터 시스템 전체를 잠가버리고 비트코인으로 수천 달러를 요구하는 범죄를 당하는 회사가 있다면 진짜 문제는 해커가 아니다. 해커가 움직이는 유인은 수천 달러겠지만, 그 회사의 경쟁자·고객·공급자가 이런 자료에 접근할 유인은 그보다 훨씬 클 것이다. 결과적으로 비트코인 랜섬웨어는 컴퓨터 보안의 약점을 찾고 드러내 준다. 그 과정에서 회사는 보안 및 예방 조치를 개선하게 되고, 컴퓨터 보안 산업은 성장하게 된다. 다시 말해 비트코인은 컴퓨터 보안 시장이 상업적으로 성장하는 데 도움을 준다. 처음에는 해커가 이를 이용하여 이익을 보겠지만, 장기적으로는 기업이 최고의 보안 자원을 이용하게 되어 생산성을 높일 것이다.

| 초보자 안내서 : 비트코인 죽이는 방법 |

비트코인은 무슨 일이 일어나도 살아남으리라고 거의 종교처럼 믿게 된 비트코인 관계자가 적지 않다. 비트코인을 뒷받침하는 연산력 규모를 봐도, 전 세계에 흩어져 거래를 검증하는 엄청난 노드 수를 봐도, 비트코인은 이제 변화에 매우 강력하게 저항하는 힘을 갖추었으며 앞으로도 지금처럼 살아남을 가능성이 크다. 비트코인을 생소하게 여기는 사람들 가운데 다수는 디지털에 속한 모든 것이 그래 보이듯 비트코인도 결국 해킹당할 운명이라고 믿는다. 비트코인의 운영 방식을 일단 이해하고 나면, '해킹'은 그렇게 간단한 작업이 절대 아니다. 하지만 비트코인에도 몇 가지 위협 요소가 있다. 컴퓨터 보안에서는 예상치 못한 사람이 새로운 공격 방식을 찾아 공격하기 때문에 문제의 뿌리를 뽑기 어렵다. 비트코인이 지닌 잠재적 위협을 모두 설명하고 평가하는 것은 이 책의 범위를 넘어간다.[8] 이 부분에서는 비트코인 위협요소 중 가장 잘 알려진 것과, 비트코인을 건전화폐로 보는 이책의 초점과 관계있는 일부 사항만을 다룰 것이다.

해킹

비트코인은 단순하기 그지없는 구조, 이처럼 매우 단순한 구조를 안전하게 지키는 데만 집중되는 엄청난 연산력 그리고 어떤 변화든 효력을 발생하려면 합의에 도달해야 하는 분산 노드라는 세 가지 근

---

[8] J. W. 웨더맨(Weatherman)은 비트코인 네트워크의 위협요소를 분석하는 오픈소스 프로젝트를 시작했다. 관련 내용은 BTCthreats.com에 실려 있다.

거로 공격에 저항한다. 미국 육군이 보유한 병력과 장비 전부가 학교 운동장 한 곳을 빙 둘러싸고 침입을 막는 상황을 디지털에서 벌인다고 상상해 보면 비트코인이 얼마나 지나치게 굳게 지켜지는지 슬슬 이해가 갈 것이다.

단순히 말해 비트코인이란 가상 동전의 소유권을 기록한 장부다. 동전은 2,100만개 밖에 없고 이를 소유한 주소는 수백 만 개뿐이며 이를 둘러싸고 하루에 일어나는 거래는 많아봤자 500,000건 뿐이다. 이 정도 체계는 미미한 계산력만 있어도 운영하기 충분하다. 100달러 짜리 노트북만 있어도 웹서핑까지 같이 하면서 처리할 수 있다. 하지만 비트코인을 노트북 하나로 운영하지 않는 것은, 그 정도 일처리를 하려면 우선 노트북 주인을 신뢰해야 할 뿐 아니라 해킹 표적이 되기가 비교적 쉬워지기 때문이다.

모든 컴퓨터 네트워크는 몇몇 컴퓨터를 해커에게 뚫리지 않게 하고 최종 기록을 남겨 보안을 확보한다. 반면 비트코인이 컴퓨터 보안을 달성하는 방법은 완전히 다르다. 즉 어떤 컴퓨터라도 하나하나 모두 안전하게 만들려고 애쓰지 않고, 모든 컴퓨터 노드가 적대적 침입자라고 가정하며 운영한다. 비트코인은 어떤 네트워크 구성원도 신뢰하지 않고, 모든 구성원의 행동을 검증한다. 그 검증을 하려고 엄청난 연산력을 소모하여 작업증명을 하는 절차는 매우 효과적임이 입증되었다. 무차별 대입 연산(brute processing power)에 비트코인 보안을 의지하게 되었고, 그 덕분에 접근 문제나 자격 문제에 강해졌기 때문이다. 모두가 부정직하다고 가정한다면 모두가 공통 장부에 거래를 기록하는 데 큰 비용을 들여야 하고, 만약 사기가 들통 난다면 모두가 쓴 비용이 허사로 돌아갈 것이다. 부정직한 행동은 극히 비싼 비용이 드는 데다 성공 가능성마저 매우 낮아지는 것, 이는 모두 경제적인 이유 때문이다.

비트코인을 해킹함으로써 거래 장부를 오염시켜 비트코인을 특정 계좌로 움직이는 사기를 치거나 그저 비트코인을 쓸모없게 만들려면, 노드가 블록체인에 올린 무효 블록을 네트워크가 채택한 후 그 뒤로 계속 블록을 쌓아가야 한다. 거래 블록을 더하는 비용은 이미 비싼데다 계속 비싸지는 반면, 노드가 사기를 찾아내는 데 드는 비용은 극히 싸다. 또 네트워크 노드 대다수는 비트코인이 생존해야 이익을 보기 때문에, 이 전투에서 공격자가 이길 가능성은 지금도 낮고, 또 블록을 더하는 비용이 올라감에 따라 점점 낮아진다.

새 거래 블록을 더하는 비용과 이 거래가 타당한지 검증하는 비용 사이의 근본적 비대칭은 비트코인 구조의 핵심이다. 다시 말하자면 기술적으로는 기록을 위조하기가 가능해도 경제적 유인은 반대 방향으로 강력하게 형성되어 있다. 그 결과 이제까지 거래 장부에 기록된 거래는 이론의 여지없이 타당한 거래뿐이다.

51%공격

51%공격(51% attack)은 엄청난 해시레이트(hashrate. 같은 시간 동안 작업증명의 답을 예측하는 능력으로, 채굴력과 동의어라고 보아도 크게 틀리지 않음 – 옮긴이)를 이용하여 같은 코인을 두 번 지불하는 사기 거래를 만들어 내고 그 중 하나를 취소하여 코인 수령자를 속이는 방법이다. 간단히 말하자면 상당한 해시레이트를 장악하여 작업증명 문

제를 빠르게 풀어낼 수 있는 채굴자가 공개 체인에서 비트코인 하나를 지불하고 승인을 받는 동시에, 그 비트코인을 공격자가 소유한 다른 주소로 보내는 거래가 포함된 새 블록체인 포크를 채굴해 내는 것이다. 첫 번째 거래에서 돈을 받는 사람은 일단 거래를 승인받겠지만, 공격자는 자기 연산력을 이용하여 두 번째 거래의 체인을 더욱 길게 만들려 할 것이다. 만약 첫 번째 체인보다 두 번째 체인을 길게 만드는 데 성공한다면 공격도 성공한 것이고, 첫 번째 거래에서 돈을 받았던 사람은 자기가 받은 코인이 사라진 광경을 볼 것이다.

공격자가 장악한 해시레이트가 많을수록, 사기를 친 체인을 공개 체인보다 길게 만들어 거래를 뒤집고 이익을 볼 가능성도 높아진다. 원칙으로는 간단해 보이는데 현실에서는 훨씬 어려운 방법이다. 수령자가 승인을 받느라 오래 기다릴수록 공격자가 성공할 가능성도 낮아진다. 만약 수령자가 승인을 여섯 번 받을 때까지 기다리기 원한다면 공격이 성공할 확률은 없다시피 할 정도로 낮아진다.

기술 이론으로 보면 51%공격은 실현가능성이 매우 높다. 하지만 현실에서 경제적 유인은 반대편에 강력하게 형성되어 있다. 어떤 채굴자가 51%공격을 성공하면 다른 사람이 비트코인을 이용할 경제 유인이 심각하게 떨어질 것이고, 그래서 비트코인 토큰 수요도 급격히 줄어들 것이다. 비트코인 채굴은 코인을 생성하는 데만 특화한 투자를 대규모로 해야 하는 자본집약적 산업이 되었고 채굴 보상의 가치는 네트워크에 달려 있으니, 채굴자의 장기 이익은 네트워크의 진실성에 달려 있게 되었다. 비트코인 거래에 가한 이중지불 공격이 한 번이라도 승인을 얻는 데 성공한 적은 이제껏 없다.

이중지불 공격 성공 사례에 그나마 가장 가까운 사건은 2013년에 일어났다. 상당한 채굴 자원을 활용한 이중지불 공격 때문에 베트코인 다이스(Betcoin Dice)라는 비트코인 베팅 사이트가 1,000비트코인(당시 가치로 약 100,000달러)을 잃었던 것이다. 하지만 이 공격이 성공한 것은 베트코인 다이스가 승인건수 0인 거래도 받았으므로 공격 비용이 비교적 낮아서였다. 최소한 한 번이라도 승인을 받은 거래만 받아들였다면 공격을 성공하기가 훨씬 어려웠을 것이다. 이 역시 비트코인 블록체인이 대중 소비자 결제에 적합하지 않은 이유다. 새 블록이 생성되고 거래 승인을 한 번 받는 데 드는 시간이 1분에서 12분까지 걸리기 때문이다. 대규모 결제를 처리하는 사업자 가운데 승인받지 않은 결제도 받아들이는 위험을 지기로 결정한 곳이 생긴다면, 채굴 자원을 대규모로 동원한 이중지불 공격을 해볼 만큼 군침 도는 목표가 될 것이다.

결론을 말하자면, 결제액 수령자가 거래 타당성을 확인하느라 몇 블록을 기다리기 원하지 않을 경우 이론으로는 51%공격이 가능하다. 하지만 현실에서 해싱파워 소유자라면 이 동네에 투자한 대가를 최대한 얻어내려 하므로 그럴 만한 경제 유인이 없고, 따라서 승인을 한 번이라도 기다린 노드 구성원에게 51%공격이 성공한 적도 없다.

이익이라는 동기가 없다면 성공할 가능성도 없는 51%공격을 굳이 한다면, 그 동기는 이익 획득이 아니라 비트코인 파괴다. 공적·사적 조직이 비트코인 채굴 능력을 얻어 비트코인 네트워크 과반을 동원하고, 그 해시레이트를 이용하여 이중지불 공격을 계속 실행하여 여러 사용자에게 사기를 치고 네트워크의 안전성을 향한 신뢰를 파괴하기로 결정할 수는 있다. 그러나 그런 시나리오를 실현하려 해도 채굴의 경제적 본질 때문에 강력하게 저지당할 것이다. 전 세계 연산력 사용처 중에서도 규모가 가장 크고 수익성이 가장 좋으며 성장세도 가장 높은 분야가 비트코인 채굴이다. 물론 현존하는 해싱파워 51%를 동원하는 비용을 살펴보고도 기꺼이 비용을 내 하드웨어를 구매하여 이를 확보하려는 공격자가 있을지도 모른다. 하지만 그만한 자원을 비트코인 채굴 장비를 사는 데 동원한다면 장비 가격이 급격히 오르게 될 것이므로 기존 채굴자는 보상을 받게 되고, 그래서 투자액을 더 늘려 채굴 장비를 더 많이 살 여유도 생길 것이다. 또 채굴기 생산자도 자본 투자를 늘려 채굴력을 더 생산해 내는 결과가 나타날 것이므로, 연산력을 얻는 비용이 떨어지고 비트코인 해시레이트가 더욱 빨리 증가하게 될 것이다. 채굴 장비를 사려 한 결과 자기가 장악하지 못한 채굴 연산력은 더욱 빠르게 늘어나므로, 시장에 진입하려는 외부자로서 공격자는 언제나 불리한 위치에 있다. 그리하여 비트코인을 공격하는 데 쓸 연산력을 얻는 데 드는 자원이 늘어날수록, 비트코인의 연산력도 더욱 빠르게 늘어나므로 공격하기도 더욱 어려워진다. 같은 이야기가 계속 반복되는데, 그러한 공격이 성공할 가능성이 기술적으로야 존재하겠지만 네트워크의 경제학 관점에서는 매우 낮다.

국가 정도 되면 기존 채굴 기반시설을 장악하고 이를 무익하게도 네트워크의 안전성을 떨어뜨리려는 목적으로 사용함으로써 비트코인을 공격하려 시도할 수도 있다. 하지만 비트코인 채굴자는 지리적으로 널리 분산되어 있으므로, 전 세계 여러 정부가 협력해야 할 테니 매우 힘겨운 작업이 될 것이다. 그 방법으로는 물리적으로 채굴 장비

를 빼앗기보다 하드웨어 백도어를 써서 채굴 장비를 동원하는 편이
나을 것이다.

하드웨어 백도어

외부자가 비트코인 소프트웨어를 운영하는 하드웨어에 접근해서
비트코인 네트워크를 교란하거나 파괴할 가능성도 있다. 예컨대 비트
코인을 채굴하는 노드에 외부인이 몰래 악성 소프트웨어를 설치하여
하드웨어를 원격에서 조종하는 식이다. 그러면 51%공격을 시작할 때
이 장비를 사용 불가능하게 만들거나 동원할 수 있다.

또 다른 예시를 들자면 사용자의 컴퓨터에 감시 소프트웨어를 설
치하여 사용자의 개인키에 접근함으로써 비트코인에 손대는 방법도
있다. 그런 공격을 대규모로 한다면 비트코인은 자산으로서 얻은 신
뢰성과 수요를 위협받는다.

두 가지 공격 모두 기술적으로 실현 가능하고, 또 앞서 다뤘던 두
가지 공격과 달리 완전히 성공하지 않더라도 비트코인의 명성과 수
요에 흠집을 내기 충분한 혼란을 일으킬 수 있다. 채굴 장비 생산자
가 몇 곳 안 된다는 사실을 고려하면, 채굴 장비를 공격하여 성공할
가능성도 더 높으므로 이 부분도 비트코인의 급소다. 하지만 비트코
인 채굴 규모가 성장하고 있기 때문에 비트코인 채굴 장비를 제조하
는 하드웨어 제조사가 늘어날 가능성이 높고, 그러면 생산자 하나가
영업하는 데 어려움을 겪는 정도로는 네트워크가 재앙을 입을 가능
성이 줄어들 것이다.

개별 컴퓨터 관점에서 보면, 비트코인 네트워크에 접근 가능한 장

비를 만드는 제조사는 전 세계에 사실상 무한하기 때문에 네트워크가 받는 위험도 덜 체계적이다. 한 생산자가 공격받았다는 사실이 드러나면 소비자가 다른 생산자로 쏠릴 가능성이 높아질 뿐이다. 게다가 사용자는 인터넷에 절대 접속하지 않을 오프라인 컴퓨터에서 비트코인 주소로 연결된 개인키를 생성할 수도 있다. 더 편집증이 심할 경우라면 오프라인 컴퓨터에서 주소와 개인키를 생성하자마자 컴퓨터를 파괴해 버릴 수도 있다. 가상 개인키에 저장된 코인은 네트워크가 어떤 공격을 받아도 살아남을 것이다.

이런 공격에 맞설 때 특히 중요한 방어책은 신뢰보다 검증을 훨씬 더 믿는 비트코인 관계자의 무정부주의적이고 사이버펑크적인 경향이다. 비트코인 관계자 대부분은 일반인보다 기술 지식수준이 훨씬 높고, 자기가 사용하는 하드웨어와 소프트웨어를 매우 세심하게 점검한다. 사용자끼리 검토하고 의견을 주고받는 오픈소스 문화 역시 이러한 공격에 상당한 방어책이 된다. 분산 네트워크의 본질을 생각하면, 이러한 공격이 개인에게 상당한 비용과 손실을 끼칠 가능성이 높고 또 네트워크를 체계적으로 교란할 가능성까지는 존재하지만 네트워크를 정지하거나 비트코인 수요를 완전히 파괴하기는 매우 어려울 것이다. 현실에서 비트코인의 가치는 어떤 하드웨어가 아니라 경제 유인에서 나온다. 어떤 장비라도 하나하나씩은 비트코인 운영에 중요 않으므로 다른 장비로 대체할 수 있다. 게다가 비트코인이 하드웨어 제조사를 다양화하여 어떤 개별 회사도 체계적으로 중요하지 않게 만들면 비트코인이 강인하게 살아남을 가능성은 더욱 올라갈 것이다.

인터넷과 기반시설 공격

비트코인이 의존하는 중요 통신 기반시설을 폐쇄하거나 인터넷을 차단하면 비트코인을 폐쇄할 수 있다는 생각도 비트코인을 둘러싼 유명한 오해다. 비트코인이 전용 하드웨어와 기반시설로 구성된 전통적 네트워크라고 오해한 나머지, 마치 공격하여 피해를 줄 수 있는 급소가 존재한다는 전제에서 나오는 시나리오다. 하지만 비트코인은 소프트웨어 프로토콜이다. 비트코인은 전 세계에 분산된 컴퓨터 수십 억 대 중 무엇을 가지고도 처리할 수 있는 절차다. 공격당하면 비트코인이 끝장날 단 하나의 약점, 단 하나의 대체 불가능한 하드웨어 구조 같은 것은 전 세계 어디에도 없다. 어떤 컴퓨터든 비트코인 소프트웨어만 돌아가면 네트워크에 접속하여 비트코인을 운영할 수 있다. 비트코인은 인터넷처럼 컴퓨터끼리 접속하는 데 사용하는 프로토콜이지, 컴퓨터가 접속하는 기반시설이 아니다. 비트코인에 관한 자료를 전달하는 데 필요한 자료 양은 그다지 크지 않고, 인터넷 통신 총량에 비하면 미미하다. 비트코인 블록체인은 10분마다 1메가바이트를 전송할 뿐이라서 다른 인터넷과 달리 대규모 기반시설이 필요 없다. 사용자가 네트워크에 접속하기 위해서는 전 세계에 넘쳐나는 유무선 자료 전송 기술 가운데 하나를 고르기만 하면 된다. 어떤 비트코인 사용자도 다른 사용자와 연결하지 못하는 세계를 만들려면, 전 세계 정보와 자료와 연결 기반시설에 엄청나게 충격적인 피해를 가해야 할 것이다. 현대 사회 생활은 연결에 고도로 의존하기 때문에 수많은 필수 서비스와 생사를 가르는 문제가 이러한 통신 기반시설에 달려 있다. 인터넷 기반시설 모두를 한 번에 작동불능하게 하려고 시도한다면 그런 행동을 시도한 사회에 상당한 피해가 발생할 것인 반면, 분산된 기계끼리는 언제라도 프로토콜과 암호화 통신을 이용하여 서로 연결할 수 있으므로 비트코인의 흐름을 막는 데는 실패할 것이다. 이제는 전 세계에 지나치게 많은 컴퓨터와 사용자가 서로 연결되어 있어, 어떤 힘으로도 한 번에 기능을 멈추기는 어렵다. 그런 일이 벌어질 만한 시나리오라면, 비트코인이 운영되는지 궁금할 만한 사람이 아무도 남지 않을 만한 대재앙 정도는 되어야 할 것이다. 필자가 생각하기에 비트코인을 반대하는 입장에서 언급하는 모든 위협 중에서도 가장 가능성 낮고 의미도 없는 경우다.

노드 비용 상승과 노드 수 감소

소프트웨어 프로그램 하나를 뿌리 뽑으려는 무의미한 목적 때문에 전 인류의 원격통신 기반시설을 파괴한다는 초현대적 공상과학 시나리오에 비하면, 비트코인이 근거로 삼는 기본 구조를 공격하는 편은 훨씬 현실적이다. 비트코인이 공급량을 조작당하지 않는 경화이자 제3자에게 검열당할 가능성 없는 디지털 현금이라는 특성을 지닌 것은 네트워크의 합의 원칙, 그 중에서도 특히 공급량을 바꾸기 매우 어려운 덕분이다. 앞에서 논했듯 기존 합의 원칙을 벗어나는 행동을 했을 때 다른 네트워크 구성원이 새 합의 원칙을 받아들이는 쪽으로 함께 움직이지 않는다면 매우 큰 위험을 지게 되고 결과는 부정적일 가능성이 높다는 데 이처럼 안정적 균형을 이룬 요인이 있다. 그런데 그런 움직임이 매우 위험하고, 그래서 일어날 가능성도 낮게 유지되는 이유는 소프트웨어가 돌아가는 노드 수가 매우 많아서 노드끼리 서로 협력하기가 비현실적이기 때문이다. 비트코인 노드를 운영하는 비용이 상당히 높아진다면 노드를 운영하기 어려운 사용자가 계속 늘어날 것이고, 그 결과 네트워크에 존재하는 노드 숫자는 줄어들 것이다. 네트워크에 노드가 수십 개 정도밖에 되지 않는다면 소수 노드가 자기에게 이익이 되도록 네트워크 규칙을 바꾸거나 심지어 비트코인을 방해하는 방향으로 운영하는 데 성공할 가능성도 매우 높아질 테니 사실상 탈중앙 네트워크라고 말하기도 어려워진다.

필자가 생각하기에는 이는 비트코인을 위협하는 기술적 요소 가운데 중장기적으로 가장 심각하다. 현재 상태로 보면 개인이 노드를 운영하는 데 주된 제약 요인은 인터넷 접속이다. 블록은 1메가바이트 이하로 유지되므로 보통은 감당할 만하다. 만약 하드포크를 하여 블록 크기가 커지면 노드 운영비용이 올라간 결과 운영되는 노드 숫자가 줄어들 것이다. 이런 경우는 앞서 살펴본 여러 가지 위협과 마찬가지로 기술적으로야 확실히 가능하기는 하지만, 이제껏 블록 크기를 늘리려는 여러 시도를 대다수 노드가 거부했던 데서 입증되었듯이 비트코인 시스템의 경제 유인이 반대편에 존재하기 때문에 앞으로도 실현되기 어려울 것이다.

SHA-256 해싱 알고리즘 해독

SHA-256 해싱 함수는 비트코인 시스템 운영의 핵심이다. 해싱을 간단히 말하자면 일련의 자료를 환원불가능한 수학공식에 투입하여 크기가 일정한 데이터셋(해시)으로 변환하는 작업이다. 다시 말해 해싱 함수를 이용하면 어떤 자료로든 해시를 만들기는 간단하지만 해시를 보고 원래 자료를 만들어내기는 불가능하다. 연산력이 발달하다 보면 컴퓨터가 이런 해싱 함수를 역으로 계산할 수도 있게 되는데 그러면 모든 비트코인 주소가 도난에 취약해지게 된다.

그런 시나리오가 실현될지, 실현된다면 언제 실현될지 확언하기는 불가능하지만, 만약 실현된다면 비트코인은 매우 심각한 기술 위협을 받을 것이다. 여기에 기술적으로 대항하려면 더욱 강력한 암호화 방식을 채택해야 하는데, 문제는 네트워크 노드 다수가 기존 합의 원칙을 버리고 새로운 해싱 함수를 포함한 새 원칙을 채택하도록 하는 하드포크를 조직할 수 있느냐다. 앞에서 새 포크를 조직하기가 어려운 이유를 논하면서 들었던 문제가 여기에도 모두 해당한다. 하지만 이 경우에는 위협이 실제로 존재하기 때문에 기존 방식을 고수하기로 한 비트코인 보유자가 해킹에 취약해 질 것이므로, 사용자 중 압도적 다수가 하드포크에 참여할 것이다. 현재로서는 미지수라 흥미로운 부분은 이 하드포크가 질서정연하게 진행되어 모든 사용자가 동일한 체인으로 이동할 것이냐, 아니면 체인이 서로 다른 암호화 방식을 사용하는 몇 갈래로 갈라질 것이냐 정도다. 하여간 SHA-256 암호화 방식이 해독될 가능성은 분명히 있지만, 그 경우 네트워크 사용자에게는 더욱 강력한 하나의 알고리즘으로 함께 전환할 경제적 필요성이 생긴다.

경화 부활
비트코인이 실패하거나 파괴될 가능성을 논할 때는 대부분 기술을 이용한 공격에 초점을 두지만, 그보다는 비트코인을 사용할 경제 유

372

인을 약화하는 공격이 훨씬 유망하다. 비트코인을 공격하거나 파괴하려고 앞에서 언급한 방식을 사용해 봤자 비트코인을 사용하게 만드는 경제 유인과 충돌하기 때문에 성공할 가능성은 매우 낮다. 마치 바퀴나 칼을 금지하는 것과 마찬가지다. 유용한 기술이라면 사람들은 불법이든, 합법이든 사용할 방법을 계속 찾을 것이기에 그런 기술을 금지해 봤자 실패할 것이다. 한 기술이 사용되지 않게 하는 유일한 방법은 금지하는 것이 아니라, 더 좋은 대체품을 발명해내거나 그 기술을 사용할 필요를 없애는 것이다. 타자기가 사라진 이유는 법으로 금지당해서가 아니라, PC가 등장해서다.

비트코인 수요는 정치 통제를 우회하여 거래하고 인플레이션에 영향 받지 않는 가치저장 수단을 가지려는 전 세계 개인의 욕망 때문에 발생한다. 개인이 돈을 옮기려는 행위를 권력이 규제하고 제한하는 한, 그리고 정부화폐가 정치인의 변덕에 따라 공급이 쉽게 늘어나는 연화로 남는 한, 비트코인 수요는 계속 존재할 것이다. 또한 시간이 흐를수록 비트코인 공급 증가율이 내려가기 때문에 비트코인 가치도 올라갈 것이므로 비트코인을 가치저장 수단으로 사용하려는 사람도 점점 늘어날 것이다.

만에 하나, 개인 자유와 경화가 절정을 맞았던 19세기 후반처럼 금본위제가 전 세계 금융·화폐제도로 채택된다면 비트코인 수요는 크게 줄어들 것이다. 그렇게 되면 비트코인은 수요가 크게 줄고 가격이 크게 내려가며 보유자가 큰 손해를 보고 변동성이 올라가 몇 년 전 상황으로 크게 후퇴할 것이다. 믿을 만하고 비교적 안정된 국제적 경화를 본위화폐로 사용할 수 있게 되면 변동성이 커진 비트코인을 사용할 유인은 크게 떨어진다. 정부의 제약과 인플레이션 경향이 금본위제에 규제당하는 세상이 된다면 비트코인은 빠르게 증가하던 사용자를 잃음에 따라 가격을 어느 정도라도 안정적으로 유지할 만한 규모를 갖추지 못할 것이므로, 비교적 안정적 구매력을 갖춘 선행주자인 금의 우위를 극복하지 못할 것이다.

하지만 전 세계 정치인과 유권자는 몇 세대 동안이나 '어떤 사회든 정부가 화폐와 윤리를 통제해야 제대로 돌아간다'고 생각해 왔기 때문에 경화와 자유주의라는 개념을 대체로 낯설게 느끼며, 따라서 전 세계가 경화와 자유주의 정부로 돌아갈 가능성은 극히 낮다. 게다가 그런 정치·화폐 변혁이 실현될 수 있다 하더라도 비트코인은 공급량 증가율이 감소하기 때문에 다수에게 매력적 투기 대상이기는 마찬가지일 것이고, 그렇기 때문에 화폐 기능을 더욱 폭넓게 얻어가며 계속 성장할 것이다. 내가 평가하기에 비트코인에 가장 큰 위협은 전 세계 화폐 제도가 금으로 돌아가는 상황이지만 그런 일이 벌어질 성 싶지도 않고, 또 비트코인을 완전히 파괴할 성 싶지도 않다.

비트코인보다 우월한 새 건전화폐가 발명될 경우에도 비트코인이 성장 궤도를 벗어날 가능성이 있다. 비트코인을 모방한 다른 암호화폐로 이를 달성할 수 있다고 믿는 사람이 많아 보이는데, 비트코인 구조를 모방한 코인 중 무엇도 건전화폐라는 면에서 비트코인과 경쟁할 수는 없다고 필자는 굳게 믿는다. 그 이유는 이어지는 부분에서 자세히 논할 것인데, 그 중에서도 가장 중요한 근거를 들자면 비트코인은 진정한 탈중앙 디지털 화폐로서 유일하고, 채굴자·프로그래머·사용자 중 누구도 이 바닥을 장악하지 못한 채 서로 섬세하게 균형을 이룬 상태에서 자발적으로 성장했다. 이런 구조에 기초를 둔 화폐는 단 하나만 개발할 수 있다. 일단 이런 방식을 실현 가능하다는 사실이 명백해지고 나면, 아무리 이를 모방하려고 해 봤자 상의하달 중앙통제식 네트워크가 되어 제작자의 통제를 절대 벗어날 수 없기 때문이다.

따라서 비트코인의 구조와 기술 관점에서 비트코인을 모방한 코인이 비트코인을 대체할 가능성은 극히 낮다. 비트코인과 다른 새 구조와 기술로 디지털 현금과 경화를 만들어낸다면 그런 경쟁자가 될 수도 있겠지만, 일단 제작되지도 않은 기술이 출현할지 출현하지 않을지 예측하기는 불가능하고, 또 이제는 여러 해 동안 디지털 현금에 얽힌 문제가 잘 드러났으니 그런 것을 발명하기가 쉽지 않다는 사실도 명백하다.

| 알트코인 |

개인 대 개인 전자 현금은 비트코인으로 처음 등장했을 뿐 앞으로도 반드시 계속 출현할 것이다. 나카모토가 설계한 구조가 공공연하게 드러나고 비트코인이라는 화폐가 가치와 사용자를 얻는 데 성공하자 수많은 사람들이 이를 베껴 비슷한 화폐를 만들었다. 그 중 최초는 비트코인의 코드를 사용하여 2011년 4월부터 가동한 네임코인(Namecoin)이다. Coinmarketcap.com에 따르면 2017년 2월까지 제작된 디지털 화폐는 최소 732개다.

이러한 화폐는 비트코인과 경쟁하고 있으며 이 중 하나가 앞으로 비트코인을 추월할 지도 모른다고 생각하는 사람이 많지만, 현실에서는 비트코인을 디지털 현금이자 건전화폐로 만드는 특성을 절대로 가질 수 없으므로 비트코인과 경쟁하지도 못한다. 디지털 시스템이 디지털 현금으로 쓰이려면 어떠한 제3자에게도 통제받지 않아야 한다. 즉 프로토콜에 따라 사용자의 의지에 부합하는 방향으로 운영되어야 하며 제3자가 결제를 멈출 가능성이 없어야 한다. 지난 몇 년 동안 여러 알트코인이 제작되는 광경을 살펴보면, 이 중 어떤 것도 비트코인 관계자끼리 형성한 적대적 균형상태를 다시 한 번 만들어 내거나 그 알트코인으로 하는 결제를 누구도 통제하지 못하도록 막아내기는 불가능해 보인다.

비트코인을 설계한 사람은 아직도 실제 신원이 드러나지 않은 익명의 프로그래머다. 그는 암호학에 관심 있는 컴퓨터 프로그래머들에게 이메일로 비트코인 구조를 보내고 몇 달 동안 피드백을 받은 후, 2014년 8월에 사망한 프로그래머 할 피니와 함께 네트워크를 운영하기 시작했다. 몇몇은 며칠 동안 피니와 연락하며 소프트웨어를 실험한 후 네트워크에 참가하여 거래하고 채굴하기 시작했다. 나카모토는 2010년 중반에 '새로운 사업을 시작'한다고 말하며 사라져 이후 소식이 끊겼다.[9] 나카모토가 소유했고 지금도 소유할법한 계좌에는 약 1백만 비트코인이 있을 가능성이 높지만, 이 코인은 한 번도 움직이지 않았

....

[9] 그 후 나카모토가 남겼음직한 통신 기록은 두 건 더 있다. 하나는 이름이 일치하고 컴퓨터 지식이 있다는 근거만으로 〈뉴스위크〉에게 진짜 나카모토로 지목당한 일본계 미국인 공학자 도리언 프렌티스 사토시 나카모토(Dorian Prentice Satoshi Nakamoto)가 기사 내용을 부정하는 내용이다. 다른 하나는 비트코인 규모 확대 방식을 두고 벌어진 논쟁에 제시한 의견이다. 두 글이 나카모토 자신이 쓴 것인지 아니면 누군가 그의 계정을 도용한 것인지는 불확실하다. 특히, 잘 알려진 대로 그가 소통하는 데 사용했던 이메일 계정은 실제로 도용되기도 했다.

다. 하지만 나카모토는 자기 신원이 드러나지 않도록 극도로 주의했기 때문에 지금까지도 진짜 나카모토가 누구인지 확실히 드러내는 증거는 없다. 그가 자기 정체를 드러내려 했다면 이미 드러냈을 것이다. 그가 자기 정체를 추적할 수 있는 증거를 하나라도 남겼다면 이미 모두 활용되었을 것이다. 탐정과 기자가 그가 남긴 글과 통신 기록을 집요하게 살폈지만 헛수고였다. 이제는 비트코인 관련자 모두 나카모토의 신원 문제가 비트코인이라는 기술을 운영하는 데는 전혀 중요하지 않다는 사실을 받아들이고 신경도 그만 써야 한다. 마치 바퀴를 발명한 사람이 누구냐는 문제가 이제 전혀 중요하지 않듯이.

이제 나카모토와 피니는 우리 곁에 없기 때문에 비트코인에는 중심에서 발전 방향을 지시하거나 그 과정에 영향력을 행사하는 권위자나 지도자가 없다. 나카모토와 밀접히 접촉했던 사람이자 비트코인계에서 가장 유명한 개빈 안드레센 조차도 비트코인의 진화 방향에 영향력을 다시 행사하는 데는 실패했다. "나는 다른 일로 관심을 돌렸습니다. 비트코인은 개빈(Gavin)을 포함한 모두가 잘 운영하고 있습니다."[10]라는 내용으로 나카모토가 쓴 마지막 이메일이라고들 주장하는 글이 언론에 자주 인용된다. 안드레센은 비트코인 규모를 늘리려고 여러 번 제안했지만 결국 노드 운영자를 끌어오지 못했다.

비트코인은 8장에서 언급한 모든 기준에서 계속 성장하고 번영하

---

10) 이 이메일 작성자가 메일 내용이 진실한지 아닌지 증명할 수는 없다. 하지만 이 이메일이 널리 인용된 끝에 〈MIT Technology Review〉가 "정말 비트코인을 만든 사람(The Man Who Really Built Bitcoin)"이라는 제목으로 안드레센을 다룬 기사를 내면서, 비트코인 개발 과정에서 안드레센이 심지어 나카모토보다도 더 중요했다고 주장하는 결과까지 낳았다는 사실은 의미심장하다.

는 반면, 개인과 집단이 비트코인에 행사하는 힘은 계속 줄어들어 미미해졌다. 비트코인은 외부 권력에 행위를 통제당하지 않는 자주적 프로그램이라고 볼 만하다. 비트코인을 통제하는 것은 비트코인의 규칙뿐인데, 비트코인의 규칙이 어떻게든 크게 바뀔 가능성은 극히 낮아졌다. 비트코인 프로젝트에 관여한 모든 사람의 유인이 현상유지 편향에 계속 영향을 받기 때문이다.

비트코인을 이중지불 문제에 진정 효과적인 해결책이자 성공한 디지털 현금으로 만든 것은 비트코인 코드가 작업증명으로 확보한 자주성이다. 그리고 다른 디지털 화폐가 복제할 수 없는 것이 바로 이 신뢰불필요성이다. 비트코인 이후에 제작된 디지털 화폐는 모두 심각한 존재 위기를 겪는다. 보안과 연산력과 확고한 사용자 기반을 우월하게 갖춘 비트코인이 이미 존재하다보니, 누구든 디지털 현금을 사용하려고 살펴보다보면 규모도 작고 덜 안전한 대안보다는 자연스레 비트코인을 선호하게 된다. 코드를 복제하기만 하면 비용도 거의 들이지 않고 새 코인을 만들어낼 수 있으니 모방품이 범람하게 된 결과, 어떤 코인이라도 크게 성장할 잠재력을 갖추려면 적극적으로 헌신하여 코인을 돌보고 키우고 코딩하고 지키는 집단이 있어야 한다. 비트코인은 그러한 발명품 중 최초였기 때문에 디지털 현금이자 경화로서 가치를 보여주기만 해도 수요를 안정적으로 확보하고 키우는 데 충분했고, 그래서 제작에 유일하게 관여한 익명의 프로그래머가 홍보비를 한 푼도 들이지 않았는데도 성공했다. 반면 모든 알트코인은 애초에 다시 만들기 매우 쉬운 모조품이라서 현실 수요라는 호사를 누리지 못하므로 적극적으로 수요를 만들고 늘려야만 한다.

그렇기 때문에 사실상 모든 알트코인에는 책임자 집단이 있다. 이들은 프로젝트를 시작하고 마케팅하며 마케팅 자료를 만들고 마치 뉴스거리라도 생긴 양 언론에 보도자료를 밀어 넣는 한편, 다른 누가 그 코인 얘기를 들어보기도 한참 전에 코인을 대량으로 미리 채굴해 두는 이점을 누린다. 이런 집단은 유명한 사람들이 모여 만든 것이고, 또 그 화폐가 나갈 방향을 자기들이 전혀 통제할 수 없다고 애써 주장해 봤자 신뢰를 얻기도 어려우니, 비트코인 말고 다른 화폐는 제3자 가운데 누구에게도 편집당하거나 통제당하지 않는 디지털 화폐라고 주장해도 설득력이 떨어진다. 다시 말해 비트코인이라는 요정이 램프에서 빠져나온 이후에는 비트코인의 대안을 만들어 성공하려면 코인에 많은 돈을 투자하는 방법밖에 없고, 그래서 그 투자자 개인이 코인을 사실상 장악하게 된다. 그리고 디지털 화폐에 주권을 행사하는 집단이 있는 한 그 화폐는 디지털 현금이라기보다는 결제 중개수단으로, 그것도 매우 비효율적인 수단으로 봐야 한다.

대안 화폐를 설계하는 사람은 바로 그런 딜레마에 부딪힌다. 디지털 화폐가 1,000개가 넘게 사는 바다에서 자본이든 일말의 관심이든 끌어들이려면 개발자와 마케팅 담당자가 모여 팀을 만들고 적극적으로 관리해야 한다. 그런데 한 팀이 적극적으로 관리하고 개발하고 마케팅하는 화폐라면 이들에게 통제받지 않는다고 주장해 봤자 설득력이 없다. 개발자 집단이 코인과 연산력과 코딩에 필요한 전문성을 대부분 장악한 화폐는 사실상 중앙식 화폐이며, 따라서 발전 방향도 그 팀의 손익에 따라 결정된다. 물론 디지털 화폐가 중앙화 방식을 따르면 안 된다는 말은 아니고, 정부 규제가 없는 자유 시장에서라면 당연히 그런 경쟁자가 존재할 수 있다. 다만, 급소가 없다는 한 가지 이점 때문에 매우 번거롭고 효율도 떨어지는 구조를 중앙식 화폐가 채택한다면 심각한 근본적 문제가 있다는 얘기다.

이 문제는 암호화폐공개(Initial Coin Offering, ICO)로 시작하는 디지털 화폐에서 더 두드러진다. ICO를 하면 개발자 집단이 투자자와 공개적으로 소통해야 하므로 눈에 띄지 않을 도리가 없으니 프로젝트 전체가 사실상 중앙화하게 된다. 비트코인 다음으로 시장가치가 큰 코인인 이더리움이 겪은 시행착오에서 생생히 드러나는 문제기도 하다.

DAO(Decentralized Autonomous Organization, 탈중앙 자율조직)는 이더리움 네트워크에서 처음 실현한 스마트 계약이다. 이 스마트 계약에는 1억 5천만 달러가 넘는 돈이 투자되었는데, 그 후 어떤 사람이 코드를 실행하여 DAO의 전체 자산 중 약 1/3 가량을 자기 계좌로 옮기는 공격에 성공했다. 그런데 이 공격을 절도라고 말하기는 부정확하다. 돈을 입금한 모든 사람은 오직 코드만이 자기 돈을 통제한다는 데 동의했고, 공격자는 입금자가 동의한 대로 코드를 실행했을 뿐이기 때문이다. DAO 해킹의 여파를 해결하기 위하여 이더리움 개발자들은 이렇게 불편한 실수가 일어나지 않은 이더리움의 새 버전을 만듦으로써 공격자의 자금을 몰수하여 희생자에게 나눠주었다. 그러나 이렇게 인간이 주관에 따라 다시 개입한 것은 코드만을 법칙으로 삼는 객관성과 상충되며, 따라서 스마트 계약의 존재 근거가 모두 의심받게 된다.

연산력 기준으로 두 번째로 큰 네트워크에서조차도 개발자의 이익에 맞지 않는 거래가 일어날 경우 블록체인 기록을 바꿀 수 있다면, 알트코인 모두가 정말 연산력으로만 규제받는다고 해도 납득하기 어렵다. 사실상 벤처기업 주주나 다름없는 몇몇 사람들에게 화폐, 연산력, 프로그래밍 기술이 집중된다면 블록체인 구조를 도입할 이유가 전혀 없다.

게다가 유명인 집단이 사적으로 발행한 화폐가 국제 화폐 지위를 얻으리라고 예상하기는 극히 어렵다. 그런 화폐의 가치가 크게 오른다면 소수에 불과한 제작자들이 큰돈을 만지게 될 것이고, 현대 세계에서는 민족국가의 전유물인 시뇨리지를 긁어모을 힘을 얻게 될 것이다. 그러나 중앙은행과 정부도 자기 권위가 해를 입으려는 상황을 속 편하게 내버려두지는 않을 것이다. 중앙은행이라면 화폐 뒤에 존재하는 집단 중 누구에게든 화폐를 파괴하거나 운영 방식을 바꾸라고 명령하여 국정화폐와 경쟁하지 못하도록 만들기가 비교적 쉽다.

비트코인은 진정한 탈중앙 성격을 지닌 데다 모든 구성원에게 현상유지 합의 원칙을 준수할 강력한 유인을 준 덕분에 인상 깊은 변화 저항력을 갖추었다. 그런 주장을 할 수 있게 된 것도 어떤 권력에게도 통제받지 않은 상태에서 9년 동안 인터넷이라는 미개척지에서 성장하고, 또 비트코인을 바꾸려고 충분한 자금과 탄탄한 조직을 동원한 여러 작전을 매우 능숙하게 격퇴한 이후다. 반면 알트코인들은 그와 비슷한 것조차 하나도 보여주지 못했다. 물론 알트코인에는 좋은 사람들이 협업하는 우호적 문화가 분명히 있다. 그런데 그런 문화가 새로 만든 스타트업에는 매우 좋겠지만, 확정된 통화정책을 준수한다는 신뢰감을 주려는 사업에는 오히려 독이 된다. 그런 집단이 특정 알트코인 뒤에 있다면, 통화정책을 바꾸기로 결정했을 때 저항하기 어렵기 때문이다. 예컨대 이더리움은 미래에 실행하려는 통화정책 목표를 명확히 설정하지 않은 채 공동체 안에서 토론할 거리로 남겨두었다. 그런 행동이 이더리움의 공동체 정신을 증진하는 데는 매우 유리할지 몰라도 국제 경화를 만드는 방식으로는 절대 바르지 않다. 물론 공평하게 말하자면 이더리움이 국제 경화가 되겠다고 주장한 적도 없기는 하다. 이런 사실을 알아서인지, 정치권력과 싸우지 않기 위해서인지, 아니면 마케팅 수법인지는 몰라도 알트코인은 대부분 비트코인의 경쟁자가 아니라 비트코인과 다른 기능을 갖춘 코인이라고 마케팅한다.

알트코인들은 비트코인에 없는 기능을 갖췄다며 차별화하고, 또 비트코인도 그런 여러 가지 용도를 수행할 만한 구조를 갖추지 않은 것도 사실이지만, 사실은 알트코인도 그런 차별화한 능력이나 기능을 실제로 제공한 적은 없다. 반면, 여러 가지 온라인 기능을 수행할 복잡한 시스템을 돌리기 위하여 반드시 필요하다는 명목으로 자유 거래 화폐를 보유하기는 알트코인들도 비트코인과 마찬가지다.

하지만 웹에서 돌아가는 앱을 새로 만들 때마다 탈중앙 화폐도 새로 만들어야 한다는 생각은, '욕망 불일치 문제를 풀지 않는 편이 경제적으로 이득'이라는 극도로 순진한 희망에 불과하다. 현실 세계에서 회사들이 자체 화폐를 발행하지 않는 데는 다 이유가 있다. 한 회사만 받아주는 화폐를 보유하려는 사람이 없기 때문이다. 화폐를 보유하는 목적은 유동성을 확보하여 가능한 한 쉽게 소비하려는 데 있다. 특정한 판매자에게만 쓸 수 있는 돈은 보유해 봤자 유동성을 거의 얻을 수 없으니 목적을 달성하는 데 전혀 도움이 되지 않을 것이고,

따라서 그보다 유동성 높은 결제 수단이 자연스레 선택될 것이다. 따라서 어떤 회사가 직접 발행한 자유 거래 화폐만 받기로 한다면 잠재 고객에게 상당히 높은 비용과 위험을 부담시키는 셈이다.

물론 놀이공원이나 도박장처럼 일정한 토큰으로만 운영하는 사업도 있지만, 그 토큰은 언제든 유동성 있는 돈 기준으로 볼 때 가치가 고정되어 있으므로 고객은 자신이 얻는 가치를 정확히 파악하고 경제 계산을 정확하게 할 수 있다. 소위 혁명적인 탈중앙 화폐들이 설령 현실에서 가치 있는 기능을 제공한다고 해도, 그 비용을 자체 발행한 자유 거래 화폐로만 결제해야 한다는 주장은 전혀 납득할 수 없다.

필자가 이 업계를 연구한지 여러 해가 흘렀지만, 시장 수요가 조금이라도 있는 상품이나 서비스를 제공하는 디지털 화폐는 현실에서 단 하나도 찾지 못했다. 그토록 자랑스럽게 내세우던 탈중앙 기능은 그 미래가 되어도 등장할 기미가 전혀 보이지 않고, 이를 운영하는 데 필수라는 토큰만 매 달마다 수백 종류씩 늘어나고 있다. 혁명적이라는 이들 화폐는 결국 제작자를 배불리는 데만 쓰이는 것 아니냐는 의문을 품을 수 밖에 없다.

비트코인 아닌 코인은 다른 사람에게 통제당하지 않는다고 주장해 봤자 신뢰를 얻을 수 없고, 따라서 비트코인을 뒷받침하는 극도로 복잡한 구조를 사용할 이유도 전혀 없다. 독창성이 전혀 없이도 비트코인 구조를 베껴서 약간 다른 모방품을 만들어 내는 데는 아무 어려움도 없고, 실제로도 그렇게 하여 이제까지 수천 가지 코인이 탄생했다. 또 시간이 흐를수록 비슷한 코인들이 계속 시장에 들어와 다른 모든 알트코인의 이름값에 물을 탈 것도 뻔하다. 종합적으로 말해 비트코인 아닌 디지털 화폐는 연화다. 모든 알트코인은 수행하는 기능 면에서 비트코인 뿐 아니라 다른 알트코인과도 구분이 가지 않아 그 자체만 가지고 평가할 수 없는 반면, 품을 수 밖에 없다. 비트코인의 통화정책과는 다르게 알트코인의 통화정책과 구조는 바꾸기 쉽다.

시장이 원하지만 비트코인이 제공하지 않는 서비스를 제공하는 데 성공할 만한 알트코인이 있을 것이냐는 질문에는 아직 답하기 어렵지만, 신뢰가 필요 없는 디지털 현금으로서 비트코인과 경쟁하는 알트코인은 없을 것이라는 정도는 확실해 보인다. 알트코인들이 비트코인의 의례를 흉내 내는 한편 뭔가 다른 문제까지 해결해 내는 척 한다고 해도, 그 제작자를 살찌우는 결과 이외에 다른 목적까지 달성하리라는 믿음이 가지는 않는다. 나카모토가 만들어 낸 구조를 베낀 수천 가지 알트코인은 세상에 수없이 많은 허풍 가운데 그나마 진실한 허풍일지도 모르지만, 나카모토가 제공한 것 이상을 제공하는 데는 실패함으로써 나카모토의 업적이 얼마나 독보적이었는지 입증했을 뿐이다. 비트코인이 처음에 갖추었던 구조에 덧붙은 것 중 값진 것은, 유능하고 사심 없는 프로그래머들이 비트코인의 코드를 개선하느라 자원하여 바친 오랜 시간뿐이다. 능력이 부족한 여러 프로그래머들이 나카모토가 만든 구조를 마케팅과 공허한 유행어로 다시 포장하여 엄청난 부자가 되었는지는 몰라도, 실제로 수요가 존재할 만큼 유용한 기능을 하나라도 덧붙이는 데는 모두 실패했다. 알트코인이 성장한 경위를 이해하려면, 연화인 정부화폐가 투자를 쉽게 만들어 '나쁜 투자'를 대규모로 일으키고 버블을 크게 키우는 데 쓰이는 현실적 맥락에서 봐야만 한다.

비트코인의 가치는 놀라울 정도로 상승하는 한편 비트코인의 운영 절차와 세세한 기술은 이해하기 어려운 탓에 이를 둘러싼 오해도 엄청나게 많이 생겨났다. 그 중에서도 가장 유명하고 끈질긴 것은 비트코인의 운영 장치 중 일부분, 즉 거래를 한데 묶어 블록에 넣고 장부를 만드는 장치를 사용하면 경제·사회문제를 해결할 수 있다거나 심지어 '혁명을 일으킬' 수 있다는 생각이다. 요즘 발명되어 과장광고를 당한 최신 장난감이라면 모두 겪는 일이다. 2014년부터 "비트코인은 중요하지 않지만, 비트코인에 숨은 블록체인 기술은 유망하다."는 염불을 지겹게 반복하는 금융사 임원, 언론인, 정치인에게는 한 가지 공통점이 있다. 비트코인이 실제로 어떻게 돌아가는지 모른다는 것이다. (그림 22 참고)

그림 22 · 블록체인 사용 결정 순서도

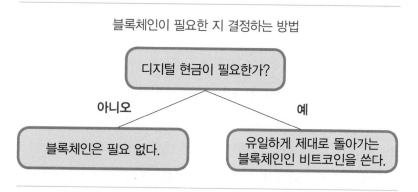

블록체인이 필요한 지 결정하는 방법

디지털 현금이 필요한가?

아니오   예

블록체인은 필요 없다.

유일하게 제대로 돌아가는 블록체인인 비트코인을 쓴다.

---

11) 이 절 내용 중 상당 부분은 필자가 쓴 다음 논문에서 인용했다. "Blockchain Technology: What Is It Good For?", 〈Banking and Finance Law Review〉, Issue 1, Volume 33,3, 2018.

블록체인 기술에 집착하는 현상은 '화물신앙 과학(cargo cult science)'의 훌륭한 사례다. 물리학자 리처드 파인만은 이 개념을 널리 알리기 위하여 다음 이야기를 전했다. 제2차 세계대전이 벌어지는 동안 미군은 군사 작전을 지원하기 위하여 남태평양에 있는 한 섬에 활주로를 만들었다. 섬 주민들은 비행기가 이곳을 가끔 오가며 가져다 준 선물을 엄청나게 좋아하게 되었다. 하지만 전쟁이 끝나 비행기가 더 이상 활주로에 내리지 않게 되자, 주민들은 비행기와 화물을 다시 불러들이려고 노력했다. 군 관제사가 오래전에 자취를 감추기 전까지 했던 행동을 따라하면 비행기가 돌아와 선물을 가져다 줄 것이라고 생각하고, 안테나를 붙인 오두막에 들어가 열심히 불을 켰던 것이다. 물론 관제사의 행동 절차만 따라한다고 해서 비행기가 갑자기 허공에서 나타날 리 없으니 성공할 수 없는 전략이다. 남태평양 사람들이 예전에 경험한 일은 일단 비행기를 공장에서 생산하고 기지에서 띄우는 데서부터 시작하는 정교한 기술 과정의 일부일 뿐이지만, 그들이 그런 사실을 이해할 리 없다.

블록체인 기술이 더욱 광범위한 과정의 일부일 뿐이라는 사실을 이해하지 못한 채 블록체인 자체가 경제 이익을 만들어 낼 거라고 홍보하는 사람들도 섬사람들과 다를 바 없다. 비트코인이 진실하고 타당한 장부를 만들어 내는 데 극도로 정교하고 복잡한 장치를 쓰는 목적은 명백하다. 제3자를 신뢰하지 않고도 온라인에서 화폐를 발행하고 가치를 옮기기 위해서다. (그런 것이 존재한다고 가정하고 쓰는 표현이지만) '블록체인 기술'은 온라인 거래를 효율적이고 저렴하고 빠르게 하는 방식이 아니다. 사실은 중앙화 방식에 비하여 매우 더디고 효율이 낮다. 유일하게 우월한 부분은, 제3자의 중개를 신뢰해야 할 필요를 없앴다는 데 있다. 제3자가 중개할 필요를 제거하여 최종 사용자가 얻는 가치가 엄청나기 때문에 비용 상승과 효율 감소라는 단점을 감내할 만한 분야가 아니라면 이 기술을 적용할 의미도 없다. 그리고 실제로 제3자 중개를 제거해 낸 유일한 과정은 비트코인 네트워크 고유의 토큰을 옮기는 과정뿐이다. 비트코인의 블록체인 코드로는 네트워크 외부에서 발생하는 것 중 무엇도 통제할 수 없기 때문이다.

한 가지 비교를 해 보면 비트코인이 거래를 운영하는 방법으로서 얼마나 비효율적인지 이해될 것이다. 만약 탈중앙, 작업증명 검증, 채굴, 신뢰불필요성 같은 멋진 외양을 포기하고 비트코인을 중앙식으로 운영한다면, 비트코인은 사실상 코인을 만들어내는 알고리즘 하나와 코인 소유자 자료를 보관하며 하루에 거래 약 300,000건을 처리하는 데이터베이스 하나로 구성된다. 그 정도 작업은 요즘 쓰는 개인용 컴퓨터라면 무엇으로도 안정적으로 운영할 수 있을 만큼 사소하다. 사실은 일반 노트북 한 대만 있어도 1초에 거래를 약 14,000건 처리할 수 있으니 현재 비트코인의 1일 거래량 정도는 20초 만에 마무리된다.[12] 개인용 노트북 한 대만 있어도 두 시간 남짓이면 비트코인의 연간 거래량 전체를 처리한다는 얘기다.

하지만 그런 화폐를 개인용 노트북에서 운영한다면, 노트북 소유자를 신뢰할 수 있어야만 하고 또 노트북이 공격에 안전할 만큼 보안

---

12) 피터 게이건(Peter Geoghegan)가 자기 컴퓨터로 이를 실행해 본 결과를 설명한 내용은 다음에서 열람할 수 있다. http://pgeoghegan.blogspot.com/2012/06/towards-14000-write-transactions-onmy.html

이 철저하다고 믿을 수 있어야 한다는 문제가 있다. 어떤 당사자도 단독으로는 거래 기록을 조작하거나 화폐 발행률을 변경할 수 없으리라고 믿을 필요 없이 그토록 사소한 소프트웨어를 돌릴 수 있는 구조 중 실제로 발견된 것은 바로 작업증명으로 검증되는 탈중앙 개인 대 개인 네트워크, 비트코인뿐이다. 이는 사소한 소프트웨어 문제 정도가 아니라, 수많은 컴퓨터 프로그래머가 여러 가지 설계를 시험해 보느라 수십 년이 흐른 후에야 겨우 한 명이 성공했다고 발표했을 정도로 어려운 문제였다. 오늘날 쓸 만한 일반 노트북의 해시레이트가 초당 10메가해시 정도인 반면 비트코인 네트워크 전체의 해시레이트는 초당 20엑사해시(메가는 10의 6제곱, 엑사는 10의 18제곱 – 옮긴이) 정도를 처리하므로 노트북 2조 대 분이다. 다시 말해 간단한 화폐와 데이터베이스 소프트웨어 하나를 운영하려 해도, 누군가를 신뢰해야 할 필요를 없애려면 연산력을 대충 2조 배로 늘려야 한다. 그처럼 많은 연산력을 쓰는 것은 화폐와 거래를 처리하기 위해서가 아니라, 신뢰가 전혀 필요 없는 시스템을 만들기 위해서다. 그 외의 계산 과정에 블록체인 기술을 사용하려면 두 가지 조건을 충족해야 한다.

첫째, 탈중앙화로 얻는 이익이 커서 추가 비용을 정당화할 만해야 한다. 어떤 과정을 실행할 때, 아무리 작은 부분이라도 어떤 형태로든 여전히 신뢰가 필요하다면 탈중앙화를 위한 추가 비용이 정당화되지 못한다. 법이 적용되는 현실 세계에서 사업 계약을 실행하려 할 경우, 이미 네트워크 구성원이 합의한 내용이라도 사법 감독기관이 무효화할 수 있으므로 탈중앙화하기 위해 비용을 들인 의미가 없어진다. 금융기관의 데이터베이스 역시 탈중앙화 해 봤자 금융기관끼리 또는 고객을 상대로 영업하려면 여전히 믿을만한 제3자가 필요할 것이므로 마찬가지다.

둘째, 장부를 여러 노드에 분산하여 운영할 능력을 충분히 확보하고, 그러기 위해 블록체인이 배포하기에 지나치게 무겁지 않도록 최초 과정 자체가 충분히 단순해야 한다. 시간이 흐르며 과정이 반복될수록 블록체인 크기도 불어날 것이므로 분산된 노드가 모두 블록체인 전체 복사본을 가지고 있기가 힘들어질 테니 결국 몇몇 대형 컴퓨터만 블록체인에서 운영될 것이고 탈중앙화라는 개념이 유명무실해 질 것이다. 여기서 잠시 장부를 보관하는 노드와 8장에서 논한 대로 작업증명을 푸는 데 집중하는 채굴자의 차이를 염두에 두자. 채굴자가 공동 장부에 거래를 기록하려면 엄청난 연산력을 소비해야 하는 반면, 노드 입장에서 채굴자가 기록한 거래가 정확한지 검증하고 장부 복사본을 보관하는 데는 매우 적은 연산력만 필요하다. 그래서 노드는 개인용 컴퓨터에서 돌릴 수 있지만 채굴자는 각각 개인용 컴퓨터 수백 대에 해당하는 연산력을 보유해야 한다. 그런데 장부만 보관하기도 지나치게 복잡해지면 노드도 개인용 컴퓨터 정도가 아니라 대형 서버여야 할 테니 탈중앙화를 달성할 가능성이 사라진다.

비트코인 블록체인은 블록 하나의 크기를 1메가바이트로 제한함으로써 크기가 증가하는 속도도 제한했다. 이 한계 때문에 단순한 컴퓨터도 노드를 유지하고 운영할 수 있다. 블록 크기가 커지거나, 블록체인에 열광하는 사람들이 홍보하는 대로 더욱 정교한 절차에 쓰이게 되면 블록체인도 개인용 컴퓨터에서 운영하기에 지나치게 커질 것이다. 대규모 조직이 소유하고 운영하는 소수 대형 노드에 네트워크를 집중하게 되면 탈중앙화할 의미가 완전히 사라진다.

이제까지 블록체인 기술을 도입하는 데 성공한 분야가 신뢰가 필요 없는 디지털 현금뿐인 것은 기술 과정을 운영하기가 깔끔하고 단순하기 때문에 시간이 흘러도 장부 크기가 비교적 천천히 늘어나기 때문이다. 다시 말하면 전 세계 어디서건 가정용 컴퓨터와 인터넷만 있으면 비트코인 네트워크 구성원이 될 수 있다. 또 8장에서 설명했듯, 통화량을 예상 가능한 수준으로 통제하며 늘리는 과정에는 극히 적은 연산력만 들이면 되지만, 그 결과인 탈중앙화와 신뢰불필요성 덕분에 최종 사용자가 얻는 가치는 무한하다. 이 외에 오늘날 존재하는 화폐는 모두 관리자가 존재하는데, 이들은 화폐 수요가 늘면 이익을 보기 위하여 공급을 늘릴 수 있다. 이는 명목화폐나 귀하지 않은 금속 뿐 아니라, 금에도 적용되는 이야기다. 중앙은행들은 금을 대량으로 보유한 한편, 금값이 지나치게 빨리 오르면 명목화폐가 시장에서 쫓겨나지 않도록 언제든 금을 시장에 내다 팔 준비를 갖추고 있기 때문이다. 비트코인은 금본위제가 폐지된 이래 최초로 세상사람 누구든 원하기만 하면 간편히 쓸 수 있는 경화가 되었다. 계산 부담은 경량급이고 경제 영향력은 중량급이라는 있을성싶지 않은 조합 덕분에 비트코인 네트워크는 연산력 기준으로 역사상 최대 규모로 성장할 합당한 근거를 얻었다. 지난 8년 동안 증명된 사실은, 노드 구성원 수천 개에 퍼지기에 충분할 만큼 값지면서도 탈중앙화를 달성할 만큼 경량급인 사례가 또 다시 출현하기는 불가능하다는 것이다.

이 분석 결과가 주는 첫 번째 결론은 블록체인 크기를 키우는 방향으로 비트코인의 프로토콜을 변경하려고 시도하면 성공할 가능성이

390

매우 낮다는 것이다. 그랬다가는 앞에서 언급했던 불변성에 문제가 생기기도 하지만, 지금 노드를 운영하는 사람들이 더 이상 노드 운영비를 감당하지 못하게 될 가능성이 높아서기도 하다. 또 노드 운영자는 어떤 소프트웨어를 운영할지 스스로 결정하므로, 비율로는 소수라도 여전히 많은 사람이 고집스레 현 소프트웨어를 계속 돌리며 현재 보유한 비트코인을 계속 보유하리라고 가정해도 무리가 아닐 텐데, 그렇다면 비트코인 소프트웨어를 업그레이드하려고 시도해 봤자 이미 존재하는 수백 가지 알트코인과 마찬가지로 쓸모없어질 것이다.

두 번째 결론은, '블록체인 기술'은 금융·데이터베이스 기술에 혁명을 일으킬 것이라고 격찬 받지만 시험판에서나 멋진 모습을 보여주는 정도에서 그칠 뿐 현실 세계에 적용되지 못한 채 완전히 실패하리라는 것이다. 자기 사업을 수행하는 데 블록체인을 사용하면서 제3자를 신뢰해야 한다면 극히 비효율적이기 때문이다. 제3자의 중개를 없애려고 만든 기술인 블록체인을, 다른 누구도 아니고 블록체인으로 대체하려는 대상인 중개자가 유용하게 쓰려고 한다면 성공 가능성은 애초부터 논외다.

더 쉽고 덜 번거롭게 거래를 기록하는 방법은 여러 가지지만, 제3자를 신뢰할 필요를 없애는 방법은 블록체인뿐이다. 거래 하나가 블록체인에 기록되려면 수많은 노드가 이익을 얻으려고 경쟁해 가며 이를 검증해야 한다. 하지만 거래를 검토하기 위하여 그 중 특정한 노드를 신뢰하거나 의지할 필요는 없다. 누군가 사기를 친다면 다른 네트워크 구성원이 네트워크를 진실하게 유지할 강력한 유인 때문에 즉시 적발하여 원래대로 되돌릴 것이다. 다시 말해 비트코인은 비싸고 번거로운 검증에 전적으로 의지하여 구축한 시스템이기 때문에, 어떤 당사자끼리도 신뢰하거나 책임질 필요 없다. 즉, 검증 100%에 신뢰 0%짜리 시스템이다.

비트코인을 둘러싸고 수없이 나타나는 과장광고와 달리, 제3자를 신뢰할 필요를 없애면 사업과 인생의 모든 영역에서 의심할 여지없이 좋기만 하지는 않다. 비트코인 운영 장치를 이해하고 나면 제3자를 신뢰하고 의존할 필요 없도록 시스템을 바꿀 때 어떤 장단점이 있는지도 명백히 드러난다. 장점은 개인이 프로토콜에 따라 자주권을 지니고, 검열에 저항하며, 통화량 증가량과 기술적 매개변수가 불변한다는 데 있다. 단점은 동일한 작업량을 처리하는 데 필요한 연산력이 훨씬 많다는 데 있다. 장단점을 고려하면, 그만한 비용을 들일 가치가 있다고 믿을 근거는 순진한 미래지향 과장광고밖에 남지 않는다. 이러한 상충관계를 감수할 만한 영역은 초국가적 국제 경화를 관리하는 정도밖에 없을 것이고, 그 중요한 이유는 두 가지다. 첫째, 시스템을 운영하는 데 엄청난 비용이 들더라도 80조 달러 규모인 전 세계 화폐 시장을 천천히 잠식해나가며 회수할 수 있다. 둘째, 앞에서 설명했듯 화폐가 건전하려면 어떤 인간에게도 통제당하지 않아야 하기 때문에, 건전화폐를 관리하는 데는 불변하고 예측 가능한 알고리즘이 더할 나위 없이 적당하다. 필자가 이 문제를 생각해 본 지 몇 년이 지났지만, 그 외에는 추가 비용 값어치를 할 만큼 탈중개화가 중요한 사업 분야나 인간의 재량을 모두 없애 투명하고 단순해지면 엄청난 이점이 생기는 분야를 하나도 떠올리지 못했다.

이 문제를 자동차에 비유해 보면 이해하기 쉽다. 카를 벤츠는 1885

년에 마차에 내연기관을 달아 역사 상 최초로 자체 동력을 지닌 탈것을 만들어 냈는데, 가장 중요한 목표는 마차에서 말을 제거함으로써 말 배설물을 계속 처리할 필요 없게 만드는 것이었지 말을 더 빨리 움직이게 하는 것은 아니었다. 말에 무거운 금속제 엔진을 달아봤자 부담만 줄 뿐 더 빨라지지는 않는다. 아니, 배설물은 하나도 줄이지 못하면서 속도만 느려질 뿐이다. 마찬가지로 8장에서 설명했듯 비트코인 네트워크를 운영하는 데 엄청난 연산력을 들이는 이유는 제3자를 신뢰할 필요 없이 결제를 처리하거나 화폐 공급량을 결정하기 위해서다. 만약 제3자가 그대로 있다면, 연산력만큼 전기를 모두 의미 없이 낭비한 셈이다.

비트코인 모형이 앞으로도 계속 인기를 얻고 폭넓게 채택될지는 시간이 지나봐야 안다. 비트코인이 성장하여 수많은 금융 중개자를 대체할 수도 있다. 또 비트코인이 제자리걸음 할 수도, 심지어 실패하여 사라질 수도 있다. 다만 한 가지, 비트코인이 특별히 블록체인을 만들어서까지 대체하려 한 중개자가 블록체인을 도입하여 이익을 보기는 불가능하다.

신뢰를 바탕으로 결제·매매·장부기록을 수행하는 제3자에게 블록체인이라는 기술은 사용하기에 매우 비싸고 비효율적일 뿐이다. 게다가 비트코인 아닌 블록체인은 블록체인의 번거로운 구조와 높은 비용도 부담하는 한편 제3자를 신뢰해야 하여 보안 위험까지 가중되므로, 두 세계의 단점만 모은 결과물이다. 발명된 지 8년이 지난 지금도 블록체인 기술을 응용하여 충분한 시장성을 확보하고 상업화하는 데 성공하지 못한 것도 전혀 놀랄 일이 아니다. 블록체인을 특별히 맞춰 설계한 대상, 바로 비트코인만이 예외다.

실제로 등장한 것은 성공사례가 아니라, 블록체인 기술의 잠재력을 두고 언론·정부·학계·산업·세계경제포럼(World Economic Forum)에서 수없이 나타난 과장광고·회의·토론이다. 정부와 여러 기관이 그런 과장광고에 이끌려 벤처캐피탈·연구·마케팅에 엄청난 돈을 들였지만 쓸 만한 결과는 전혀 나오지 않았다.

블록체인 컨설턴트들은 주식 거래, 재산 등기, 투표, 결제 청산을 블록체인으로 하는 시제품을 내놓았다. 하지만 이 중 상업화한 것은 하나도 없는데, 미국 버몬트 주 정부가 최근에 결론 내렸듯 이미 출시된 데이터베이스나 소프트웨어 플랫폼에 의지하는 방법이 훨씬 간단하고 싸게 먹히기 때문이다.[13]

예전에는 금융기관이 자기 업계에서 쓰는 기술을 훌륭하게 발전시키고 적용했느냐 하면 그것도 아니다. JP모건체이스 최고경영자 제이미 다이먼(Jamie Dimon)은 2016년 1월에 스위스 다보스에서 블록체인 기술을 옹호했지만, JP모건체이스의 '개방금융교환(Open Financial Exchange, 고객 정보를 담은 중앙 데이터베이스를 정보 수요자에게 제공하는 기술로 1997년에 발표됨)' 인터페이스는 두 달 동안 운영이 중단되었다.

반면 비트코인 네트워크는 나카모토가 블록체인 구조를 발표한 지두 달 후에 탄생했다. 그리고 오늘날까지 중단 없이 운영되며 총 가치가 1,500억 달러를 넘는 규모로 성장했다. 블록체인은 전자 현금

13] Stan Higgins, "Vermont Says Blockchain Record-Keeping System Too Costly", Coinbase.com, 2016년 1월 20일.

문제를 해결하려 했다. 그리고 그 문제를 해결하는 데 성공했기 때문에 나카모토가 2년여 동안 익명으로 일하며 이메일로 간단간단하게만 소통했는데도 빠르게 성장했다. 그러는 데는 투자도, 벤처캐피탈도, 회의도, 광고도 필요 없었다.

이 설명에서 확연해질 텐데, '블록체인 기술'이 존재하는지도, 또 특정한 문제를 푸는 데 적용할 수 있는지도 상당히 미심쩍다. 블록체인 구조는 비트코인 네트워크와 비트코인 시험용 네트워크(testnet)와 비트코인 복제품들을 운영하는 핵심 부품이라고 이해하는 편이 훨씬 정확하다. 그럼에도 블록체인 기술이라는 용어를 쓰는 것은 편의를 위해서다. 다음 절에서는 블록체인 기술 사용처 중 가장 널리 홍보된 사례를 살펴보고, 그 다음 절에서는 이런 문제에 블록체인을 적용하는 데 가장 중요한 장애물이 무엇인지 찾아본다.

잠재적 블록체인 기술 적용 분야

블록체인 기술과 관계가 있는 스타트업과 연구 프로젝트를 개괄해 보면, 블록체인을 적용할 잠재력이 있는 분야는 크게 세 가지로 나뉜다.

디지털 결제

현재 결제를 청산할 때 상업적으로 쓰이는 방식에서는 중앙집중식 장부를 이용하여 모든 거래를 기록하고 계좌 잔고 명세를 유지한다. 쉽게 말해 거래가 일어나면 중개자가 거래 당사자에게서 내역을 한 번 전송받고, 타당성을 검증한 후, 두 계좌를 적절하게 조정한다. 반면 블록체인에서는 훨씬 많은 전송량과 연산력과 시간을 들여 거래 내역을 모든 네트워크 노드로 전송한다. 그리고 거래 내역은 블록체인의 일부가 되어 모든 구성원의 컴퓨터에 복사된다. 중앙집중식 청산 방식에 비하여 느리고 비싼 방식이다. 그래서 비자나 마스터카드는 매 초마다 거래 2,000건을 청산하는 반면 비트코인은 잘 해 봤자 네 건을 청산한다. 비트코인이 블록체인을 갖춘 것은 거래를 빠르고 저렴하게 처리할 수 있어서가 아니라, 제3자 중개를 신뢰하지 않아도 되기 때문이다. 다시 말해 거래는 노드끼리 경쟁하며 검증하는 덕분에 청산되지만, 그렇다고 특정한 노드를 신뢰해야 할 필요는 없다. 제3자 중개자를 없애기 위하여 효율과 속도를 희생하는 기술을, 다른 사람도 아니고 제3자 중개자가 채택하여 성과를 개선할 방법이 있을지 상상해 봤자 가능할 리 없다. 한 집단이 중앙에서 통제하는 화폐라면 중앙집중식으로 거래를 기록하는 편이 언제나 더 효율적이다. 블록체인을 이용하여 결제할 수단은 블록체인 자체에 존재하는 탈중앙 화폐지, 중앙에서 통제하는 화폐가 아니라는 사실은 확실하다.

계약

현 상태에서 계약이란 변호사가 작성하고 법원이 판결하며 경찰이 강제하는 것이다. 이더리움 같은 암호화 스마트 계약 체계는 계약을 암호화하고 블록체인에 입력하여, 계약이 법원과 경찰의 영향권에서 벗어나 자동 집행되도록 만드는 한편 계약에 이의를 제기하거나 뒤바뀔 가능성을 완전히 제거한다. 스마트 계약 프로그래머는 '코드가 법이다'라는 신조를 내세운다. 그런데 이 구상에는, 스마트 계약 작성자가 사용하는 프로그래밍 언어를 이해하는 사람보다는 변호사가 계약을 작성하는 데 사용하는 용어를 이해하는 사람이 훨씬 많다는 문제가 있다. 스마트 계약을 완전히 이해할 만한 전문 기술을 지닌 사람은 전 세계에 아마 몇 백 명밖에 없을 것인데다, 그들조차 눈에 확 띄는 소프트웨어 버그를 놓칠 수 있다. 설령 이런 계약을 실행하는 데 필요한 프로그래밍 언어에 능통한 사람이 늘어난다 해도, 이번에는 능통한 소수가 나머지에 비하여 우위를 얻게 된다. 코드에 능통한 사람은 언제나 다른 사람들보다 전략적 우위를 얻을 것이다.

이 모든 상황은 이더리움 네트워크에서 처음 실행된 스마트 계약인 DAO(Decentralized Autonomous Organization, 탈중앙 자율조직)에서도 확연히 드러났다. 이 스마트 계약에 1억 5천만 달러가 넘는 돈이 투자된 이후 한 사람이 네트워크를 공격하여 DAO의 전체 자산 중 약 1/3을 자기 계좌로 옮기는 데 성공했다. 이 공격을 절도라고 부르기는 부적절할 수도 있는데, 왜냐하면 모든 입금자는 자기 돈이 오로지 코드에 따라서만 통제된다는 조건을 받아들였고, 공격자는 코드를 실행한 것 말고는 아무 것도 하지 않았으니 입금자가 수락한 조건을 어기지 않았기 때문이다. DAO 해킹의 여파를 해결하기 위하여 이더리움 개발자들은 이처럼 불편한 실수가 다시 일어나지 않는 이더리움 새 버전을 만들었다. 이렇게 인간이 주관에 따라 다시 개입한 것은 코드만을 법칙으로 삼는 객관성과 상충되며, 따라서 스마트 계약의 존재 근거가 모두 의심받게 된다.

이더리움은 연산력 기준으로 비트코인에 이어 두 번째로 큰 블록체인이다. 그런데 사실상 과거를 되돌릴 수 없는 비트코인 블록체인과 달리 이더리움은 되돌릴 수 있다면, 비트코인보다 작은 블록체인은 사실상 모두 운영자가 장악하는 중앙집중식 데이터베이스라는 얘기다. 계약이 실행한 내용을 계약 운영자가 무시할 수 있다면, 사실은 '코드가 법'인 것도 아니다. 스마트 계약에서 법원을 대체한 것은 코드가 아니라, 중재에 전문성도 지식도 책임도 거의 없는 소프트웨어 개발자인 셈이다. 이처럼 포크가 계속 파문을 일으킨다면 과연 법원과 변호사가 계속 손을 떼고 있을지 의문이다.

　DAO는 최초이자 현재까지 유일하게 스마트 계약을 정교하게 적용한 블록체인인데, 이제까지 경험한 바에 따르면 널리 적용되기까지는 갈 길이 멀 뿐 아니라, 사실은 널리 적용될지조차 불확실하다. 그 외에 다른 적용사례는 현재로서는 모두 시제품 단계에 불과하다. 미래에 코드를 읽고 쓸 수 있는 사람이 지금보다 훨씬 많아지고 코드의 예측가능성과 신뢰성도 높아진다고 가정한다면, 그런 계약도 더 일반화할지 모른다. 하지만 그런 계약을 운영해 봤자 연산력만 더 들 뿐이지 블록체인 기술자가 고치고 포크하고 무시할 수 있기는 매한가지라면, 이 모든 작업으로 달성할 수 있는 목적은 그저 일시적 유행어와 호들갑스러운 주목을 이끌어내는 것밖에 없다. 스마트 계약은 이를 무시할 능력을 보유하고 신뢰받는 제3자가 중앙에서 보안 조치를 갖춘 상태에서 운영하는 중앙 컴퓨터에 존재할 가능성이 훨씬 높다. 그렇다면 스마트 계약은 편집당할 수 있는 반면, 필요한 연산력은 줄어들고 공격당할 경로도 적어지는 형태로 실현될 것이다.

　실제 계약 블록체인을 운영하더라도 코드를 검증하고 이해하기 쉬울 만큼 단순한 계약에나 수요가 있을 것이다. 그런 계약을 중앙식 컴퓨터 시스템이 아니라 블록체인에서 해야만 할 이유는 어떤 식으로든 블록체인 고유의 화폐를 사용할 경우에나 존재할 것이다. 그 외에 다른 계약은 모두 블록체인 분산 시스템을 갖춰 부담을 더할 필요 없이 그냥 강제하고 감독하는 편이 낫기 때문이다. 블록체인 계약을 의미 있게 적용할 만한 기존 분야는 (대체로 비트코인 네트워크의) 블록체인 자체 화폐를 이용하여 다중 서명 지갑(multi-signature wallet)으로 단순히 미리 정한 시한에 맞춰 결제를 실행하는 경우뿐이다.

데이터베이스와 기록 관리

블록체인은 부당한 변경을 막을 수 있는 데이터베이스와 자산 기록 장부로서 믿을 만하지만, 이 장점은 블록체인 고유의 화폐를 사용할 경우, 그리고 그 화폐가 값져서 네트워크가 공격에 맞서기에 충분한 연산력을 보유한 경우에만 적용된다. 그 외에는 물리적으로 존재하는 자산을 다루든. 디지털에만 존재하는 자산을 다루든 블록체인의 신뢰성은 그 자산과 블록체인에서 그 자산을 가리키는 표시 사이에 연결 고리를 만드는 책임자의 신뢰성을 넘지 못한다. 블록체인의 신뢰성은 기록할 권한을 지닌 당사자 이상으로 높아질 수 없기 때문에, 여기서 비공개 블록체인을 사용해 봤자 효율성이나 투명성이라는 이점을 누리지 못한다. 장부를 기록하는 데 작업증명 없는 블록체인을 도입해 봤자 속도만 느려질 뿐, 안전성이나 불변성이 올라가지는 않는다. 다시 말해 데이터베이스를 운영하는 데 드는 연산력과 시간은 늘어나는데, 제3의 중개자를 신뢰해야 한다는 전제는 그대로 남는다. 토큰을 보유한 블록체인이라면 공증 서비스 용도로 사용할 수는 있다. 이 경우 계약과 문서는 해싱을 통해 거래 블록에 기록될 것이므로, 당사자 누구든 자기가 열람하는 계약 판본이 체결 당시에 해싱된 것인지 확인할 수 있다. 그런 서비스는 희소한 블록 공간을 거래하는 시장을 만들어내겠지만, 블록체인에 화폐가 없는 경우에는 사용할 수 없다.

블록체인 기술의 경제적 문제점

앞에서 살펴본 블록체인 기술을 적용할 만한 세 가지 분야를 검토한 결과, 블록체인이 널리 채택되는 데 걸림돌은 다섯 가지다.

1. 중복

네트워크 구성원 모두가 모든 거래를 기록하게 만들 경우, 중복으로 달성하는 목적은 중개 제거 하나뿐인 반면 들어가는 비용은 지나치게 많다. 금융 중개자든, 법률 중개자든 중개자가 남아 있다면 이렇게 중복하는 의미가 없다. 은행이 자신의 모든 거래 기록을 다른 은행과 공유하려 할 이유도 없고, 금융기관끼리 거래를 기록하려고 상당한 자원을 전력 및 연산력에 들이고 싶어 할 이유도 없다. 이처럼 중복에 따른 비용은 늘어나는 반면 납득할 만한 이익은 없다.

2. 거래 처리 규모

모든 노드가 모든 거래를 기록하는 분산형 네트워크에서는 네트워크 구성원 수가 늘어나는 속도보다 공통 거래 장부 크기가 커지는 속도가 훨씬 빠를 것이다. 분산형 네트워크에서 구성원이 부담하는 저장 공간과 계산력은 크기가 동일한 중앙집중식 네트워크에서보다 훨씬 크다. 이는 블록체인에서 규모를 효과적으로 확대하려 할 때 언제나 걸림돌이 될 것이므로, 비트코인 개발자가 거래 처리 규모를 확대하려 할 때는 결국 순수하게 탈중앙 블록체인 모형에서 해법을 찾기보다는 라이트닝 네트워크(Lightning Network)나 블록체인 밖에 있는 중개서비스 같은 2차 단계를 이용하여 결제를 청산하는 쪽으로 움직인다. 거래 규모 확대와 탈중앙화 사이에는 명백하게 상충관계가 존재한다. 블록체인이 규모가 더 큰 거래를 수용할 수 있으려면 블록이 더 커져야 하는데, 그러면 네트워크에 합류하는 비용이 늘어나 노드 수가 줄어드는 결과가 나타난다. 그 결과 네트워크는 중앙집중식으로 변하는 경향을 보일 것이다. 대규모 거래는 한 노드에서 중앙집중식으로 처리하는 편이 비용 면에서 가장 효율적이다.

3. 규제 준수

비트코인처럼 자체 화폐가 있는 블록체인은 법과 무관하게 존재한다. 정부 당국이 이런 블록체인에 영향을 끼치거나 운영방식을 바꿀 방법은 사실상 없다. 심지어 연방준비위원회 이사회는 비트코인을 규제할 권한이 전혀 없다고까지 말했다.[14] 비트코인 네트워크는 대략 10분마다 그 10분 동안 유효하게 발생한 거래를 모두 포함한 새 블록을 공개할 뿐이다. 거래가 유효하다면 청산될 것이고 유효하지 않다면 청산되지 않을 뿐, 네트워크가 연산력에 따라 합의한 사항을 규제 당국이 뒤집을 방법은 전혀 없다. 법률이나 금융 같이 규제가 심한 산

----

14) S. Russolillo, "Yellen on Bitcoin: Fed Doesn't Have Authority to Regulate It in Any Way", 〈Wall Street Journal〉, 2014년 2월 27일.

업에 비트코인이 아닌 화폐의 블록체인 기술을 적용한다면 규제 문제와 법률 분쟁이 생길 것이다. 규제는 블록체인 체제와 매우 다른 체제를 기준으로 만든 것이므로, 모든 네트워크 구성원에게 모든 거래를 전달할 정도로 급진적으로 개방적인 블록체인을 운영하는 데 적용하려는 목적으로 그런 규칙을 다듬기는 쉽지 않다. 게다가 블록체인은 규제 내용이 서로 다른 사법권을 온라인으로 넘나들며 운영하기 때문에 그 모든 규칙을 준수하기는 어렵다.

4. 비가역성

결제 · 계약 · 데이터베이스를 중개자가 운영하는 경우에는 인간이나 소프트웨어가 저지른 실수도 중개자에게 요청하기만 하면 되돌리기 쉽다. 하지만 블록체인에서는 그러기가 엄청나게 복잡하다. 일단 블록이 승인을 받은 다음에 새 블록까지 붙은 후라면, 거래를 되돌리고 네트워크를 롤백하기 위하여 네트워크 연산력의 51%를 동원해야만 하고, 동원된 노드가 수정된 블록체인으로 모두 동시에 이동해야하며, 또 나머지 49%도 자체 네트워크를 시작하기를 원하지 않은 나머지 새 네트워크에 합류하리라는 데 희망을 걸어야 한다. 네트워크가 커질수록 잘못된 거래를 되돌리기도 어려워진다. 비트코인 기술의 목표는 무엇보다도 온라인 현금 거래를 복제하는 데 두었으므로, 현금 거래와 마찬가지로 비가역성을 갖춘 반면 금융기관이 제공하는 보관중개방식처럼 편리하게 실수를 바로잡고 수정할 방법은 전혀 없다. 인간이나 소프트웨어가 끊임없이 실수를 저지르는 금융업계에 블록체인 구조를 도입해 봤자 오류를 바로잡는 비용만 훨씬 늘 뿐이다.

DAO 사건에서 잘 드러났듯, 블록체인에서 과거를 되돌리려면 새로 코딩하고 홍보하느라 몇 주나 되는 시간에 비싼 비용까지 들여 네트워크 구성원에게 새 소프트웨어를 채택하겠다는 동의를 얻어야 한다. 게다가 그 후에도 기존 체인은 원래 보유하던 가치와 해싱파워를 상당히 유지하며 계속 존재했다. 그 결과 DAO 공격이 성공한 기록과 그렇지 않은 기록이 모두 남게 되었다.

연산력 기준으로 두 번째로 큰 네트워크에서도 개발팀에게 이롭지 않은 거래가 발생할 때 블록체인 기록을 변경할 수 있다면, 다른 블록체인이 진정 연산력으로만 규제된다고 말해 봤자 설득력이 없다. 사실상 동료끼리 같이 일하는 민간 벤처기업이나 마찬가지인 집단이 화폐 보유량, 연산력, 프로그래밍 기술을 장악한다면 이처럼 정교한 구조를 실행할 목적부터 없어진다.

비트코인에서 그렇게 기록을 뒤집기는 극히 비현실적이고 성공할 가능성이 낮다. 9장에서 그 이유를 들었는데, 그 중에서도 가장 중요한 이유는 어떤 당사자든 비트코인 네트워크에 합류하려면 기존 합의 원칙에 반드시 동의해야 하기 때문이다. 비트코인 생태계 구성원의 손익이 상충한다는 얘기는 합의 원칙을 기꺼이 받아들이는 사람이 자발적으로 기여해야만 네트워크가 성장한다는 얘기와 정확히 같다. 비트코인에서 합의 원칙은 불변이다. 여기에 합류하느냐, 떠나느냐만 사용자가 선택 할 수 있다. 비트코인 구조를 베껴 만든 블록체인이라면 어디든 시스템의 규칙을 전담하여 설정하고, 그래서 규칙을 바꿀 능력도 있는 집단이 하나씩 있다. 비트코인은 인간 행동의 결과로 확립된 일련의 합의 원칙을 토대로 성장했지만, 다른 프로젝트는 모두 인간이 적극적으로 설계하고 관리하여 성장했다. 비트코인은 여러 해 동안 변경에 저항한 끝에야 불변성이라는 명예를 얻었다. 다른 블록체인 프로젝트는 그렇게 주장할 수 없다.

변경 가능한 블록체인이란 것은 기능 면에서 실현하는 의미도 없는 공학적 궤변이다. 중개자 없이 거래를 청산하고 불변성을 확립하기 위하여 복잡하고 값비싼 방식을 사용하지만, 바로 그 불변성을 뒤집을 능력을 중개자에게 준다는 이야기가 되기 때문이다. 현재 이 분야에서는 법률과 규제 당국에 감독하고 되돌릴 권한을 주는 한편, 값싸고 빠르며 효율적인 수단을 채택하는 편이 가장 낫다.

5. 보안

블록체인 데이터베이스의 보안은 연산력을 소비하여 거래를 검증하고 작업증명하는 데 전적으로 의존한다. 블록체인이란 검증 가능하고 이론의 여지도 없는 방법으로 소유권과 거래를 기록하는 기술이라고 이해하는 편이 가장 좋다. 이 시스템이 안전하려면 연산력을 소비하여 기록을 검증하는 사람들에게 대가로 그 결제 시스템 자체의 화폐를 보상하여, 이들의 손익과 네트워크의 건강·수명을 일치시켜야 한다. 연산력을 공급하는 대가를 다른 화폐로 준다면, 그 블록체인은 아무나 값을 치른 연산력으로 유지되는 사적 기록이나 다름없다. 그 시스템의 보안은 채굴자에게 자금을 공급하는 중앙 집단의 보안에 달려 있는데, 공유장부를 운영하면 그만큼 보안 침해 가능성이 열리고 시스템이 위협받게 된다. 연산력으로 검증하는 데 토대를 둔 개방형 탈중앙 체계는 그 체계가 개방되면 개방될수록, 그리고 연산력을 들여 검증하는 네트워크 구성원이 늘어나면 늘어날수록 안전하다. 반면 한 곳에 의존하는 중앙화 시스템은 블록체인에 기록할 수 있는 네트워크 구성원이 늘어날수록 잠재적 보안 위협도 늘어나므로 덜 안전해진다.

전자 현금을 만드는 장치로서 블록체인 기술

이제까지 블록체인 기술을 상업적으로 응용하는 데 성공한 사례는 전자 현금, 그 중에서도 비트코인 뿐이다. 블록체인 기술을 결제 · 계약 · 등기 같이 적당한 사용처라고 가장 널리 선전된 분야에 실제로 적용하려면 블록체인의 탈중앙 화폐를 사용하여 운영해야만 한다. 화폐 없는 블록체인은 상업적으로 실현되지 못하고 시제품 단계에만 머물러 있다. 현재 각 시장에서 가장 뛰어난 방식과 경쟁하지 못해서다. 비트코인 구조는 9년 동안 온라인에서 자유롭게 사용되었으니 개발자들이 베끼고 개선하여 상업용 제품을 출시할 시간이 충분했는데도, 그렇게 성공한 제품은 이제껏 하나도 없다.

시장에서 시험해 본 결과, 중복하여 거래를 기록하고 작업증명할 만한 목적은 제3자의 중개가 없는 전자 현금과 결제 네트워크를 만드는 것뿐이다. 전자 현금 소유와 거래를 처리하기 위하여 주고받아야 하는 데이터는 매우 적다. 반면 대규모 결제 · 계약 같은 경제적 적용 분야에는 더 많은 데이터가 얽혀 있으므로 블록체인에서 실현하기가 불가능할 정도로 번거롭다. 중개자가 관여해야 하는 분야라면 블록체인을 응용해 봤자 경쟁력 있는 해법이 나오지 않을 것이다. 신뢰받는 중개자에게 의존하는 산업에서는 블록체인 기술이 널리 채택되지 못할 것인데, 중개자의 존재 자체가 블록체인을 운영하는 데 드는 비용을 모두 무의미하게 만들기 때문이다. 요컨대, 상업적으로 블록체인 기술을 적용할 의미가 있으려면 전자 현금을 사용하여 운영해야 하고, 또 일반 화폐와 일반 결제방식을 사용하여 얻는 이익보다 중개자 없는 전자 현금을 이용하는 이익이 커야만 한다.

좋은 공학기술은 문제를 명확히 하고, 최적의 해결책을 찾는 데서 등장한다. 최적의 해결책이란 문제를 해결하기만 하면 되는 것이 아니라, '최적'이라는 말 그대로 무관하거나 무의미한 과잉도 없어야 한다. 비트코인 제작자는 '개인 대 개인 전자 현금'을 만든다는 동기를 지니고, 그 목적에 적합한 구조를 만들었다. 비트코인의 기술구조를 이해하게 되면, 그 구조가 다른 기능에도 적합하리라고 기대할 근거도 없어진다. 9년이 흘러 사용자 수백만 명을 확보한 현재, 나카모토가 만든 구조는 디지털 현금을 만들어내는 데 성공했을 뿐 그 외에는 당연히 아무것도 만들어내지 않았다고 말해도 과언은 아니다. 이 전자 현금을 디지털 분야에 상업적으로 응용하기는 가능하지만, 블록체인 기술 자체가 다양한 분야에 응용 가능한 혁신적 기술인 양 논해봤자 의미는 없다. 블록체인이란, 개인 대 개인 전자 현금을 예측 가능한 양 만큼 만들어 내는 기계에서 뺄 수 없는 톱니바퀴라고 이해하는 편이 더 정확하다.

감사의 말

이 원고는 복잡한 기술적 주제를 경탄스러울 만큼 효과적으로 소통하는 데 능한 비트코인 개발자 데이비드 하딩(David Harding)에게 도움과 안내와 기술 전문성이라는 엄청난 혜택을 받았다. 이 책 서문을 흔쾌히 써 주고 출판사를 찾도록 도와 준 나심 탈레브(Nassim Taleb)에게 감사한다. 원서를 출판한 와일리 출판사에서 내가 누린 엄청난 행운이라면 함께 일한 편집자가 책을 신뢰해 주고 끊임없이 개선해 나가도록 독려해 주었다는 것이고, 그 점에 대해 빌 펄룬(Bill Falloon) 및 와일리 직원 모두가 보여 준 직업정신과 효율적 일처리에 더할 나위 없이 감사한다. 또 빈틈없고도 빠르게 원고를 교정해 준 레이첼 처칠(Rachel Churchill)에게도 감사한다.

이 책의 여러 초기 판본을 읽고 훌륭한 피드백을 주어 개선하도록 도와준 수많은 친구들에게 매우 감사한다. 특히 아마드 아모스(Ahmad Ammous), 스테파노 베르톨로(Stefano Bertolo), 아프신 비그델리(Afshin Bigdeli), 안드레아 보르톨라메아치(Andrea Bortola-meazzi), 마이클 번(Michael Byrne), 나폴레온 콜(Napoleon Cole), 아돌포 콘트레라스(Adolfo Contreras), 라니 게하(Rani Geha), 벤저민 게바(Benjamin Geva), 마이클 하틀(Michael Hartl), 앨런 크라소프스키(Alan Krassowski), 러셀 램버티(Russell Lamberti), 파커 루이스(Parker Lewis), 앨릭스 밀러(Alex Millar), 조슈아 매트토어(Josh-ua Matettore), 대니얼 올리버(Daniel Oliver), 토머스 실런(Thom-as Schellen), 발렌틴 슈미트(Valentin Schmit), 오마 샘스(Omar

Shams), 지미 송(Jimmy Song), 루이스 토라스(Luis Torras), 하쳄 야신(Hachem Yassine)에게 감사한다.

이 책은 여러 해에 걸친 학습 과정의 결과물이며, 그 동안 매우 훌륭한 사람들에게 배우는 행운을 누렸다. 특히 비트코인을 이해해 가는 데 중요한 영향을 끼친 저작과 논의를 제공한 데 대하여 터 디미스터(Tuur Demeester), 라이언 딕허버(Ryan Dickherber), 피트 두센스키(Pete Dushenski), 미셸 파헤드(Michel Fahed), 아킨 페르난데스(Akin Fernandez), 빅터 겔러(Viktor Geller), 마이클 골드스타인(Michael Goldstein), 콘라드 그라프(Konrad Graf), 폰터스 린드블럼(Pontus Lindblom), 미르체아 포페스쿠(Mircea Popescu), 피에르 로샤르(Pierre Rochard), 닉 스자보(Nick Szabo), 카일 토피(Kyle Torpey), 커티스 야빈(Curtis Yarvin)에게 감사한다.

조사하고 편집하는 데 도움을 준 매우 유능한 연구 조교 레베카 다허(Rebecca Daher), 하지 디아브(Hajj Diab), 맥히 파라(Maghy Farah), 사딤 스베이티(Sadim Sbeity), 라차 카야트(Racha Khayat)에게 매우 감사한다. 자기 연구 보고서에 포함된 자료를 기꺼이 제공해 준 조지 홀(George Hall) 교수에게도 감사한다.

마지막으로, 비트코인이라는 프로토콜을 개발하고 유지하느라 지치는 법 없이 자원하여 자기 시간을 바친 개발자들이 아니었다면 이 책도 비트코인도 나오지 못했을 것이다. 비트코인 프로젝트에 사심 없이 공헌한 이들에게 감사의 말을 전한다.

참고문헌

- Ammous, Saifedean. "Blockchain Technology: What Is It Good For?" 〈Banking & Finance Law Review〉 33, no. 3 (2018년 1월호).
- Bank of International Settlements. 〈Triennial Central Bank Survey - Foreign Exchange Turnover in April 2016〉, 2016.
- Barzun, Jacques. 《From Dawn to Decadence: 1500 to the Present?500 Years of Western Cultural Life》. New York: HarperCollins, 2000. (자크 바전, 《새벽에서 황혼까지 1500~2000》, 이희재 옮김, 민음사, 2016)
- Bernanke, Ben S. "Deflation: Making Sure 'It'Doesn't Happen Here". 2002년 11월 21일 워싱턴 D.C.에서 열린 전미경제학자클럽(National Economist Club)에서 당시 이사였던 벤 버냉키가 연설한 내용.
- Bly, Nellie. 《Around the World in Seventy-Two Days》. New York: Pictorial Weeklies, 1890. (넬리 블라이, 《넬리 블라이의 세상을 바꾼 72일》, 오수원 옮김, 모던아카이브, 2018)
- Böhm-Bawerk, Eugen. 《Capital and Interest: A Critical History of Economical Theory》. Vol. 1. Macmillan, 1890.
- Brown, Malcolm, and Shirley Seaton. 《Christmas Truce: The Western Front December 1914》. Macmillan, 2014.
- Buchanan, James M., and Gordon Tullock. 《The Calculus of

Consent: Logical Foundations of Constitutional Democra-
cy》. Liberty Fund Indianapolis, 1962.

• Bunch, Bryan, and Alexander Hellemans. 《The History of
Science and Technology: A Browser's Guide to the Great
Discoveries, Inventions, and the People Who Made Them
from the Dawn of Time to Today》. Houghton Mifflin Har-
court, 2014.

• Coase, Ronald. "The Nature of the Firm". 〈Economica〉 4,
no. 16 (1937): 386~405.

• Courtois, Stephane, Nicolas Werth, Karel Bartosek, Andrzej
Paczkowski, Jean-Louis Panne, and Jean-Louis Margolin.
《The Black Book of Communism: Crimes, Terror, Repres-
sion》. Harvard University Press, 1997.

• Davidson, James, and William Rees-Mogg. 《The Sovereign
Individual: The Coming Economic Revolution》. McMillan,
1997.

• De Soto, Jesus Huerta. 《Money, Bank Credit, and Economic
Cycles》. Auburn, AL: Ludwig von Mises Institute, 2009.

• Diamond, Douglas W., and Philip H. Dybvig. "Bank Runs,
Deposit Insurance, and Liquidity". 〈Journal of Political
Economy〉 91, no. 3 (1983): 401~419.

• Fekete, Antal. "Whither Gold?"International Currency Prize
1996(1996). www.professorfekete.com/articles/AEFWhith-

erGold.pdf.

- Felix, David. Keynes: 《A Critical Life》. ABC—CLIO, 1999.

- Ferguson, Adam. 《An Essay on the History of Civil Society》. London: T. Cadell, 1782.

- Friedman, Milton, and Anna Schwartz. 《A Monetary History of the United States, 1867~1960》. Princeton University Press, 2008. (한국에는 다음과 같이 제7장을 발췌한 번역본 출판. 밀턴 프리드먼과 안나 슈워츠, 《대공황, 1929~1933년》, 양동휴 · 나원준 옮김, 미지북스, 2010)

- Gilder, George. 《The Scandal of Money: Why Wall Street Recovers but the Economy Never Does》. Regnery Publishing, 2016.

- Glubb, John. 《The Fate of Empires and Search for Survival》. Blackwood, 1978.

- Graf, Konrad. 《On the Origins of Bitcoin: Stages of Monetary Evolution》. 2013. www.konradsgraf .com

- Grant, James. 《The Forgotten Depression: 1921: The Crash That Cured Itself》. Simon & Schuster, 2014.

- Greaves, Bettina Bien. 《Ludwig von Mises on Money and Inflation: A Synthesis of Several Lectures》. Ludwig von Mises Institute, 2010.

- Greenberg, Andy. 《This Machine Kills Secrets: Julian Assange, the Cypherpunks, and Their Fight to Empower

Whistleblowers》. Penguin, 2013. (앤디 그린버그, 《내부 고발자
들, 위험한 폭로: 위키리크스와 사이버펑크, 해킹과 암호화 기술로
세상의 정보를 가로챈 이들》, 권혜정 옮김, 에이콘출판사, 2015.)

- Halevy, Elie, and May Wallas. "The Age of Tyrannies".
〈Economica〉 8, New Series, no. 29 (1941): 77~93.

- Hall, George. "Exchange Rates and Casualties During the
First World War". 〈Journal of Monetary Economics〉 51, no.
8 (2004): 1711~1742.

- Hanke, Steve H. and Charles Bushnell. "Venezuela Enters
the Record Book: The 57th Entry in the Hanke-Krus World
Hyperinflation Table". 〈The Johns Hopkins Institute for Ap-
plied Economics, Global Health, and the Study of Business
Enterprise, Studies in Applied Economics〉, no. 69 (2016년
12월호).

- Haslam, Philip and Russell Lamberti. 《When Money De-
stroys Nations》. Penguin UK, 2014.

- Hayek, Friedrich. 《Monetary Theory and the Trade Cycle》.
Jonathan Cape, London, 1933.

_____. 《Monetary Nationalism and International Stability》.
Fairfield, NJ: Augustus Kelley, 1989 (1937).

_____. "The Use of Knowledge in Society". 〈American Eco-
nomic Review〉 35, no. 4 (1945): 519~530. (한국어 번역본은 다
음에 수록. 하이에크 저, 《개인주의와 경제질서》, 박상수 옮김, 자

유기업센터, 1998.)

_____. "The Intellectuals and Socialism". 〈The University of Chicago Law Review〉 16, no. 3 (1949): 417~433.

_____. 《A Tiger by the Tail》. Vol. 4. Laissez-Faire Books, 1983.

_____. 《Denationalization of Money》. Institute of Economic Affairs, 1976.

• Hazlitt, Henry. 《The Failure of the New Economics》. NJ: D. Van Nosrat Company, Inc, 1959.

• Higgs, Robert. "World War II and the Triumph of Keynes-ianism". 〈Independent Institute〉 (2001). http://www.inde-pendent.org/publications/article.asp?id=317

• Holroyd, Michael. 《Lytton Strachey: The New Biography》. Norton & Co., 2005.

• Hoppe, Hans-Hermann. "How Is Fiat Money Possible? Or, The Devolution of Money and Credit". 〈The Review of Austrian Economics〉 7, no. 2 (1994).

• Hoppe, Hans-Hermann. 《Democracy: The God That Failed》. New Brunswick: Transaction Publishers, 2001. (한스헤르만 호페, 《민주주의는 실패한 신인가》, 박효종 옮김, 나남, 2004.)

• Huebner, Jonathan. "A Possible Declining Trend for World-wide Innovation". 〈Technological Forecasting and Social Change〉 72, no. 8 (2005): 980~986.

- Ibn Khaldun, Abd Alrahman. 《Al-Muqaddima》. 1377. (이븐 칼둔, 《무깟디마》, 김정아 옮김, 소명출판, 2012.)

- Jastram, Roy W. 《The Golden Constant: The English and American Experience 1560~2007》. Edward Elgar, 2009.

- Kent, Roland G. "The Edict of Diocletian Fixing Maximum Prices". 〈University of Pennsylvania Law Review〉 69 (1920): 35.

- Keynes, John Maynard. 《A Tract on Monetary Reform》. Macmillan, 1923. (J. M. 케인즈, 《화폐개혁론》, 이석륜 옮김, 비봉출판사, 1993.)

_____. 《The General Theory of Employment, Money, and Interest》. Palgrave Macmillan, 1936. (J. M. 케인즈, 《고용, 이자 및 화폐의 일반이론》, 조순 옮김, 비봉출판사, 2007.)

_____. 《Essays in Persuasion》. W. W. Norton, 1963. (존 M. 케인스, 《설득의 에세이》, 정명진 옮김, 부글북스, 2017.)

- Komlos, John, Patricia Smith, and Barry Bogin. "Obesity and the Rate of Time Preference: Is There a Connection?"〈Journal of Biosocial Science〉 36, no. 2 (2004): 209~219.

- Kremer, Michael. "Population Growth and Technological Change: One Million B.C. to 1990". 〈Quarterly of Journal of Economics〉 108, no. 3 (1993): 681~716.

- Levy, David, and Sandra Peart. "Soviet Growth and American Textbooks: An Endogenous Past". 〈Journal of Economic

Behavior & Organization〉 78, no. 1~2 (2011): 110~125.

- Liaquat Ahamed. 《Lords of Finance: The Bankers Who Broke the World》. Penguin, 2009. (리아콰트 아메드, 《금융의 제왕》, 조윤정 옮김, 다른세상, 2010.)

- Lips, Ferdinand. 《Gold Wars: The Battle Against Sound Money as Seen from a Swiss Perspective》. New York: Foundation for the Advancement of Monetary Education, 2001.

- Mallery, Otto Tod. 《Economic Union and Durable Peace》. New York: Harper, 1943.

- May, T. C. 《Crypto Anarchy and Virtual Communities》. 1994. nakamotoinstitute.org에서 열람 가능.

- McConnell, Campbell, Stanley Brue, and Sean Flynn. 《Economics》. New York: McGraw-Hill, 2009. (《경제학 이해》, 최광 등 옮김, 생능출판사, 2013.)

- Mencken, H. L., and Malcolm Moos (eds.), 《A Carnival of Buncombe》. Baltimore: Johns Hopkins Press, 1956.

- Menger, Carl. "On the Origins of Money."The Economic Journal 2, no. 6 (1892): 239~255.

- Merkle, R. "DAOs, Democracy and Governance". 〈Cryonics〉 37, no. 4 (2016년 7/8월호): 28~40; Alcor, www.alcor.org

- Mischel, Walter, Ebbe B. Ebbesen, and Antonette Raskoff Zeiss. "Cognitive and Attentional Mechanisms in Delay of Gratification". 〈Journal of Personality and Social Psychology〉 21, no. 2 (1972): 204~218.

- Mises, Ludwig von. 《Human Action. The Scholar's Edition》. Auburn, AL: Ludwig von Mises Institute, 1998. (루트비히 폰 미제스, 《인간행동》, 민경국 옮김, 지만지, 2011.)

_____. 《Profit and Loss》. Ludwig von Mises Institute, 2008.

_____. 《Socialism: An Economic and Sociological Analysis》. Ludwig von Mises Institute, Auburn, AL. 2008 (1922). (루트비히 폰 미제스, 《사회주의》, 박종운 옮김, 지만지, 2015.)

_____. 《The Theory of Money and Credit》, 2판. Irvington-on-Hudson, New York: Foundation for Economic Education, 1971. (루트비히 폰 미제스, 《화폐와 신용의 이론》, 김이석 옮김, 한국경제연구원, 2011.)

- Nakamoto, Satoshi. 《Bitcoin: A Peer-to-Peer Electronic Cash System》 (미출간, 2008).

- Narayanan, Arvind et al. 《Bitcoin and Cryptocurrency Technologies: A Comprehensive Introduction》. Princeton University Press, 2016.

- Paar, Christof, Bart Preneel and Jan Pelzl. 《Understanding Cryptography: A Textbook for Students and Practitioners》. Springer, 2009. (《암호기술의 이해》, 원동호 · 이영숙 · 김지연 옮김, 그린, 2013.)

- Philippon, Thomas, and Ariell Reshef. "An International Look at the Growth of Modern Finance". 〈Journal of Economic Perspectives〉 27, no. 2 (2013): 73~96.

• Popper, Nathaniel. 《Digital Gold》. Harper, 2015.

• Raicho, Ralph. 《The Costs of War: America's Pyrrhic Victories》. NJ: Transaction Publishers, 1999.

• Rothbard, Murray. 《America's Great Depression》, 5판. Auburn, AL: Ludwig von Mises Institute, 2000.

_____. "The Austrian Theory of Money". 〈The Foundations of Modern Austrian Economics〉 (1976): 160~184.

_____. "A Conversation with Murray Rothbard". 〈Austrian Economics Newsletter〉 11, no. 2 (1990년 여름호): 1~5.

_____. 《Economic Depressions: Their Cause and Cure》. Auburn, AL: Ludwig von Mises Institute, 2009.

_____. "The End of Socialism and the Calculation Debate Revisited". 〈The Review of Austrian Economics〉 5, no. 2 (1991): 51~76.

_____. 《The Ethics of Liberty》. New York, NY: New York University Press, 1998. (《자유의 윤리》, 전용덕 · 김이석 · 이승모 옮김, 피앤씨미디어, 2016.)

_____. 《Man, Economy, and State》. Ludwig von Mises Institute, 2009. (머레이 N. 라스바드, 《인간 경제 국가》, 전용덕 · 김이석 옮김, 나남, 2006.)

• Salerno, Joseph. 《Money: Sound and Unsound》. Ludwig von Mises Institute, 2010.

- Samuelson, Paul Anthony. 《Full Employment after the War》. New York: McGraw-Hill, 1943.
- Saunders, Frances Stonor. 《The Cultural Cold War: The CIA and the World of Arts and Letters》. The New Press, 2000. ISBN 1-56584-596-X.
- Schuettinger, Robert L., and Eamonn F. Butler. 《Forty Centuries of Wage and Price Controls: How Not to Fight Inflation》. Ludwig von Mises Institute, 1979.
- Schumpeter, Joseph A. 《Capitalism, Socialism and Democracy》. Routledge, 2013. (조지프 슘페터, 《자본주의 · 사회주의 · 민주주의》, 변상진 옮김, 한길사, 2011.)
- Simon, Julian. 《The Ultimate Resource》. Princeton University Press, 1981. (쥴리언 L. 사이먼, 《근본 자원 2》, 조영일 옮김, 자유기업원, 2000. 상기 원서를 보강하여 1998년에 출판된 《The Ultimate Resource 2》의 번역본임.)
- Singh, Simon. 《The Code Book: The Science of Secrecy from Ancient Egypt to Quantum Cryptography》. Anchor, 2000. (사이먼 싱, 《비밀의 언어》, 이현경 옮김, 인사이트, 2015.)
- Skousen, Mark. "The Perseverance of Paul Samuelson's Economics". 〈Journal of Economic Perspectives〉 11, no. 2 (1997): 137~152.
- Smith, Vernon. 《Rationality in Economics》. New York: Cambridge University Press. 2008.

- Steil, Benn. 《The Battle of Bretton Woods: John Maynard Keynes, Harry Dexter White and the Making of a New World Order》. Princeton University Press, 2013. (벤 스틸, 《브레턴우즈 전투》, 오인석 옮김, 아산정책연구원, 2015.)

- Stein, Mara Lemos. "The Morning Risk Report: Terrorism Financing Via Bitcoin May Be Exaggerated". 〈Wall Street Journal〉, 2017.

- Sutton, Antony. 《Wall Street and the Bolshevik Revolution》, Crown Publishing Group, 1974.

- Szabo, Nick. 《Trusted Third Parties Are Security Holes》. 2001. nakamotoInstitute.org에서 열람 가능.

- Szabo, Nick. 《Shelling Out: The Origins of Money》. 2002. nakamotoInstitute.org에서 열람 가능.

- Taleb, Nassim Nicholas. 《Antifragile: How to Live in a World We Don't Understand》. London: Allen Lane, 2012. (나심 니콜라스 탈레브, 《안티프래질》, 안세민 옮김, 와이즈베리, 2013.)

  _____. 《Fooled by Randomness: The Hidden Role of Chance in Life and in the Markets》. Random House, 2005. (나심 니콜라스 탈레브, 《행운에 속지 마라》, 이건 옮김, 중앙북스, 2016.)

  _____. The Black Swan: The Impact of the Highly Improbable. Random House, 2007. (나심 니콜라스 탈레브, 《블랙 스완》, 차익종 · 김현구 옮김, 동녘사이언스, 2018.)

- Thiel, Peter. 《From Zero to One: Notes on Start-ups, or

How to Build the Future》. Crown Business, 2014. (피터 틸 · 블레이크 매스터스, 《제로 투 원》, 이지연 옮김, 한경비피, 2014.)

- Zweig, Stefan. 《The World of Yesterday: Memoirs of a European》. Pushkin Press, 2009.

온라인 자료

- bitcoin.org : 나카모토가 처음으로 비트코인을 발표하고 백서를 공유하며 코드를 배포하는 데 쓴 주소다. 정보 출처로 유용하며 지금도 여러 사람이 계속 운영하고 있다.

- en.bitcoin.it/wiki/ : 비트코인 관련 정보를 담은 개방형 백과사전으로, 비트코인을 다룬 유용한 정보를 대체로 최신 기준으로 담았다.

- nakamotoinstitute.org : 사토시 나카모토 연구소(Satoshi Nakamoto Institute)가 암호학과 사회를 다룬 1차 문헌을 올리는 웹사이트로, 주로 비트코인의 역사와 경제학에 초점을 맞춘다. 또 나카모토가 작성한 비트코인 백서, 이메일, 포럼에 올린 글 등 그가 썼다고 알려진 저작물도 모두 보관한다.

- http://lopp.net/bitcoin.html : 제임슨 롭(Jameson Lopp)이 비트코인 관련 자료 목록을 종합하고 정기적으로 갱신하는 훌륭한 웹페이지.

그림 목록

표 목록